재건축·재개발
아파트 리모델링
투자의 비밀

채움과
사람들

**재건축·재개발
아파트 리모델링
투자의 비밀**

초 판 1쇄 | 2019년 3월 15일

지은이 | 김동희
펴낸곳 | (주)채움과 사람들

판매처 | (주)채움과 사람들 Chaeum and People, Inc.

출판등록 | 2016년 8월 8일 (제 2016-000170호)
주   소 | 서울시 서초구 사평대로 52길 1, 3층(서초동)
전화번호 | 02-534-4112~3
팩스번호 | 02-534-4117

이 책의 저작권은 저자와 출판사에 있습니다.
서면에 의한 저자와 출판사의 허락없이
책의 전부 또는 일부 내용을 사용할 수 없습니다.

ISBN : 979-11-88541-11-9-13320

저자와 협의에 의해 인지는 붙이지 않습니다.
잘못 만들어진 책은 구입처나 본사에서 교환해 드립니다.

머리말

부동산으로 노후 걱정 없는 평생직장 만들다!

　내 나이는 어느새 50대 후반이다. 거울만 안 본다면, 내 나이 이팔청춘이다. 나는 '경매투자의 정석, 공매투자의 정석, 지분경매 실전투자의 비밀, 법정지상권과 집합건물 투자의 비밀, 배당표작성과 배당이의 실무, 계약서 작성의 비밀, 부동산 임대차 계약 상식 등 총 스물아홉 권의 저서를 출간했다.

　나는 부동산을 평생직장으로 삼으며 살아 왔고, 책을 쓰면서 공부도 많이 했다. 항상 성공한 것은 아니었지만, 수없이 부동산 정보와 지식을 갈구하면서 발로 뛰다보니, 지금의 내가 되어 있는 것 같다. 그런데 그동안 다루지 못한 분야인 새선축, 새개발, 아파드 리모델링 사업에 시람들의 관심이 늘 있어 왔다는 사실만큼은 부인할 수 없었다. 그래서 제대로 알고 투자해야 한다는 생각으로, 글을 쓰기 시작했다. 이 책을 마치면서 힘은 들었지만, 나 자신도 많은 것을 배웠다고 생각한다. 다른 사람의 책을 통해 지식을 익히고 배우는 것도 좋지만, 내가 직접 자료를 정리하고 정보를 분석하며 배우는 것은 깊이가 다르다.

'재건축·재개발, 아파트 리모델링과 집합건물 투자의 비밀'

- 절대지지 않는 재건축대상 아파트에 투자해라!
- 뜨고 있는 재개발사업으로 돈을 버는 사람들!
- 재건축 못지않은 아파트 리모델링 사업으로 성공한 사람들!
- 집합건물을 제대로 알고 투자해야 성공할 수 있다!

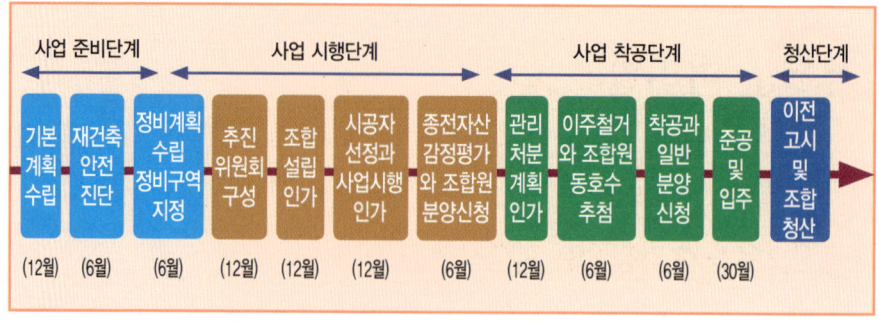

　재건축과 재개발사업은 노후 주택의 소유자들이 조합원이 되어 사업을 추진하는 것으로, 아무리 빨리 추진해도 7년 이상의 기간이 필요하다. 이에 반해서 아파트 리모델링 사업은 적은 비용과 짧은 기간에 완료할 수 있지만, 단점도 있다. 그렇지만 희망스러운 것은 재건축 등이 완성되어야만 주택가격이 상승되는 것이 아니라는 것이다.

　재건축 등의 진행절차에서 추진위가 설립되는 단계 ⇨ 조합설립단계 ⇨ 관리처분 및 이주단계 ⇨ 일반분양 신청단계 ⇨ 완공 후 입주단계 등에서 계속해서 오른다는 사실이다.

이 책은 총 26파트로 다음과 같은 내용을 담고 있다.

- ◆ 건물의 종류와 건축물대장 및 등기부가 만드는 과정
- ◆ 재건축, 재개발의 흐름도와 어떻게 진행되나?
- ◆ 재건축과 재개발 사업 추진단계별 분석
- ◆ 재건축·재개발에서 꼭 알아야할 핵심내용 정리
- ◆ 분양신청자와 현금청산자 중 누가 더 성공할까?
- ◆ 재건축에서 예상수익 분석하고, 우량한 물건에 투자하는 노하우!
- ◆ 분양자격과 현금청산 핵심정리이다. 재개발은 분양자격 유무에 따라 성공할 수도 있고, 실패할 수도 있다!
- ◆ 재개발의 예상수익 분석과 실전투자 이야기!

◆ 아파트 리모델링 사업의 추진단계와 리모델링 수익 분석과 실전투자 노하우!
◆ 재건축과 재개발에서 꼭 알아야할 세금계산과 절세비법
◆ 집합건물을 제대로 알고 투자해라! 와 미등기아파트, 토지별도등기, 대지권미등기가 있을 때 실전투자 노하우!
◆ 분양권, 또는 미등기아파트를 살 때 유의할 점과 올바른 매매 계약서 작성 방법 등이 기술되어 있다.

부동산에 관심 있는 사람과 없는 사람은 10년 후가 다르다!

"김○○는 8년 전에 송파구에 위치하고 있는, ○○아파트를 3억5,000만원에 분양 받았다. 그 당시에 돈이 없어서 계약금과 중도금 일부만 납부하고, 잔금은 입주 시 전세보증금으로 대체했다."

필자가 이 사람을 경매를 가르쳤다. 막걸리 한산 하면서 물어봤다. '떨어지면 어쩔까? 하는 걱정으로 몇 년을 지냈는데, 어느 순간 가격이 오르는 것을 보고, 자신감이 붙었다.'고 했다.

이렇게 재건축이나 재개발 등은 10년의 기다림이 필요하다. 그럼 10년 기다려야만 되는가? 그렇지 않다. 계속적으로 안정적으로 오르니, 똑똑한 적금통장 하나 만들었다고 생각하자! 그래도 만기 때까지 깨지 않고 기다려야 성공한다.

"동대문구에 거주하는 양○○는 부동산에 관심이 없던 터라, 전세로만 사면서 보증금을 올려주기를 10년간 반복 했다. 반면 친구 박○○는 돈이 없어서 대출을 받아 작은 빌라를 사서, 비과세 혜택을 받으면서 팔기를 3번 하더니, 동작구에 있는 삼성아파트 25평형을 대출을 받아 4년 전에 샀다." 이 아파트도 많이 오르고 있다.

'두껍아 두껍아 헌집 줄께 새집다오'

 어린 시절, 모래사장에서 친구들과 모래집을 지으며 부르던 노래가 재건축과 재개발, 아파트 리모델링 시장에서 현실화 되고 있다. 즉 헌집주고 새집 받는 것이 재건축과 재개발사업이다. 새집을 선호하는 것은 옛날이나 지금이나 똑 같다.

소비자 등이 선호하는 아파트 등을 찾아 투자해라!

 첫째, 아파트 세대수가 많은 중·대형 세대가 수요를 부른다!
 둘째, 지하철 등 대중교통이 발달한 곳(역세권), 그 주변 주택을 공략해라!
 셋째, 아파트는 우수학군에 따라 가격이 상승한다!
 넷째, 재건축이나 재개발, 리모델링 대상 아파트를 찾아라!
 다섯째, 다세대주택도 입지 요건에 따라 귀한 몸이 되고 있다.
 여섯째, 돈 되는 단독주택과 다가구주택은 따로 있다!
 이중에서 신규아파트나 분양권 시장은 다른 주택보다 시세가 고공행진을 멈추지 않고 있다.

내 집 마련은 주거의 개념뿐만 아니라 재산 증식의 좋은 수단!

 오르는 주택으로 내 집을 마련한다면, 사는 동안 편안함과 재산증식의 좋은 방법이 된다. 이런 주택이 훗날 재건축, 재개발, 리모델링 사업으로 신축아파트가 완공되면, 독자 분들은 평생 노후생활자금 걱정없이 살 수 있을 것이다.

2019년 3월 2일

김 동 희 지음

차례

Part 01 건물의 종류와 건축물대장 및 등기부 만드는 과정

01. 주택의 종류는 어떤 것이 있나? 34
- 단독주택과 다가구주택, 준주택은? 35
- 공동주택은 어떤 것이 있을까? 37

02. 상가건물은 일반건물과 집합건물이 있다 39

03. 집합건물에서 구분소유권 등과 용어정리 40
- 집합건물에서 구분소유권이란? 40
- 집합건물의 전유부분이란? 40
- 집합건물에서 용어정리 40
- 집합건물에서 대지사용권이란? 41

04. 아파트 분양할 때 계약면적을 계산하는 방법 42
- 아파트 등의 집합건물 평형을 계산하는 방법 42
- 아파트와 다세대주택, 상가건물에서 약식으로 하는 평형 계산방법 43
- 각종 아파트 면적을 구분하는 요령 44

05. 건물 신축 후 건축물대장과 등기부가 만들어지는 과정 45
- 건축법(주택법)에 따라 건물을 신축하거나 재건축(재개발)하는 과정 45
- 건물 짓는데 건폐율과 용적률이 중요한 이유 45
- 건축물대장과 등기부는 어떻게 만들어 지나? 46
- 도시 및 주거환경정비법의 이전고시를 통한 재건축 등 48
- 집합건물에서 어떻게 대지권미등기가 발생하고, 등기되는 시점은? 49
- 건축물대장과 등기부에 표시된 내용이 다르면 이렇게 해라? 49

Part 02 재건축, 재개발의 진행 방법과 전체적인 흐름도

01. 도시정비법으로 진행되는 재건축과 재개발 등은? … 52

02. 재건축과 재개발사업은 어떻게 진행되나? … 53

03. 재건축 사업할 때 노후·불량 건축물 판단 기준 … 56
   - 노후·불량건축물의 범위(도시정비법 시행령 제2조) … 56
   - 각 지자체별로 노후·불량건축물의 범위를 규정한 조례 … 58

04. 재개발사업에서 노후·불량 건축물과 정비구역지정 요건 … 61
   - 정비계획의 입안대상지역(도시정비법 시행령 제7조) … 61
   - 각 지자체별로 정비계획 입안대상지역 요건을 규정한 조례 … 62

05. 재건축이 추진되는 전체적인 흐름도 … 66
   - 재건축을 추진하는 각 단계별 진행절차 … 66
   - 재건축과 재개발사업의 차이점 … 67

Part 03 기본계획수립에서 조합설립 후 시공사를 선정하기까지!

01. 기본계획의 수립과 정비계획 수립 및 정비구역 지정 … 70
   - 기본계획의 수립 … 70
   - 정비기본계획의 수립 및 정비구역의 지정 … 70

02. 재건축사업에서 안전진단(노후도, 안정성 진단) … 73

03. 재건축과 재개발사업에서 추진위원회 구성 및 승인 … 74
   - 정비구역 지정 후 추진위원회와 조합을 설립하는 단계 … 74

04. 재건축과 재개발사업에서 조합설립 인가 … 75
- 투기과열지구 내 조합원지위 양도금지와 조합원분양권 전매제한 … 76
- 투기과열지구 내 조합원분양권과 일반분양권 재당첨 제한 … 77

05. 조합설립인가 후에 시공사를 선정하는 방법 … 78

Part 04 사업시행인가 후 재건축과 재개발의 마무리

01. 사업시행인가 후 재건축 등의 사업을 마무리하는 절차 분석 … 84
- 사업시행인가 신청 및 사업인가를 받아서 고시하는 절차도 … 84
- 관리처분계획으로 분양신청과 이주 및 철거하는 절차도 … 84
- 착공 및 일반분양신청, 그리고 사업을 마무리하는 절차도 … 85

02. 사업시행인가는 어떻게 되나? … 85
- 사업시행인가 후 분양신정과 관리저분계획 인가를 추진하는 단게 … 86
- 조합원이 분양을 신청하지 않은 경우에 현금청산 절차 … 86

03. 종전·종후자산의 감정평가와 조합원의 분양신청 … 89
- 종전·종후자산의 감정평가 … 89
- 분양공고 및 조합원의 분양신청 … 90

04. 관리처분계획인가! … 92

05. 이주, 철거, 착공, 일반분양 … 93
- 재건축사업은 언제 신탁등기를 하고, 어떻게 종료되나? … 94
- 기본이주비(무상이주비)+추가이주비(유상이주비) … 96
- 조합원의 동·호수 추첨 … 97
- 기존주택 철거 후 일반분양 절차 … 97

06. 준공인가, 입주 및 이전고시, 조합청산 및 해산 … 98

Part 05 재건축·재개발에서 꼭 알아야 할 핵심정리

01. 조합원분양권과 일반분양권, 그리고 입주권이란? … 100
- 조합원분양권은? … 100
- 일반분양권은? … 101
- 입주권이란? … 102

02. 종전·종후자산의 감정평가 방법 … 104
- 종전자산에 대한 감정평가(사업시행인가 후) … 104
- 종후자산에 대한 감정평가(사업시행인가 후) … 104

03. 비례율과 권리가액이란? … 105

04. 대지지분과 지분율, 무상지분율 … 106
- 대지지분과 세대당 평균 대지지분 … 106
- 지분율과 무상지분율 … 107

05. 관리처분계획인가! … 108

06. 추가부담금과 청산금, 현금청산금의 차이점? … 109
- 추가부담금 … 109
- 추가부담금을 결정하는 기준은? … 109
- 청산금 … 110
- 현금청산이란? … 110

07. 프리미엄, 분담금, 수익률의 삼각관계 투자이야기 … 111
- 매수가에 프리미엄이 얼마인가를 생각하라! … 111
- 조합원분양가는 권리가액과 분담금의 합계이다! … 111
- 객관적으로 수익성이 좋은가를 분석해야 한다! … 111
- 재건축 등의 개발사업에서 투자수익률 계산방법 … 112

08. 기본이주비(무상이주비)+추가이주비(유상이주비) 113

09. 재건축 초과이익환수제와 조합원지위 양도금지 등 114
    ◇ 재건축 초과이익환수제 114
    ◇ 투기과열지구 재건축 조합원지위 양도금지 115
    ◇ 투기과열지구 재개발 조합원지위 양도금지 115
    ◇ 투기과열지구 정비사업 재당첨제한 115

10. 재건축과 재개발사업에서 임대주택과 주택규모별 건설비율 116
    ◇ 주거환경개선사업에서 임대주택과 주택규모별 건설비율은? 116
    ◇ 재개발사업에서 임대주택과 주택규모별 건설비율은? 116
    ◇ 재건축사업에서 임대주택과 주택규모별 건설비율은? 117

11. 조합이 1대 1 재건축사업을 선택하는 이유는? 118
    ◇ 일반분양 없는 1대 1 재건축 방법과 장·단점 118
    ◇ 1대1 재건축 추진 '이촌왕궁'에 법에도 없는 임대주택 강요! 119

12. 정비예정 구역과 지구단위계획 120
    ◇ 정비예정 구역 120
    ◇ 지구단위계획 120

13. 건폐율과 용적율 등 121

14. 현금청산자에 대한 매도청구 소송과 수용재결 방식 122
    ◇ 재건축과 재개발에서 현금청산자 122
    ◇ 재건축사업에서 현금청산금지급 청구와 매도청구 소송 125
    ◇ 재개발사업에서 수용재결에 대한 불복 방법 128

15. 종전아파트 임차권 등이 재건축된 아파트로 이전된다! 129

16. 분양권에 가압류된 사실을 모르고 사면 어떻게 되나? 130

Part 06 분양신청자와 현금청산자 중 누가 더 성공할까?

01. 조합원 분양신청자와 현금청산자! 누가 더 성공할까? ... 132
- 재건축사업에서 조합원 분양자격은? ... 132
- 재개발사업에서 분양자격은? ... 132
- 조합원분양권자가 현금청산자보다 훨씬 더 성공한다! ... 133
- 그러나 현금청산금을 받아 255%의 수익률을 만든 사례도 있다! ... 133

02. 분양신청 공고 및 신청 방법과 신청하지 않으면? ... 136
- 단독·다가구주택으로 분양 신청 ... 136
- 아파트와 상가 등의 집합건축물로 분양신청 ... 136
- 분양공고 신청과 현금청산 매뉴얼 ... 137

03. 조합원이 분양권을 몇 개까지 가질 수 있나? ... 138
- 재건축사업에서 조합원이 가지는 분양권의 수는? ... 138
- 재개발사업에서 조합원은 몇 개의 분양권을 갖나? ... 139

04. 일반분양권 공급 방법과 분양 후의 시세차익은? ... 141
- 일반분양권 공급 방법 ... 141
- 조합원분양가와 일반분양가의 차이 분석 ... 143

05. 일반분양권자와 신축아파트를 일반매물로 산사람은? ... 146
- 서초푸르지오써밋 분양신청자와 현금청산자 중 누가 승리! ... 146
- 월급쟁이 김 과장이 8년 전에 아파트를 분양 받다! ... 148
- 래미안퍼스티지와 반포LG자이 아파트분양권자와 일반매물로 산사람은? ... 149
- 프리미엄서울 아파트 분양권 2배 남는 '청약 장사' ... 151

06. 재건축과 재개발에서 프리미엄이 붙는 원리와 투자수익 계산 ... 152
- 재건축과 재개발이 도급제로 진행되는 경우 투자 수익분석 ... 152
- 재건축사업 등을 지분제로 진행되는 경우 수익분석 ... 155

Part 07 감정평가액과 비례율이 높으면 언제나 좋을까?

01. 감정평가방식 및 평가의뢰에 관한 법정기준은? 158
- 종전자산의 감정평가 규정과 평가 방법 158
- 종후자산의 감정평가 규정과 평가 방법 160

02. 감정평가액이 높으면 좋고, 낮으면 나쁜 것일까? 161
- 조합원들의 재산을 낮게 감정평가하면 손해 볼까? 161
- 감정평가액이 같은 비율로 높아지거나 낮아지는 경우 162

03. 예상감정가와 토지와 건물을 평가하는 방법은? 163
- 예상감정가는 어떻게 판단하나? 163
- 토지와 건물을 예상감정가로 평가하는 방법 164

04. 비례율과 권리가액이 높은 것이 좋을까? 165
- 비례율은 사업성을 나타내는 지표다! 165
- 권리가액은 감정가에 비례율을 곱한 것이다! 167

Part 08 재건축에서 수익분석과 우량한 물건에 투자하기!

01. 재건축사업 진행과 아파트 평형별 건립 가구 수 계산 170
- 재건축 방법과 가정 170
- 아파트 평형별 건립 가구 수 계산 170
- 재건축사업에서 임대주택과 주택규모별 건설비율은? 171

02. 조합원분양권자와 일반분양권자에게 아파트 평형 배정방법 172
- 주택 및 부대·복리시설 공급 기준 등 172
- 재건축사업에서 분양하는 방법 173

03. 재건축사업은 도급제와 지분제로 진행된다! 174

04. 재건축과 재개발에서 도급제로 투자수익 분석방법 176

05. 재건축이 지분제로 진행되는 경우 투자수익 분석방법 176
- 대지지분과 무상지분율은? 176
- 재건축과 재개발 후 투자수익 계산방법 177

06. 재건축사업에서 전체적인 수익분석 방법 178
- 평형별 건립세대수 계산방법 179
- 분양총수입(조합원분양+일반분양) 179
- 3.3㎡당 무상금액(3.3㎡당 개발이익) 179
- 재건축사업 수익분석 계산공식 180
- 한눈에 보는 재건축사업 수익분석표 181
- 재건축사업 수익분석표를 통한 수익분석 182

07. 재건축사업에서 우량한 물건 실전투자 비법 184

Part 09 재건축아파트 하나로 10억과 '1+1'으로 15억 만들다!

01. 재건축사업으로 신축아파트에 입주할 수 있는 기간은? 190

02. 재건축대상 아파트를 구입할 때 알고 있어야할 3가지 191

03. 분양 신청한 우성1차 아파트를 사서 10억 만들다! 194
- 오르는 재건축대상 아파트를 선택해야 돈이 된다! 194
- 우성아파트의 사진과 주변 현황도 195
- 재건축 우성1차 아파트로 4억1,297만원의 시세차익을 보다! 196

04. 우성1차 아파트 50평형을 사서 1+1 분양신청해 15억 만들다! 198

05. 우성1차 아파트 일반분양과 분양 후 시세차익은?   201
- 재건축한 래미안 리더스원 청약안내   201
- 래미안 리더스원 일반분양가와 분양 후 시세차익은?   201

06. 서초우성1차, '1+1재건축' 시세차익 15억 전망   204
- 일반분양가와 매수 가격과 비교하면 시세 차이는?   205
- 2019년에 거래되는 주변아파트와 시세 차이는?   205

07. '1+1분양권'을 아들과 공동 매수하면 세금이 절세될까?   206
- 소득세법 시행령 제154조의2(공동소유주택의 주택 수 계산)   206
- 공동소유 지분양도에서 1세대 1주택으로 각 비과세 대상인지!   208

Part 10 재건축 예상 및 진행되는 아파트로 성공한 사례!

01. 재건축 아파트 하나로 적금통장 2억원을 만들다!   210
- 오르고 있는 재건축대상 아파트를 사야 돈이 된다!   210
- 신흥주공아파트의 사진과 주변 현황도   211
- 재건축 신흥주공아파트로 어떻게 2억4,000만원을 벌었나?   212
- 재건축 '산성역 포레스티아' 진행과정과 분양 후 수익분석   213

02. 반포주공 2단지 아파트로 재건축 명품아파트를 만들다!   216
- 반포주공 2단지 재건축으로 어떻게 돈을 벌었나?   216
- 미도 아파트 두 채를 12억에 사서, 현재 30억을 만들다?   219

03. 재건축이 예상되는 아파트를 10년 전에 투자해서 성공한 사례   222
- 아파트의 사진과 주변현황도   223
- 아파트 재건축 추진 과정   224
- 재건축 예상아파트 10년 후의 수익분석   224

04. 재건축대상 건영1차아파트를 신탁공매로 낙찰 받아 성공한 사례   225
- 신림동 건영1차아파트 신탁공매   226

Part 11 재건축 아파트를 경매로 싸게 사는 비법!

01. 분양권을 경매로 사려면, 꼭 알고 있어야할 내용 … 230
   ◇ 조합원분양권이 경매로 매각되는 경우 … 230
   ◇ 일반분양권이 경매로 매각되는 경우 … 230
   ◇ 조합원분양권이나 일반분양권을 매수 후 수익분석 … 231

02. 재건축 조합원입주권이 경매된 사례에 입찰하기 … 232

03. 재건축과 재개발에서 건물이 멸실되어 토지만 경매로 낙찰 받은 경우 … 236
   ◇ 재개발에서 건물이 멸실되어 토지만 경매로 낙찰 받은 경우 … 236
   ◇ 재건축에서 건물이 멸실되어 토지만 경매로 낙찰 받은 경우 … 236

04. 1:1로 재건축이 추진되는 아파트를 공매로 낙찰 받아 성공한 사례 … 238
   ◇ 신반포 아파트의 사진과 내부 및 주변 현황도 … 238
   ◇ 신반포 아파트의 입찰정보 내역과 권리분석은? … 240
   ◇ 박 소령이 단독으로 입찰에 참여해서 낙찰 받았다 … 241
   ◇ 재건축 진행 정도와 아파트 시세는 얼마나 올랐을까? … 242
   ◇ 재건축대상 아파트 시세는 얼마나 올랐을까? … 243

Part 12 재개발에서 분양자격과 현금청산자를 판단하는 방법

01. 재건축·재개발 대상물건을 살 때 알고 있어야할 3가지 … 246

02. 조합원의 자격 등(도시정비법 제39조) … 247

03. 재개발사업의 분양대상 등(서울시 도시정비조례 제36조) … 249

04. 재개발에서 분양대상자와 현금청산자를 어떻게 판단하나? … 252
   ◇ 분양권은 서울시 구조례, 신조례 적용대상에 따라 다르다! … 252
   ◇ 투기과열지구 내 조합원분양권 전매제한과 재당첨금지 … 254

05. 재개발사업에서 분양대상 조합원인 경우 … 258
- 단독·다가구주택 등에서 토지와 건물 전체 소유자 … 258
- 타인의 토지위에 건물만 소유한 경우 … 259
- 토지 90㎡ 이상을 단독 또는 공유지분으로 소유한 경우 … 259
- 단독필지로 30㎡ 이상~90㎡ 미만인 토지소유자 … 260
- 권리가액이 분양용 최소규모 공동주택 1가구의 추산액 이상인자 … 261
- 1주택 또는 1필지의 토지를 여러 명이 소유하고 있는 경우 … 261
- 수 필지나 대지 소유자 각자 90㎡ 이상인 경우 … 261
- 한 세대원이 한 재개발구역 내에서 여러 필지나 여러 주택을 소유한 경우 … 262
- 다세대주택의 분양자격과 유의할 점은? … 262
- 단독주택 또는 다가구주택을 다세대주택으로 전환한 경우 … 264
- 토지와 주택을 건축물 준공 이전, 이후 분리 소유한 경우 … 264

Part 13 다양한 사례에서 분양자격 유무 심화학습

01. 공유필지 위에 건물이 있는 경우 분양자격 유무 분석 … 266
- 토지와 건물이 한사람 소유였다가 건물(B단독)+토지(B+C)로 변경된 경우 … 266
- 토지(B+C)와 건물(A+D)을 공유하는 경우 분양자격 분석 … 269
- 토지(B+C)와 건물(A+B)을 공유하는 경우 분양자격 분석 … 270
- 토지(B+C)와 건물(A단독)을 공유하는 경우 분양자격 분석 … 270
- 토지(B+C)와 건물(A단독)을 공유하는 경우 분양자격 분석 … 271
- 토지와 건물을 A, B, C가 각 1/3씩 공유하는 경우 분양자격 … 271

02. 한 필지 위에 또는 여러 필지 위에 건물이 있는 경우 … 272
- 토지(A+B)상에 건물을 A와 B가 단독으로 소유하는 경우 … 272
- 토지(A+B)상에 A가 건물 2동을 가지고 있는 경우 … 272
- 토지(A단독)상에 A와 B가 건물을 각각 소유하는 경우 … 273
- 토지(A+B)상에 A와 B가 건물을 각각 소유하는 경우 … 273

03. 재개발사업지구 지정 후 추가로 매입할 경우 — 274
- 갑은 종전권리가액이 적어서 다른 지분을 매수하려 한다 — 275
- A가 B소유의 토지2를 추가로 조합설립일 전에 매입한 경우 — 275
- 같은 필지 또는 다른 필지의 일부지분을 매입한 경우 — 276

04. 무허가건축물을 소유한 경우 분양자격과 유의할 사항 — 277
- 무허가건축물이 분양자격을 갖는 경우 — 277
- 무허가건물(국·공유지)투자에 유의할 점 — 279

05. 단독·다가구주택 등의 사실상 다세대주택에서 분양기준 — 281
- 단독·다가구주택의 분양기준에 관한 경과조치 — 281
- 사실상 다세대주택을 다세대주택으로 전환한 경우 — 282
- 단독·다가구주택 등의 사실상 다세대주택에 투자하는 비법 — 283

06. 구분소유적 공유관계와 재개발에서 분양자격은? — 284
- 구분소유적 공유관계(상호명의 신탁)의 의미 — 284
- 구분소유적 공유관계에서 취득세 적용과 분양자격은 몇 개? — 284

07. 협동주택의 의미와 협동주택은 모두 분양자격을 갖는다! — 285

08. 전환다세대주택에 대한 경과조치(분리다세대) — 287

09. 사실상 주거용으로 사용하는 근린상가, 오피스텔 등 — 289

10. 재개발사업에서 현금청산 대상 조합원 — 290
- 나대지 단독필지로 30㎡ 미만 소유자 — 290
- 나대지 단독필지로 30㎡ 이상~90㎡ 미만 소유자로 유주택자 — 290
- 나대지 단독필지로 30㎡ 이상~90㎡ 미만 소유자로 무주택자 — 290
- 나대지 공유지분이 90㎡ 미만 소유자 — 291
- 분양신청을 하지 않은 자 — 291
- 공유지분이나 분리된 필지 등이 분양대상에 해당되는 경우 — 291

Part 14 재개발에서 예상수익 분석과 실전투자 비법

01. 재개발사업 진행과 아파트 평형별 건립세대 계산 … 294
    ◆ 재개발투자에서 기본적으로 알고 있어야할 내용 … 294
    ◆ 재개발 방법 및 가정, 그리고 건립세대 계산방법 … 295
    ◆ 재개발사업에서 임대주택과 주택규모별 건설비율은? … 295

02. 재개발사업에서 분양하는 방법 … 296

03. 재개발사업은 도급제로 진행된다! … 298

04. 재개발이 도급제로 진행되는 경우 투자 수익분석 … 299

05. 2개 부동산 가치분석과 예상수익을 비교분석하는 방법 … 301
    ◆ 재개발사업의 기본적인 수익분석표 … 301
    ◆ 33평형(109㎡)이 2억9,700만원이고, 비례율이 90%인 경우 … 303
    ◆ 33평형(109㎡)이 2억9,700만원이고, 비례율이 100%인 경우 … 304
    ◆ 33평형(109㎡)이 2억9,700만원이고, 비례율이 110%인 경우 … 304
    ◆ 재개발사업을 종합적으로 분석하는 방법 … 305

06. 김민정과 이승민 부동산의 재개발사업 수익분석 방법 … 306
    ◆ 김민정 부동산평가와 비례율 산정 후의 수익 분석표 … 306
    ◆ 이승민 부동산평가와 비례율 산정 후의 수익 분석표 … 308

07. 분양가가 높을 때와 낮을 때 누가 성공할까? … 310
    ◆ 재개발사업에서 조합원의 분양가만 높인 경우 … 310
    ◆ 재개발사업에서 조합원의 분양가만 낮춘 경우 … 311

08. 감정평가액이 같은 비율로 높아지거나 낮아지는 경우 … 312
    ◆ 감정평가액이 3.3㎡당 500만원인 경우 … 313
    ◆ 감정평가액이 3.3㎡당 1,000만원인 경우 … 313
    ◆ 감정평가액을 같은 비율로 증가시키는 경우 … 313

09. 재개발사업 등의 국·공유지 수익분석 … 315

Part 15 성공 사례로 배우는 재개발 실전투자 이야기!

01. 재개발로 신축아파트에 입주하려면 얼마나 걸릴까? 320

02. 성남 신흥2구역 재개발사업의 다세대주택을 매수해서 성공한 사례 321
- 신흥2구역 내의 다세대주택 주변 현황도와 주택사진 322
- 성남시 수정구 신흥2구역 재개발 사업 323
- 신흥2구역 재개발사업으로 신축한 아파트 조감도 324
- 재개발대상 다세대주택을 구입할 때 알고 있어야할 내용 325
- 이 주택으로 24평형을 분양신청하면 수익은 얼마나 발생하나? 325

03. 재개발구역의 상가주택 ½로 수익률 255%를 만들다! 327
- 토지 지분공매 절차에서 공매물건의 사진과 주변 현황도 327
- 상가주택 2분의 1 지분 온비드공매 입찰정보 내역 328
- 상가주택 ½ 매수 이후 대응방법과 255% 수익률 만들기! 328
- 금광1구역 재개발사업에서 현금청산금을 받고 탈출하다 329

04. 재개발구역에서 대지 지분이 일반매매 또는 경매로 나온 경우 331
- 재개발에서 아파트 등의 대지지분을 매수할 때 알고 있어야 할 사항 331
- 재개발(재건축)구역에서 건물이 철거되고 대지지분만 경매로 나온 경우 332
- 조합원분양권이나 일반분양권 등이 경매로 나온 경우 대응 방안 333
- 일반매매 및 경매로 분양권 취득하는 경우에 유의할 점 335

Part 16 재개발구역내 특수물건으로 돈 버는 실전 노하우!

01. 재개발구역내 2분의 1은 공매, 2분의 1은 경매로 매각되는 경우 338
- 재개발구역내 단독주택의 사진과 주변 현황도 338
- 단독주택의 2분의 1 온비드공매 입찰정보 내역 339
- 2분의 1 지분경매와 2분의 1 지분공매 물건 정보내역 340

- ◇ 물건에 대한 분석 및 배분표 작성 ... 340
- ◇ 김 선생이 낙찰 받고 나서 대응한 방법은? ... 341

02. 산곡재개발 6구역 내 지상에 다세대주택이 있는 토지만 공매로 낙찰 받았다! 343
- ◇ 산곡재개발 6구역내 토지 온비드공매 입찰정보 내역 ... 343
- ◇ 토지만 공매가 진행된 입찰대상 물건분석표 ... 344
- ◇ 토지만 공매가 진행된 물건에 대한 권리분석과 배분표 작성 ... 345
- ◇ 공매물건의 주변현황과 사진 ... 347
- ◇ 토지를 공매로 낙찰받는 경우 분양대상자가 될 수 있을까? ... 348
- ◇ 낙찰 받고 난 다음 대응방법은? ... 348

03. 재개발에서 수인의 공유지분이 경매가 나왔을 경우 351
- ◇ 경매입찰대상물건 분석 ... 351
- ◇ 예상배당표를 작성하는 방법 ... 352
- ◇ 후순위채권자의 법정대위행사 청구 방법 ... 352
- ◇ 분양대상(분양자격) 여부 판단 ... 353

04. 재개발로 건물이 철거되고, 토지만 경매되는 경우 353
- ◇ 토지경매 입찰대상 물건분석표 ... 354
- ◇ 이 토지만의 경매에서 권리분석과 분양자격에 대한 판단 ... 354

Part 17 아파트 리모델링의 진행절차와 실전투자 포인트

01. 아파트 리모델링 사업은 어떻게 진행되나? 358
- ◇ 대수선하는 리모델링 사업은? ... 359
- ◇ 세대수 증가형 리모델링 사업은? ... 359
- ◇ 수직증축형 리모델링 사업은? ... 360

02. 리모델링 관련 법 개정 연혁과 주택법 주요 개정내용 361
- ◇ 리모델링 관련 법 개정 연혁 ... 361
- ◇ 수직증축 리모델링 허용 주택법 개정 주요내용 ... 362

03. '서울형 리모델링' 내력벽 철거 허용한다면 한층 탄력! ... 364

04. 아파트 리모델링 사업을 추진하는 절차 ... 365
◇ 세대수 증가가 없는 리모델링 사업 추진절차 ... 365
◇ 세대수 증가형 리모델링 사업 추진절차 ... 366

05. 재건축과 리모델링의 차이점 비교분석 ... 367

06. 리모델링이 예상되는 아파트에 대한 투자 포인트 ... 368
◇ 리모델링대상 아파트 입지가 좋은 곳을 선택해라! ... 368
◇ 대단지로 30평형 이상 아파트를 선택해라! ... 368
◇ 아파트 동간 거리와 전면이 넓은 아파트를 찾아라! ... 369
◇ 지하주차장이 있는 아파트가 없는 아파트보다 훨씬 좋다 ... 369
◇ 건물구조가 '―'자형 구조가 좋고, ㄱ(기역)자형은 피해라! ... 369
◇ 소형복도식 아파트가 유리하나 계단식과 섞여 있지 않아야 한다 ... 370
◇ 리모델링대상 아파트가 재건축으로 돌아갈 수 있다면 좋다! ... 370
◇ 리모델링대상 아파트를 선택할 때 유의할 점은? ... 371

Part 18 리모델링사업 전과정을 추진단계별로 알아보기!

01. 리모델링 기본계획은 어떻게 수립하나? ... 374
◇ 리모델링 기본계획의 수립권자 및 대상지역 ... 374
◇ 리모델링 기본계획 수립절차 및 기본계획의 고시 ... 375

02. 리모델링 결의와 추진위원회 결성 ... 376
◇ 아파트 리모델링 사업시행과 리모델링 결의 ... 376
◇ 추진위원회의 구성과 추진 업무 ... 377

03. 리모델링주택조합 설립인가와 조합의 추진 업무 ... 379
◇ 리모델링 주택조합 설립요건(주택법 제11조) ... 379

◇ 리모델링주택조합의 조합원 자격(시행령 제21조) ······ 380
◇ 리모델링주택조합이 추진하는 업무 ······ 380

04. 조합이 시공사 선정과 안전진단을 신청하는 방법 ······ 381
◇ 조합이 시공사를 선정하는 방법 ······ 381
◇ 리모델링의 안전진단은 1차와 2차로 나누어 진행한다! ······ 381
◇ 증축형 리모델링의 안전진단(주택법 제68조) ······ 382

05. 리모델링은 건축심의와 도시계획심의가 필요하다? ······ 384
◇ 리모델링의 건축심의와 제출 기한 ······ 384
◇ 리모델링의 도시계획 심의 ······ 385

06. 권리변동계획의 수립 및 분담금 확정 ······ 386
◇ 권리변동계획의 수립 및 계획 내용 ······ 386
◇ 권리변동계획에 따른 분담금 확정은 총회의결로 결정! ······ 387
◇ 둔촌동 현대아파트 권리변동계획 총회 개최 결과 ······ 387
◇ 잠원한신로얄 권리변동 계획수립 총회 ······ 389

07. 리모델링은 행위허가와 사업계획승인이 필요하다? ······ 390
◇ 리모델링 사업 허가신청(행위허가) ······ 391
◇ 리모델링의 사업계획 승인 ······ 392
◇ 조합의 매도청구권은 행위허가 후에 행사! ······ 393

08. 조합원 신탁등기와 이주비 대출 후 이주 절차 ······ 395
◇ 이주비와 공사비 지급 후 공사를 마무리 하는 과정 ······ 395
◇ 조합원 신탁등기와 이주 절차를 진행하는 과정 ······ 395

09. 조합원의 분양 신청과 건물 철거 후 일반분양 ······ 398
◇ 리모델링 후 조합원의 동·호수 배정 ······ 398
◇ 기존아파트 여러 채 소유하는 경우, 몇 개의 분양권? ······ 398
◇ 기존주택 철거 후 일반분양 절차 ······ 399

10. 신축아파트 준공 후 입주 및 조합 청산 ······ 400

Part 19 아파트 리모델링 예상수익 분석과 실전투자 노하우!

01. 리모델링 투자는 재건축 등과 다르게 판단해라! 402

02. 조합원 세대별 증가면적과 분양 세대수 산출 방법 404
- ◇ 조합원의 건축면적 증가 404
- ◇ 세대수 증가형 리모델링 404
- ◇ 아파트 층고에 따라 증축할 수 있는 층수를 계산하라! 405
- ◇ 리모델링 사업이 용적률에 영향을 받지 않는다는 가정 405

03. 리모델링으로 증가한 분양 세대수와 분양 총수입 산출! 406
- ◇ 주택가격과 입지조건에 의한 검토로 예상분양가 분석 406
- ◇ 리모델링 사업으로 예상 일반분양 세대 수 결정 방법 407
- ◇ 리모델링 사업으로 예상되는 일반분양가 판단 409
- ◇ 예상되는 일반분양 총수입은 얼마나 되나? 409

03. 조합원 건축면적 증가분과 각 세대별 추가부담금 산출 411
- ◇ 조합원의 예상 건축면적(전용면적) 증가분 411
- ◇ 조합원이 각 세대별로 납부할 추가부담금은? 412

04. 아파트 리모델링 사업 최종 수지분석표 415

Part 20 아파트 리모델링 성공 사례와 수도권 리모델링 추진단지

01. 리모델링 사업으로 분양권은 몇 개나 나오나? 418
- ◇ 리모델링 사업 전 조합원의 평형별 세대수와 분양권 몇 개? 418
- ◇ 일반분양 세대수를 증가할 수 있는 범위는? 418
- ◇ 아파트 층고에 따른 일반분양분 증가 세대 419

02. 실제 리모델링한 쌍용건설의 수지분석 등을 알아보자! ... 420
- 궁전아파트를 어떻게 쌍용예가클래식으로 리모델링했나? ... 420
- 리모델링 후 투자비용과 증가면적 및 평형대 분석 ... 421
- 쌍용예가클래식의 리모델링과 재건축에서 경제성을 비교 ... 421
- 기존 36평형 ⇨ 리모델링 후 45평형으로 건축한 평면 ... 423
- 궁전아파트의 리모델링 후 쌍용예가클래식 아파트 전경 ... 423
- 기존 28평형 ⇨ 35평형으로 리모델링한 후 수익분석은? ... 424
- 쌍용예가클래식 아파트 2019년 2월 현재 시세조사표 ... 425

03. '밤섬 쌍용예가클래식'…국내 첫 수직증축 리모델링 아파트 성공 ... 425
- 국내 첫 수직증축 리모델링 아파트 성공 비결은? ... 425
- 마포 호수아파트 리모델링 전·후 비교 분석 ... 427
- 리모델링 후 밤섬 쌍용예가클래식 아파트 사진과 평면도 ... 428
- 쌍용예가클래식 아파트 2019년 2월 현재 시세조사표 ... 429

04. 대치 현대1차 아파트 리모델링 사업 ... 429

05. 세대분리형 아파트와 세대분리형의 장·단점 ... 433
- 세대분리형 아파트란? ... 433
- 세대분리형 아파트의 장점과 단점 ... 434

06. 수도권 22개 단지 1만3,331가구 리모델링 사업 추진단지 ... 436
- 재건축 규제 강화로 리모델링이 대안으로 떠오른다! ... 436
- 리모델링 위한 1차 관문 안전진단 잇따라 통과! ... 436
- 수도권에서 가구 수 늘려 리모델링을 추진하는 단지 ... 437
- 내년 3월 내력벽 철거 허용 여부 '변수' ... 440

07. 리모델링 증가면적과 내력벽철거가 꼭 필요한가? ... 440

Part 21 조합원입주권과 분양권 양도시 세금절세 비법

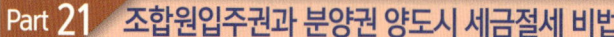

01. 8·2대책 후 양도소득 세율과 장특공제 핵심정리   444
- 부동산 양도 시에 부담하게 되는 양도소득세 핵심정리   444
- 장기보유 특별공제 조견표   445

02. 도시정비법상 조합원입주권과 양도세와의 관계   446
- 재건축대상 아파트를 주택과 입주권으로 구분하는 시기   446
- 도시환경정비법과 양도소득세와의 관계   447

03. 재건축 등에서 취득양도일과 조합원입주권, 일반분양권   448
- 원조합원, 승계조합원, 일반분양권자   448
- 재건축·재개발아파트 취득일, 양도일   448
- 입주권과 분양권의 차이   449

04. 조합원 입주권에 대한 양도세 계산   450
- 조합원이 추가부담금을 납부한 경우   450
- 조합원이 청산금을 받은 경우   451
- 재건축 등에서 취득실가를 모를 때 취득실가 계산방법   452

05. 재건축 등이 완성된 후 양도소득세 계산   453
- 추가부담금을 납부한 경우 양도세 계산   453
- 청산금을 받은 경우 양도세 계산   453

06. 재건축 등이 완성된 후 조합원 양도세 비과세   454
- 1세대 1주택 비과세 보유기간 요건   455
- 1세대 1조합원입주권을 보유한 경우 비과세   455
- 1세대 1입주권 + 1주택으로 비과세(일시적 1세대 2주택)   455
- 조합원입주권자의 다른 주택 양도시 비과세 특례   456
- 상속주택 또는 상속받은 조합원 입주권이 있는 경우   457
- 동거·봉양 또는 혼인으로 인한 경우   457

07. 분양권에 관한 설명 및 양도세 계산 — 458
- 일반분양권에 관한 설명 — 458
- 분양권 매도시 양도세 계산 — 458

Part 22 아파트 등의 집합건물, 제대로 알고 투자해라!

01. 집합건물의 종류와 핵심용어 정리 — 462
- 집합건물의 의미와 종류 — 462
- 집합건물에서 구분소유권과 용어정리 — 462
- 집합건물에서 대지사용권이란? — 464

02. 아파트 분양할 때 계약면적을 계산하는 방법 — 465
- 아파트 등의 집합건물 평형을 계산하는 방법 — 465
- 아파트와 다세대주택, 상가건물에서 약식으로 평형 계산방법 — 465
- 각종 아파트 면적을 구분하는 요령 — 466

03. 집합건물에서 구분소유권과 대지사용권의 성립 시점 — 467
- 구분행위와 구조상 이용상 독립성 — 467
- 구조상, 이용상 독립성과 건축공정의 완성도에 대한 판단 — 468

04. 집합건물을 신축하거나 재건축, 재개발하는 방법 — 469
- 건축법 및 주택법에 따라 신축, 재건축 등을 하는 경우 — 469
- 도시 및 주거환경정비법의 이전고시를 통한 재건축 등 — 470

05. 대지사용권과 공용부분은 전유부분의 처분에 따른다! — 471
- 집합건물의 대지권은 전유부분과 분리처분 불가(집합법 제20조) — 471
- 집합건물의 공용부분은 전유부분과 분리해 처분할 수 없다! — 472
- 부동산 주물의 권리는 종물과 부합물에 미친다! — 472

06. 재건축으로 집합건물이 소멸되면 분리처분이 가능하다! — 473

Part 23 아파트 신축과정과 토지별도등기가 있다면 이렇게 투자해라!

01. 아파트 신축과정에서 토지별도등기가 발생하는 과정 — 476
- ◇ 아파트 재건축과 재개발에서 대지권 정리와 토지별도등기 발생 — 476
- ◇ 토지별도등기란 어떠한 의미인가? — 479
- ◇ 재건축 전 대지와 건물의 권리가 신축아파트에 그대로 이전된다! — 479

02. 경매절차에서 토지별도등기가 소멸, 또는 인수여부? — 480
- ◇ 토지별도등기는 경매로 소멸되는 것이 원칙이다 — 480
- ◇ 토지별도등기를 인수조건으로 매각하면 매수인이 부담 — 481

03. 토지별도등기가 있는 물건에 대한 권리분석과 대응전략 — 482
- ◇ 토지별도등기된 경매물건 분석표 — 482
- ◇ 토지별도등기된 경매물건에 대한 권리분석 — 483
- ◇ 토지별도등기된 저당권자 등이 배당요구 시 배당표 작성 — 486
- ◇ 토지와 건물의 설정된 권리가 다를 때 임차인의 대항력과 배당 — 488

Part 24 집합건물에 대지권미등기가 있으면, 이렇게 투자해라!

01. 왜 대지권미등기가 발생하고 언제 등기가 되나? — 490

02. 집합건물을 분양받았으나 대지권미등기인 경우 — 491
- ◇ 대지지분까지 분양 받았거나 대지권미등기인 사례 — 491
- ◇ 대지지분이 정리되고도 분양대금이나 등록비용을 미납 시 — 491
- ◇ 대지권미등기 아파트를 낙찰 받았는데 수분양자가 분양대금을 미납했다면 — 492

04. 대지권미등기인 아파트가 대지가격을 포함해 매각되면 — 493
- ◇ 대지권미등기 아파트도 대지가격이 감정 평가돼 매각되면 — 493
- ◇ 전유부분만 경매로 낙찰 받아도 대지권등기를 할 수 있다 — 494

05. 대지권 평가 없이 전유부분만 매각돼도 대지권등기가 가능 — 494
- ◇ 전유부분만 매수해서 대지권등기와 토지별도등기를 말소한 사례 — 494
- ◇ 대지권 평가 없이 전유부분만 매각돼도 대지권등기가 가능 — 495

06. 대지권이 본래부터 없는 경우(아파트, 다세대, 연립 등) — 496

07. 전유부분만 매수하고, 대지권등기와 토지별도등기를 말소한 사례 — 497
- ◇ 전유부분만 낙찰 받아도 대지권 성립 전의 저당권까지 소멸된다! — 497
- ◇ 이 사건에 대한 기본적인 사실 — 497
- ◇ 제이투가 405호 아파트 전유부분만(대지권 매각제외) 낙찰받았다! — 498
- ◇ 대지지분만 별도 경매가 진행돼 최선수가 낙찰 받았다! — 499
- ◇ 이소령의 지료청구 및 부당이득반환청구소송 — 500

08. 대지권미등기와 토지별도등기가 있는 아파트 ⅔지분을 낙찰받은 사례 — 502
- ◇ 경매 물건 현황과 매각결과 — 502
- ◇ 위 경매물건에 대한 권리분석 — 503
- ◇ 매수 이후 대응 방안 — 504
- ◇ 매수 이후 임차인 명도로 대법원 판례를 만들다! — 506

Part 25 집합건물의 특수한 사례에서 실전 투자 노하우!

01. 대지 지분이 경매나 공매로 매각될 때 투자 비법 — 510

02. 구분소유자가 아닌 대지 지분권자는 부당이득청구가 가능! — 511

03. 구분소유자 간에 대지 지분 비율이 다를 때 투자방법 — 513
- ◇ 서울 청량리에 위치한 다세대주택의 현황은 다음과 같다 — 513
- ◇ 위 다세대주택이 경매로 다음과 같이 매각되었다 — 514
- ◇ 지층 01호 매수인 황OO의 부당이득금 반환청구 소송 — 518
- ◇ 이러한 이유로 제지층 01호가 또 다시 경매가 진행되고 있다 — 519
- ◇ 이 사례와 대법 2009다76522 판결에서 알게 된 진실 — 521

04. 지상에 다세대주택이 있는 대지만 매각되는 사례 — 522
- ◇ 입찰대상물건 정보내역과 매각결과 — 522
- ◇ 경매 물건에 대한 권리분석과 배당표 작성 — 523
- ◇ 낙찰 받고 난 다음 대응방법 — 525

05. 조합이 분양대금을 대납하고 유치권행사와 경매를 신청한 사례 — 528
- ◇ 조합이 강제경매신청 후 미배당금에 대해서 유치권 행사 — 528
- ◇ 이 판례에서 세 가지 내용을 확인할 수 있다 — 530

Part 26 아파트분양권과 미등기아파트에서 매매 계약서 작성 비법

01. 아파트 분양권 매매 계약서 작성하는 방법 — 532
- ◇ 분양권(전매) 매매 계약할 때 알아야할 내용 핵심체크! — 532
- ◇ 아파트분양권 물건분석과 계약당사자간 합의사항 정리 — 533
- ◇ 아파트분양권 매매 계약서를 작성하는 방법 — 538
- ◇ 계약서 작성 이후에 어떻게 대응하면 되는가! — 541

02. 미등기아파트 매매 계약서 작성하는 비법 — 542
- ◇ 미등기아파트 매매 계약을 체결할 때 핵심체크 — 542
- ◇ 미등기아파트 물건분석과 계약당사자간 합의사항 정리 — 545
- ◇ 미등기아파트 매매 계약서를 작성하는 방법 — 549

03. 대지권미등기 아파트 매매 계약서 작성하는 방법 — 553
- ◇ 대지권미등기와 토지별도등기 아파트 계약할 때 알고 있어야할 사항 — 553
- ◇ 대지권미등기 아파트 소유자와 매매 계약서 작성 방법 — 554

Part 1

건물의 종류와 건축물대장 및 등기부를 만드는 과정

01 주택의 종류는 어떤 것이 있나?

주택이란 세대(世帶)의 구성원이 장기간 독립된 주거생활을 할 수 있는 구조로 된 건축물의 전부 또는 일부 및 그 부속토지를 말하며, 단독주택과 공동주택으로 구분한다(주택법 제2조).

단독주택은 1세대가 하나의 건축물 안에서 독립된 주거생활을 할 수 있는 구조로 된 주택을 말하며, 그 종류와 범위는 대통령령으로 정한다(주택법 제2조 1호). 대통령령으로 정하는 단독주택의 종류는 단독주택, 다중주택과 다가구주택, 공관 등이 있다.

공동주택은 하나의 건축물의 벽·복도·계단·그 밖의 설비의 전부 또는 일부를 여러 세대가 공동으로 사용하면서 각 세대마다 독립된 주거생활이 가능한 구조로 된 주택을 말한다(주택법 제2조 2호). 이러한 공동주택의 종류는 아파트, 연립주택, 다세대주택, 기숙사 등이 있다.

집합건물은 1동의 건물 중 구조상 구분된 여러 개의 부분이 독립한 건물로서 사용될 수 있을 때에는 그 각 부분은 이 법에서 정하는 바에 따라 각각 소유권의 목적으로 할 수 있다(집합건물법 제1조).

공동주택은 주택의 분류를 위한 개념이고, 집합건물은 건물의 권리관계 공시(등기)를 위한 개념이다.

따라서 공동주택은 구분소유관계를 전제로 하기 때문에 당연히 집합건물에

속하지만, 집합건물에는 공동주택뿐만 아니라 상가나 오피스텔, 아파트형공장 등 다양한 건물이 포함되어 있다

◆ 단독주택과 다가구주택, 준주택은?

[단독주택]   [다가구주택]

(1) 단독주택이란?

한 가구 혹은 19가구 이내의 가구가 거주, 주거생활을 영위할 수 있는 구조로 된 주택으로서 공동주택의 범위에 포함되지 않는 주택을 의미한다. 건축법상 단독주택은 단독주택, 다중주택과 다가구주택, 공관 등이 포함된다(건축법 시행령 제3조의5 별표1 용도별 건축물의 종류). 여기서 단독주택은 보통 단층(1층)으로 단독세대가 거주할 수 있도록 건축된 주택을 말하고, 분양이 불가하며 층수제한이 없다.

(2) 다중주택

단독주택의 일종으로 학생 또는 직장인 등 여러 사람이 장기간 거주할 수 있는 구조로, 독립된 주거형태를 갖추고 있지 않는 경우를 말한다(각 호실별로 욕실은 설치되어 있으나, 취사시설은 설치하지 아니한 주택). 1개 동의 주택으로 바닥면적의 합계가 330㎡ 이하이고, 주택의 층수는 지하층을 제외하고 3개 층 이하이다.

(3) 다가구주택

단독주택의 일종으로 주택으로 쓰이는 층수(지하층은 제외한다)가 3층 이하이며 1개동의 주택으로 바닥면적의 합계가 660㎡ 이하이고, 2세대 이상 19세대 이하가 거주할 수 있는 주택으로 각 구획마다 방, 부엌, 화장실이 잘 갖추어져 있어서 한 가구씩 독립하여 생활할 수 있으나 분리하여 소유하거나 매매가 불가능한 주택을 말한다.

(4) 준주택

준주택은 주택 외의 건축물과 그 부속토지로서 주거시설로 이용할 수 있는 시설을 말한다. 도시가 발달하면서 사람들의 주거형태가 다양화되면서 이를 뒷받침하기 위해 제도적으로 만들어진 주택이다. 준주택은 고시원, 노인복지주택 및 오피스텔이 있다(주택법 제2조, 시행령 제2조).

① 고시원은 두 가지다. 하나는 제2종 근린생활시설로 분류되는 고시원으로서, 같은 건축물에 해당용도로 쓰이는 바닥 면적의 합계가 500㎡ 미만인 것이고, 다른 하나는 제2종 근린생활시설에 해당하지 아니하는 것으로 숙박시설로서 고시원이 있다.

② 노인복지주택은 단독주택과 공동주택에 해당되지 않는 것으로 노인복지시설 중 노인복지주택(노인복지법)을 말한다.

③ 오피스텔은 일반업무시설 중 업무를 주로하며, 분양하거나 임대하는 구획 중 일부의 구획에서 숙식을 할 수 있도록 한 건축물로서 국토교통부가 고시하는 기준에 적합한 것이다. 관련법은 주택법이다.

◆ 공동주택은 어떤 것이 있을까?

대지 및 건물의 벽, 복도, 계단, 기타 설비 등의 전부 또는 일부를 공동으로 사용하는 각 세대가 하나의 건축물 안에 각각 독립된 주거생활을 영위하는 구조로 된 주택으로 아파트, 연립, 다세대주택 등이 여기에 포함되며, 건축법에서는 학교 또는 공장 등에서 학생 또는 종업원 등을 위하여 사용되는 기숙사도 공동주택에 포함시킨다.

(1) 아파트

공동주택의 한가지로 5층 이상의 주택을 말한다. 즉 5층 이상으로 세대당 297㎡ 이하이어야 하며 20세대 이상이 거주, 세대별 분양이 가능한 주택을 말한다(주택법 제2조 3호).

주택별로 각각 분리하여 분양 또는 등기가 가능하며 각각 매매 또는 소유의 한 단위를 이루고 있는 점이 아파트·연립·다세대주택과 단독·다가구주택이 다른 점이다.

(2) 연립주택

공동주택의 한가지로 동당 건축 연면적이 660㎡를 초과하는 4층 이하의 주택으로 세대당 전용면적 297㎡ 이하이어야 하며, 2~19가구 거주, 분양과 등기가 가능한 주택이다(주택법 제2조 3호).

(3) 다세대주택

이는 2~19가구 거주, 분양가능, 4층 이하로 연면적이 660㎡ 이하인 주택이다. 1동당 건축 연면적이 660㎡ 이하로 4층 이하의 공동주택을 주택별로(호수별로) 각각 분리하여 분양과 등기가 가능한 주택이다(주택법 제2조 3호).

(4) 기숙사

학교 또는 공장 등에서 학생 또는 종업원 등을 위하여 사용되는 것으로서 공동취사 등을 할 수 있는 구조이되, 독립된 주거의 형태를 갖추지 아니한 건물을 말한다.

(5) 공동주택 요약정리

주택으로 쓰이는 층수	종류	연면적	
5개층 이상	아파트	세대당 전용면적이 297m² 이하	
4개층 이하	연립주택	연면적 660m² 초과	지하 주차장 면적 제외
	다세대주택	연면적 660m² 이하	
독립된 주거형태를 갖지 못함	기숙사	• 학교 또는공장 등의 학생 또는 종업원 등을 위하여 사용되는 것 • 공동취사 가능 구조	

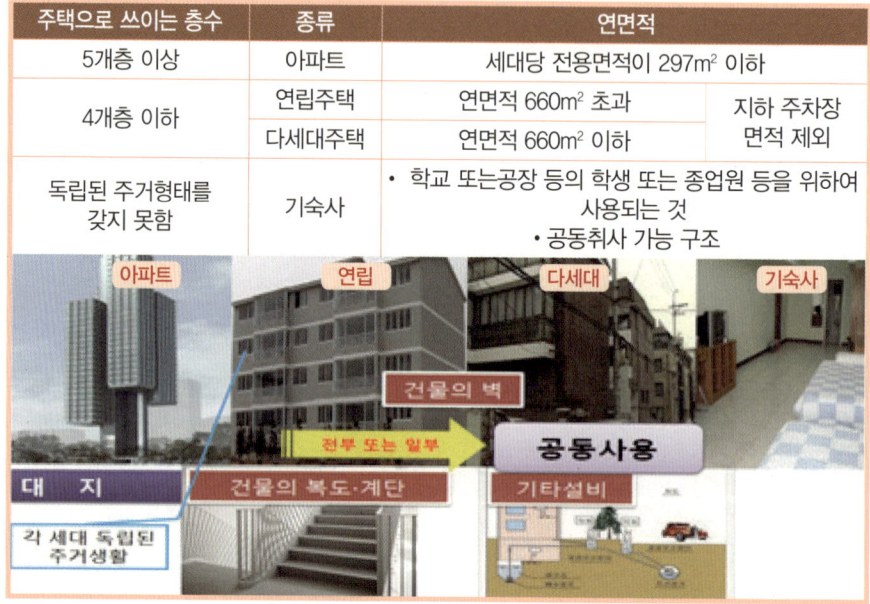

02 상가건물은 일반건물과 집합건물이 있다

상가는 단지내 상가, 근린상가, 주상복합상가, 오피스텔상가, 오피스텔, 상가주택 등이 있다(건축법시행령 제3조의5 별표1 용도별 건축물의 종류).

(1) 단지내 상가

단지내 상가는 아파트 단지내 상가와 기존 주택의 단지내상가가 있다.

(2) 근린상가

근린상가는 중심상가, 근린상가, 유통상가, 일반상가로 1종, 2종 근린생활시설 위주로 구성되어있는 건물이다.

(3) 주상복합상가

주상복합상가는 상층부는 아파트(3~4층 이상은 주택)이나 하층부는 상가(1~3층 등은 상가)로 구성되어 있다.

(4) 오피스텔상가

오피스텔상가는 상층부는 오피스텔이나 하층부는 상가(1~3층 등은 근린상가)로 구성되어 있다.

(5) 오피스텔

오피스텔은 건물전체가 업무용오피스텔로 구성되어 있는 건물이다.

(6) 상가주택

상가주택은 1~2층 등은 상가이고, 그외 상층부는 주택인 경우로 겸용주택이라고도 한다.

03 집합건물에서 구분소유권 등과 용어정리

◆ 집합건물에서 구분소유권이란?

1동의 건물 중 구조상 구분된 수개의 부분이 독립된 건물로 사용될 수 있을 때 각 건물 부분을 목적으로 하는 소유권이다(집합건물의 소유 및 관리에 관한 법률 제1조, 제2조1호). 집합건물에 속한 독립된 각 가구의 구분된 공간에 대한 소유권이다. 구분소유자란 구분소유권의 소유자를 말한다.

◆ 집합건물의 전유부분이란?

구분소유권의 전용부분으로 등기부상 표시하는 내용이고 일반적으로 건축물대장이나 분양에서는 전용면적이라 부른다.

◆ 집합건물에서 용어정리

(1) 전용면적

현관안쪽의 실제사용면적으로 방, 거실, 주방, 화장실, 다용도실 넓이가 모두 포함된다(베란다 즉 발코니는 제외된다). 세대별로 독립적으로 이용되는 공간으로 실제 사용하는 면적을 말하며 공동주택의 구분소유권등기에 기재되는 등기면적이다. 동일한 평형대라도 주거전용면적이 차이가 있을 수 있고 주거전용면적이 큰 곳이 더 넓은 공간에서 산다고 볼 수 있다[주거전용면적비율=주거전용면적／공급면적(주거전용＋주거공용면적)].

(2) 주거공용면적

아파트건물 내에서 다른 세대와 공동으로 사용하는 공간을 뜻한다. 계단, 엘리베이터실, 1층 현관, 복도 등이 이에 해당된다. 아파트공급면적은 전용면적＋주거공용면적을 말한다.

(3) 기타공용면적

주거공용면적을 제외한 전체단지에서 공동으로 사용하는 관리사무소, 노인정, 기계실, 경비실, 지하층면적 등을 말한다. 아파트 구입 시 계약면적은 전용면적＋주거공용면적＋기타공용면적이 포함된다.

(4) 서비스면적

발코니 즉 베란다면적을 말한다.

◆ 집합건물에서 대지사용권이란?

(1) 대지사용권이란?

대지사용권은 건물(아파트 등의 집합건물)의 구분소유자가 전유부분을 소유하기 위하여 건물의 대지에 대하여 가지는 권리이다(집합건물의 소유 및 관리에 관한 법률 제2조 6호).

(2) 대지사용권의 종류

대지권의 종류에는 소유권이 대지권인 경우와 소유권 이외의 권리 중 지상권, 전세권, 임차권, 법정지상권, 관습법상 법정지상권, 무상사용권(시영아파트), 유상사용권(건물만 분양하고 토지사용료를 일정 기간 동안 분양가에 포함한 경우) 등이 있다. 이러한 대지권은 집합건물등기부의 두 번째 표제부(전유부분 표제부) 하단에 지분으로 대지권의 표시(대지권의 종류, 대지권의 비율 등)가 등기되며 이를 대지권 등기라 한다.

04 아파트 분양할 때 계약면적을 계산하는 방법

등기부에서는 전유면적(=전용면적)만 등기되고, 공용면적은 등기되어 있지 않다. 건축물대장에서만 **전용면적 + 주거공용면적 + 기타 공용면적** 등이 기재되어 있는데, 이 면적들의 합계가 분양할 때 계약면적이다.

◆ 아파트 등의 집합건물 평형을 계산하는 방법

아파트 평형에 대해 헷갈리는 분들이 많은데, 이번 기회에 확실하게 알고 넘어가자! 건축물대장에서 전용면적과 주거용 공용면적(전용부분을 사용하기 위해서 직접적으로 공유하는 복도와 계단 및 엘리베이터 등의 면적)을 구해서 0.3025를 곱하면 우리가 흔히 말하는 아파트 평형이다. 이때 주거공용면적은 등기부에 표시되지 않고, 건축물대장에서만 확인할 수 있다. 즉 아파트 등에서 제곱미터 면적을 평형으로 환산하는 방법은 전용면적 + 주거공용면적(계단, 복도 등의 면적) = 합계 00㎡ 즉 전용면적 84.98㎡ + 주거용 공용면적 24.02㎡ = 109㎡ × 0.3025 = 33평형(32.97)이다.

◆ 아파트와 다세대주택, 상가건물에서 약식으로 하는 평형 계산방법

집합건물에서 평형 계산방법은 앞에서와 같이 계산해야 정확한 면적을 확인할 수 있다. 하지만 집합건물의 전용면적을 알고 있을 때 건축물대장을 확인하지 않고, 약식으로 계산하는 방법은 ① 아파트는 전용면적 84.98㎡×0.3025×1.3(주거공용면적이 전용면적의 30% 수준임)=33.41로 34평형, ② 다세대주택이나 연립주택은 전용면적 59.78㎡×0.3025×1.2(주거공용면적이 전용면적의 20% 수준임)=21.70으로 22평형, ③ 상가나 오피스텔 등은 전용면적 48.54㎡×0.3025×2(상가 등은 전용면적이 51%, 공용면적이 49%이기 때문)= 29.36으로 30평형으로 판단하면 된다. 그러나 이 계산 방법은 부동산을 현장 조사하는 과정에서 전용면적만 알고 있을 때 약식으로 면적을 계산하는 것이지 정확한 계산 방법은 앞의 계산과 같이 건축물대장을 보고 계산해야 한다.

◆ 각종 아파트 면적을 구분하는 요령

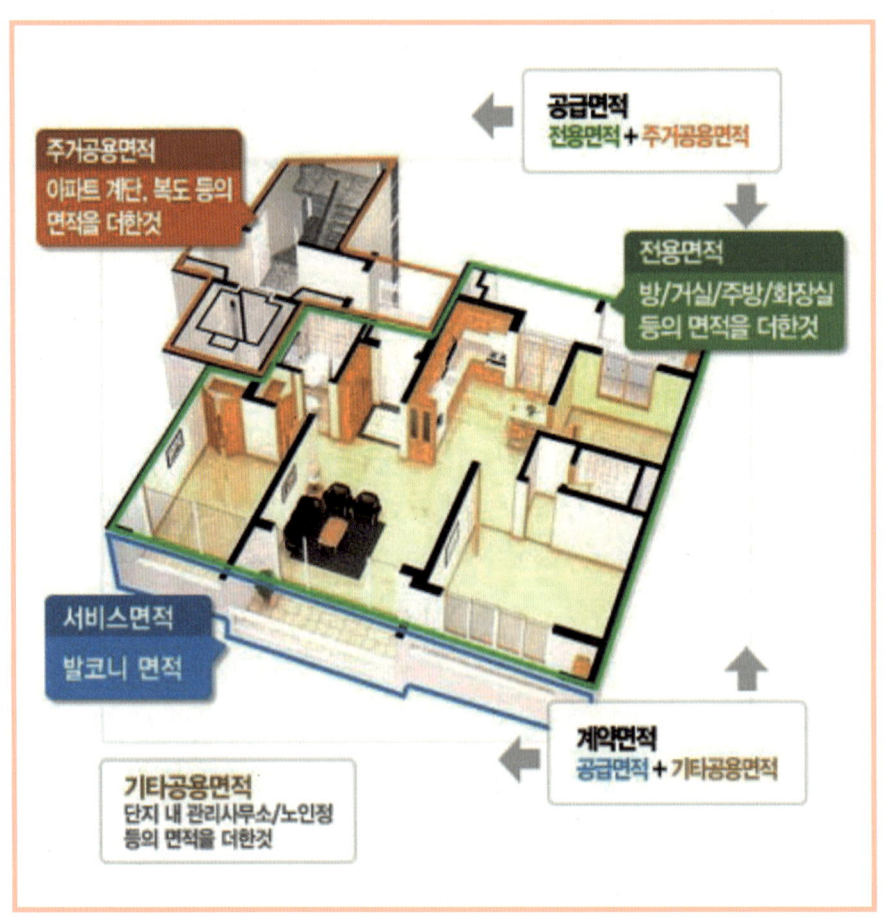

05 건물 신축 후 건축물대장과 등기부가 만들어지는 과정

◆ 건축법(주택법)에 따라 건물을 신축하거나 재건축(재개발)하는 과정

나대지(건물이 없는 빈 땅)에 주택이나 상가건물 등을 신축하려면 토지이용계획확인원 등을 확인해서 건축제한과 건폐율 및 용적률을 확인하고, 건축제한이 없을 때, 건축사무소에서 건폐율 및 용적률에 의해서 건축을 설계하고 관할 지자체인 시·군·구청의 건축과 및 주택과에 건축신고 또는 허가를 받아서 건물을 짓는 과정으로 진행된다.

◆ 건물 짓는데 건폐율과 용적률이 중요한 이유

건폐율은 대지면적에 대한 건축바닥면적의 비율을 의미한다. 따라서 건폐율이 높을수록 건물을 넓게 지을 수 있는 땅으로, 건축물대장상에 있는 건폐율은 건축 신고 시 신고된 건폐율이다.

용적률은 건물을 지을 수 있는 대지면적에 대한 총 건축연면적(지하층을 제외하고 건물의 바닥면적을 합한 면적)의 비를 의미한다. 용적률이 높으면 높을수록 그만큼 건물을 높게 지을 수 있는 좋은 땅이 되므로, 용적률이 낮은 땅에 비해서 높은 가격으로 거래된다. 이러한 건폐율과 용적률은 기본적으로 국토의 계획 및 이용에 관한 법률에 의해 기준이 정해지며, 지자체의 조례에 따라 그 기준을 달리하고 있는데 서울시와 광역시 일부 조례기준을 살펴보면 다음과 같다.

용도지역			서울특별시		부산광역시		대구광역시		인천광역시		대전광역시	
			건폐율	용적률	건폐율	용적률	건폐율	용적률	건폐율	용적률	건폐율	용적률
(1) 도시지역	① 주거지역	제1종 전용	50% 이하	100% 이하	50	100	50	100	50	80	50	100
		제2종 전용	40% 이하	120% 이하	40	120	40	120	40	120	40	120
		제1종 일반	60% 이하	150% 이하	60	150	60	200	60	150	60	150
		제2종 일반	60% 이하	200% 이하	60	200	60	250	60	200	60	200
		제3종 일반	50% 이하	250% 이하	50	300	50	280	50	250	50	250
		준 주거	60% 이하	400% 이하	60	500	60	400	60	350	60	400

② 상업지역, ③ 공업지역, ④ 녹지지역 등은 생략(지자체 조례기준 참조)

쉽게 정리해 보면, 서울에서 2종 일반주거지역에서 100평의 대지면적을 가지고 있을 때 건폐율이 60% 이니 바닥면적을 60평까지. 용적률이 200% 이니 바닥면적을 60평으로 하면 4층을 지으면서 1층에서 3층까지 면적은 60평으로 하고 4층은 20평으로 주택을 지을 수 있다. 주택 모양과 바닥면적을 고려해서 바닥면적을 50평으로 한다면 1층에서 4층까지 모두 50평으로 주택 모양과 대지의 공간을 확보할 수 있게 되므로 건축 설계시 이러한 측면을 고려해서 주택을 신축하면 된다.

◆ 건축물대장과 등기부는 어떻게 만들어 지나?

나대지에 건물을 신축하거나 기존건물을 철거하고, 재건축과 재개발하는 과정에서 건폐율과 용적률에 의해서 신축 또는 재건축 계획을 수립하고, 그에 기해서 각 구청에 건축신고 또는 건축허가를 득하고, 건물을 신축하면 된다.

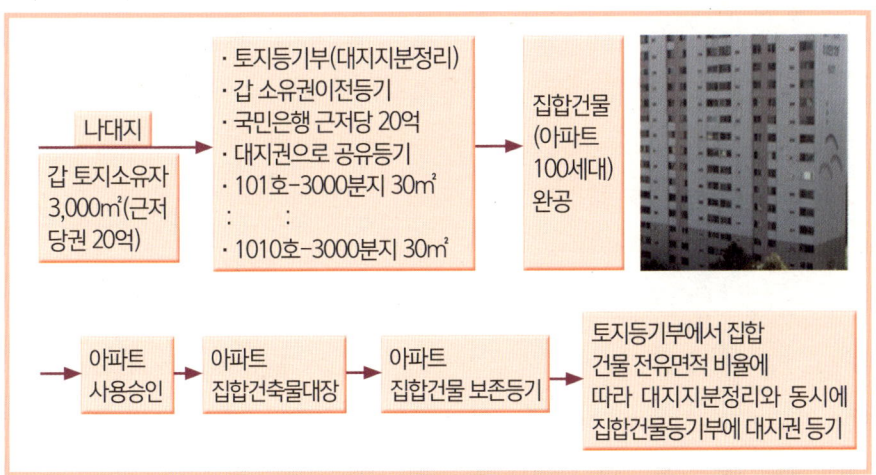

이렇게 건물이 완공되면, 건축주 또는 시공사가 사용승인을 각 구청 건축과(19세대 이하) 또는 주택과(19세대 초과)에 신청하게 되는데, 각 구청담당자는 건축사협회에 특별검사원(건축사)의 지정을 요청하여 건축허가 신청 시의 설계대로 건축이 완공되었는지를 확인하고, 이상이 없을 경우 각 구청 담당자에게 조사서를 작성하여 제출한다.

그러면 각 구청 건축과 또는 주택과에서 사용승인을 하고, 사용승인 이후 2~3일 이내(주택규모에 따라 더 많은 시일이 소요되기도 한다)에 건축물대장이 만들어지게 된다.

이 건축물대장에는 건물에 대한 구분소유지분과 면적 등이 표시되고, 소유자에 관한 표시 등이 기재되는데, 이 대장을 가지고 건축주 또는 소유자가 등기소에 소유권보존등기를 신청하게 된다. 이 소유권보존등기 이후 등기소에서 전산으로 각 구청에 통지되므로 2~3일 이내(실무상 7일 이내)에 보존등기 사항을 기준으로 건축물대장을 다시 정리하는 절차로 등기부와 건축물대장이 태동하는 것이다.

이 경우 집합건물의 각 구분소유권은 등기부에서는 전유부분만 표시되고, 건축물대장에만 전용면적과 주거공용면적과 공용면적 등이 표시된다. 이 주거공용면적과 공용면적 등은 구분소유권의 전용면적비율에 의해서 결정하게 되고, 이 전용면적과 주거공용면적의 합계에 0.3025를 곱하면 우리가 알고 있는 아파트 몇 평형의 의미가 되는 것이다.

　그리고 보존등기 이후에 소유권이 제3자에게 이전등기 되면 등기소에서 전산으로 각 구청에 2~3일 이내에 통지하게 되고, 이 소유권이전등기 사항을 대장에 변경, 기재하게 되므로, 등기부와 대장에 기재된 내용이 다른 경우 부동산 표제부(지목, 면적, 주소 등) 내용은 대장이 우선(∵ 사용승인 이후 만들어진 대장을 보고 기재하게 되므로)하고, 소유권과 같은 권리사항은 등기부가 우선(∵ 소유권이전 등기 사항을 보고 대장을 변경하게 되므로)하게 되는 것이다.

◆ 도시 및 주거환경정비법의 이전고시를 통한 재건축 등

　도시 및 주거환경정비법(=도정법)에 의한 재건축이나 재개발은 종전 건물과 대지에 대한 관리처분계획인가후 이주 공고 후 종전 건물을 멸실하고, 착공신고를 하고 공사를 시작하게 되는데 ① 재건축은 대지를 합필절차와 신탁등기 후 진행하는데 반해서, ② 재개발은 합필과정과 신탁등기 없이 진행하게 된다.

　어쨌든 이들 모두 공사가 완료되면 사용승인을 받고 관리처분계획변경인가를 신청하게 되고 인가가 나면 조합의 이전고시 신청이 의해 이전고시가 되고, 그 이전고시에 따라 건축물대장이 만들어 지고, 그 건축물대장에 의해 집합건물을 보존 등기하는 과정으로 마무리가 된다.

　그리고 유의할 점은 재건축에서는 대지를 합필하고 신탁등기를 하게 되므로 신탁등기 이후에 건물과 토지가 분리될 수 없고, 다만 신탁등기 이전에 등기된 채권(토지별도등기)에 의해서만 분리가 가능하다. 하지만 재개발의 경우에는 대지를 합필하는 과정과 신탁등기 없이 진행되므로, 이전고시 또는 대지권이 성립되기 전까지 분리하여 매각하는 것이 가능하다.

◆ 집합건물에서 어떻게 대지권미등기가 발생하고, 등기되는 시점은?

집합건물인 아파트나 연립, 다세대주택 등에서 건축물 완공 이후 사용승인을 신청할 시점에는 대부분 대지권이 미정리 상태에 있다. 그래서 집합건물만 보존등기를 하고, 집합건물등기부에 대지권이 미등기인 상태로 남는데, 이러한 경우 이 기간 동안 대지권미등기 아파트라 부른다. 그러나 훗날 대지권이 정리가 되면, 집합건물등기부의 표제부에 대지권 표시를 등기하게 된다. 즉 건물구분소유권자의 전유면적 비율에 따라 대지지분이 안분되어, 토지등기부에서 공유지분으로 분할 등기되고, 이 대지지분에 따라 건축물등기부의 두 번째 표제부에서 대지권으로 표시된다. 이 같이 대지권이 정리되고 난 후에는 특별한 사정이 없는 한 구분소유권(건물소유권)과 대지권은 분리하여 매각될 수 없다.

집합건물이 아닌, 일반건축물인 단독주택이나 다가구주택은 토지와 건물이 별개의 부동산이므로, 소유자를 달리 할 수 있다는 차이점만 있을 뿐, 건축물에서 등기부와 대장이 만들어지는 과정은 같다고 이해하면 된다.

◆ 건축물대장과 등기부에 표시된 내용이 다르면 이렇게 해라?

앞의 건물 신축 후 건축물대장과 등기부를 만드는 과정과 같이 사용승인을 받아 건축물대장을 만들고, 그 대장을 가지고 보존등기를 하면 된다. 그다음 소유자가 제3자로 변경되면 등기소에서 전산으로 각 구청에 2~3일 이내에 통지하게 되고, 이 소유권이전등기 사항을 대장에 변경, 기재하게 되므로 등기부와 대장에 기재된 내용이 다른 경우 부동산 표제부(지목, 면적, 주소 등) 내용은 대장이 우선(∵ 사용승인 이후 만들어진 대장을 보고 기재하게 되므로)하고, 소유권과 같은 권리사항은 등기부가 우선(∵ 소유권이전 등기 사항을 보고 대장을 변경하게 되므로)하게 되는 것이다.

그래서 임차인은 전입신고를 할 때 대장과 일치한 주소로 해야 한다. 이때 유의할 점은 단독주택(다가구주택)에서는 번지(주소)만 일치하면 되지만, 집합건물(아파트, 다세대, 연립 등)은 번지, 동, 호수까지 일치해야 주임법상 대항력과 우선변제권이 발생한다. 그렇지 못한 경우에는 주임법으로 보호를 받을 수 없게 된다.

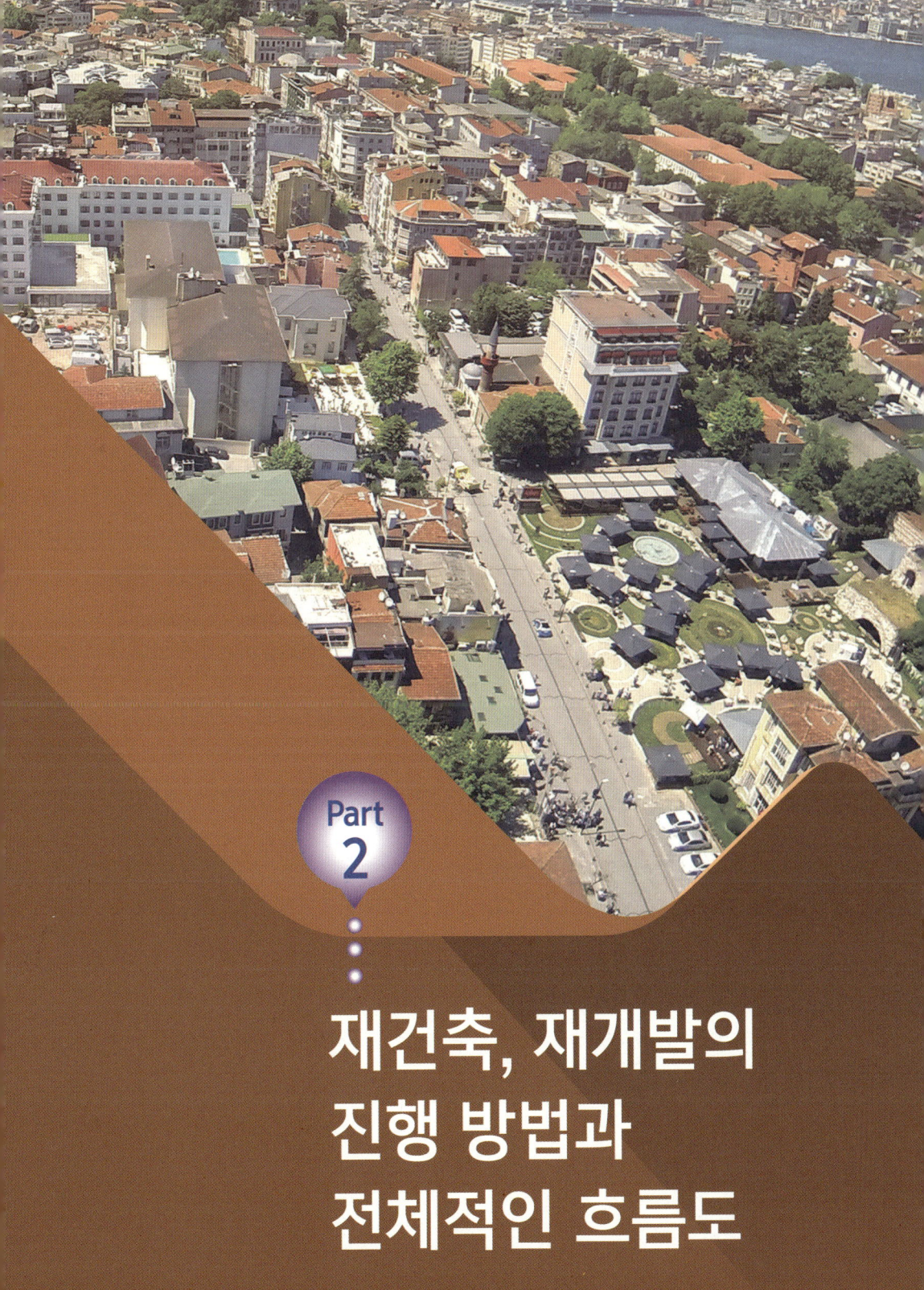

Part 2

재건축, 재개발의 진행 방법과 전체적인 흐름도

01 도시정비법으로 진행되는 재건축과 재개발 등은?

　재건축과 재개발 등은 도시 및 주거환경정비법(약칭: 도시정비법)에 따라 시행되고 있다. 이 법은 도시기능의 회복이 필요하거나 주거환경이 불량한 지역을 계획적으로 정비하고 노후·불량건축물을 효율적으로 개량하기 위하여 필요한 사항을 규정함으로써 도시환경을 개선하고 주거생활의 질을 높이는 데 이바지함을 목적으로 한다(도시정비법 제1조).

구분	주거환경 개선사업	주거환경 관리사업	주택재개발 사업	도시환경 정비사업	주택재건축 사업	가로주택 정비사업
대상 지역	저소득자 집단거주	단독주택 및 다세대 밀집	노후불량 건축물밀집	상·공업 지역	공동주택	노후불량주택 밀집 가로구역
통폐합	주거환경개선사업		재개발사업		재건축사업	소규모 정비 특례법으로 이동
시행자	시장, 군수, 주택공사		조합, 시장, 군수, 주택공사			

　이 사업은 종전에 주거환경개선사업, 주거환경관리사업, 주택재개발사업, 도시환경정비사업, 주택재건축사업, 가로주택정비사업이었다. 현재는 이 6개 유형의 정비사업 중 대상지역이나 사업방식이 유사한 사업은 통합하여 **주거환경개선사업**(주거환경개선사업+주거환경관리사업), **재개발사업**(주택재개발사업+도시환경정비사업), **재건축사업** 등의 3개 유형으로 단순화해서 시행하고 있다.

02 재건축과 재개발사업은 어떻게 진행되나?

재건축은 **정비기반시설이 양호하나 노후·불량 건축물이** 밀집한 지역에서 주거환경을 개선하기 위하여 시행하는 사업으로 아파트나 연립주택과 같은 공동주택을 철거하고, 새롭게 신축하는 것을 말한다.

이에 비해서 재개발은 **정비기반시설이 열악하고, 노후·불량 건축물이** 밀집한 지역에서 주거환경을 개선하기 위하여 시행하는 사업으로 주로 단독주택 및 다가구주택 등과 같은 일반주거지역에서 건물을 철거 후 열악한 정비기반시설을 먼저 정비하고, 건물을 신축하는 단계로 진행하게 된다.

이 밖에도 재개발사업은 도시정비법상 정비구역으로 지정되어야 하지만, 재건축은 도시정비법상 정비구역으로 지정되지 않았더라도, 기존아파트와 연립주택을 철거하고 20세대 이상의 주택을 신축하는 요건만 충족할 경우, 도시정비법상 재건축 사업을 진행할 수 있다는 것이 차이점이다. 이렇게 재개발은 지방자치단체의 계획에 따라 수도, 전기 등 통합적인 도시 재정비에 해당하는 공공 개발적 성격이 강한 반면, 재건축은 기존의 소유주들이 자체적으로 건물을 새로 짓는 민영개발의 성격이 강하다. 일반적으로 노후 아파트 단지 단위로 아파트 단지를 새로 짓는 것을 재건축이라 하고, 여러 개의 아파트 단지들을 하나로 묶거나 단독주택 지대 혹은 판자촌을 밀고 새로 짓는 것을 재개발로 구분하면 될 것이다. 기본적으로 재건축 대상은 수십년 이상 된 노후·불량 공동주택을 원칙으로 한다. 과거에는 단독주택도 재건축 사업이 가능했지만, 2014년 8월 3일 도정법 시행령 정비계획 수립대상지역에서 삭제되어 이후 단독주택지는 재건축 정비계획 대상지로 수립할 수 없게 되었다. 단, 2012년 도입된 가로주택정비사업으로 소규모 재건축이 가능하다.

이러한 재건축과 재개발은 해당구역에서 추진위원회를 구성하고 '조합설립인가'를 받아야 한다. 조합설립인가가 법적인 효력을 얻기 위해서는 재건축사업은 추진위원회가 공동주택의 각 동별 구분소유자의 과반수 동의와 주택단지의 전체 구분소유자의 4분의 3 이상 및 토지면적의 4분의 3 이상의 토지소유자의 동의를 받아 시장·군수 등의 인가를 받아야 한다. 재개발은 추진위원회가 토지 등의 소유자 4분의 3 이상의 동의를 얻어 정관 및 국토교통부령이 정하는 서류를 첨부하여 조합설립 인가를 받아서 진행하게 된다.

그리고 아파트 소유자는 도시 및 주거환경 정비법에 의하여 재건축 조합원으로서 이후 아파트 분양권을 배정받을 수 있지만, 재건축에 미동의 한다면 보상으로 현금청산을 받고 나갈 수도 있다.

이때에도 현금청산 금액을 가지고 주는 쪽과 받는 쪽 사이에 다툼이 발생해서 소송으로 번지는 사례가 많이 발생한다.

재건축과 재개발사업 등은 조합원들의 이익을 우선으로 하기 때문에 조합원들이 먼저 물량을 선점하고, 남은 물량으로 일반분양을 한 후 발생한 투자 수익으로 조합원들의 부담을 줄이는 사업구조이다. 그렇기 때문에 조합은 일반분양가를 높이려는 경향이 있고, 높은 분양가임에도 추가 상승여력이 뒷받침되어야 투자수요가 유입되어 일반분양 물량의 청약이 성공할 수 있다.

재건축 등으로 일반분양 세대수가 많아서, 또는 일반분양가가 높으면, 그만큼 조합원들의 이득으로 돌아가는 사업구조이다. 그러나 세대수가 적거나 일반분양가가 낮으면, 또는 미분양이 발생하면 그만큼 조합원들이 부담해야할 금액이 커질 수밖에 없다. 왜냐하면 기존주택을 가지고 신축아파트를 지을 때 발생하는 건축비 등을 일반분양가로 충당하고 나서, 부족분이 조합원 등의 청산금으로 부담할 금액이 되는 것이다. 이러한 재건축과 재개발사업을 다음 05번과 같이 이 추진되는 전체적인 흐름도를 한눈으로 볼 수 있도록 했다. 그다음 재건축과 재개발사업 전반적인 내용은 Part 3 이후부터 세부적으로 자세하게 기술해 놓았으니 참고하면 된다.

03 재건축 사업할 때 노후·불량 건축물 판단 기준

재건축은 정비기반시설이 양호하나 **노후·불량 건축물이** 밀집한 지역에서 주거환경을 개선하기 위하여 시행하는 사업으로 아파트나 연립주택과 같은 공동주택을 헐고 신축하는 것을 말한다.

이렇게 재건축은 정비기반 시설이 양호한 지역에서 건물 노후화로 주택단지만을 철거 후 재건축하는 것을 말한다. 여기서 정비기반시설은 도로·상하수도·공원·공용주차장·공동구, 그 밖에 주민의 생활에 필요한 열·가스 등의 공급시설로서 대통령령으로 정하는 시설 등을 의미한다.

◆ 노후 · 불량건축물의 범위(도시정비법 시행령 제2조)

① 도시정비법 제2조 제3호 나목에서 "대통령령으로 정하는 건축물"이란 건축물을 건축하거나 대수선할 당시 건축법령에 따른 지진에 대한 안전 여부 확인 대상이 아닌 건축물로서 다음 각 호의 어느 하나에 해당하는 건축물을 말한다.

1. 급수·배수·오수 설비 등의 설비 또는 지붕·외벽 등 마감의 노후화나 손상으로 그 기능을 유지하기 곤란할 것으로 우려되는 건축물
2. 법 제12조 제4항에 따른 안전진단기관이 실시한 안전진단 결과 건축물의 내구성·내하력(耐荷力) 등이 같은 조 제5항에 따라 국토교통부장관이 정하여 고시하는 기준에 미치지 못할 것으로 예상되어 구조 안전의 확보가 곤란할 것으로 우려되는 건축물

② 법 제2조 제3호 다목에 따라 특별시·광역시·특별자치시·도·특별자치도 또는 「지방자치법」 제175조에 따른 서울특별시·광역시 및 특별자치시를 제외한 인구 50만 이상 대도시의 조례로 정할 수 있는 건축물은 다음 각 호의 어느 하나에 해당하는 건축물을 말한다.

1. 건축법 제57조 제1항에 따라 해당 지방자치단체의 조례로 정하는 면적에 미치지 못하거나 국토의 계획 및 이용에 관한 법률 제2조 제7호에 따른 도시·군계획시설 등의 설치로 인하여 효용을 다할 수 없게 된 대지에 있는 건축물
2. 공장의 매연·소음 등으로 인하여 위해를 초래할 우려가 있는 지역에 있는 건축물
3. 해당 건축물을 준공일 기준으로 40년까지 사용하기 위하여 보수·보강하는 데 드는 비용이 철거 후 새로운 건축물을 건설하는 데 드는 비용보다 클 것으로 예상되는 건축물

③ 법 제2조 제3호 라목에 따라 시·도조례로 정할 수 있는 건축물은 다음 각 호의 어느 하나에 해당하는 건축물을 말한다.

1. 준공된 후 20년 이상 30년 이하의 범위에서 시·도조례로 정하는 기간이 지난 건축물
2. 국토의 계획 및 이용에 관한 법률 제19조 제1항 제8호에 따른 도시·군기본계획의 경관에 관한 사항에 어긋나는 건축물

◆ 각 지자체별로 노후·불량건축물의 범위를 규정한 조례

(1) 서울특별시 도시 및 주거환경정비 조례 제4조

① 도시정비법 시행령 제2조 제3항 제1호에 따라 노후·불량건축물로 보는 기준은 다음 각 호와 같다.

1. 공동주택

　가. 철근콘크리트·철골콘크리트·철골철근콘크리트 및 강구조인 공동주택: 별표 1에 따른 기간

　나. 가목 이외의 공동주택: 20년

2. 공동주택 이외의 건축물

　가. 철근콘크리트·철골콘크리트·철골철근콘크리트 및 강구조 건축물: 30년

　나. 가목 이외의 건축물: 20년

② 도시정비법 시행령 제2조 제2항 제1호에 따른 노후·불량건축물은 건축 대지로서 효용을 다할 수 없는 과소필지 안의 건축물로서 2009년 8월 11일 전에 건축된 건축물을 말한다.

③ 미사용승인건축물의 용도별 분류 및 구조는 건축허가 내용에 따르며, 준공 연도는 재산세 및 수도요금·전기요금 등의 부과가 개시된 날이 속하는 연도로 한다.

[별표 1]
철근콘크리트조 · 철골콘크리트조 · 철골철근콘크리트조 및 강구조 공동주택의 노후불량 건축물 기준

준공년도 구분	5층 이상 건축물	4층 이하 건축물
1981년 12월 31일 이전	20년	20년
1982년	22년	21년
1983년	24년	22년
1984년	26년	23년
1985년	28년	24년
1986년	30년	25년
1987년	30년	26년
1988년	30년	27년
1989년	30년	28년
1990년	30년	29년
1991년 1월 1일 이후	30년	30년

(2) 경기도 도시 및 주거환경정비 조례 제3조

제2항 도시정비법 시행령 제2조 제3항 제1호에 따른 노후·불량 건축물이란 다음 각 호의 어느 하나에 해당하는 기간을 경과한 건축물을 말한다.

1. 철근콘크리트구조 공동주택은 별표 1에 따른다. 다만, 도로·철도 등 공익사업이 주택단지내 주택으로 쓰이는 건축물 동수의 2분의 1 이상을 지나는 경우의 건축물은 20년

2. **제1호 이외의 건축물**

    가. 단독주택(건축법 시행령 별표 1 제1호에 따른 단독주택을 말한다)이 아닌 건축물로서 철근콘크리트·철골철근콘크리트구조 또는 철골구조건축물은 30년

    나. 가목 이외의 건축물(기존무허가건축물 포함)은 20년

(3) 부산광역시 도시 및 주거환경정비 조례 제3조

제2항 도시정비법 시행령 제2조 제3항 제1호에서 "준공된 후 20년 이상 30년 이하의 범위에서 시·도조례로 정하는 기간이 지난 건축물"이란 다음 각 호와 같다.

1. 공동주택
   가. 1995년 1월 1일 이후 준공된 건축물은 30년
   나. 1991년 1월 1일부터 1994년 12월 31일까지 준공된 건축물은 25년
      +(준공연도-1990)
   다. 1990년 12월 31일 이전에 준공된 건축물은 25년
2. 제1호 외의 건축물
   가. 철근콘크리트조, 철골콘크리트조, 철골철근콘크리트조 또는 강구조 건축물은 30년
   나. 가목 외의 건축물 25년

이 밖에 다른 시도별 지자체 노후·불량건축물규정은 각 지자체 도시 및 주거환경정비 조례를 확인하면 된다.

이렇게 재건축연한이 2015년부터 40년이었다가 30년으로 단축되어 시행되고 있다. 그러나 30년이 지난 아파트라고 바로 재건축을 할 수 있는 것이 아니라 앞의 02번과 같이 진행되므로, 안전진단 통과와 정비구역 수립 및 지정 등의 넘어야할 산이 많다

04 재개발사업에서 노후·불량 건축물과 정비구역지정 요건

재개발사업은 **정비기반시설이 열악하고, 노후·불량 건축물이** 밀집한 지역에서 주거환경을 개선하기 위하여 시행하는 사업으로 주로 단독주택 및 다가구주택 등과 같은 일반주거지역에서 건물을 철거 후 열악한 정비기반시설을 먼저 정비하고, 건물을 신축하는 단계로 진행하게 된다.

재건축은 정비기반시설이 양호한 지역을 대상으로 하지만, 재개발사업은 정비기반시설이 열악해서 살기 불편한 지역을 개발하는 것이다. 따라서 재개발구역 전체를 철거 후 먼저 정비기반시설을 갖추고, 아파트 등을 신축하는 단계로 진행한다.

◆ 정비계획의 입안대상지역(도시정비법 시행령 제7조)

① 특별시장·광역시장·특별자치시장·특별자치도지사·시장·군수 또는 자치구의 구청장은 법 제8조제4항 및 제5항에 따라 별표 1의 요건에 해당하는 지역에 대하여 법 제8조제1항 및 제5항에 따른 정비계획(이하 "정비계획"이라 한다)을 입안할 수 있다.

② 특별시장·광역시장·특별자치시장·특별자치도지사·시장·군수 또는 자치구의 구청장은 제1항에 따라 정비계획을 입안하는 경우에는 다음 각 호의 사항을 조사하여 별표 1의 요건에 적합한지 여부를 확인하여야 하며, 정비계획의 입안 내용을 변경하려는 경우에는 변경내용에 해당하는 사항을 조사·확인하여야 한다.

1. 주민 또는 산업의 현황
2. 토지 및 건축물의 이용과 소유현황
3. 도시·군계획시설 및 정비기반시설의 설치현황
4. 정비구역 및 주변지역의 교통상황
5. 토지 및 건축물의 가격과 임대차 현황
6. 정비사업의 시행계획 및 시행방법 등에 대한 주민의 의견
7. 그 밖에 시·도조례로 정하는 사항

③ 특별시장·광역시장·특별자치시장·특별자치도지사·시장·군수 또는 자치구의 구청장은 사업시행자(사업시행자가 둘 이상인 경우에는 그 대표자를 말한다. 이하 같다)에게 제2항에 따른 조사를 하게 할 수 있다.

◆ 각 지자체별로 정비계획 입안대상지역 요건을 규정한 조례

(1) 서울특별시 도시 및 주거환경정비 조례 제6조

① 영 제7조제1항 별표 1 제4호에 따른 정비계획 입안대상지역 요건은 다음 각 호와 같다.

1. 주거환경개선구역(주거환경개선사업을 시행하는 정비구역을 말한다. 이하 같다)은 호수밀도가 80 이상인 지역으로서 다음 각 목의 어느 하나에 해당하는 지역을 말한다. 다만, 법 제23조 제1항 제1호에 따른 방법(이하 "관리형 주거환경개선사업"이라 한다)으로 시행하는 경우에는 제외한다.
   가. 노후·불량건축물의 수가 대상구역 안의 건축물 총수의 60퍼센트 이상인 지역
   나. 주택 접도율이 20퍼센트 이하인 지역
   다. 구역의 전체 필지 중 과소필지가 50퍼센트 이상인 지역

2. 주택정비형 재개발구역(주택정비형 재개발사업을 시행하는 구역을 말한다. 이하 같다)은 면적이 1만제곱미터[법 제16조제1항에 따라 서울특별시 도시계획위원회 또는 「도시재정비 촉진을 위한 특별법」(이하 "도시재정비법"이라 한다) 제5조에 따른 재정비촉진지구에서는 같은 법 제34조에 따른 도시재정비위원회가 심의하여 인정하는 경우에는 5천제곱미터] 이상으로서 다음 각 목의 어느 하나에 해당하는 지역
  가. 구역의 전체 필지 중 과소필지가 40퍼센트 이상인 지역
  나. 주택접도율이 40퍼센트 이하인 지역
  다. 호수밀도가 60 이상인 지역

② 정비구역 지정은 제1항에서 정한 정비계획 입안대상지역 요건 이외에 법 제4조에 따른 도시·주거환경정비기본계획에 따른다.

③ 제1항에도 불구하고, 영 제7조제1항 별표 1 제4호에 따리 부지의 정형회, 효율적인 기반시설의 확보 등을 위하여 필요하다고 인정되는 경우에는 서울특별시 도시계획위원회의 심의를 거쳐 정비구역 입안대상지역 면적의 100분의 110 이하까지 정비계획을 입안할 수 있다.

④ 영 제7조제1항 별표 1 제3호라목에서 "시·도조례로 정하는 면적"이란 1만제곱미터 이상을 말한다. 다만, 기존의 개별 주택단지가 1만제곱미터 이상인 경우에는 서울특별시 도시계획위원회 심의를 거쳐 부지의 정형화, 효율적인 기반시설 확보 등을 위하여 필요하다고 인정하는 경우로 한정한다.

⑤ 영 제7조제1항 별표 1 제2호 바목에 따른 역세권에 대하여 입안하는 도시정비형 재개발구역(도시정비형 재개발사업을 시행하는 구역을 말한다. 이하 같다)은 다음 각 호에 해당하는 지역에 수립한다.

1. 역세권은 철도역의 승강장 경계로부터 반경 500미터 이내 지역 중 「국토의 계획 및 이용에 관한 법률」 제2조제3호에 따른 도시 · 군기본계획의 중심지체계상 지구중심 이하에 해당하는 지역을 말한다.
2. 제1호에도 불구하고 다음 각 목의 어느 하나에 해당하는 지역은 역세권에서 제외한다. 다만, 서울특별시 도시계획위원회 심의를 거쳐 부득이하다고 인정하는 경우에는 예외로 한다.
   가. 전용주거지역 · 도시자연공원 · 근린공원 · 자연경관지구 및 최고고도지구(김포공항주변 최고고도지구는 제외한다)와 접한 지역
   나. 「경관법」 제7조에 따른 경관계획상 중점경관관리구역, 구릉지 및 한강축 경관형성기준 적용구역
3. 노후 · 불량건축물의 수가 대상지역 건축물 총수의 60퍼센트 이상인 지역

(2) 한눈으로 보는 각 지자체별 정비구역지정요건

도시정비법에 의한 주택재개발사업을 진행하려면 정비구역으로 지정되어야 한다.

서울시 주택재개발 사업의 경우 아래 조건 중 2가지 이상을 만족해야만 재개발구역으로 지정할 수 있다.

항목	조건	비고
호수밀도	60호이상/1ha	1ha 면적에 위치한 건축물의 총수
노후도	60% 이상	전체건축물중 노후, 불량한 건축물의 비중
접도율	40% 이하	폭4m이상 접한 건축물의 비율
과소필지	40% 이상	전체 필지중 90㎡이하(주거지역) 필지 비율

이는 시간이 경과됨에 따르는 노후도외에 다른 조건을 만족해야 하는데 시간이 경과하여도 호수밀도 또는 과소필지 비율이 늘어나거나 접도율이 줄어들 가능성이 매우 적으므로 노후도만으로 재개발을 시행할 수 없다는 것이다.

서울시 이외에 다른 시도의 지정요건은 다음과 같다.

항목	인천	경기도	부산	대구
호수밀도	70호 이상	70호 이상	50호 이상	-
노후도	40% 이상	40% 이상	40% 이상	40% 이상
접도율	40% 이하	40% 이하	40% 이하	40% 이하
과소필지	40% 이상	40% 이상	40% 이상	40% 이상

서울시를 제외한 다른 시도의 경우에는 위 구역지정요건 중 1개 이상을 만족하면 주택재개발사업을 시행할 수 있도록 규정되어 있다.

05 재건축이 추진되는 전체적인 흐름도

◆ 재건축을 추진하는 각 단계별 진행절차

사업 추진 가능성을 판단하는 단계
도시 및 주거환경정비 기본계획설립/승인(인구 50만 이상의 시 : 특별시장, 광역시장, 시장, 도의 시장은 도시사 승인)
(주민공람 14일 이상, 지방의회의견청취, 지방도시계획위원회 심의)

재건축에서 안전진단을 하는 단계
안전진단(안전진단을 통해 재건축의 적정성 여부를 판단하는 단계로 재건축에만 해당됨)
2018년 3월 5일부터 구조안전성비율을 기존 20%→50%로 확대 실시, 안전성에 문제가 없으면 재건축을 할 수 없도록 했다.

도시계획으로 행정구역을 지정고시과정
정비계획 수립 및 정비구역지정
(시장, 군수, 구청장 입안 → 시·도지사가 결정)
(주민공람 30일 이상, 지방의회 의견청취, 지방도시계획위원회 심의)

조합설립을 위해 추진위원회를 구성하는 단계
조합설립 추진위원회 구성 및 승인(토지 등 소유자의 과반수의 동의로 시장, 군수, 구청장 등의 승인을 얻어야 함)
① 추진위원회는 5명의 재건축정비사업 전문관리업자 선정.
② 추진위원회는 재건축인 경우 안전진단 지정 신청.
③ 추진위원회는 조합설립인가준비 등 조합설립할 때까지 재건축에 관한 제반업무추진하고 조합이 설립되면 모든 업무는 조합에 이관된다.

추진위원회가 조합인가신청을 통해 조합설립단계
조합설립인가
(추진위원회가 각 동별 구분소유자의 과반수 동의와 전체 구분소유자 및 토지면적의 4분의 3 이상의 동의를 받아 시장·군수등의 인가를 받아야 한다)

시공사선정
(조합설립인가 후 전체조합원 과반수 이상 참여해서 과반수 이상이 찬성으로 시공사를 선정). 다만 서울시는 사업시행인가 후에 시공사를 선정함.

일체의 사업내용 최종적으로 확정
사업시행인가
(인가권자 : 시장, 군수, 구청장)
① 조합심의 신청 → 구청 건축심의회 → 서울시 건축심의 통보 → 구청 건축심의결과 통보 → 조합사업승인 신청 → 시장·군수 등은 60일 이내 인가 여부 결정하여 사업시행자에게 통보
② 주민공람 14일 이상

조합원의 분양 신청, 권리가액의 평가, 국공유지 매수, 토지수용

(2) 관리처분 인가절차

조합원 등의 권리가액 및 부담금 결정단계
관리처분계획인가
(사업시행자 → 시장, 군수, 구청장)(30일 이내 인가여부 결정)
① 사업시행인가 고시 후 120일 이내 분양공고
② 토지 등 소유자는 분양신청기간에 분양신청 (공고일로부터 30~60일)
③ 조합총회의 의결 및 공람(30일 이상)

이주철거 및 착공신고
(시행자 → 시, 군, 구청장)
① 관리처분계획인가 후 철거신고 후 철거 가능
② 착공신고시 시공보증서 제출공람 14일 이상

일반분양 및 동호수 추첨(착공 후 건축공정 80% 이후 일반분양)
① 국민주택의 일반공급 (주택공급에 관한 규칙 제27조)
② 민영주택의 일반공급 (규칙 제28조)

사업시행인가대로 건축되었는지 확인하는 과정
준공인가(사용검사)
(시행자 → 시, 군, 구청장)(준공 및 입주)
① 준공인가 고시 후 확정 측량, 토지분할, 분양권자에게 통지 및 소유권 이전
② 소유권 이전 후 구청장에게 보고

조합에 있던 재산권을 각 입주자 명의로 등기하는 과정
조합해산 및 청산절차
(관계서류이관)
① 대지 및 건축물에 대한 등기촉탁
② 청산금의 징수 및 지급
③ 조합의 해산 및 서류 이관(시행자(조합) → 구청장에게 서류이관)

◆ 재건축과 재개발사업의 차이점

재건축과 재개발사업의 차이는 재건축은 안전진단 절차가 있으나 재개발은 안전진단 절차가 없다는 사실과 재건축의 경우 시공사 선정을 조합설립인가 후에 하지만, 서울특별시만 다음 〈알아두면 좋은 내용〉처럼 사업시행인가 후에 시행사를 선정하게 된다는 사실이 다른 점이다.

	재건축	재개발
안전진단 실시	안전진단 실시함	안전진단절차 없음
조합원 조건	구역내 건축물 및 부속토지를 동시에 소유해야함	구역내 건축물 또는 토지소유자, 지상권자
임대주택 건설의무	상한용적률과 법적상한용적률 차이의 50%(시도조례에 따라 다름)	전체 세대수의 15% 이상 (시도조례에 따라 다름)
개발부담금	재건축부담금 (재건축초과이익환수법에 따름)	해당 없음
신탁등기	신탁등기하고 재건축사업을 진행 (신탁등기 후 토지거래 불가하다)	신탁등기 없이 재개발사업을 진행됨 (토지만 거래가 가능하다)
주거이전비 및 영업보상비	해당 없음	있음(영업보상, 주거이전비, 이사비 등)
미분양신청	매도청구소송	도시정비법에 따른 수용절차
미분양신청자의 소유권취득	현금청산 협의 독촉 후 매도청구 소송을 통해 소유권 취득	수용재결 및 보상금 공탁으로 소유권 취득
기반시설 기부채납	상대적으로 적음	상대적으로 많음
사업진행의 원활함	상대적으로 쉬움	상대적으로 시간이 오래 걸림
투자수익 예측	수익예측이 상대적으로 쉬움	수익예측이 상대적으로 어려움

> **알아두면 좋은 내용**
>
> ### 계약의 방법 및 시공자 선정 등(도시정비법 제29조)
> 조합은 조합설립인가를 받은 후 조합총회에서 제1항에 따라 경쟁입찰 또는 수의계약(2회 이상 경쟁입찰이 유찰된 경우로 한정한다)의 방법으로 건설업자 또는 등록사업자를 시공자로 선정하여야 한다. 다만, 대통령령으로 정하는 규모(조합원이 100인) 이하의 정비사업은 조합총회에서 정관으로 정하는 바에 따라 선정할 수 있다(제4항)〈개정 2017. 8. 9.〉. 이렇게 도시정비법 제29조 4항에 따라 조합설립인가 이후 시공자를 선정할 수 있도록 규정하고 있고, 서울시를 제외한 모든 지자체 등이 이에 따르고 있다.
>
> ### 서울시만 시공사 선정 시기를 사업시행인가 후에 선정하고 있다!
> 도시정비법 제118조 제6항 공공지원의 시행을 위한 방법과 절차, 기준 및 제126조에 따른 도시·주거환경정비기금의 지원, 시공자 선정 시기 등에 필요한 사항은 시·도조례로 정한다고 규정하고 있다. 이 법에 따라 서울시만 다음과 같은 조례로 재건축과 재개발에서 사업시행계획인가를 받은 후에 시공사를 선정하고 있다는 사실을 알고 있어야 한다.
> "서울시 도시 및 주거환경정비 조례 제77조 제1항 도시정비법 제118조 제6항에 따라 조합은 사업시행계획인가를 받은 후 총회에서 시공자를 선정하여야 한다. 다만, 법 제118조 제7항 제1호에 따라 조합과 건설업자 사이에 협약을 체결하는 경우에는 시공자 선정 시기를 조정할 수 있다."

Part 3

기본계획수립에서
조합설립 후 시공사를
선정하기까지!

01 기본계획의 수립과 정비계획 수립 및 정비구역 지정

◆ 기본계획의 수립

재건축과 재개발은 도시정비법에 의해 기본계획이 수립되어야만 사업이 가능하다. 국토교통부장관은 도시 및 주거환경을 개선하기 위하여 10년마다 다음 각 호의 사항을 포함한 기본방침을 정하고, 5년마다 타당성을 검토하여 그 결과를 기본방침에 반영하여야 한다(도시정비법 제3조).

1. 도시 및 주거환경 정비를 위한 국가 정책 방향
2. 제4조 제1항에 따른 도시·주거환경정비기본계획의 수립 방향
3. 노후·불량 주거지 조사 및 개선계획의 수립
4. 도시 및 주거환경 개선에 필요한 재정지원계획
5. 그 밖에 도시 및 주거환경 개선을 위하여 필요한 사항으로서 대통령령으로 정하는 사항

◆ 정비기본계획의 수립 및 정비구역의 지정

(1) 정비기본계획의 수립(도시정비법 제4조)

① 특별시장·광역시장·특별자치시장·특별자치도지사 또는 시장은 관할구역에 대하여 도시·주거환경정비기본계획(이하 "기본계획"이라 한다)을 10년 단위로 수립하여야 한다. 다만, 도지사가 대도시가 아닌 시(인구 50만 미만)로서 기본계획을 수립할 필요가 없다고 인정하는 시에 대하여는 기본계획을 수립하지 아니할 수 있다.

② 특별시장·광역시장·특별자치시장·특별자치도지사 또는 시장(이하 "기본계획의 수립권자")은 기본계획에 대하여 5년마다 타당성 여부를 검토하여 그 결과를 기본계획에 반영하여야 한다.

(2) 기본계획 수립을 위한 주민의견청취 등(법 제6조)

① 기본계획의 수립권자는 기본계획을 수립하거나 변경하려는 경우에는 14일 이상 주민에게 공람하여 의견을 들어야 하며, 제시된 의견이 타당하다고 인정되면 이를 기본계획에 반영하여야 한다.

② 기본계획의 수립권자는 제1항에 따른 공람과 함께 지방의회의 의견을 들어야 한다. 이 경우 지방의회는 기본계획의 수립권자가 기본계획을 통지한 날부터 60일 이내에 의견을 제시하여야 하며, 의견제시 없이 60일이 지난 경우 이의가 없는 것으로 본다.

③ 제1항 및 제2항에도 불구하고 대통령령으로 정하는 경미한 사항을 변경하는 경우에는 주민공람과 지방의회의 의견청취 절차를 거치지 아니할 수 있다.

(3) 정비구역의 지정(법 제8조)

① 특별시장·광역시장·특별자치시장·특별자치도지사·시장 또는 군수(광역시의 군수는 제외하며, 이하 "정비구역의 지정권자"라 한다)는 기본계획에 적합한 범위에서 노후·불량건축물이 밀집하는 등 대통령령으로 정하는 요건에 해당하는 구역에 대하여 제16조에 따라 정비계획을 결정하여 정비구역을 지정(변경지정을 포함한다)할 수 있다(제1항).

② 자치구의 구청장 또는 광역시의 군수(이하 제9조, 제11조 및 제20조에서 "구청장등"이라 한다)는 제9조에 따른 정비계획을 입안하여 특별시장·광역시장에게 정비구역 지정을 신청하여야 한다. 이 경우 제15조 제2항에 따른 지방의회의 의견을 첨부하여야 한다(제5항).

이렇게 시장, 군수, 구청장 등이 기본계획에 적합한 범위에서 노후·불량 건축물이 밀집한 구역에 대해 정비계획을 수립해 30일 이상 주민에게 공람하고, 지방의회 의견을 수렴한 후 ⇨ 특별시장이나 광역시장에게 정비구역지정을 신청하면 14일 이상 주민에게 공람하고, 구의회 의견을 청취한 후 도시계획위원회에서 심의한 후 지정하게 된다.

이 시기가 재건축 등의 사업에 시동을 거는 단계로 재건축 등에 대한 기대감이 형성되면서 투자자들이 관심을 가지게 되어 가격 상승이 가능하게 된다. 하지만 초기 단계인 만큼 투자금액이 장기간 묶일 수도 있다는 점을 감안하고 투자전략을 세워야 한다.

02 재건축사업에서 안전진단(노후도, 안정성 진단)

안전진단은 주택의 노후화나 불량 정도에 따라 구조의 안전성 여부, 보수비용, 주변 여건 등을 조사해서 재건축 가능 여부를 판단하는 절차이다. 재개발사업은 안전진단절차가 없이 진행되는데 반해서, 재건축사업은 안전진단 절차가 완료되어야만 정비계획 수립이 확정되고, 사업추진이 가능한 만큼 안전진단은 중요하다.

안전진단을 통과하면 재건축사업이 구조적으로 가능하다는 의미이기 때문에 투자 리스크가 줄어들고, 한 차례 가격 상승이 가능하다.

그렇지만 안전진단이 통과된다고 해서 곧바로 재건축사업이 빨리 진행되는 것은 아니다. 5인 이상의 평가위원회에서 지반 상태, 균열, 노후화, 건물마감, 주차, 일조, 소음환경, 도시 미관 등의 평가항목에서 예비진단을 통과하면 '주거환경(40%), 건축마감 및 설비노후도(30%), 구조안전성(20%), 비용분석(10%)' 항목별로 A~E등급으로 평가하게 된다. E등급은 즉시 재건축이 승인되지만, A~D등급은 건물마감, 설비성능, 주거환경 평가 등을 거친 뒤 다시 검토하게 된다. 최근 재건축시장이 서울 등으로 과열되자 정부는 '주거환경 40%→15%, 건축마감 및 설비노후도 30%→25%, 구조안전성 20%→50%로 강화하고, 조건부 재건축인 D등급을 받은 경우 시설안전공단 등 공공기관의 적정성 검토를 받도록 규제를 강화했기 때문이다.

03 재건축과 재개발사업에서 추진위원회 구성 및 승인

　조합설립추진위원회는 토지 및 건축물 소유자의 1/2 이상 동의를 얻어 위원장을 포함해 5인 이상의 위원으로 구성하고, 시·군·구청장의 승인을 받아야 한다. 추진위원회는 정비사업 전문관리업체 선정, 조합설립 인가 준비업무, 정비사업계획서 작성, 토지 등 소유자동의서 징구, 창립총회 준비, 운영규정 및 정관 초안 작성 등의 역할을 하며 조합이 설립되면 추진위원회의 모든 업무는 조합으로 이관된다.

　이렇게 추진위원회가 구성되면 재건축사업이 시작이라고 볼 수 있다.

◆ 정비구역 지정 후 추진위원회와 조합을 설립하는 단계

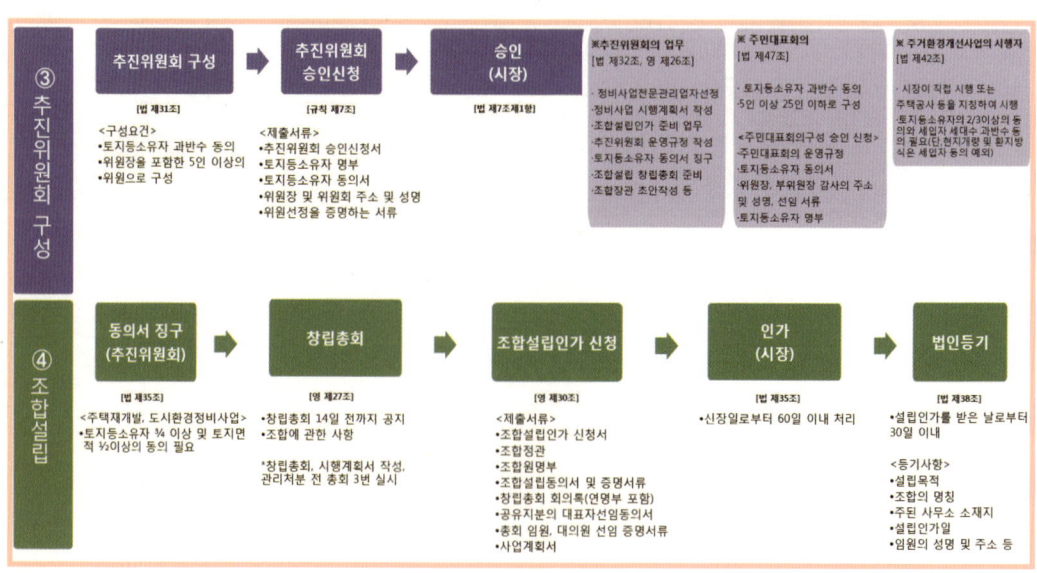

〈성남시 도시정비사업 시행 절차도〉

04 재건축과 재개발사업에서 조합설립 인가

　재건축과 재개발은 해당구역에서 추진위원회를 구성하고 '조합설립인가'를 받아야 한다. 조합설립인가가 법적인 효력을 얻기 위해서는 재건축사업은 추진위원회가 공동주택의 각 동별 구분소유자의 과반수 동의와 주택단지의 전체 구분소유자의 4분의 3 이상 및 토지면적의 4분의 3 이상의 토지소유자의 동의를 받아 시장·군수 등의 인가를 받아야 한다. 재개발은 추진위원회가 토지 등의 소유자 4분의 3 이상의 동의를 얻어 정관 및 국토교통부령이 정하는 서류를 첨부하여 조합설립 인가를 받아서 진행하게 된다.

　주택공사 등이 아닌 자가 정비사업을 시행하고자 하는 경우에는 건물 및 토지 소유자로 구성된 조합을 설립해야 한다. 조합설립 인가를 받은 날로부터 30일 이내에 사무소 소재지에 등기를 하면 정비사업조합이 성립된다. 재개발사업은 조합설립 당시 사업시행구역 안에 있는 토지 등 소유자가 사업에 동의하지 않아도 조합원이 되지만, 재건축사업은 조합설립에 동의한 자만 조합원이 되고, 동의하지 않은 자는 조합원이 될 수 없다. 또한 투기과열지구로 지정된 지역에서는 조합설립 인가 후 재건축조합원의 지위양도가 제한되고, 이런 물건을 매입한다면 현금으로 청산될 수 있음에 유의해야 한다.

　이렇게 조합설립인가가 되면 임시기구가 합법적인 법인체로 변경되었기 때문에 본격적인 사업이 비로소 진행되는 것이다.

> 알아두면 좋은 내용

투기과열지구 내 조합원지위 양도금지와 조합원분양권 전매제한

도시정비법 제39조 제2항 주택법 제63조 제1항에 따른 투기과열지구로 지정된 지역에서 재건축사업을 시행하는 경우에는 조합설립인가 후, 재개발사업을 시행하는 경우에는 제74조에 따른 관리처분계획의 인가 후 해당 정비사업의 건축물 또는 토지를 양수한 자는 제1항에도 불구하고 조합원이 될 수 없다(재건축은 2017년 8.2대책 이후 투기과열지구에서 사업시행, 재개발은 2018년 1월 24일 이후에 사업시행). 다만 양도인이 다음 각 호의 어느 하나에 해당하는 경우 그러하지 아니한다.

1. 세대원의 근무상 또는 생업상의 사정이나 질병치료·취학·결혼으로 세대원이 모두 해당 사업구역에 위치하지 아니한 특별시·광역시·특별자치시·특별자치도·시 또는 군으로 이전하는 경우
2. 상속으로 취득한 주택으로 세대원 모두 이전하는 경우
3. 세대원 모두 해외로 이주하거나 세대원 모두 2년 이상 해외에 체류하려는 경우
4. 1세대 1주택자로서 양도하는 주택에 대한 소유기간 및 거주기간이 대통령령으로 정하는 기간 이상인 경우
   ⇨ 도시정비법 시행령 제37조 제1항 2018년 1월 25일부터 10년 이상 보유하고, 5년 이상 거주 요건을 갖출 경우 예외적으로 조합설립과 관계없이 조합원 지위 양도가 허용된다.
5. 그 밖에 불가피한 사정으로 양도하는 경우로서 대통령령으로 정하는 경우 조합원 지위 양도가 허용된다.

⇨ 도시정비법 시행령 제37조 제2항 "대통령령으로 정하는 경우"란 다음 각 호의 어느 하나에 해당하는 경우를 말한다.

1. 조합설립인가일부터 3년 이상 사업시행인가 신청이 없는 재건축사업의 건축물을 3년 이상 계속하여 소유하고 있는 자가 사업시행인가 신청 전에 양도하는 경우
2. 사업시행계획인가일부터 3년 이내에 착공하지 못한 재건축사업의 토지 또는 건축물을 3년 이상 계속하여 소유하고 있는 자가 착공 전에 양도하는 경우
3. 착공일부터 3년 이상 준공되지 아니한 재건축사업의 토지를 3년 이상 계속하여 소유하고 있는 경우
4. 법률 제7056호 도시및주거환경정비법 일부개정법률 부칙 제2항에 따른 토지등 소유자로부터 상속·이혼으로 인하여 토지 또는 건축물을 소유한 자

5. 국가·지방자치단체 및 금융기관(주택법 시행령 제71조 제1호 각 목의 금융기관을 말한다)에 대한 채무를 이행하지 못하여 재건축사업의 토지 또는 건축물이 경매 또는 공매되는 경우(주택법 시행령 71조 1호에서 정한 금융기관은 가.「은행법」에 따른 은행, 나.「중소기업은행법」에 따른 중소기업은행, 다.「상호저축은행법」에 따른 상호저축은행, 라.「보험업법」에 따른 보험회사, 마. 농협은행, 수협은행, 신협은행, 새마을금고, 산림조합은행, 한국주택금융공사. 우체국은행 등)등만 인정하고, 개인채권자의 경매신청으로 매수한 경우에는 허용하지 않고 있다.)
6. 「주택법」제63조 제1항에 따른 투기과열지구로 지정되기 전에 건축물 또는 토지를 양도하기 위한 계약을 체결하고, 투기과열지구로 지정된 날부터 60일 이내에 「부동산 거래신고 등에 관한 법률」제3조에 따라 부동산 거래의 신고를 한 경우 등은 조합설립인가 후, 또는 관리처분계획인가 후에도 조합원의 지위를 양도할 수 있다.

알아두면 좋은 내용

투기과열지구 내 조합원분양권과 일반분양권 재당첨 제한

① 재건축과 재개발사업 조합원 분양분에 당첨된 세대에 속한 자는 5년간 정비사업 일반분양분 당첨에 제한될 뿐만 아니라 법 시행일 이후 주택을 취득한 주택을 통한 조합원 분양분 당첨에도 제한된다.
② 재건축과 재개발사업 일반분양에 당첨된 세대에 속한 자는 5년간 정비사업 일반분양분 당첨에 제한될 뿐만 아니라 법 시행일 이후 주택을 취득한 주택을 통한 조합원 분양분 당첨에도 제한된다.
이러한 경우 조합원의 지위를 적법하게 양도 받았다고 하더라도 그 양수인이 분양분 재당첨 제한에 해당할 수 있고, 이 경우 현금청산자가 된다.
그러나 법 시행 전에 이미 투기과열지구 내에 주택을 소유한 경우에는 법 개정 후 투기과열지구내 재건축과 재개발사업으로 일반분양을 먼저 받거나 추가로 예정주택을 취득하여 조합원분양권을 받는 경우에는 제한을 받지 않는다

05 조합설립인가 후에 시공사를 선정하는 방법

　<u>도시정비법 제29조 4항에서 조합은</u> 조합설립인가를 받은 후 조합총회에서 제1항에 따라 경쟁입찰 또는 수의계약(2회 이상 경쟁입찰이 유찰된 경우로 한정한다)의 방법으로 건설업자 또는 등록사업자를 시공자로 선정하여야 한다. 다만, 대통령령으로 정하는 규모(조합원이 100인) 이하의 정비사업은 조합총회에서 정관으로 정하는 바에 따라 선정할 수 있다. 이렇게 도시정비법 제29조 4항에 따라 조합설립인가 이후 시공자를 선정할 수 있도록 규정하고 있고, 서울시를 제외한 모든 지자체 등이 이에 따르고 있다.

　<u>서울시만 다음과 같은 조례로</u> 재건축과 재개발에서 사업시행계획인가를 받은 후에 시공사를 선정하고 있다는 사실을 알고 있어야 한다.

　"<u>서울시 도시 및 주거환경정비 조례 제77조 제1항</u> 도시정비법 제118조 제6항에 따라 조합은 사업시행계획인가를 받은 후 총회에서 시공자를 선정하여야 한다. 다만, 법 제118조 제7항 제1호에 따라 조합과 건설업자 사이에 협약을 체결하는 경우에는 시공자 선정 시기를 조정할 수 있다."

　<u>전체조합원 과반수 이상 참여해서 과반수 이상이 찬성으로 시공사를 선정한다.</u>
　이렇게 서울시의 경우 사업시행 인가를 받고 나면 경쟁입찰 방식으로 시공사를 선정하는데 시공사 선정을 위한 투표는 조합원 총수의 과반수 이상이 참석해 의결해야 한다.

그런데 시공사가 선정되었다고 해서 반드시 선정 당시 조건으로 시공하는 것은 아니다. 관리처분 총회 전에 시공사와 본 계약을 해야만 비로소 계약조건이 확정된다.

시공사가 선정되면 시공사로부터 자금 대여가 이루어지면서 조합은 자금에 숨통이 트이게 된다. 그러면서 시공사의 업무추진 능력에 대한 믿음과 확신이 생겨 사업의 속도가 빨라지고 투자자들이 빠르게 움직이기 시작한다.

일반적으로 재건축, 재개발 등 정비사업 추진 시 조합과 건설사가 맺는 계약은 도급제, 지분제 두 가지 방법이 있다.

01 도급제는 시공사와 평당 건축비를 산정해서 도급계약을 맺는 방식으로 조합은 진행하는 공정에 따라 공사비를 지급하면 되는 것으로 공사만 시공사에게 맡길 뿐이고, 모든 것을 조합이 추진하는 방식이어서 아파트나 상가 분양 등을 조합이 직접 주관하게 된다. 그러므로 그에 따르는 수익과 손실은 모두 조합과 조합원의 책임으로 돌아간다.

이런 도급제의 장점은 무엇일까요?
조합원 물량 말고, 일반분양 물량을 분양하여 모두 소진되면 수익은 조합원에게 돌아가기 때문에 추가 부담금이 줄어들 수 있고, 해당 공사의 공정률이 빨라질 수 있으며 좋은 품질을 얻을 수 있으며 고급스러운 마감재로 건물의 질을 높일 수 있다.

그에 반해 도급제의 단점도 있다.

조합이 주도하는 만큼 일반분양 물량이 미분양 되었을 때에는 조합원에게 부담이 돌아가게 되고, 공사비가 추가로 상승되었을 때 또한 조합원이 부담해야 한다.

02 지분제는 조합이 시공사에게 모두 일임을 하고 모든 사업의 전반을 시공사가 책임지고 진행하는 방식이다.

계약 시에 조합원에게 무상지분율을 보장하는 것으로, 무상지분율은 대지지분을 기준으로 그에 맞는 평형을 추가 부담금 없이 조합원에게 줄 수 있는 비율을 말한다. 시공사는 조합원 물량 외 나머지 일반분양 물량과 상가 등을 분양해서 공사비로 충당하는 방법이다.

지분제는 또다시 확정지분제와 변동지분제로 나뉘는데 확정지분제는 시공업체 선정 시 조합원 각각의 소유지분에 따라 무상으로 지분을 보장해 주는 방식으로 시공사는 시장상황과 무관하게 무상지분 비율대로 조합원의 지분을 보장해 주어야 한다. 공사 과정에서 추가 공사비가 발생해도 시공사가 전적으로 책임을 지는 것이기 때문에 손실이 생기든 수익이 생기든 모두 시공사로 돌아간다. 이에 반해 변동지분제는 사업추진 과정에서 발생할 수 있는 용적률 변화 등에 따라 시공사가 조합원에 약속하는 지분을 변동 시킬 수 있다. 즉 이주 기간, 용적률, 일반분양 분양가 등 변동에 따라 무상지분율을 낮추는 변동지분제가 있다.

이런 지분제의 장점은 일반분양 물량이 미분양이 되거나 추가 공사비가 발생을 해도 조합원에게는 부담이 없다는 게 장점이다.

지분제의 단점은 수익 즉, 일반분양 물량이 모두 소진되어 수익이 발생해도 모두 시공사의 몫이라는 것이고 공사 중 물가상승으로 공사비가 증액될 경우에는 공사비를 낮추기 위해 저렴한 마감재를 사용하여 품질이 낮아질 수도 있다. 그리고 공정이 느려질 수 있고, 시공사와 마찰이 생길 수 있다는게 단점이다.

통상적으로 재개발은 도급제가 많은 편이고, 재건축은 지분제가 많다. 정리하자면 부동산경기가 호황일 때는 조합은 개발이득을 취하고자 도급제를, 부동산시장이 지금같이 위축되거나 불확실성이 커질 때는 지분제를 선택하게 된다. 올바른 투자자라면 내가 투자하는 부동산이 어떠한 방식으로 진행되는 가를 알고 투자해야 한다.

MEMO

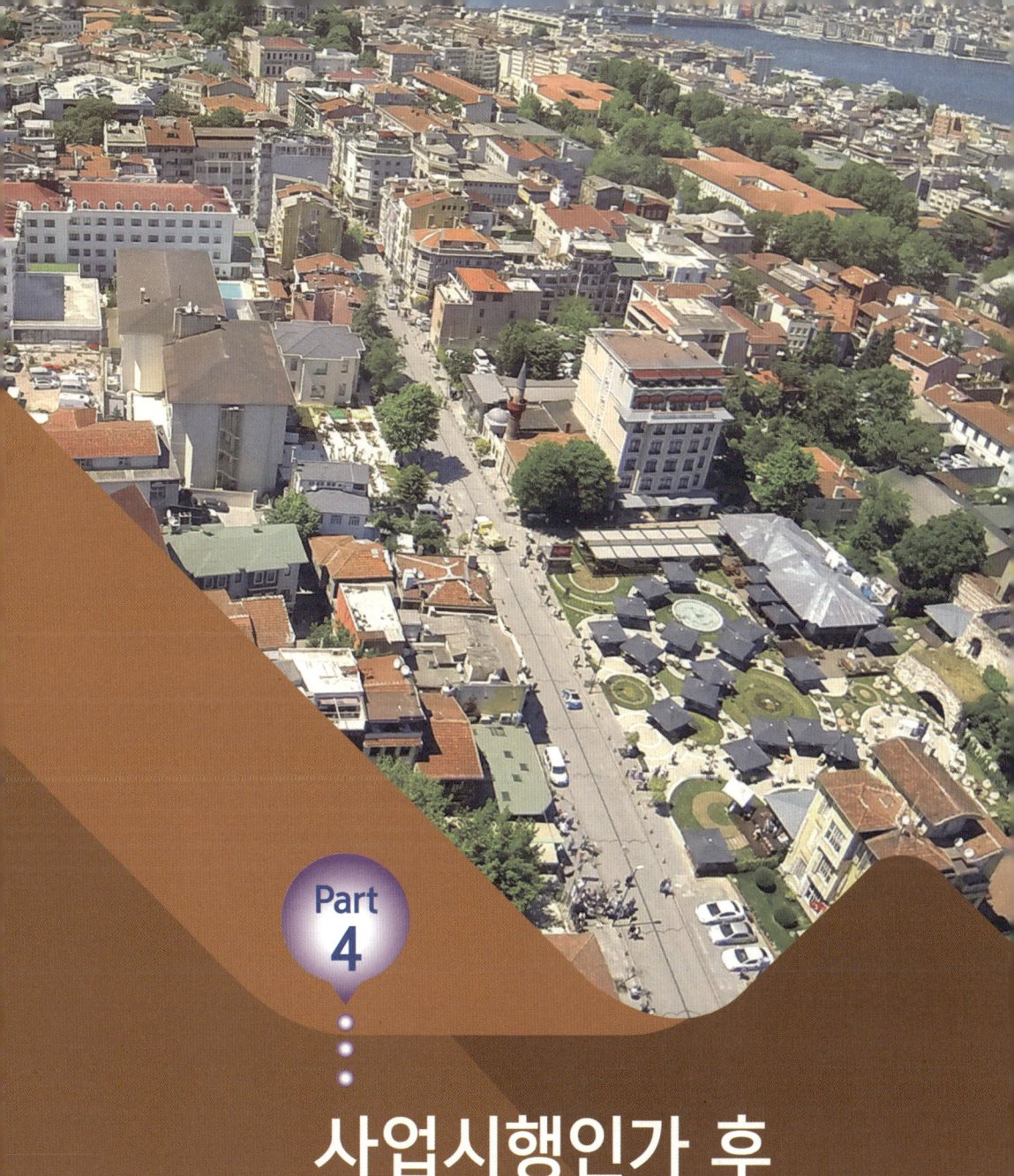

Part 4

사업시행인가 후
재건축과 재개발의
마무리

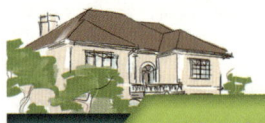

01 사업시행인가 후 재건축 등을 마무리하는 단계 분석

◈ 사업시행인가 신청 및 사업인가를 받아서 고시하는 절차도

⑤ 사업시행인가

타법령에 의한 심의 및 평가등 → **사업시행 계획 수립** → **사업시행인가 신청 (시행자→시장)** → **공람공고 및 의견청취 (시장)** → **관계행정기관장 협의** → **사업시행인가 및 고시(시장)**

타법령에 의한 심의 및 평가등
- 각종 영향평가 및 건축심의 (환경, 교통, 재해 등)
- 문화제지표조사

<조사대상황>
[문화재보호법 제6조 및 동법 제4조]에 의거 3만㎡ 이상의 건설공사

사업시행 계획 수립 [법 제50조 1항, 법 제52조]

<사업시행계획서의 작성>
- 토지이용계획 (건축배치 포함)
- 정비기반시설 및 공동이용시설 설치계획
- 주민이주대책 및 세입자의 주거대책
- 임대주택의 건설계획
- 건축계획 (높이 및 용적률)
- 폐기물 처리계획
- 교육환경평가에 관한 계획 등

사업시행인가 신청 (시행자→시장) [법 제50조 1항][규칙 제10조]

<신청서류>
- 정관등
- 총회의결서 사본
- 사업시행계획서
- 사업시행관련 인허가 의제처리를 위한 협의서류

공람공고 및 의견청취 (시장) [법 제56조]
- 14일 이상 공람
- 공람요지, 공람장소 등을 지방 자치단체 관보 및 인터넷에 공고
- 토지등소유자에게 공고 내용통지
- 이해관계인은 서면으로 시장에게 의견제출

관계행정기관장 협의 [법 제57조 제4항]
- 관계행정기관과 협의 (의제되는 인,허가)
- 관계행정기관의 장은 30일 이내 의견제출

사업시행인가 및 고시(시장) [법 제50조 7항][규칙 제10조3항]
- 정비사업의 종류 및 명칭
- 정비구역의 위치 및 면적
- 사업시행자의 성명 및 주소
- 정비사업의 시행기간
- 사업시행계획인가일
- 수용 또는 사용할 토지 또는 건축물의 명세
- 건축계획의 관한 사항
- 주택건설계획
- 정비기반시설 및 토지 등의 귀속에 관한 사항

〈성남시 도시정비사업 시행 절차도〉

◈ 관리처분계획으로 분양신청과 이주 및 철거하는 절차도

⑥ 관리처분계획

분양신청의 통지/공고 (시행자→시장) → **분양신청 (토지등소유자→시행자)** → **종전자산평가/종후자산 추산액산정** → **관리처분계획의 수립 (사업시행자)** → **관리처분계획의 공람/의견청취 (사업시행자)**

분양신청의 통지/공고 (시행자→시장) [법 제74조 제1항][규칙 제12조]
- 사업시행인가의 고시일부터 120일 이내(사업시행계획인가 이후 시공자를 선정한 경우에는 계약을 체결한 날)

<통지/공고 내용>
- 대지 또는 공람장소에 관계 서류 비치

분양신청 (토지등소유자→시행자) [법 제72조 2,4항, 법 제73조]

<분양신청기간>
- 통지일로부터 30일이상 60일 이내, 20일 범위내에서 연장 가능

<분양신청서류>
- 분양신청서
- 토지 및 건축물에 관한 등기부등본 또는 환지 예정증명원 첨부

종전자산평가/종후자산 추산액산정 [법 제74조]
- 사업시행인가 고시가 있는 날을 기준
- 시장이 선정 및 계약하는 감정평가업자 2인 이상이 평가한 금액을 산술 평균

<현금청산>
- 관리처분계획 인가를 받은 날로부터 90일 이내
- 만료일로부터 60일 이내 수용재결신청하거나 매도청구소송 재기
- 기간 초과 시 15%이자 발생

관리처분계획의 수립 (사업시행자) [법 제74조 1항]
- 분양설계
- 분양대상자의 주소 및 성명
- 종후 자산 추산액
- 종전 자산의 토지/건축물 가격
- 정비사업비 추산액 및 조합원 부담액
- 세입자별 권리명세 및 손실보상액

관리처분계획의 공람/의견청취 (사업시행자) [법 제78조 1항]
- 시행자는 30일 이상 통지등소유자에게 공람, 의견청취
- 공람장소, 기간, 개략적인 공람사항을 토지등소유자에게 통지

→ **관리처분계획 인가신청(시행자)** → **인가/고시 (시장)** → **통보/통지** → **이주** → **철거**

관리처분계획 인가신청(시행자) [법 제74조 1항][규칙 제12조]

<신청서류>
- 신청서
- 관리처분계획서
- 총회의결서 사본
- 관리처분계획 변경, 중지, 폐지의 경우는 그 사유와 내용을 증명하는 서류

인가/고시 (시장) [법 제78조][규칙 제13조]
- 30일 이내에 인가 여부 결정
- 지방자치단체의 공보에 고시

<고시내용>
- 정비사업의 종류 및 명칭
- 정비구역의 위치 및 면적
- 사업시행자의 성명 및 주소
- 관리처분계획인가일(분양신청 만료일)
- 관리처분인가의 요지

통보/통지 [법 제78조][영 제65조]
- 시행자는 분양신청 한 자에게 통지

<통지내용>
- 정비사업의 종류 및 명칭
- 정비구역의 위치 및 면적
- 사업시행자의 성명 및 주소
- 관리처분계획인가일
- 분양대상자별 종전/종후자산 가치 산정액

이주
- 이주계획 및 일정 협의
- 금융기관 선정
- 이주계획서 작성 및 송부
- 이주비 대여 및 근저당 설정
- 이주

철거
- 철거계획서 작성
- 철거 승인
- 수목이식/지장물 이식
- 철거

수용/사용 [법 제62, 63조] (→ 이주)
- 정비구역안에서 정비사업 시행 위해 필요한 경우 토지, 물건 또는 그 밖의 권리를 수용 또는 사용 할 수 있음.
- 손실보상의 협의가 성립되지 아니하거나 협의할 수 없는 경우 관할토지 수용위원회에 재결신청 할 수 있음.

종전자산의 가치산정(자본금)	→	사업비 산정(지출)	→	종후자산의 가치산정(수입)	→	비례율 산출	→	조합원별 권리가액 산정	→	청산
종전토지 및 건축물의 각 조합원별자산가치의 산정		건축비, 이주비, 조합운영비, 용역비 등 전체사업비 추산		아파트 및 부대시설등의 종후자산의 가치산정(추산액)		종후자산총액에서 총 사업비를 공제한 후, 종전자산총액을 나누어 산출		종전자산가액에 비례율을 곱하여 권리가액 산출		조합원별 종전자산권리가액과 종후자산산정액을 비교하여 부족 청산
예) 조합원 A와 종전자산 가액 2억원, 전체 조합원 종전 자산 공액 500억원		예) 본 사업 외 등 사업비 600억원		예) 종후자산 총액 1,000억원 32평 분양가 1.8억원		예) (1000억-600억) / 500억=0.8(80%) (비례율 예시)		예) 조합원 A의 권리가액 2억*0.8억=1.6억		예) 조합원 A의 청산 1.8억-1.6억=2천만원

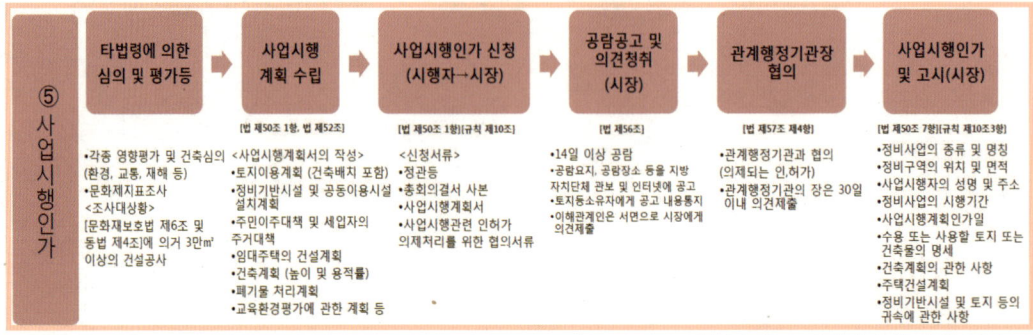

◆ 착공 및 일반분양신청, 그리고 사업을 마무리하는 절차도

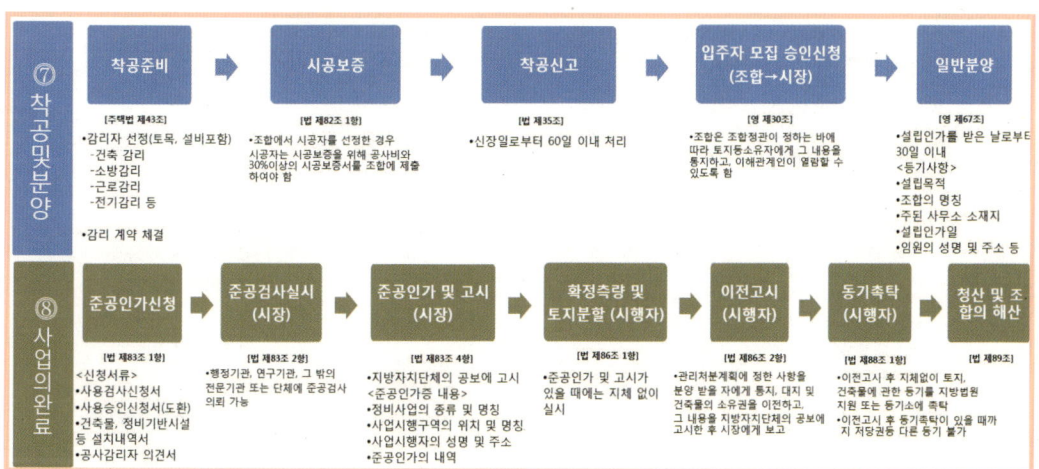

02 사업시행인가는 어떻게 되나?

아파트 재건축 절차 중 조합설립 인가를 받은 다음에는 사업시행 인가를 받아야 한다. 사업시행 인가는 조합이 추진하고 있는 주택건설 사업에 관한 일체의 사업내용(토지이용계획, 조합원의 확정, 주택의 규모와 배치, 평형별 건립 세대수, 배분기준, 잉여건물의 처분방법 등)을 최종적으로 확정하는 단계로, 사업시행 계획서에 필요한 서류를 첨부해 시장, 군수에게 제출하고 사업시행 인가를 받으면 된다. 사업시행 인가가 나면 분양신청 기간을 공고할 의무가 발생하고, 이 사업시행인가일이 국·공유지의 용도폐지 및 감정평가 가격산정 기준일이 된다.

◆ 사업시행인가 후 분양신청과 관리처분계획 인가를 추진하는 단계

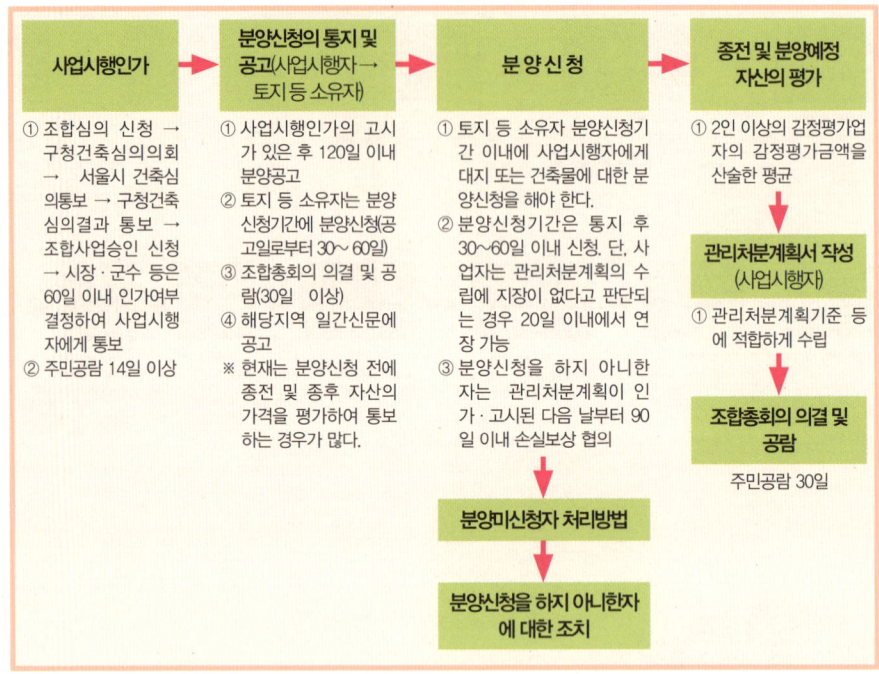

◆ 조합원이 분양을 신청하지 않은 경우에 현금청산 절차도

도시정비법 제73조 ① 사업시행자는 <u>관리처분계획이 인가·고시된 다음 날부터 90일 이내</u>에 다음 각 호에서 정하는 자와 토지, 건축물 또는 그 밖의 권리의 손실보상에 관한 협의를 하여야 한다. 다만, 사업시행자는 분양신청기간 종료일의 다음 날부터 협의를 시작할 수 있다. 〈개정 2017. 10. 24.〉

1. 분양신청을 하지 아니한 자
2. 분양신청기간 종료 이전에 분양신청을 철회한 자
3. 제72조 제6항 본문에 따라 분양신청을 할 수 없는 자
4. 제74조에 따라 인가된 관리처분계획에 따라 분양대상에서 제외된 자

② 사업시행자는 제1항에 따른 협의가 성립되지 아니하면 **그 기간의 만료일 다음 날부터 60일 이내에 수용재결(재개발)을 신청하거나 매도청구소송(재건축)을 제기**하여야 한다.

③ 사업시행자는 제2항에 따른 기간을 넘겨서 수용재결을 신청하거나 매도청구소송을 제기한 경우에는 해당 토지등소유자에게 지연일수에 따른 이자를 지급하여야 한다. 이 경우 이자는 100분의 15 이하의 범위에서 대통령령으로 정하는 이율을 적용하여 산정한다.

> **재개발과 재건축에서 현금청산 방법의 차이**
> ① 재개발 사업은 토지보상법이 적용되어 강제수용의 방법으로 부동산이 취득되어 개발이익 등이 배제되나, 영업보상 등은 이루어진다.
> ② 재건축 사업은 재개발과 달리 토지보상법이 적용되지 않고, 매도청구의 방법으로 해당 자산을 취득할 수 있으며, 개발이익이 포함된다.

결론적으로 현금청산 시기가 관리처분인가 고시일 다음날로부터 90일 이내에 손실보상에 관한 협의를 하도록 하고, 사업시행자가 원하는 경우에는 분양신청기간의 종료일 다음날부터 협의를 시작할 수 있도록 했다(관리처분인가가 나오기 전에도 분양신청하지 않은 조합원에 대해서 바로 현금청산 협의도 가능해졌다).

사업시행자는 손실보상에 관한 협의기간에 협의가 성립되지 않으면, 그 기간의 만료일 다음날로부터 60일 이내에, 재개발사업은 토지수용위원회에 수용재결을 신청해야 하고, 재건축사업은 법원에 매도청구 소송을 제기해야 한다.

재개발과 재건축의 현금청산 변천과정

① 2002.12.30 제정 도시정비법(시행일 2003.7.1)
- 현금청산시기 : 해당 사유별 150일 이내
- 이자지급 : 재개발(이자지급 없음+토지보상법 상 재결신청 청구에 따른 지연가산금), 재건축(이자지급 없음)

② 2012.12.1 개정 도시정비법(시행일 2012.8.2)
- 현금청산시기 : 해당사유별 150일 이내(판례 반영)
- 이자지급 : 재개발(정관 등에서 정한 이자율적용+지연가산금과의 관계 불분명), 재건축(정관 등에서 정한 이자율 적용)
- 적용례 : 2012.8.2 이후 조합설립인가 신청을 한 경우(이자지급)

② 2013.12.24 개정 도시정비법(시행일 2013.12.24)
- 현금청산시기 : 관리처분계획인가일 다음날부터 90일 이내
- 이자지급 : 재개발(정관 등에서 정한 이자율적용+지연가산금과의 관계 불분명), 재건축(정관 등에서 정한 이자율 적용)
- 적용례 : 2013.12.24 이후 조합설립인가 신청한 경우(현금청산시기)

③ 2017.2.8 전부개정 도시정비법 (법률 시행일 2018.2.9)
- 현금청산시기 : 관리처분계획인가 고시일 다음날로부터 90일 이내 협의 + 60일 이내 수용재결 또는 매도청구소송
- 이자지급 : 재개발(대통령령으로 정한 이자율 적용 5~15%+지연가산금 적용 배제), 재건축(대통령령으로 정한 이자율 적용 5~15%)
- 적용례 : 2018.2.9 이후 관리처분계획 인가를 신청하는 경우(재개발 : 재결 신청 청구를 한 경우엔 종전규정)

사업시행 인가를 받으면 재건축이 진행되는지에 대한 위기는 거의 다 넘겼다고 볼 수 있다. 특별한 경우를 제외하고는 1~2년 내에 관리처분계획 인가가 나기 때문이다.

03 종전 · 종후자산의 감정평가와 조합원의 분양신청

◆ 종전 · 종후자산의 감정평가

도시정비법 제74조 2항 정비사업에서 제1항 제3호 · 제5호 및 제8호에 따라 재산 또는 권리를 평가할 때에는 다음 각 호의 방법에 따른다.

1. 「감정평가 및 감정평가사에 관한 법률」에 따른 감정평가업자 중 다음 각 목의 구분에 따른 감정평가업자가 평가한 금액을 산술평균하여 산정한다. 다만, 관리처분계획을 변경 · 중지 또는 폐지하려는 경우 분양예정 대상인 대지 또는 건축물의 추산액과 종전의 토지 또는 건축물의 가격은 사업시행자 및 토지등소유자 전원이 합의하여 산정할 수 있다.

    가. 주거환경개선사업 또는 재개발사업 : 시장 · 군수 등이 선정 · 계약한 2인 이상의 감정평가업자

    나. 재건축사업 : 시장 · 군수 등이 선정 · 계약한 1인 이상의 감정평가업자와 조합총회의 의결로 선정 · 계약한 1인 이상의 감정평가업자

(1) 종전자산에 대한 감정평가(사업시행인가 후)

종전자산에 대한 감정평가는 재건축과 재개발사업을 시행하기 전의 조합원 개개인에 대한 사유재산권에 대한 평가 즉 재건축 등의 사업을 시행하기 전에 조합원이 가지고 있던 토지와 건물에 대한 감정평가이다. 이는 사업종료 후 청산금(=조합원추가부담금) 산정의 기준이 된다. 이들의 감정평가는 개별 토지의 위치, 도로, 필지, 환경조건 등에 따라 가치차이가 발생하게 된다.

(2) 종후자산에 대한 감정평가(사업시행인가 후)

종후자산에 대한 감정평가는 재건축과 재개발사업 시행 이후 분양하고자 하는 아파트 즉 구성조합원이 분양받게 될 조합원에 대한 추첨분양분 아파트 등에 대한 분양가로 적용한다. 이는 사업종료 후에 전체 조합원의 청산금 산정의 기준이 되고 조합의 사업소득세(법인세)산정의 기준이 된다.

◆ 분양공고 및 조합원의 분양신청

도시정비법 제72조 ①항 사업시행자는 제50조 7항에 따른 사업시행계획인가의 고시가 있은 날(사업시행계획인가 이후 시공자를 선정한 경우에는 시공자와 계약을 체결한 날)부터 120일 이내에 다음 각 호의 사항을 토지등소유자에게 통지하고, 분양의 대상이 되는 대지 또는 건축물의 내역 등 대통령령으로 정하는 사항을 해당 지역에서 발간되는 일간신문에 공고하여야 한다. 다만, 토지등소유자 1인이 시행하는 재개발사업의 경우에는 그러하지 아니하다.

1. 분양대상자별 종전의 토지 또는 건축물의 명세 및 사업시행계획인가의 고시가 있은 날을 기준으로 한 가격
2. 분양대상자별 분담금의 추산액
3. 분양신청기간
4. 그 밖에 대통령령으로 정하는 사항

② 1항 3호에 따른 분양신청기간은 통지한 날부터 30일 이상 60일 이내로 하여야 한다. 다만, 사업시행자는 제74조 1항에 따른 관리처분계획의 수립에 지장이 없다고 판단하는 경우에는 분양신청기간을 20일의 범위에서 한 차례만 연장할 수 있다.

전 소유자가 이미 분양 신청을 했다면 전 소유자의 조합원 지위는 현 소유자에게 승계되지만, 분양신청기간에 분양신청을 하지 않을 경우에는 분양의사가 없는 것으로 간주해 조합원 지위를 박탈할 수 있고, 조합설립에 동의하지 않은 비조합원은 매도청구소송을 진행할 수 있다. 또 분양신청을 하지 않았거나 철회한 자, 관리처분계획에서 제외된 자는 관리처분 인가일로부터 90일 이내에 현금으로 청산된다.

조합원의 분양 신청방법은 다음과 같다.

가) 단독 · 다가구주택인 경우

토지와 건물을 함께 분양신청을 받는다. 하나의 서식에 대지와 건물의 내역이 나뉘어 기재하게 된다.

① 대지
　㉠ 대지 100-20번지, 면적 30m^2, 지목 …
　㉡ 대지 100-21번지, 면적 31m^2, 지목 …
　㉢　　　　　：　　　　　：
　㉣　　　　　：　　　　　：

② 건물
　㉠ 건물 100-20번지, 면적 70m^2 … 등으로 기재되어 신청을 하게 된다.

나) 아파트와 연립주택 등의 집합건축물인 경우

아파트 등의 집합건축물 재건축과 재개발사업에서 분양을 신청하는 경우도 위와 같은 양식으로 작성하게 된다.

04 관리처분계획인가!

　재건축과 재개발사업 절차 중 거의 마지막 단계라고 할 수 있는 관리처분계획은 조합원의 토지 및 건축물에 대한 권리를 재건축으로 조성되는 대지와 건물에 대한 권리로 변화시켜주는 계획으로, 관리처분 인가일을 기준으로 해서 조합원입주권이 된다. 조합은 분양신청기간이 종료되고, 기존 건축물을 철거하기 전에 분양신청 현황을 기초로 관리처분계획을 수립해 구청장의 인가를 받아야 한다. 관리처분계획은 재건축과 재개발사업이 진행되면서 막연했던 조합원의 수익과 대지지분에 따른 신규 주택의 배정 평형, 추가분담금, 환급금 등을 명확히 알 수 있다.

　도시정비법 제74조(관리처분계획의 인가 등) 제1항 사업시행자는 제72조에 따른 분양신청기간이 종료된 때에는 분양신청의 현황을 기초로 다음 각 호의 사항이 포함된 관리처분계획을 수립하여 시장·군수 등의 인가를 받아야 하며, 관리처분계획을 변경·중지 또는 폐지하려는 경우에도 또한 같다. 다만, 대통령령으로 정하는 경미한 사항을 변경하려는 경우에는 시장·군수 등에게 신고하여야 한다.

1. 분양설계
2. 분양대상자의 주소 및 성명
3. 분양대상자별 분양예정인 대지 또는 건축물의 추산액
4. 다음 각 목에 해당하는 보류지 등의 명세와 추산액 및 처분방법
　　가. 일반 분양분
　　나. 공공지원민간임대주택
　　다. 임대주택

라. 그 밖에 부대시설·복리시설 등
5. 분양대상자별 종전의 토지 또는 건축물 명세 및 사업시행계획인가 고시가 있은 날을 기준으로 한 가격
6. 정비사업비의 추산액(재건축사업의 경우에는 「재건축초과이익 환수에 관한 법률」에 따른 재건축부담금에 관한 사항을 포함한다) 및 그에 따른 조합원 분담규모 및 분담시기
7. 분양대상자의 종전 토지 또는 건축물에 관한 소유권 외의 권리명세
8. 세입자별 손실보상을 위한 권리명세 및 그 평가액
9. 그 밖에 정비사업과 관련한 권리 등에 관하여 대통령령으로 정하는 사항

05 이주, 철거, 착공, 일반분양

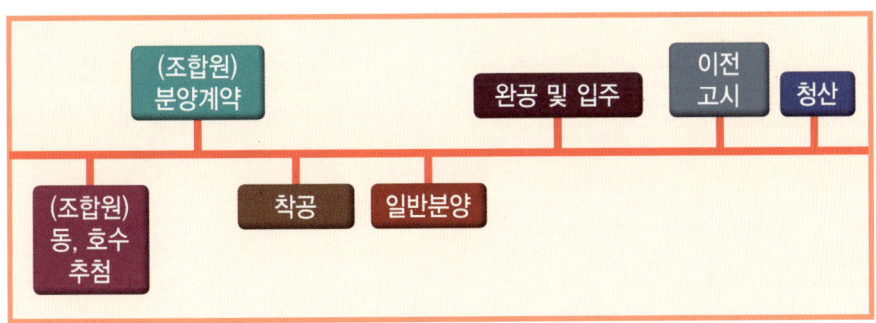

◆ 재건축사업은 언제 신탁등기를 하고, 어떻게 종료되나?

신탁등기는 재건축사업의 원활한 진행을 위하여 조합원 소유로 되어 있는 대상 토지 또는 주택 등 신탁재산을 일정기간 동안 사업시행자인 조합에게 관리처분하게 하는 것이다. 신탁등기를 하면 실질적인 소유권은 조합원이 갖고, 형식적인 소유권을 조합에게 신탁한 것이 된다. 신탁등기는 조합원상호간의 권리를 보호하고, 사업을 원활하게 추진하기 위해 행해진다.

이러한 신탁등기 의무는 도시정비법상 의무가 아니라, 조합정관상의 의무로, 조합정관에 신탁등기 의무조항이 있는 경우에는 조합정관에 따른 의무로서 신탁을 원인으로 하는 소유권이전등기청구소송이 가능하다. 하지만, 없더라도 조합정관에 조합원의 현물출자 의무를 규정하고 있는 경우에는 조합의 재건축사업의 원활한 수행을 위하여 신탁목적으로 조합원 소유의 토지를 조합에 이전할 의무를 포함하고 있는 것이므로, 이에 근거한 조합원의 신탁등기 의무가 발생한다.

조합은 신탁된 조합원의 재산권을 재건축사업시행 목적에 적합하게 행사하여야 하며, 재건축사업이 종료되면 즉시 신탁을 해지하고 조합원에게 반환해야 한다. 수탁자(조합)는 위탁자 겸 수익자(조합원)와 신탁계약서에 명시된 재산과 관련된 신탁목적범위 내에서 권리를 행사할 수 있으며, 이를 벗어난 경우에는 위탁자인 조합원이 신탁계약을 해지할 수 있다.

(1) 신탁등기의 시기

통상적으로 신탁등기의 시기는 ① 조합설립인가 후 주택건설 사업계획승인 신청을 준비하면서 하는 경우와 ② 주택건설 사업승인 후 조합원이 이주를 개시할 때 이주비 근저당권 설정등기와 동시에 하는 경우가 있다.

그런데 재건축조합의 설립인가를 얻은 조합은 이미 안전진단 등 재건축의 가능성과 필요성의 공적 검증을 받은 상태이기 때문에 가능한 한 빨리 신탁등기를 완료할 필요가 있다. 그래야만 조합원들의 채권자나 조합채권자들의 강제집행도 예방하고 반대자들의 고의적인 허위담보권설정 등 업무방해를 피할 수 있다.

③ 신탁등기 후에도 도시 및 주거환경 정비법에 의해 전매가 가능한 자에 한하여(예 : 투기과열지구 내의 재건축이 아닌 경우, 상속, 해외거주, 재산분할 등) 전매가 가능하며 조합원 지위양도 금지가 법개정으로 폐지되면 매매나 분양권전매가 가능하다.

④ 재건축과는 달리 **재개발지역에서는 신탁등기 없이** 건물만 멸실시키고 토지소유권을 이전고시 전까지 재개발조합원이 소유하고 이전고시단계에서 지분정리를 하게 된다. 재개발지역은 어느 단계에서나 매매가 가능한데 재개발지역의 매매에서는 주택을 매매하면 소유권이전등기절차와 조합원 명의변경이 필요하고, 조합원 입주권을 매매하면 조합원 명의변경과 토지에 대한 소유권이전등기절차가 필요하다.

(2) 신탁종료 후의 신탁재산의 귀속

재건축조합 청산절차의 단계에서는 조합원들이 부담하여야 할 건축비용 등을 납부하거나 또는 청산금을 지급 받는 절차가 진행되고, 이 청산절차에서 조합원 앞으로 소유권보존등기, 소유권이전등기가 경료 되게 되는데 이때 묵시적인 신탁해지가 이루어지게 된다.

◆ 기본이주비(무상이주비) + 추가이주비(유상이주비)

(1) 재건축사업인 경우 신탁등기 전에 담보권을 설정 후 지급

　금융기관에서 가장 보편적으로 이루어지는 자금대출방식으로 기본이주비는 토지 등의 소유자(조합원)가 조합 앞으로 재건축사업만을 위한 권한을 위임하는 부동산신탁등기 전에 부동산을 담보로 제공하고 금융기관에서 대출을 신청하게 된다. 이때 기본이주비는 시공사가 지급보증하고 신탁등기가 이루어진 후 이루어진다. 추가 이주비가 지급될 경우에는 별도로 대출은행이 개인별로 근저당권을 설정하고 대출하고 있다. 조합원의 기본이주비는 그 이자를 시공회사가 부담하나 이러한 시공사가 부담하는 기본이주비의 이자는 공사비에 포함되게 되므로 진정한 무상대여라고 할 수는 없다. 이와 별개로 추가이주비용은 당해조합원이 직접 이자를 부담하게 된다.

(2) 재개발사업과 주거환경 개선사업의 경우

　조합원 및 세입자가 모두 영세하기 때문에 조합원을 위한 이주비지급과 세입자를 위한 임대주택공급, 주거대책비 등의 이주대책을 수립하게 된다. 주거이전비는 사업시행인가일을 기준으로 3개월 이상 거주한 자는 도시근로자가구의 가구원수별 월평균 가계지출비 4개월분이 지급된다. 재건축사업의 경우는 공익사업이 아닌 주민들 간의 자체사업이기 때문에 도정법에서 말하는 이주대책과 주거이전비용 등이 지급되지 아니한다. 이러한 재개발사업과 주거환경 개선사업의 경우에는 신탁등기 없이 진행되지만, 재건축 사업과 같이 이주비에 대한 담보권을 설정하고 나서 이주비 등을 지급하게 된다.

(3) 재개발과 재건축 이주비 담보권 범위

　이주비는 사업시행구역 내의 당해 소유 토지 등에 근저당권을 설정하는 것이 원칙이다. 이주비의 담보범위는 종전 평가액(종전 토지 및 건물 평가액)뿐만 아니라 청산금(추가부담금)까지 확장하는 담보로 할 수 있다. 즉 종전 부동산의 평가액으로만 담보를 평가할 것이 아니라 새롭게 분양받게 되는 건물 및 대지의 평가액 전체를 평가하고 이러한 조합원으로서 가지는 전체가치를 근저당설정채무자의 의무이행으로 한 포괄근저당권설정등기로 토지에 설정등기하게 된다.

◆ 조합원의 동·호수 추첨

이주가 완료되면 일반분양 전에 조합원의 동·호수 추첨을 하며, 추첨을 하지 않는 자는 조합원 지위가 박탈되면서 현금청산 대상자가 된다.

◆ 기존주택 철거 후 일반분양 절차

조합원 및 세입자의 이주가 완료되면 기존 주택은 철거에 들어가고, 철거가 끝나면 신규 주택의 착공에 들어가며 잔여분에 대해서는 일반분양을 하게 된다. 다만 조합원에게 공급하고 남은 잔여분이 20세대 이상일 경우에는 일반분양을 하지만, 20세대 미만이면 조합원에게 임의로 공급할 수도 있다.

06 준공인가, 입주 및 이전고시, 조합청산 및 해산

건물이 완공되면 사업계획승인 내용대로 건축되었는지 시장이나 군수에게 준공인가증을 교부 받아야 한다. 준공인가를 받기 전이라도 완공된 건축물이 사용하는데 지장이 없다면, 완공 부분에 대해 동별로 사용검사 신청이 가능하며, 사용검사를 받으면 건축법 관련 규정에 의한 사용승인을 받은 것으로 간주한다. 준공인가의 규정에 의해 공사완료 고시로 사업시행이 완료되면 관리처분계획에 따라 재건축사업으로 조성된 대지와 건축물의 소유권을 분양받은 자에게 이전을 하는 이전고시를 하게 된다. 사용승인이 완료되면 입주가 가능하며 조합은 종전에 소유한 토지 또는 건축물의 가격과 분양받은 대지 또는 건축시설의 가격 차이가 있는 경우 이전고시 후 그 차액에 상당하는 금액(청산금)을 징수하거나 지급해 조합을 청산한다. 그리고 조합이 정한 규약에 따라 조합은 해산하는 절차로 재건축, 재개발 사업이 마무리되는 것이다.

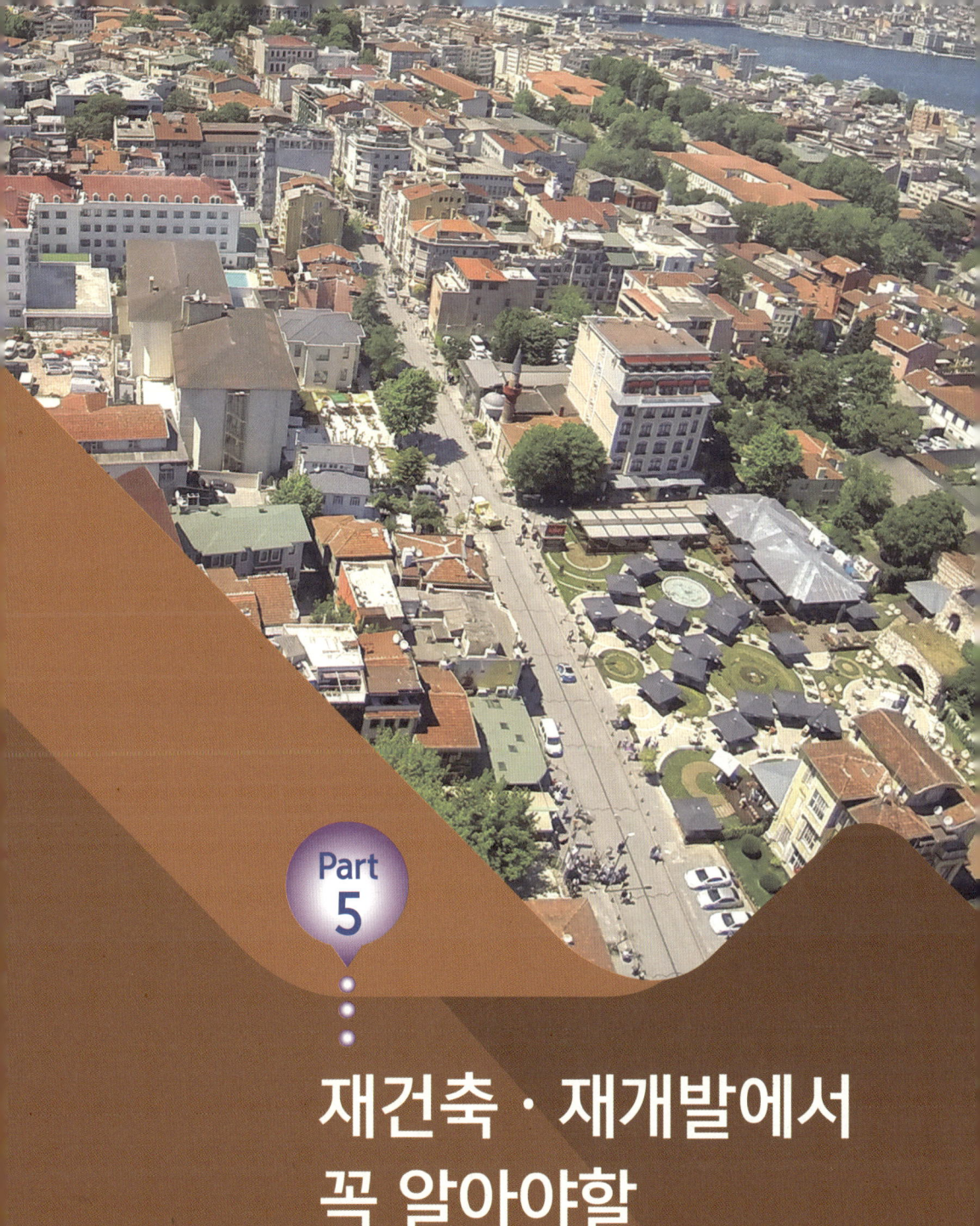

Part 5

재건축・재개발에서 꼭 알아야할 핵심정리

01 조합원분양권과 일반분양권, 그리고 입주권이란?

◆ 조합원분양권은?

조합원분양권은 재건축과 재개발사업에서 기존에 지분을 가지고 있는 사람들이 조합에 동의하고, 분양을 신청한 사람이다.

<u>조합원분양권은 조합원입주권과 같은 의미이다</u>. 조합원입주권은 재건축, 재개발사업에서 조합원이 새 집에 입주할 수 있는 권리를 일반적으로 입주권이라 한다. 사업시행 인가를 거쳐 관리처분계획 인가 시점에 기존 주택의 철거 여부와 상관없이 조합원에게 입주권이 주어진다. 주택이 완공된 후 사용검사를 끝내고, 임시사용 승인을 받으면 입주권은 주택으로 바뀌게 되는 것이다. 그래서 이 책에서는 조합원입주권과 조합원분양권을 혼용해서 기술했다.

조합원분양가는 조합원 분양신청 만료일을 기준으로 종후자산평가(신축아파트 가치)를 통해 결정한다. 이러한 조합원분양가는 종전자산평가(사업시행인가 시점 감정평가액)에 공사비, 철거비, 이주비 이자 등 사업비를 더하고, 여기에 신축아파트의 층, 향, 조망, 일조, 소음 등 효용지수를 반영해 호별로 배분해 분양가를 책정한다.

이 조합원분양가에 발코니 확장비가 포함되고, 시스템 이중창 및 에어컨, LED TV, 냉장고, 비데, 인덕션 렌지, 드럼세탁기, 식기세척기 등 조합원에게만 지급되는 옵션품목이 따로 지급되기도 한다.

즉 조합원분양가는 종전자산의 권리가액 + 추가부담금으로 구성되는데, 기본적으로 추가부담금을 제때 지급하지 못하면 지연이자가 붙고 있지만, 시공사 선정단계에서 과열경쟁 등으로 <u>추가부담금에 대한 중도금 무이자 사업장이 늘어나고 있다.</u>

어쨌든 재건축과 재개발 등의 정비사업에서 조합원분양가와 일반분양가는 다르며, 주택시장 상승장에선 조합원 분양가가 일반분양가보다 20% 정도 낮게 형성되고 있으나 사업장의 사업성에 따라 30% 이상 차이가 나기도 한다. **이렇게 차이가 나는 이유는** 조합의 이익을 극대화시키기 위한 것이지만, 짧게는 5년, 길게는 10년 이상 기다린 조합원의 이익분(기회비용과 금융비용 등)을 반영한 것이라고 이해하면 될 것이다.

조합원은 일반분양권자보다 길게는 10년 전부터 재건축 사업 등이 시작하기 전, 또는 초기단계부터 재건축사업대상 부동산을 소유하고 있었기 때문에 그로 인한 금융비용(=금융기관대출이자 등)과 기회비용(묶인 돈을 다른 곳에 투자해서 얻을 수 있는 수익을 포기한 댓가)이 소요될 수밖에 없다. 이에 반해 일반분양권자는 조합원이 다 차려 놓은 밥상을 먹기만 하면 되는 것이다.

그리고 조합원분양권은 투기과열지구 내에서는 조합원의 지위권 양도가 제한되고 있는데, 이에 대한 법적근거는 재건축조합원의 경우 분양가격에 의한 환권적 성격(환지처분)으로 보지 않고 있기 때문이다.

◆ 일반분양권은?

일반분양권은 관리처분계획 인가 이후 조합원에게 돌아가고 남은 물량을 조합원이 아닌 사람이 청약통장에 당첨됐을 때 받는 것으로 이해하면 된다.

일반분양권은 공급자와 일반분양 신청자 간에 맺어지는 공급계약, 이에 의해 확보되는 아파트배정권리, 채권계약이며 미래에 발생할 물권에 대한 사전 확보되는 권리이다.

이러한 일반분양가는 조합에서 시공사와 협의해 분양시점 주택시장 상황을 보고 최종 결정하고 있다. 일반분양가에는 발코니 확장비가 포함되지 않는다. 어쨌든 일반분양가는 조합원분양가의 120%선으로 책정되고 있지만, 사업장의 사업성에 따라 30% 이상 차이가 나기도 한다. 그리고 분양대금 중도금에 대해서, 이자를 후불제로 지급하는 분양을 하는 사업장이 증가하고 있는 추세이다.

어쨌든 상승장에선 **지분제일 경우** 시공사가 이익을 극대화하기 위해서 고급 마감재를 써서 높은 분양가를 책정하기도 하고, **도급제일 경우** 조합이 조합원의 추가 분담금을 줄이기 위해, 일반분양가를 최대한 높게 책정하려고 할 것이다.

그리고 일반분양 중도금은 집단대출 규제대상으로, 분양받은 사람(분양권 전매로 구입 포함)은 분양보증 제한(1인당 2건, 수도권 및 광역시 기준 총6억원)을 받는다. 반면에 조합원 중도금(분담금)은 규제 대상이 아니다.

◆ 입주권이란?

국가시설 등의 개설에 의한 토지수용, 서울시(기타 자치구 포함)가 시행하는 도시계획사업 등으로 도로, 공원, 기타 공공시설용지의 필요성에 따라 철거되는 주택 또는 토지수용 등에 대한 보상 이외에 추가로 보장해주는 권리로써 매도와 매수자의 의사표현 관례에서 성립되는 것이 아니기 때문에 분양권과는 구분된다.

조합원분양권과 일반분양권의 주택수 산정 시기와 전매금지 등

① 조합원분양권(=조합원입주권)의 경우 실제 주택은 아니지만 주택 수를 계산할 때 포함된다. 즉 1주택과 1입주권을 보유하고 있다면, 결국 2주택으로 간주돼 주택을 처분할 때 1가구 1주택 비과세를 받을 수 없다. 또 입주권을 나중에 취득하더라도 일시 2주택자가 돼, 1주택자로 비과세 혜택을 볼 수 없다. 그러나 다른 주택이 없이 입주권만 있다면 1가구 1주택 비과세 혜택을 받을 수 있다.

② 그러나 청약으로 당첨된 일반분양권은 입주권과 달리 주택 수에 포함되지 않는다. 일반분양권은 계약금과 중도금만 납부된 것이기 때문에, 주택이 완공되어 잔금을 내고 등기를 해야 주택으로 본다. 따라서 분양권 보유기간 동안에는 세금도 없다. 등기할 때 취득세를 내면서부터 주택보유자로 세금이 이때부터 계산된다. 단, 일반분양권 자체를 처분할 때는 입주권과 달리 1가구 1주택 비과세 혜택을 받는 것이 아니라, 양도 차익에 대한 양도세를 납부해야 한다.

③ 과거에는 분양권 보유 기간에 따라 6~42 세율이 차등 적용되었지만, 이제 조정대상 지역에서 분양권 전매 시 보유기간에 관계없이 양도세가 50% 중과된다. 또한 2017년 8.2대책 전에 이미 청약접수를 하고 당첨자로 확정됐더라도 8.2대책 이후에 분양계약을 체결하면 분양권 전매가 금지되고 있다. 다만, 두기과열지구로 지정되기 전 주택 분양계약을 체결했거나 전매를 받아 거래가 가능한 분양권을 보유했다면, 2017년 8.2대책 이후로 분양권 전매를 1회 할 수 있다. 그리고 2018년 9.13 대책에서 일반분양권도 주택수에 포함시키고 있다. 즉 양도세를 계산할 때에는 주택수에 포함되지 않지만, 무주택자로 청약에 당첨이 되었다면, 소유권이전등기를 하기 전이라도, 주택을 소유한 것으로 봐서 다른 청약을 무주택자로 신청할 수 없도록 변경되었다.

02 종전·종후자산의 감정평가 방법

재건축이나 재개발 사업을 함에 있어 시장 또는 군수는 전문 평가자로 하여금 조합원들이 가지고 있는 주택과 대지 등이 얼마나 되는지를 감정하고 평가하도록 하는데, 이때 전문 평가자가 조합원들의 부동산 가치를 평가한 금액을 감정가라고 한다. 이와 같이 감정가를 정하는 이유는 조합원들의 재산과 신축 아파트를 평가하는데 기준으로 삼기위함으로 종전자산의 감정평가와 종후자산의 감정평가 등이 있다.

◈ 종전자산에 대한 감정평가(사업시행인가 후)

종전자산에 대한 감정평가는 재건축과 재개발사업을 시행하기 전의 조합원 개개인에 대한 사유재산권에 대한 평가 즉 재건축 등의 사업을 시행하기 전에 조합원이 가지고 있던 토지와 건물에 대한 감정평가이다. 이는 사업종료 후 청산금(=조합원추가부담금) 산정의 기준이 된다. 이들의 감정평가는 개별 토지의 위치, 도로, 필지, 환경조건 등에 따라 가치 차이가 발생하게 된다.

◈ 종후자산에 대한 감정평가(사업시행인가 후)

종후자산에 대한 감정평가는 재건축과 재개발사업 시행 이후 분양하고자 하는 아파트 즉 구성조합원이 분양받게 될 조합원에 대한 추첨분양분 아파트 등에 대한 분양가로 적용한다. 이는 사업종료 후에 전체 조합원의 청산금 산정의 기준이 되고 조합의 사업소득세(법인세)산정의 기준이 된다.

03 비례율과 권리가액이란?

(1) 비례율

개발이익률과 같은 뜻으로, 조합원들의 부동산 가치가 개발이 되고 난 후에는 어느 정도의 가치를 가지게 되는지를 나타내는 비율을 뜻한다. 조합원들의 재개발과 재건축 전의 부동산 가치를 평가한 금액(감정가)에 비례율을 곱하면 조합원의 권리가액이 되므로 비례율이 높아질수록 조합원들이 받을 수 있는 금액이 커지게 되어 개발가치가 더 높다.

비례율을 구하는 공식은

$$비례율 = \frac{재개발\ 완료\ 후\ 주택과\ 대지의\ 총가액 - 총사업비}{재개발\ 전의\ 주택과\ 대지의\ 총\ 평가액} \times 100$$

비례율은 재건축과 재개발 사업성을 나타내는 지표로, 개발이익율이라고 볼 수 있다. 이 비례율은 종후자산평가액(조합이 얻게 될 총수입)에서 총사업비를 뺀 금액을 총종전평가액(조합원들이 종전에 보유하고 있던 자산들의 평가액 총합)으로 나눈 뒤 100을 곱하면 구할 수 있다. 따라서 이 비례율이 100%라는 의미는 총사업이익과 조합원 전체 감정평가액이 같다는 뜻이기 때문에 보통 100%가 넘어야 사업성이 있다고 판단할 수 있다.

(2) 권리가액

재개발의 경우 재개발 사업이 진행될 때 재개발 전의 사업 대상지의 대지와 주택의 감정가에 비례율을 곱해 계산한 금액이 권리가액이다. 조합원 분양가에서 권리가액을 빼고 난 차이 분만큼 추가 부담금으로 지급하면, 재개발이 되고 난 후 새로운 아파트에 입주가 가능하다. 만약 조합원 분양가가 5억원이고, 권리가액이 3억원이라고 하면 2억원만 추가로 납부하면 되는 것이다. 이러한 권리가액을 기준으로 만약 투자를 생각한다면, 프리미엄을 얼마큼 더 내야 하며, 또 추가로 얼마를 더 부담해야 하는지 등을 계산할 수 있다. 이 권리가액을 알아야, 지금 매물이 제대로 평가가 되어 있는지 알 수 있으므로, 권리가액을 잘 알고 있어야 한다.

04 대지지분과 지분율, 무상지분율

◆ 대지지분과 세대당 평균 대지지분

(1) 평형을 배정할 때는 대개 기존주택의 평형보다는 대지지분을 기준으로 한다. 왜냐하면 재산을 평가할 때 건물보다는 대지지분이 차지하는 비중이 훨씬 높기 때문이다. 예를 들어 109㎡ 아파트라 할지라도 등기부에 나와 있는 대지지분이 66㎡라면 이를 기준으로 재산액을 평가해 새 아파트를 배정하게 된다.

(2) 같은 규모의 지분이라도 재건축 · 재개발구역에 따라 A지역에서는 66㎡ 이상의 지분소유자가 조합원의 25% 이내이고, B지역에서는 25% 이상이라면 A지역에서는 142㎡(43평형) 아파트를 배정받을 수 있지만, B지역에서는 109㎡(33평형)밖에 신청할 수 없는 경우가 발생한다. 이와 같이 같은 규모의 지분이라도 지역에 따라 배정되는 주택의 크기가 달라질 수 있다.

(3) 세대당 평균 대지지분 : 흔히 용적률이 낮은 아파트에 투자하면 무조건 좋다고 믿는 분들이 많지만, 이는 상당히 위험한 접근법이다. 소형평형으로 구성된 아파트 중에는 용적률이 낮은데 실제 사업성은 매우 떨어지는 곳들이 존재하기 때문이다. 따라서 용적률을 보완할만한 지표로 고안한 것이 '세대당 평균 대지지분'이다. 단지의 전체 대지면적을 그 단지의 총세대수로 나눈 것으로 간단하지만 매우 강력한 힘을 발휘한다.

◆ 지분율과 무상지분율

용적률이 낮아지면 재건축의 사업성을 평가하는 지분율도 낮아진다. 사업비를 충당하는 일반분양분이 줄어들기 때문이다.

무상지분율은 재건축사업에 있어 시공사가 대지지분을 기준으로 어느 정도의 평형을 추가부담금 없이 조합원 등에게 부여될 수 있는가를 나타내는 비율이다. 이런 지분율은 용적률과 평당 분양가격에 따라 결정된다. 재건축 단지 조합원이 아파트를 시공한 건설사로부터 자신의 대지 지분을 대비해서 받게 되는 아파트 면적으로, 이 무상지분율을 알고 있어야 수익분석을 할 수 있다.

이 무상지분율은 대지지분, 용적률, 예상되는 일반분양가격을 알면 알 수 있다.

재개발은 주택과 대지를 모두 고려해야 하지만, 재건축의 경우는 주택의 가치는 고려하지 않고 대지지분만 고려한다. 무상지분율이 높아질수록 조합원들이 더 많은 보상을 받게 되는데 그 무상지분율을 구하는 공식은 다음과 같다.

$$무상지분율 = \frac{전체\ 무상지분면적}{총\ 대지면적} \times 100$$

$$전체\ 무상지분면적 = \frac{총\ 분양수입 - 총사업비}{평균분양가} \times 100$$

지분율은 단순한 수치로만 계산하여서는 안 된다. 보통 강남의 경우 아파트를 1:1 재건축을 하기 때문에 지분율이 100%라고 이해하기 쉬우나 실제로 지분율이 150% 이상인 곳이 많다. 이는 지분율이 조합원이 갖고 있는 건물면적이 얼마인가보다 대지면적이 얼마인가에 대한 비율이며 용적률보다 분양가와 더 밀접한 관계가 있다. 강남권은 분양가가 비싸서 지분율이 높은 경우가 많다. 이와 같이 용적률이 높다 해도 반드시 지분율이 높은 것은 아니다. 예를 들어 지방의 경우 용적률이 300%를 넘는다 해도 재건축에 따른 조합지분율이 100% 이하인 경우가 많다. 이는 지방의 경우 분양가를 높게 받을 수 없기 때문이다.

05 관리처분계획인가!

재건축과 재개발사업 절차 중 거의 마지막 단계라고 할 수 있는 관리처분계획은 조합원의 토지 및 건축물에 대한 권리를 재건축으로 조성되는 대지와 건물에 대한 권리로 변화시켜주는 계획으로, 관리처분 인가일을 기준으로 해서 조합원입주권이 된다. 조합은 분양신청기간이 종료되고, 기존 건축물의 철거하기 전에 분양신청 현황을 기초로 관리처분계획을 수립해 구청장의 인가를 받아야 한다. 관리처분계획은 재건축과 재개발사업이 진행되면서 막연했던 조합원의 수익과 대지지분에 따른 신규 주택의 배정 평형, 추가분담금, 환급금 등을 명확히 알 수 있다.

06 추가부담금과 청산금, 현금청산금의 차이점은?

◆ 추가부담금

　추가부담금(=추가분담금)은 조합원 분양가가 권리가액보다 크거나, 원하는 주택면적이 무상지분 면적보다 커 조합원이 추가로 부담해야 하는 금액이다.

　이 추가부담금에 해당하는 부동산은 새로 추가 취득한 것으로 보아 취득세 부과대상이 된다.

　대지지분이 많아 조합원들에게 무상으로 주는 지분율이 높은 단지는 추가부담금이 없는 경우도 있다. 일반분양을 해서 얻는 수익만으로도 사업을 진행할 수 있기 때문에 추가로 공사비를 내지 않는 것이다. 그러나 대부분의 재건축 단지는 조합원들이 무상지분으로 받는 평형보다 넓은 평형으로 옮겨가기를 원하기 때문에 추가부담금을 낸다.

◆ 추가부담금을 결정하는 기준은?

　추가부담금을 결정하는 기준은 몇 가지가 있는데, 일반분양하는 물량의 총분양가와 건설사와 계약한 시공단가, 재건축용적률, 대지지분이 가장 중요하다. 시공단가가 낮을수록, 일반분양분의 분양가가 높을수록, 용적률이 높아 일반분양물량이 많을수록 기존조합원들이 내는 추가부담금은 줄어든다.

　같은 지역의 같은 평형이라도 추가부담금 등이 다를 수 있다. 또 어떤 단지는 추가부담금 등이 사업초기부터 나와 있지만, 어떤 단지는 관리처분단계에 가서야 알 수 있다. 이는 지분제와 도급제 등의 사업방식에 따라 결과가 달라지기 때문이다. 따라서 재건축아파트를 구입할 때는 추가부담금 수준과 변동 여부를 확인해야 한다.

◆ 청산금

청산금은 조합원 분양가가 권리가액보다 적거나, 원하는 주택면적이 무상지분 면적보다 작을 경우 조합원이 되돌려 받는 금액이다. 이러한 경우에는 양도차익에 대한 양도소득세를 납부해야 한다.

◆ 현금청산이란?

현금청산은 재개발·재건축에서 조합원이 조합원의 지위를 포기하고 현금으로 보상받는 것을 말한다. 쉽게 말해 처음부터 조합원이 분양을 신청하지 않거나 분양 신청을 철회한 경우 사업 전 자신의 주택 또는 대지의 가치를 현금으로 보상받는 것이다.

07 프리미엄, 분담금, 수익률의 삼각관계 투자이야기

◈ 매수가에 프리미엄이 얼마인가를 생각하라!

프리미엄은 재건축과 재개발사업에서 조합원의 주택 등을 구입할 때, 그 물건의 감정평가액보다 더 주고 사는 금액을 말한다.

개발 후 사업성이 좋다고 생각할수록, 사업이 많이 진행돼 가시적인 성과가 나타날수록, 프리미엄(P)이 높아지므로, 그만큼 매매 가격도 오른다.

◈ 조합원분양가는 권리가액과 분담금의 합계이다!

조합원분양가와 일반분양가이 차액을 생각하라! 일반분양을 통해 얻는 수익은 원래 조합원들이 내놓은 자산을 통해 벌어들인 것이기 때문에 조합원들에게 분담금 감소라는 형태로 다시 돌려준다. 일반분양가가 높을수록 조합원의 분담금(=청산금)은 줄고, 반대로 일반분양가가 낮거나 미분양 되면 조합원의 분담금(=청산금)이 늘 수 있다. 따라서 매수 이후에 투자수익은 매도가격 - 조합원분양가 - 프리미엄이다.

◈ 객관적으로 수익성이 좋은가를 분석해야 한다!

개발사업은 짧게는 2~3년, 길게는 10년이 걸릴 수도 있다. 타이밍이 중요하다. 따라서 감정평가액, 비례율과 권리가액을 따져봐야 하고 예측해야 한다. 정확한 사업성 분석 없이 투자했다가는 오히려 손해를 보거나, 장기간 사업이 지연되면서 적게는 수천만 원에서 많게는 수억 원까지 엄청난 투자금이 오랫동안 묶이는 경우도 있다.

◆ 재건축 등의 개발사업에서 투자수익률 계산방법

- 매입가격이 5억원
- 감정평가금액(또는 예상감정가) 4억원(사업시행인가 시점을 기준으로 감정평가액)(매입 당시 미확정단계라면 추진위나 조합의 예상감정가, 또는 주변 시세의 80% 수준으로 예상, ∵ 감정가는 시세보다 70~80%선에서 책정되기 때문)
- 프리미엄 1억원(조합원분양권을 받을 수 있는 권리의 댓가).
- 권리가액은 4억원(권리가액 = 감정평가액×비례율)(비례율이 100%로 가정)

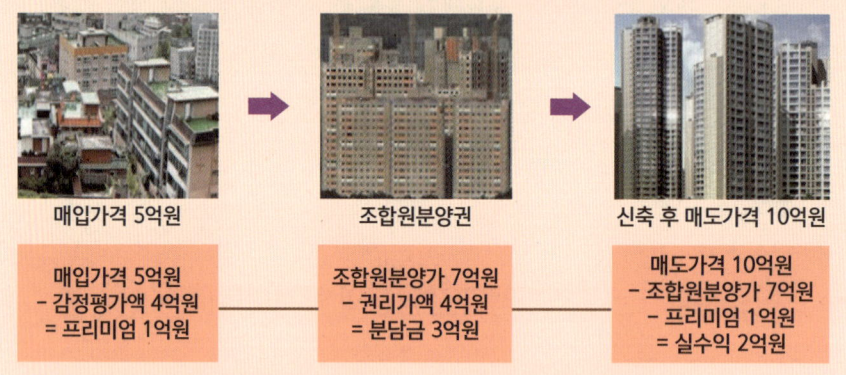

매입가격 5억원 → 조합원분양권 → 신축 후 매도가격 10억원

매입가격 5억원
− 감정평가액 4억원
= 프리미엄 1억원

조합원분양가 7억원
− 권리가액 4억원
= 분담금 3억원

매도가격 10억원
− 조합원분양가 7억원
− 프리미엄 1억원
= 실수익 2억원

- 추가부담(=추가분담금 또는 청산금) 3억원=신축아파트의 권리가액 7억원(조합원분양가)−종전자산의 권리가액 4억원
- 34평형 분양권, 또는 신규아파트를 일반 시세로 매매 10억원
- 투자수익 계산방법은 ① 투자수익 = 매도가격 − 조합원분양가 − 프리미엄, 또는 투자수익 = 매도가격 − 총취득가격[매입가(권리가액+프리미엄)+추가부담금]으로 계산하면 된다.

주변 34평형 아파트 시세 10억으로 팔 때에는 − 총취득가격 8억원[매입가 5억원(권리가액 4억원+프리미엄 1억원)+추가부담금 3억원]으로 2억원의 투자수익이 발생한다. 이러한 프리미엄은 종전자산을 살 때 지급한 프리미엄과 신규아파트로 완공해서 입주하는 단계에서 주변아파트와 비교해 높은 가격을 받을 수 있는 신규아파트 프리미엄도 있다. 재건축 등의 사업에서 종국적으로 신규아파트의 프리미엄이 신축 후 아파트의 미래가치를 좌우한다고 해도 과언이 아니다.

08 기본이주비(무상이주비) + 추가이주비(유상이주비)

　재건축이나 재개발 조합원이 아파트를 분양 신청했을 때, 조합원에게 주는 돈으로 공사가 진행되는 동안 거처를 옮겨야 하고, 세입자가 있을 경우 그 세입자에게 보증금을 되돌려 줄 수 있도록 조합이 조합원에게 지급해 준다. 이러한 기본이주비는 토지 등의 소유자(조합원)가 부동산을 담보로 제공하고, 금융기관에서 대출을 신청하게 된다. 기본이주비는 보통 실제 부동산 가치의 50%~60% 정도로 무이자로 지급되고 있다. 조합원의 기본이주비는 그 이자를 시공회사가 부담하나 이러한 시공사가 부담하는 기본이주비의 이자는 공사비에 포함되게 되므로 진정한 무상대여라고 할 수는 없다.

　이에 반해 추가 이주비가 필요한 경우에는 별도로 대출은행이 개인별로 추가로 근저당권을 설정하고 대출하는 방식이다. 추가이주비용은 당해조합원이 직접 이자를 부담하게 된다.

09 재건축 초과이익환수제와 조합원지위 양도금지 등

◆ 재건축 초과이익환수제

2018년부터 전국 모든 재건축 단지는 초과이익환수제가 적용된다. 2018년 1월 2일까지 관리처분인가 신청을 하지 못한 재건축단지는 초과이익환수대상이다.

사업시행인가를 받는 재건축 사업장에 대해 시군구 등 기초 지방자치단체는 올 상반기 중 예상 개발이익 분담금을 조합에 통지할 예정이다. 실제 납부 시기는 준공 시점이다.

재건축 초과이익환수제 부담금

조합원 1인당 평균이익	부담금 규모
~3000만원 이하	면제
3000만원 초과~5000만원 이하	3000만원 초과액의 10% X 조합원 수
5000만원 초과~7000만원 이하	200만원 X 조합원 수 + 5000만원 초과액의 20% X 조합원 수
7000만원 초과~9000만원 이하	600만원 X 조합원 수 + 7000만원 초과액의 30% X 조합원 수
9000만원 초과~1억1000만원 이하	1200만원 X 조합원 수 + 9000만원 초과액의 40% X 조합원 수
1억1000만원 초과~	2000만원 X 조합원 수 + 1억1000만원 초과액의 50% X 조합원 수

*자료: 재건축초과이익 환수에 관한 법률 12조
그래픽: 유정수 디자이너

◆ 투기과열지구 재건축 조합원지위 양도금지

2017년 부동산 8.2대책 이후 투기과열지구에서 조합원지위 양도금지를 시행했다. 이 정책은 실수요자가 10년 이상 1주택을 장기보유하고 있었던 사람들에게도 똑 같이 적용되는 것으로 비판이 많았다. 그래서 2018년 1월 25일부터 10년 이상 보유, 5년 이상 거주 요건을 갖출 경우 예외적으로 양도를 허용하도록 변경되어 시행중에 있다. 〈자세한 내용은 Part 3의 04번 투기과열지구 내 조합원지위 양도와 조합원분양권 전매제한(76쪽과 77쪽)참고하기 바란다〉

◆ 투기과열지구 재개발 조합원지위 양도금지

투기과열지구에서 2018년 1월 24일 이후 최초로 사업시행인가를 신청한 재개발(도시환경정비사업 포함) 사업장의 경우 조합원지위 양도가 관리처분인가부터 소유권이전등기시점까지 금지된다.

〈자세한 내용은 Part 3의 04번 투기과열지구 내 조합원지위 양도와 조합원분양권 전매제한(76쪽과 77쪽)참고하기 바란다〉

◆ 투기과열지구 정비사업 재당첨제한

2017년 10월 24일부터 투기과열지구 정비사업(재건축, 재개발, 도시환경정비사업 등)에서 조합원 분양 또는 일반분양분에 당첨된 자는 5년 이내에 투기과열지구 내 정비사업에서 조합원 분양을 받지 못하고 일반분양도 당첨 받을 수 없다.

〈자세한 내용은 Part 3의 04번 투기과열지구 내 조합원지위 양도와 조합원분양권 전매제한(76쪽과 77쪽)참고하기 바란다〉

10. 재건축과 재개발사업에서 임대주택과 주택규모별 건설비율

◆ **주거환경개선사업에서 임대주택과 주택규모별 건설비율은?**

① 85㎡ 이하를 주택 전체 세대수의 90% 이하로 지어야 하지만, 실제 90% 안에는 임대주택수 30%를 뺀 60% 이하가 일반주택수이다.

② 85㎡ 초과를 주택 전체 세대수의 10% 이하로 건립해야 한다.

③ 임대주택은 주택 전체 세대수의 30% 이하로 하되, 주거전용면적이 40㎡ 이하인 임대주택이 전체 임대주택 세대수의 50% 이하로 건립해야 한다(도시 및 주거환경정비법 시행령 제9조 제1항 제1호).

◆ **재개발사업에서 임대주택과 주택규모별 건설비율은?**

① 85㎡ 이하를 주택 전체 세대수의 80% 이하로 지어야 하지만, 실제 80% 안에는 임대주택수 15%를 뺀 65% 이하가 일반주택수이다.

② 85㎡ 초과를 주택 전체 세대수의 20% 이하로 건립해야 한다.

③ 임대주택은 주택 전체 세대수의 30% 이하로 하되, 주거전용면적이 40㎡ 이하인 임대주택이 전체 임대주택 세대수의 40% 이하로 건립해야 한다(도시 및 주거환경정비법 시행령 제9조 제1항 제2호).

④ 정부는 현재 재개발에서 15%인 임대 의무비율을 20~25% 이상으로 높이는 것을 추진하고 있다. 현재 관련 도시정비법상 재개발 사업 시 의무적으로 건설해야 하는 임대주택을 '건립 가구 수의 30% 이내'로 규정하고, **시행령에선 이를 완화해 15% 이내에서** 각 지방자치단체가 자체 판단해 조례로 의무비율을 정하도록 하고 있다. 따라서 **임대주택 의무비율이 서울시가 15% 이내, 부산시는 8.5% 이내, 인천시·대구시·울산시는 5% 이내로 규정하고 있다.**

서울시가 최근 임대주택 의무비율이 없는 재건축 사업에도 '임대주택'을 늘리라며 압박하다가 주민들과 갈등을 빚는 사례에서 보듯이 도심재생이나 재개발 사업엔 또다시 악영향을 줄 것이란 분석이 많다.

◆ 재건축사업에서 임대주택과 주택규모별 건설비율은?

① 85㎡ 이하를 주택 전체 세대수의 60% 이하로 지어야 한다.

② 85㎡ 초과를 주택 전체 세대수의 40% 이하로 건립해야 한다.

③ 임대주택에 관한 규정은 재건축에서는 재개발 등과 같이 적용 규정이 없다(도시 및 주거환경정비법 시행령 제9조 제1항 제3호).

하지만, 다음 11번 "1대1 재건축 추진 '이촌왕궁'에 법에도 없는 임대주택 강요!" 처럼 서울시가 법에도 없는 공공임대주택을 강요하고 있어서 서울시와 조합 측 등이 다투고 있다.

현행법상 재건축 시 임대주택 포함 여부는 의무가 아닌 주민들(재건축조합)의 선택 사항이다. **서울시가 법에도 없는 내용까지 강요하면서까지** 지난달 발표한 '박원순표' 임대주택 공급 정책을 무리하게 밀어붙이고 있다는 지적이 나온다.

서울시는 재건축 시기가 도래한 노후 임대단지나 재개발·재건축단지를 활용해 총 4천600여 가구를 공공임대주택으로 활용할 계획이다. 그래서 재건축 심의단계에 있는 조합들이 임대주택 공급을 고려해야하는 현실적인 문제에 직면하고 있고, 장기적으로는 법 또는 서울시 조례 등을 개정하여 시행할 전망이다.

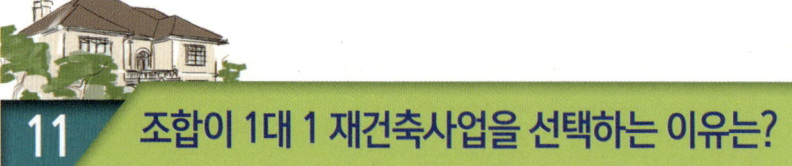

11 조합이 1대 1 재건축사업을 선택하는 이유는?

◆ 일반분양 없는 1대 1 재건축 방법과 장·단점

<u>1대 1 재건축은</u> 초과이익환수금을 줄일 수 있는 장점과 일반분양이 없기 때문에 분양가 상한제도 피할 수 있다. 또한 일반 재건축 사업은 사업 면적의 60%를 전용면적 85㎡ 이하의 소형가구로 구성해야 하지만, 1대 1 재건축은 이 규정을 적용 받지 않기 때문에 소형 주택 의무도 없다. 그리고 조합원들이 스스로 부담금을 내서 아파트를 짓기 때문에 재건축 단지를 고급화를 할 수 있다는 장점이 있다.

재건축 사업 성공으로 휘파람을 부는 아파트주민!

성공적으로 1대 1 재건축 사업을 진행한 대표적인 사례는 2015년 입주한 동부이촌동 한강변에 세워진 '래미안 첼리투스'이다. 이 아파트는 40평형대로 구성된 15층짜리 10개 동 '렉스 아파트' 460가구를 헐고, 56층 규모 3개 동에 같은 가구수(460가구)대로 1대 1 재건축 사업을 진행했다. 이 단지는 일반 분양분 수익이 없어 조합원들이 각자 5억 4,000만 원씩 내 공사비 등을 충당했다.

재건축 전 아파트 시세가 약 10억원이었고, 입주 후 아파트 가격은 평균 20억 원으로 올랐다. 현재 '래미안 첼리투스' 최상층의 시세는 30억원대이고, 국토교통부 자료에 의하면 지난 4월에는 41층 물건이 28억 5,000만원에 거래된 것으로 나타났다.

1대 1 재건축 사업 위험은 없을까?

1대 1 재건축은 일반분양으로 인한 수익이 없기 때문에 조합원 부담금은 매우 커질 수밖에 없다. 초과이익환수금보다 조합원 부담금이 더 커지는 상황이 발생할 수도 있다. 이로 인해 자금의 여유가 없는 조합원들의 반발로 재건축 절차 진행과정이 순탄하게 진행되지 않을 수도 있다. 설사 재건축 절차가 순조롭게 진행된다고 하더라도 인허가 과정에 문제가 있거나, 도정법의 개정 등으로 인해 추가적인 어려움들이 생길 수도 있다는 단점도 있는 것이다.

◆ 1대 1 재건축 추진 '이촌왕궁'에 법에도 없는 임대주택 강요!

이촌동 왕궁아파트는 재건축 초과이익환수제 부담금을 줄이기 위해서 일반분양으로 가구 수를 늘리지 않는 1대1 재건축을 추진할 예정이었지만, 서울시는 가구 수를 늘려 임대주택을 포함하도록 정비계획을 수정해야 한다는 입장이다.

현행법상 재건축 시 임대주택 포함 여부는 의무가 아닌 주민들(재건축조합)의 선택 사항이다. 서울시가 법에도 없는 내용까지 강요하면서까지 지난달 발표한 박원순표 임대주택 공급 정책을 무리하게 밀어붙이고 있다는 지적이 나온다.

10일 정비업계에 따르면 서울시는 최근 열린 도시계획위원회 소위원회에서

왕궁아파트 재건축조합 측에 기부채납 시설로 임대주택을 추가해 정비계획을 다시 제출하라고 권고했다. 주민들이 용적률 인센티브를 얻기 위해 자발적으로 임대주택을 짓는 사례는 있지만, 시가 먼저 나서 임대주택을 지으라고 권고한 것은 이번이 처음이다.

12 정비예정 구역과 지구단위계획

◆ 정비예정 구역

자치구의 구청장 또는 광역시의 군수는 오래되고 낡은 지역을 재개발이나 재건축을 해서 계획적이고 체계적으로 정비하기 위해 주민 설명회나 공람 등을 통해 정비구역으로 예정하게 되는데 이렇게 예정된 정비구역이 정비예정 구역이다. 정비예정 구역으로 지정이 되고 난 후 주민들이 개발계획을 수립해서 정비구역으로 지정을 받아야만 개발을 할 수 있다.

◆ 지구단위계획

도시를 좀 더 체계적, 효율적으로 개발하기 위해 기반시설의 배치와 규모, 가구의 규모, 건축물의 용도, 건폐율, 용적률, 높이 등을 제한하거나 유도하는 계획을 지구단위계획이라고 한다. 다시 말해, 수립된 지구단위계획을 살펴보면 도시가 앞으로 어떻게 개발될 것이라는 예상을 할 수 있고, 지구단위계획구역이 지정되면 3년 안에 해당구역에 대한 지구단위계획을 세워야 하며, 그렇지 않을 경우에는 지구단위계획구역의 효력은 상실한다.

13 건폐율과 용적률 등

(1) 건폐율은 대지면적에 대한 건물바닥면적의 비율이다. 이에 반해서 용적률은 대지면적에 대한 총 건축면적(지하층 제외)의 비율이다.

(2) 재건축용적률적용 완화 – 아파트를 재건축할 때 용적률이 법적한도까지 허용된다. 국토의 계획 및 이용에 관한 법률에는 용적률이 일반주거지역 1종 200%, 2종 250%, 3종 300%로 정해져 있다. 기존에 서울시는 1종, 2종, 3종의 경우 서울시 정비계획 용적률 개념을 도입해 각각 190%(1종), 210%(2종), 230%(3종)로 운영하고 있었다. 따라서 3종의 경우 이론적으로는 300%까지 재건축이 가능하나, 아파트 동간 거리, 층고 제한, 사선 제한 등의 규제를 감안할 경우 최대 280~290% 정도의 용적률 적용이 예상된다.

(3) 재건축 등의 사업에 있어 시공사는 조합원세대를 제외한 잔여세대를 일반분양함으로서 건설비용 및 수익을 충당하기 때문에 일반분양이 많을수록 조합원의 추가부담금(청산금)이 적어지게 되어 유리하다. 용적률이 높은 지역은 그만큼 신축아파트의 건축연면적이 증가가 이루어져 일반분양수가 증가되고, 이는 조합원의 추가부담금(청산금)이 적어지게 되는데, 이러한 점에서 용적률은 재건축사업의 수익성을 가늠하는 지표가 되고 있다.

14 현금청산자에 대한 매도청구 소송과 수용재결 방식

◆ 재건축과 재개발에서 현금청산자

재건축이나 재개발에서 조합원이 현금을 받고, 조합원의 지위를 포기하는 것이 현금청산이다.

(1) **재개발사업의 경우에는** 사업에 반대하는 사람도 강제적으로 조합원이 된다. 즉 재개발사업에서는 재개발 진행을 위한 조합설립에 동의 여부와 상관없이 모두 조합원이다. 그러나 분양신청기간에 분양신청을 하지 않았다면, 현금청산자 대상자로 조합원의 지위를 잃게 되면서 토지 및 건축물 수용대상자가 된다. 이는 현행법상의 재개발사업, 주거환경정비사업은 현금청산 대상자에게 『공공용지의 취득 및 토지 보상에 관한 법률 : 약칭 토지보상법』에 따라서 강제수용과 보상의 방식으로 현금청산을 하기 때문이다. 이에 반해서 재건축사업은 『도시정비법』에 따라 매도청구를 통하여 현금청산을 한다.

(2) **재건축사업의 경우에는** ① 재건축 진행을 위한 조합설립에 동의했는데, 분양신청기간에 분양신청을 하지 않았다면 조합원이면서 현금청산대상자가 된다. 이러한 현금청산대상자는 현금청산 당시까지 사업비를 정산해서 부담해야 하나(이런 이유로 조합설립 동의 여부가 중요하다), 실무에서는 조합설립에 동의하지 않은 사람과 같이 사업비를 부담시키지 않고 현금청산하는 경우가 있지만 유의해야 한다.

그런데 이러한 보상을 결정할 때 감정가로 결정하게 되고, 이에 이의가 있을 때 사업시행자인 조합을 상대로 이의신청을 할 수 있다. 여기서 협의가 이루어지지 않으면, 그 다툼을 가지고 법원에 조합원은 현금청산금지급청구 소송을, 조합측은 매도청구 소송을 진행할 수 있다. 이러한 과정 속에 있는 부동산을 매수한 경우뿐만 아니라 경매로 취득한 사람은 이러한 지위를 그대로 승계할 수밖에 없다.

② **재건축 진행을 위한 조합설립에 동의하지 않고,** 분양신청을 하지 않았다면 비조합원으로 사업비를 부담하지 않아도 되는 현금청산 대상자이다. 도시정비법은 사업시행자는 사업시행계획인가의 고시가 있은 날부터 120일 이내에 토지등소유자에게 분양신청사항을 통지한다(제72조 제1항). 이 때 재건축정비사업의 경우 조합원 이외에 조합설립 미동의자들에 대해서도 분양신청을 통지해야 하는가가 문제가 될 수 있다. 하지만, 정관에서 미동의자가 분양신청 기한까지 조합설립동의서를 제출하여 조합에 가입하는 것이 허용되므로, 미동의자에게도 분양신청의 통지를 하고 있고, 분양신청기간까지 분양신청하면 조합원이 되면서 분양권을 취득하게 되지만, 분양신청하지 않았다면 현금청산자가 된다.

알아두면 좋은 법률

1. 재건축조합의 현금청산 의무가 발생하는 시기

도시정비법 제73조의 규정에 따라 사업시행자는 토지 등 소유자가 분양신청을 하지 아니하거나 분양신청을 철회한 자에 대해서 관리처분계획인가 고시일 다음날로부터 90일 이내 협의 + 60일 이내 수용재결 또는 매도청구소송을 제기해야 한다.
여기에서 분양신청을 하지 아니하거나 분양신청기간의 종료 이전에 분양신청을 철회한 토지 등 소유자에 대하여 청산금 지급의무가 발생하는 시기는 사업시행자가 정한 분양신청기간의 종료일 다음날이라고 보아야 하고, 분양신청기간의 종료 후에 분양계약을 체결하지 아니한 자에 대하여 청산금 지급의무가 발생하는 시기는 관리처분계획에서 정한 분양계약체결기간의 종료일 다음날이라고 봐야 한다.

> **알아두면 좋은 법률**
>
> 한편 도시정비법 제73조의 규정에 따라 사업시행자가 분양신청을 하지 아니하거나 분양신청을 철회한 토지 등 소유자에게 청산금의 지급의무를 부담하는 경우에, 공평의 원칙상 토지 등 소유자는 권리제한등기가 없는 상태로 토지 등의 소유권을 사업시행자에게 이전할 의무를 부담하고, 이러한 권리제한등기 없는 소유권 이전의무와 사업시행자의 청산금 지급의무는 동시이행관계에 있는 것이 원칙이다.
> 다만 사업시행자는 사업수행을 위하여 필요한 경우에는 토지 등 소유자에게 청산금 중에서 권리제한등기를 말소하는 데 필요한 금액을 공제한 나머지 금액을 먼저 지급할 수 있고, 이에 대하여 토지 등 소유자는 동시이행항변권을 행사할 수 없다. 별도로 토지 등 소유자가 그 소유 토지 등에 관하여 이미 사업시행자 앞으로 신탁을 원인으로 한 소유권이전 등기를 마친 경우에는 청산금을 지급받기 위하여 별도로 소유권을 이전할 의무는 부담하지 않는다(대법원 2008. 10. 9. 선고 2008다37780판결).
>
> **2. 주택재건축 정비사업조합 표준정관 제9조(조합원의 자격 등)**
> 제1항 조합원은 법제2조 제9호 나목의 규정에 의한 토지등소유자로서 조합설립에 동의한 자로 한다. 다만, 조합설립에 동의하지 아니한 자는 제44조의 규정에 의한 분양신청기한까지 다음 각 호의 사항이 기재된 별지1의 동의서를 조합에 제출하여 조합원이 될 수 있다.

이렇게 분양을 신청하지 않은 자, 분양신청기간 종료 전에 분양신청을 철회한자, 투기과열지구에서 분양신청이 제한된 자, 인가된 관리처분계획에 의해 분양대상자에서 제외된 자, 분양계약을 체결하지 않은 자, 현금청산대상자로부터 부동산을 매수한 자, 조합에서 제명되거나 탈퇴하는 사유 등으로 조합원의 지위를 상실한 자, 아파트를 분양 받기에는 권리가액이 아주 적은 경우 등은 현금청산을 받게 된다.

> **도시정비법 제73조(분양신청을 하지 아니한 자 등에 대한 조치)**
>
> ① 사업시행자는 관리처분계획이 인가·고시된 다음 날부터 90일 이내에 다음 각 호에서 정하는 자와 토지, 건축물 또는 그 밖의 권리의 손실보상에 관한 협의를 하여야 한다. 다만, 사업시행자는 분양신청기간 종료일의 다음 날부터 협의를 시작할 수 있다.
>   1. 분양신청을 하지 아니한 자
>   2. 분양신청기간 종료 이전에 분양신청을 철회한 자
>   3. 제72조제6항 본문에 따라 분양신청을 할 수 없는 자
>   4. 제74조에 따라 인가된 관리처분계획에 따라 분양대상에서 제외된 자
> ② 사업시행자는 제1항에 따른 협의가 성립되지 아니하면 그 기간의 만료일 다음 날부터 60일 이내에 수용재결(재개발)을 신청하거나 (재건축)제기하여야 한다.
> ③ 사업시행자는 제2항에 따른 기간을 넘겨서 수용재결을 신청하거나 매도청구소송을 제기한 경우에는 해당 토지등소유자에게 지연일수에 따른 이자를 지급하여야 한다. 이 경우 이자는 100분의 15 이하의 범위에서 대통령령으로 정하는 이율을 적용하여 산정한다.

조합은 이때부터 현금청산자를 상대로 매도청구 소송 등을 할 수 있으나, 현금청산자가 조합을 상대로 먼저 현금청산금지급청구 소송을 진행하는 것이 유리할 수 있다. 조합을 상대로 소송을 하면 감정비용 등 소송비용이 발생할 수 있으나, 적극적으로 감정을 하면 소송을 당하는 것보다 감정결과가 좋은 경우가 많고 승소 후 조합에게 변호사 비용 등 소송비용을 청구할 수도 있다.

◆ 재건축사업에서 현금청산금지급 청구와 매도청구 소송

도시정비법상 재건축과 재개발사업에서 분양신청 등을 하지 않으면 앞에서와 같이 현금청산자가 된다. 이 경우 재건축사업에서 협의를 진행했으나 협의

가 이루어지지 않으면 조합원은 현금청산금지급청구 소송을, 조합측은 매도청구 소송을 진행할 수 있다.

> **도시정비법 제64조(재건축사업에서의 매도청구)**
>
> ① 재건축사업의 사업시행자는 사업시행계획인가의 고시가 있은 날부터 30일 이내에 다음 각 호의 자에게 조합설립 또는 사업시행자의 지정에 관한 동의 여부를 회답할 것을 서면으로 촉구하여야 한다.
>   1. 제35조 제3항부터 제5항까지에 따른 조합설립에 동의하지 아니한 자
>   2. 제26조 제1항 및 제27조 제1항에 따라 시장·군수 등, 토지주택공사등 또는 신탁업자의 사업시행자 지정에 동의하지 아니한 자
> ② 제1항의 촉구를 받은 토지등소유자는 촉구를 받은 날부터 2개월 이내에 회답하여야 한다.
> ③ 제2항의 기간 내에 회답하지 아니한 경우 그 토지등소유자는 조합설립 또는 사업시행자의 지정에 동의하지 아니하겠다는 뜻을 회답한 것으로 본다.
> ④ 제2항의 기간이 지나면 사업시행자는 그 기간이 만료된 때부터 2개월 이내에 조합설립 또는 사업시행자 지정에 동의하지 아니하겠다는 뜻을 회답한 토지등소유자와 건축물 또는 토지만 소유한 자에게 건축물 또는 토지의 소유권과 그 밖의 권리를 매도할 것을 청구할 수 있다.

① 조합설립에 미동의한 자는 도시정비법 제64조에 따라서 조합설립동의 등 통지 후 2개월 이내에 미동의 한 경우 즉시 매도청구소송을 제기하고, ② 조합설립에 동의한 자는 도시정비법 제73조에 따라서, 관리처분계획 인가·고시된 다음 날로부터 90일 이내 협의하고, 협의 불성립 시 60일 이내에 매도청구를 하게 된다.

재건축사업에서 시행자인 조합이 매도청구대상자의 부동산 등의 소유권을 취득하는 시기는 현금청산에 대한 협의를 독촉하고, 협의가 불성립하면 매도청구소송을 통해서 소유권을 취득하게 된다.

분양 신청하지 않아 조합이 매도청구권을 행사시, 그 매매 '시가'는?

1. 주택재건축사업의 시행자가 토지만 소유한 사람에게 매도청구권을 행사하는 경우, 토지의 매매가격이 되는 '시가'의 의미
   - 주택재건축사업의 시행자가 같은 법 제39조 제2호에 따라 토지만 소유한 사람에게 매도청구권을 행사하면 매도청구권 행사의 의사표시가 도달함과 동시에 토지에 관하여 시가에 의한 매매계약이 성립하는데, 이때의 시가는 매도청구권이 행사된 당시의 객관적 거래가격으로서, 주택재건축사업이 시행되는 것을 전제로 하여 평가한 가격, 즉 재건축으로 인하여 발생할 것으로 예상되는 개발이익이 포함된 가격이다.

2. 주택재건축사업의 시행자가 토지 현황이 인근 주민의 통행에 제공된 도로 등인 사안에서, 시가는?
   - 주택재건축사업이 추진되면 공동주택의 일부가 되는 이상 시가는 재건축사업이 시행될 것을 전제로 할 경우의 인근 대지 시가와 동일하게 평가하되, 각 토지의 형태, 주요 간선도로와의 접근성, 획지조건 등 개별요인을 고려하여 감액평가하는 방법으로 산정하는 것이 타당한데도, 현황이 도로라는 사정만으로 인근 대지 가액의 1/3로 감액한 평가액을 기준으로 시가를 산정한 원심판결에 법리오해의 잘못이 있다고 한 사례. (대법원 2014다41698 판결)

3. 사업시행자가 주택재건축사업에 참가하지 않은 자에 대하여 도정법 제39조에 의한 매도청구권을 행사하면, 그 매도청구권 행사의 의사표시가 도달함과 동시에 주택재건축사업에 참가하지 않은 자의 토지나 건축물에 관하여 시가에 의한 매매계약이 성립되는 것인바, 이때의 시가란 매도청구권이 행사된 당시의 토지나 건물의 객관적 거래가격으로서, 노후되어 철거될 상태를 전제로 하거나 주택재건축사업이 시행되지 않은 현재의 현황을 전제로 한 거래가격이 아니라 그 토지나 건물에 관하여 주택재건축사업이 시행된다는 것을 전제로 하여 토지나 건축물을 평가한 가격, 즉 재건축으로 인하여 발생할 것으로 예상되는 개발이익이 포함된 가격을 말한다.
   이 사건 각 토지의 현황이 도로일지라도 재건축이 추진되면 아파트 단지의 일부가 되므로 대지로서 평가하되, 다만 그 형태(세장형 등 형태가 불량함), 면적, 단독 토지로서의 효용가치 등 획지 조건의 열세와 기여도 등을 감안하여 감액평가하는 방식으로 '재건축을 전제할 경우의 시가'를 산출하였다는 이유로, 위 감정인의 2006. 6. 27.자 감정평가 결과를 채택하여 이 사건 각 토지의 매매시가를 결정하였다.
   원심판결 이유를 위와 같은 법리와 기록에 비추어 살펴보면, 그 가액을 평가한 감정인의 감정 결과를 채택한 것은 정당하다. (대법원 2008다21549,21556,21563 판결)

◆ 재개발사업에서 수용재결에 대한 불복 방법

재건축사업과 달리 재개발사업에서는 현금청산 절차를 토지보상법상 협의 또는 강제수용의 절차로 진행한다. 사업시행자인 조합은 현금청산자에게 스스로 평가한 금액을 제시하여 협의할 것을 요청하고, 협의에 응하지 않거나 불성립되면 지방토지수용위원회에 수용재결을 신청한다.

> **도시정비법 제73조(분양신청을 하지 아니한 자 등에 대한 조치)**
>
> 조합설립에의 동의여부 관계없이 관리처분계획 인가·고시된 다음 날부터 90일 이내에 협의, 협의 불성립 시 90일이 만료된 다음 날부터 60일 내 수용재결 신청해야 한다.

지방토지수용재결위원회의 수용재결처분이 되고, 위원에서 재결한 보상금을 시행자가 공탁하면, 시행자는 소유권을 원시취득하게 된다(소유권취득방식: 수용재결 및 보상금 공탁으로 취득).

현금청산자는 지방토지수용위원회가 재결한 금액이 적다고 생각하면 지방토지수용위원회에 이의신청할 수 있고, 이의신청 이후에는 중앙토지수용위원회로 올라간다. 중앙토지수용위원회는 다시 이의재결처분을 하고 증액된 보상금이 있다면 추가 보상금지급에 관한 재결을 한다. 이 중앙토지수용위원회 재결에도 불복이 있다면 관할 행정법원에 보상금증액청구소송을 하는 순서로 진행된다.

이때 소송상대방은 위원회가 아닌 사업시행자인 조합을 상대로 해야 한다. 보상금증액을 다투는 행정소송도 보통 소송과 같으므로 1심행정법원, 2심, 3심까지 다툴 수 있으나 보통 1심에서 종료되는 경우가 대부분이다.

15 종전아파트 임차권 등이 재건축된 아파트로 이전된다!

　서초구 반포동에 위치한 반포리체 아파트는 삼호가든맨션을 재건축해서 2010년 10월에 입주한 아파트로 신축하지 8년이 되었다. 아파트 시세는 13억원에서 13억5,000만원 정도라는 사실을 확인하고 11억3,510만원에 입찰해서 낙찰 받았다고 한다. 그런데 재건축하기 전부터 입주하여오다가 건물철거로 퇴거한 임차인을 인수하게 된 사연이다. 이러한 사례에서 임차인의 대항력은 철거 전에 대항요건을 갖춘 시점을 기준으로 대항력이 인정된다는 사실을 도시정비법 제87조를 통해서 알 수 있다.

도시정비법 제87조(대지 및 건축물에 대한 권리의 확정)

① 대지 또는 건축물을 분양받을 자에게 제86조 제2항에 따라 소유권을 이전한 경우 종전의 토지 또는 건축물에 설정된 지상권·전세권·저당권·임차권·가등기담보권·가압류 등 등기된 권리 및 「주택임대차보호법」 제3조 제1항의 요건을 갖춘 임차권은 소유권을 이전받은 대지 또는 건축물에 설정된 것으로 본다.
② 제1항에 따라 취득하는 대지 또는 건축물 중 토지등소유자에게 분양하는 대지 또는 건축물은 「도시개발법」 제40조에 따라 행하여진 환지로 본다.
③ 제79조 제4항에 따른 보류지와 일반에게 분양하는 대지 또는 건축물은 「도시개발법」 제34조에 따른 보류지 또는 체비지로 본다.

16 분양권에 가압류된 사실을 모르고 사면 어떻게 되나?

조합원분양권과 일반분양권 등을 매수할 때에는 분양권자를 제1채무자로, 조합을 제3채무자로 하는 채권가압류가 있는 가를 확인하고 매수해야 한다. 이런 사실은 조합 등에 확인하면 간단하게 알 수 있는 내용이지만 간과하는 공인중개사나 매수인 등이 있어서 소송으로 다투는 것을 많이 볼 수 있다. 조합원분양권과 일반분양권 등에 채권가압류나 가처분 등이 있으면 가압류 등의 처분금지 효력으로 인해서 분양권을 취득한 사람에게도 당연히 그 효력이 미치게 된다. 설령 그러한 사실을 모르고 분양권을 샀다고 하더라도 가압류의 처분금지 효력을 부인할 수 없고 인수해야 하기 때문에 주의가 필요한 것이다.

필자가 상담해준 사례를 소개하면 이해가 빠를 것이라 소개한다.

반포에 삼성래미안 퍼스티지 아파트가 신축당시 분양권으로 거래가 되었는데 부동산 중개업소에서 분양권에 대한 가압류 등을 조합에서 확인하지 않고, 분양권 매매 계약서를 작성하고 계약금과 중도금까지 지급했다. 잔금을 지급하기 전에 분양권 명의변경을 하기 위해서 조합에서 확인해 보니, 분양권에 가압류된 채권 5억원이 있었다.

이때 잔금은 3억5천만원 밖에 남아 있지 않은 상태였다. 그래서 해결의 실마리를 찾지 못하고 다투다가, 분양권 가격이 급등해서 매수인이 몸이 달아 중개업자를 배제 시키고, 매도인에게 차용증서만 받고 잔금을 지급했다. 그다음 매수인은 중개업자를 상대로 손해배상을 청구해와 중개업자는 수수료 한푼도 받지 못하고 곤혹만 치렀던 사례이다. 그래서 분양권 매매 계약할 때에는 반드시 계약하기 전에, 최소한 중도금을 지급하기 전이라도 확인하고 계약을 진행해야 한다.

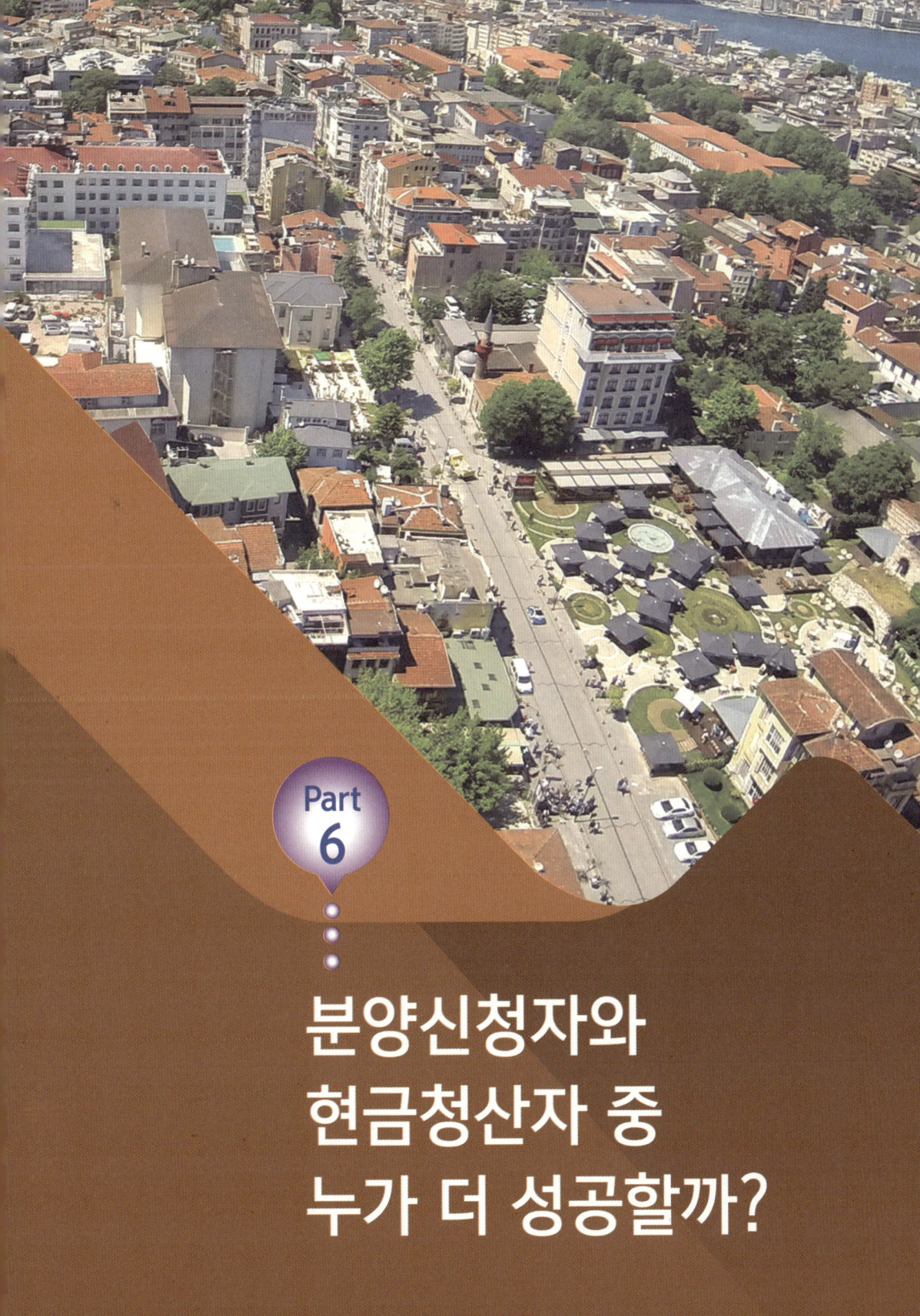

Part 6

분양신청자와
현금청산자 중
누가 더 성공할까?

01 분양신청 공고 및 신청 방법과 신청하지 않으면?

◆ 재건축사업에서 조합원 분양자격은?

재건축사업에서 조합원 분양자격은 재개발과 비교하면 단순하다. 재건축사업 단지 내에서 ① 종전의 건축물 중 주택 및 그 부속토지를 모두 소유한 자(건물+토지 전부 소유해야 인정)로, ② 재건축사업에 동의한 자이면서, ③ 분양신청자가 소유하고 있는 권리가액이 분양용 최소규모 공동주택 1가구의 추산액 이상인자만 분양자격이 있다. 따라서 조합설립에 동의하지 않은 자와 건축물중 토지만 또는 건물만 소유한 자는 현금청산대상자로, 조합과 매수협의로, 또는 조합이 매도청구소송을 통해 매수하게 된다. 이렇게 조합이 매수한 아파트 등은 일반분양 물건으로 분양하게 된다.

◆ 재개발사업에서 분양자격은?

재개발사업 구역 내에서는 토지와 건물을 소유한자, 또는 토지만, 건물만 소유한 모두 자동적으로 조합원의 지위를 갖는다. 이는 재건축에서 동의한 자만 조합원이 되는 것과 다른 점이다.

서울시 신조례 적용대상(2010년 7월 15일 이후에 사업시행인가를 받은 재개발 사업)은 권리산정기준일인 2010년 7월 15일 전에 분리된 토지로 주거지역에서 90㎡ 이상 토지만의 소유한 경우, 또는 권리산정기준일 이전에 분리된 건물소유자에게 분양자격이 주어지지만, 이후에 분리된 경우에는 공동분양권자 또는 현금청산대상자가 되니 유의해야 한다. 이렇게 재개발사업구역 내에서 분양자격은 재건축과 다르게 복잡하다. 따라서 재개발사업에서 분양자격은 Part 12~13(245쪽~292쪽)에 기술된 내용을 참고해서 판단하기 바란다.

이에 반해서 재건축은 단순하다. 재건축은 토지 및 그 부속토지의 소유자에 한해서 조합원분양권이 주어지고, 토지만 소유, 또는 건물만 소유하고 있다면 현금청산자가 된다.

◆ 조합원분양권자가 현금청산자보다 훨씬 더 성공한다!

재건축과 재개발사업에 투자할 때 분양자격을 가지고 있느냐, 없어서 현금청산대상자가 되느냐가 성공의 지름길이 된다. 분양자격이 있어야만 성공하고, 현금청산자는 재건축사업으로 얻을 수 있는 수익이 반감될 수밖에 없다. 그래서 분양자격을 얻을 수 있는 물건에 투자해야 성공할 수 있다. 대부분의 사람들은 재건축, 재개발조합원이면 무조건 아파트 분양권을 받게 되는 것으로 알고 있지만, 받지 못하는 사례가 의외로 많이 발생하고 있다.

◆ 그러나 현금청산금을 받아 255%의 수익률을 만든 사례도 있다!

이 재개발구역의 상가주택 ½ 지분을 공매로 낙찰 받아 255%의 수익률을 만든 사례이다.

이 상가주택은 지하1층과 지상1~2층은 근린상가이고 3층만 주택이다. 그리고 이 상가주택은 소유자가 2명으로 각 1/2씩 공유지분으로 되어 있는데 그 중 1/2지분만 공매가 진행된 물건이다. 이 지역은 LH공사가 주관하고 대림산업이 시공하는 재개발구역으로 2017년 12월경에 4,800여 세대의 공동주택사업이 착공될 예정이다. 그래서 매수인은 다른 공유자와 협의해서 공동으로 분양을 신청하든가, 현금청산 받는 방법이 있는데 입찰 전에 확인해 본 결과 현금청산을 받더라도 감정가 정도가 예상되는 물건이었다. 그렇게 판단하게 된 동기는 감정가가 6억700만원인데 반해서 시세는 6억8,000만원에서 7억원을 호가하고 있었기 때문이다. 따라서 3억4천만원에 공매로 낙찰 받아 감정가수준의 현금청산을 받을 경우 약 2억5천만원 정도의 수익이 예상되었다.

토지 지분공매 절차에서 공매물건의 사진과 주변 현황도

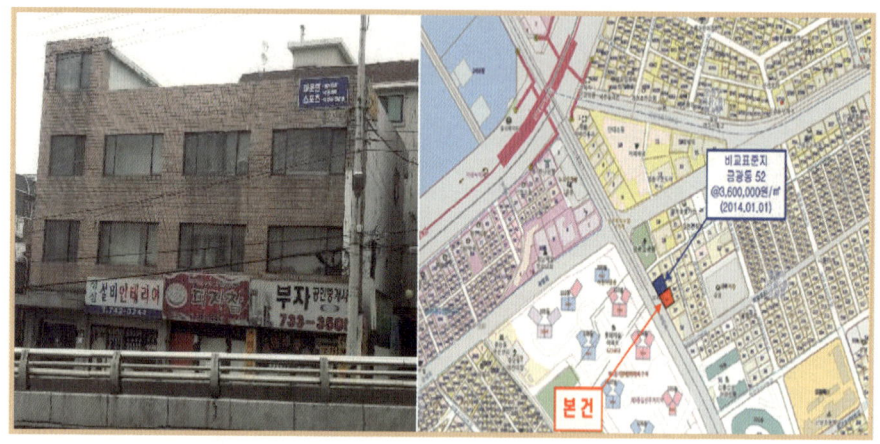

필자가 이 상가주택 2분의 1을 345,600,000원에 입찰하여 낙찰 받았고, 차순위자는 333,770,000원에 입찰하였다.

상가주택 ½ 매수 이후 대응방법과 255% 수익률 만들기!

필자가 낙찰 받고 명도 하러 갔는데, 체납자겸 소유자가 2층에 거주하고, 다른 공유자는 3층에 거주하고 있었다. 2층에 거주하는 체납자를 명도하고 나서, 다른 공유자 문OO와 상의하여 2층 전체를 2억원에 전세를 놓았고, 분양 신청 대신 현금청산을 선택했다.

필자가 345,600,000원에 낙찰 받고, 잔금대출 242,000,000원(낙찰금액의 70%)을 받아 실제 투자금은 소유권이전등기 비용(16,934,000원) 등까지 포함해 120,534,000원이 들었다. 2017년 중순경 현금청산을 받을 것이라고 예상하고 투자하였으나, 2017년 1월 현금청산을 받았다. 현금청산금은 685,188,490원이었으며, 총수익(현금청산금)에서 본인투자원가(345,600,000원 + 소유권이전비용 등 16,934,000원+대출이자 15,000,000원 = 377,534,000원)를 공제할 경우 총수익은 307,654,490원이다. 따라서 현금투자 대비 수익률은 307,654,490원/120,534,000원 = 255.24%로 성공적인 투자가 되었다.

일반적으로 조합원분양권이 현금청산보다 훨씬 더 수익률을 가져다주고 있는 것은 사실이다.

조합원 사정에 따라 입주하지 못하는 상황이나 필자와 같이 2분의 1을 낙찰받았는데, 다른 지분권자가 분양신청에 동의하지 않으면 현금청산할 수밖에 없다. 이 사례에서는 상가주택이고 도로변에 위치하고 있어서, 공매감정가보다 10% 높은 6억8,000만원으로 높은 현금청산금을 받을 수 있었다. 현금청산을 선택하는 방법이 무조건 손해 보는 일이라고 판단해선 안 된다는 사실을 알려 주기 위해서 이 사례를 담아 놓았다(이 사례 전반적인 내용은 Part 15의 03번(327쪽)을 참고하면 된다).

02 분양신청 공고 및 신청 방법과 신청하지 않으면?

조합은 사업시행인가고시일로부터 60일 이내에 토지등소유자에게 개략적인 부담금 내역, 분양신청서, 토지등소유자외의 권리자의 권리신고 방법 등을 통지하고, 해당지역에서 발간되는 일간신문에 공고하여야 한다. 이 기간 내에 분양신청하지 않으면 현금청산자가 된다.

◆ 단독·다가구주택으로 분양 신청

토지와 건물을 함께 분양 신청을 받는다. 하나의 서식에 대지와 건물의 내역이 나뉘어 기재하게 된다.

(1) 대지

① 대지 100-20번지, 면적 30㎡, 지목 …
② 대지 100-21번지, 면적 31㎡, 지목 …
③   :   :
④   :   :

(2) 건물

① 건물 100-20번지, 면적 70㎡ … 등으로 기재되어 신청을 하게 된다.

◆ 아파트와 상가 등의 집합건축물로 분양신청

아파트와 연립주택, 다세대주택, 상가건물 등의 집합건축물로 재건축과 재개발사업에서 분양을 신청하는 방법도 앞의 단독·다가구주택으로 분양 신청하는 방법과 같이 작성하고 있다.

◆ 분양공고 신청과 현금청산 매뉴얼

구분	업무처리기준
분양신청기간 통지 및 공고	• 분양신청기간 통지 : 사업시행인가 고시일로부터 120일 이내(조합 → 조합원) • 분양신청 기간 : 사업시행인가고시일로부터 30일 이상 60일 이내 • 통지서 첨부서류 : 분양신청서, 정관, 사업시행인가서 사본 또는 요지, 기타 필요한 안내문(분양 미신청자는 금전청산 대상임을 명확히 고지) • 분양신청기간 공고 : 당해지역에서 발간되는 일간신문
분양신청 방법	• 분양신청서 기재내용 　- 소유권 내역(증빙서류 첨부), 공동주택 희망신청 　- 상가 등 복리시설의 신청 여부 및 그 자격 증빙서류 • 분양신청서류 분양신청서 　- 토지대장, 건물 대장(기존무허가건물 확인원) 　- 토지등기부, 긴물등기부 　- 인감증명서(분양신청용), 주민등록등본, 호적등본 • 제출방법 : 조합에 직접제출 또는 우편제출(우편의 경우 분양신청 기간 내 발송된 것을 증명 하여야 함)
분양신청을 하지 않은 자 등에 대한 조치	• 종전토지 평가시점 : 사업시행인가 고시 시점 • 평가방법 : 지가공시 및 토지 등의 평가에 관한 법률에 의한 감정평가업자 2인 이상이 평가한 금액을 산술평균하여 산정 • 감정평가업체의 선정 : 구청장에 추천하는 감정평가업체 중에서 선정 • 감정평가 의뢰 시 첨부서류 　- 인가서 및 인가 고시문 사본 　- 토지 및 건축물의 권리자별 명세서 　- 토지 및 건축물 이용 상황도 　- 인감증명서(분양신청용), 주민등록등본, 호적등본 　- 현황 측량성과도(이용현황) 및 조서 　- 기타 평가 참고서류 • 현금청산시기 : 관리처분계획인가 고시일 다음날로부터 90일이내 협의 + 60일 이내 수용재결 또는 매도청구 소송.
관리처분계획수립 및 총회결의	관리처분계획 조합원 총회 : 관리처분계획(안)을 총회에 상정 후 결의

03 조합원이 분양권을 몇 개까지 가질 수 있나?

◆ 재건축사업에서 조합원이 가지는 분양권의 수는?

(1) 토지등소유자에게는 소유한 주택 수만큼 공급한다!

① 과밀억제권역에 위치하지 아니한 재건축사업의 토지등소유자.

② 근로자 숙소, 기숙사 용도로 주택을 소유하는 토지등소유자

③ 국가, 지방자치단체 및 토지주택공사 등

④ 「국가균형발전 특별법」 제18조에 따른 공공기관지방이전 및 혁신도시 활성화를 위한 시책 등에 따라 이전하는 공공기관이 소유한 주택을 양수한 자(도시정비법 제76조 ①항 나호)

(2) 과밀억제권역에서 투기과열지구가 아닌 재건축사업은 3주택 공급

과밀억제권역이라도 투기과열지구가 아닌 경우 3개까지 분양권을 공급 받을 수 있다. 따라서 투기과열지구가 아닌 재건축사업대상아파트를 4개를 가지고 있다면 조합설립 이전에 1개는 팔고, 3개만을 가지고 분양 신청해야 한다. 조합이 설립되고 나서 팔면 1개는 현금 청산되기 때문에 그만큼 손실을 볼 수도 있다(도시정비법 제76조 ①항 라호).

(3) 종전자산의 평가액 또는 주거전용면적의 범위 내에서 2주택 공급

과밀억제권역 내의 투기과열지구내에서는 종전자산의 평가액 또는 주거전용면적의 범위 내에서 2개의 분양권을 공급 받을 수 있다.

즉 "1+1(원+원) 입주권 제도"라고도 하는데, 내가 가지고 있던 종전 주택의 자산평가액, 또는 종전 주택의 주거전용면적이 크다면 그 범위 내에서 2개의 분양권(=입주권)을 받을 수도 있다. 다만 2개의 입주권 중 1개는 전용면적 85㎡ (33평형) 이상과 1개는 전용면적 60㎡(24평형) 이하의 소형주택이어야 한다.

이때 추가로 받은 전용면적 60㎡ 이하의 소형주택은 이전고시일로부터 3년 이내에 전매가 금지된다. 유의할 점은 이전고시일은 준공인가일이 아니고, 입주하고 나서도 몇 달이 지나서 이전고시를 하고 아파트보존등기가 된다. 따라서 아파트보존등기 이후 3년 동안 전매를 할 수 없다고 이해하면 된다. 이런 원+원으로 분양받은 아파트는 3년이 지나기 전에는 각각 분리해서 매각할 수 없고, 2주택을 함께 매각해야 한다.

알아두면 좋은 법률

도시정비법 제76조 ①항 다후 제74조 제1항 제5후에 따른 가격의 범위 또는 종전 주택의 주거전용면적의 범위에서 2주택을 공급할 수 있고, 이 중 1주택은 주거전용면적을 60제곱미터 이하로 한다. 다만, 60제곱미터 이하로 공급받은 1주택은 제86조 제2항에 따른 이전고시일 다음 날부터 3년이 지나기 전에는 주택을 전매(매매·증여나 그 밖에 권리의 변동을 수반하는 모든 행위를 포함하되 상속의 경우는 제외한다)하거나 전매를 알선할 수 없다.

◆ 재개발사업에서 조합원은 몇 개의 분양권을 갖나?

재개발사업은 재건축과 같이 주택 수만큼 분양권을 받을 수 있는 것이 아니다. 하나의 재개발사업구역 내에서 보유한 주택의 종전 자산평가액을 합산해서 하나의 주택을 공급 받을 수 있다.

다만 다음 조건에 해당하면 **"1+1(원+원) 입주권"을 받을 수 있다.** ① 건축물의 연면적(등기부상의 전용면적 기준)이 분양 받고자 하는 2개의 아파트 전용면적의 합계보다 큰 경우

② 단독주택의 경우 토지+건축물의 권리가액이 분양 받고자 하는 2개의 아파트 조합원 분양가의 합계보다 커야 한다.

③ 분양 받고자하는 2개의 아파트 중 1개는 $59m^2$(24평형)형을 의무적으로 분양 받아야 하고, 이 아파트는 이전고시일로부터 3년 이내에 매도할 수 없다.

위 ①과 ② 조건 중 어느 하나라도 해당되면 2개의 입주권 취득이 가능하다. 이때 2개 이상의 합계가, 또는 1개가 크므로 인해서 합계가, 위 ①과 ② 조건 중 어느 하나에 해당하면 된다. 따라서 재개발사업에서 원 플러스 원 분양권(=입주권)을 고려해서 종전 자산평가액이나 주거면적이 큰 물건을 매수하는 방법이 좋을 것이다.

다만 유의할 점은 소형평형을 분양 신청한 조합원이 많아서 조합원끼리 경합할 때, 소형평형 신청자에게 우선권이 있다. 그래서 소형평형이 부족하다면, 원 플러스원으로 분양 받지 못할 수도 있다는 사실이다.

참고로, $85m^2$(33평형)형과 $59m^2$(24평형)형을 분양 받고자 하면 소유한 주택의 연면적이 85+59 = $144m^2$(43.5평) 보다는 커야 하는데 주택이 아무리 작아도 2층 이상이면 가능하다. 권리가액으로 요건을 충족시키려면 연면적의 조건 충족 경우보다 조금 어려울 수 있다. 문제는 입주권을 2개 취득한 후 분양금액을 정산할 때는 부동산의 권리가액과 상계하며, 부족하면 부담금을 내야하고, 남으면 현금으로 청산하여 환급 받는다. 1개의 부동산으로 분양금액이 부족할 때는 2개의 부동산으로 권리가액을 합산하여 청산해도 된다.

혼자 부동산을 여러 개를 가지고 있어도 보유수만큼 입주권이나 분양권을 취득할 수 있는 것이 아니므로, "1+1(원+원) 입주권 제도"를 잘 활용하면 투자수익을 극대화 할 수 있을 것이다.

그리고 2주택 중 1주택은 34평형(전용면적 85.49㎡) 이상을 받을 수 있지만, 1주택은 전용면적 60㎡(24평형) 이하의 소형주택만 받을 수 있다. 이 소형주택은 이전고시가 있은 날로부터 3년이 지나기 전에 팔수 없다. 이런 원+원으로 분양받은 아파트는 3년이 지나기 전에는 각각 분리해서 매각할 수 없고, 2주택을 함께 매각해야 한다.

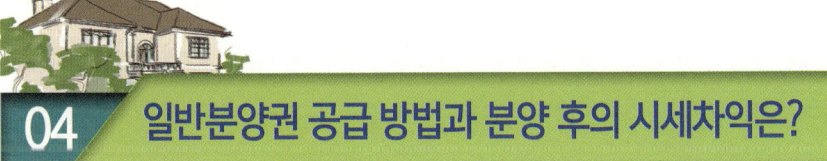

04 일반분양권 공급 방법과 분양 후의 시세차익은?

◆ 일반분양권 공급 방법

서울특별시 도시 및 주거환경정비 조례 제40조(일반분양) 도시정비법 제79조 제2항에 따라 토지등소유자에게 공급하는 주택과 제44조에 따른 처분 보류지를 제외한 대지 및 건축물은 법 제79조 제4항에 따라 조합원 또는 토지등소유자 이외의 자에게 분양할 수 있으며 분양기준은 다음 각 호에 따른다.

1. 체비시설 중 공동주택은 법 제74조 제1항 제4호 가목에 따라 산정된 가격을 기준으로 「주택법」 및 「주택공급에 관한 규칙」에서 정하는 바에 따라 일반에게 분양한다.

2. 체비시설 중 부대·복리시설은 법 제74조 제1항 제4호 라목에 따라 산정된 가격을 기준으로 「주택법」 및 「주택공급에 관한 규칙」에서 정하는 바에 따라 분양한다. 다만, 세입자(정비구역의 지정을 위한 공람공고일 3개월 전부터 사업시행계획인가로 인하여 이주하는 날까지 계속하여 영업하고 있는 세입자를 말한다)가 분양을 희망하는 경우에는 다음 각 목의 순위에 따라 우선 분양한다.

   가. 제1순위 : 종전 건축물의 용도가 분양건축물 용도와 동일하거나 비슷한 시설인 건축물의 세입자로서 사업자등록을 필하고 영업한 자

   나. 제2순위: 종전 건축물의 용도가 분양건축물 용도와 동일하거나 비슷한 시설인 건축물의 세입자로서 영업한 자

3. 제1호 및 제2호에 불구하고 구청장은 재정비촉진지구에서 도시계획사업으로 철거되는 주택을 소유한 자(철거되는 주택 이외의 다른 주택을 소유하지 않은 자로 한정한다)가 인근 정비구역의 주택분양을 희망하는 경우에는 「주택공급에 관한 규칙」 제36조에 따라 특별 공급하도록 한다.

(1) 주택공급에 관한 규칙 제27조(국민주택의 일반공급)

제1항 사업주체는 국민주택의 입주자를 선정하는 경우에는 입주자모집공고일 현재 다음 각 호의 순위에 따라 선정하여야 한다(각호에서 정한 국민주택의 일반공급에서 우선순위는 지면상 생략했으니 위 조문을 참고하기 바란다).

(2) 주택공급에 관한 규칙 제28조(민영주택의 일반공급)

제1항 사업주체는 민영주택의 입주자를 선정하는 경우에는 입주자모집공고일 현재 다음 각 호의 순위에 따라 선정하여야 한다(각호에서 정한 국민주택의 일반공급에서 우선순위는 지면상 생략했으니 위 조문을 참고하기 바란다).

> **알아두면 좋은 내용**
>
> ① 주택분양신청이란 국민주택 등을 분양 받으려는 자가 일정한 자격을 갖추고 절차에 따라 청약하는 것을 말한다. 국민주택 분양은 일반분양, 특별분양, 단체분양이 있다.
> ② 조합원에 공급하고 남는 초과분은 주택공급에 관한 규칙에 따라 분양하되, 20세대 이상일 경우 일반에게 분양해야 하며, 20세대 미만일 경우에는 임의 공급이 가능하다. 일반인에게 분양하는 방법은 입주자 모집공고는 주택건설 지역주민이 널리 볼 수 있는 일간신문 또는 해당 주택 건설지역의 거주자가 쉽게 접할 수 있는 일정한 장소에서 게시. 공고해야 한다.
> ③ 임의분양은 「주택공급에 관한 규칙」에 따라 일반 분양 가구수가 20가구 미만일 경우

◆ 조합원분양가와 일반분양가의 차이 분석

재개발 · 재건축에 있어서 일반분양권의 분양률이 높게 선분양되고, 일반분양가에 프리미엄이 즉시 발생하는 경우가 많다.

일반분양권에 프리미엄이 발생하였다는 것은 그만큼 일반분양가를 낮게 책정했다고 볼 수 있다(보통 신규아파트 시세의 70%~80% 정도로 일반분양가가 책정).

일반분양권자들은 계약금만 가지고 계약한 사람들로, 높은 사업의 이익까지 얻는 결과가 발생한다.

일반분양가를 높은 가격으로 책정해서 미분양이 발생하지 않는 선에서 분양하게 된다면 분양경쟁률은 낮아지게 되지만(신규아파트 시세의 80%~90% 정도로 일반분양가가 책정), 그만큼 분양수익의 증가로 인해서 조합원의 부담금이 줄어들게 된다. 이 방법이 일반분양권자들의 프리미엄을 낮추고, 조합원의 부담금을 줄이는 방법이다. 조합원의 분양가는 종전 자산에 대한 평가금액과 청산금(=추가부담금)으로 결정되는데 이 청산금(=추가부담금)은 확정된 것이 아닌 가

청산금이기 때문이다. 즉, 재개발·재건축절차가 마무리되고 나서 [총건설비용(부대비용 포함) − (조합원 종전자산 + 청산금 + 일반분양가의 합계)]의 계산금액이 이익이 발생하면 그만큼 조합원 추가부담금이 적어지게 되고, 부족 시에는 추가로 부담해야 한다.

그러나 시공회사 등은 일반분양가를 적당한 가격으로 해서 분양률을 높이고자 할 것이고, 이는 시공회사의 이미지를 높이고 공사비의 자금 확보를 빠른 시일 내에 확보할 수 있기 때문이다.

그러나 현실은 조합 수익창출보다는 ① 지자체 등의 분양가 상한 규제 정책, ② 시공사 등이 일반분양가를 적당한 가격으로 책정(보통 신규아파트 시세의 70%~80% 정도로 책정)해서, 분양률을 높이는 방법 등으로 시공회사의 이미지를 높이면서, 공사비를 빠른 시일 내에 확보하려고 한다. 이러한 요인은 소비자 등이 일반청약으로 얻을 수 있는 프리미엄 등의 기대수요 증가를 낳게 되고 그로인해서 수십대 1의 분양경쟁률이 만들어 지고 있다. 이러한 현상으로 인해 분양 받으면 1억에서 3억원의 시세차익을 볼 수 있는 로또라는 공식으로 통하고 있다.

결론적으로 조합원은 현금청산을 선택 하는 방법과 분양을 신청하는 방법 중 당연히 분양을 신청하는 방법이 좋다.

조합원분양권과 일반분양권 사이에 누가 유리한가는 앞의 기술한 내용을 보면 알 수 있듯이 조합원분양 신청자가 낫다. 이번엔 일반분양신청자와 신축아파트가 완공되고 나서 일반매물로 사는 사람과는 누가 더 유리할까? 일반분양권자가 낫다는 결론에 도달하게 된다.

물론 부동산가격이 하락하지 않고 상승한다는 가정에서 보면 그렇다는 결론을 얻을 수 있다. 어쨌든 현재 서울부동산 시세가 조정국면에 있지만 다음 06번 사례 등을 확인하면 알 수 있듯이 일반분양신청으로 분양만 받을 수 있다면 로또가 되는 것은 분명하다.

재건축과 재개발 TIP

재건축 등에서 선분양과 후분양은 누가 유리할까?

(1) 아파트선분양은 사업인가 후 주택이 완공되기 전에 모델하우스와 공고자료를 통해 입주자들에게 분양하고, 입주자가 납부한 계약금, 중도금을 통해서 주택건설 비용을 충당하는 제도이다. 현재 진행되고 있는 대부분 재건축 분양방식은 선분양제로 진행하고 있다.

(2) 아파트후분양은 골조공사의 2/3 이상을 완료 한 후에 입주민이 건축물을 직접 확인해 보고, 분양을 받을 수 있는 제도이다.

따라서 아파트선분양은 건설사가 유리하며, 아파트후분양은 소비자가 유리하다. 이렇게 지역에 따라 후분양이 활성화되는 곳과 그렇지 않은 곳이 나뉠 전망이다. 앞으로 집값이 조정될 것으로 예상되는 지역은 소비자들이 후분양을 선호하겠지만, 시간이 지날수록 집값이 오를 지역은 후분양보단 선분양을 통해 선점하려는 의식이 강할 수밖에 없기 때문이다.

05 일반분양권자와 신축아파트를 일반매물로 산사람은?

◆ **서초푸르지오써밋 분양신청자와 현금청산자 중 누가 승리!**

얼마 전에 서울시 서초구 서초동에서 재건축한 사례를 분석해 보면 현금청산 받은 사람과 조합원분양권자, 그리고 일반분양신청자, 2019년 1월 현재 신축아파트 시세를 분석해 보면 누가 승리했나? 를 알 수 있다.

이 아파트는 필자 사무실 근처에 있어서 출퇴근을 하며 재건축되는 과정을 3년 동안 철거부터 신축 후 입주하는 과정까지 확인할 수 있었다.

이 서초푸르지오써밋은 대우건설이 서초구에 '푸르지오써밋' 브랜드를 앞세워 서초 삼호1차 아파트를 재건축한 아파트이다. 지하 2층부터 지상 35층까지 7개동이 지어졌고, 총 907세대중 143세대가 일반분양이었다. 2014년 10월 분양당시 3.3㎡당 평균분양가는 3,150만원이다. 이는 분양가 상한제로 인해 분양가가 저렴하게 책정되었고, 모델하우스는 2014년 9월 26일 개관되었고, 9월 30일 특별공급을, 10월1일 1순위와 2순위 청약 접수, 10월 2일 3순위 청약 접수를 받았다. 분양가 상한제로 인해 주변아파트 시세보다 저렴한 분양가로 다음 도표와 같이 분양되었고, 중도금도 전액 무이자 대출로 분양 조건도 좋았다.

(1) **재건축 전 삼호아파트 30평형대는** 6억~7억원에 거래되었다!

(2) **재건축으로 조합원분양가**
   ① 59㎡(24평형) 57,000만원~ 59,000만원,
   ② 74㎡(30평형) 72,000만원~73,000만원,
   ③ 84.98㎡(34평형) 83,000만원~85,000만원

④ 97.94㎡(39평형) 103,000만원~105,000만원

⑤ 104.40㎡(41평형) 111,000만원~112,000만원

⑥ 120.86㎡(48평형) 127,000만원~128,000만원이다.

(3) **재건축하는 과정에서 현금청산 받은 사람들은** 30평형대가 83,000만원~85,000만원이다.

(4) **이 재건축아파트의 일반분양가(고층기준)**

① 59㎡(24평형) 79,000만원~81,000만원

② 97㎡(39평형) 126,000만원~129,000만원

③ 104㎡(41평형) 132,000만원~134,000만원

④ 120㎡(47평형) 152,000만원~154,000만원선으로 다음과 같이 분양되었다(분양공고 일부 발췌함).

서초 푸르지오 써밋 분양안내

■ 공급위치 : 서울특별시 서초구 서초동 1311번지 일대 (서초삼호1차아파트 주택재건축정비사업)
■ 공급규모 : 지하2층 ~ 지상35층, 총 907세대 중 일반공급 143세대
　　　　　　[특별공급 14세대 포함(기관추천 특별공급 1세대, 신혼부부 특별공급 1세대, 다자녀가구 특별공급 11세대,
　　　　　　노부모부양 특별공급 1세대)] 및 부대복리시설

단위 : ㎡, 세대, 천원, VAT 포함

주택형	동	호	총구분	세대수	분양가격	계약금(10%)		중도금(60% 무이자)						잔금(30%)
						1회(계약시) 2천만원	2회(10% -2천만원) 2014.11.17	1회(10%) 2015.03.20	2회(10%) 2015.08.20	3회(10%) 2016.01.20	4회(10%) 2016.06.20	5회(10%) 2016.10.20	6회(10%) 2017.02.20	입주지정일
104C	201동	4호	20	1	1,344,000	20,000	114,400	134,400	134,400	134,400	134,400	134,400	134,400	403,200
			10	1	1,320,000	20,000	112,000	132,000	132,000	132,000	132,000	132,000	132,000	396,000
			2	1	1,270,000	20,000	107,000	127,000	127,000	127,000	127,000	127,000	127,000	381,000
	202동	4호	21	1	1,344,000	20,000	114,400	134,400	134,400	134,400	134,400	134,400	134,400	403,200
			5	1	1,300,000	20,000	110,000	130,000	130,000	130,000	130,000	130,000	130,000	390,000
120A	201동	6호	30	1	1,541,000	20,000	134,100	154,100	154,100	154,100	154,100	154,100	154,100	462,300
			29	1	1,541,000	20,000	134,100	154,100	154,100	154,100	154,100	154,100	154,100	462,300
			27	1	1,541,000	20,000	134,100	154,100	154,100	154,100	154,100	154,100	154,100	462,300
			25	1	1,541,000	20,000	134,100	154,100	154,100	154,100	154,100	154,100	154,100	462,300
			23	1	1,541,000	20,000	134,100	154,100	154,100	154,100	154,100	154,100	154,100	462,300
			22	1	1,541,000	20,000	134,100	154,100	154,100	154,100	154,100	154,100	154,100	462,300
			21	1	1,541,000	20,000	134,100	154,100	154,100	154,100	154,100	154,100	154,100	462,300
			20	1	1,541,000	20,000	134,100	154,100	154,100	154,100	154,100	154,100	154,100	462,300
			17	1	1,520,000	20,000	132,000	152,000	152,000	152,000	152,000	152,000	152,000	456,000
			16	1	1,520,000	20,000	132,000	152,000	152,000	152,000	152,000	152,000	152,000	456,000
			14	1	1,520,000	20,000	132,000	152,000	152,000	152,000	152,000	152,000	152,000	456,000
			13	1	1,520,000	20,000	132,000	152,000	152,000	152,000	152,000	152,000	152,000	456,000
			12	1	1,520,000	20,000	132,000	152,000	152,000	152,000	152,000	152,000	152,000	456,000
			11	1	1,520,000	20,000	132,000	152,000	152,000	152,000	152,000	152,000	152,000	456,000
			8	1	1,500,000	20,000	130,000	150,000	150,000	150,000	150,000	150,000	150,000	450,000
			7	1	1,500,000	20,000	130,000	150,000	150,000	150,000	150,000	150,000	150,000	450,000
			6	1	1,500,000	20,000	130,000	150,000	150,000	150,000	150,000	150,000	150,000	450,000

2019년 1월 현재 이 아파트 시세는 ① 74㎡(30평형)가 18억에서 19억, ② 84.98㎡(34평형)는 20억에서 21억원 수준이다.

이는 현금청산대상자가 3년 전에 84.98㎡(34평형) 기준으로 받은 현금청산금 83,000만원~85,000만원과 일반분양가보다 상당히 높은 가격이다. 이렇게 재건축은 사업이 진행되는 과정 속에서 계속적으로 오르게 된다. 그 지역이 소비자 등이 선호하는 지역일 때 더욱 그러하다.

◆ 월급쟁이 김 과장이 8년 전에 아파트를 분양 받다!

김 과장은 8년 전에 송파구에 위치하고 있는, 삼성아파트를 3억5,000만원에 분양 받았다. 계약당시 돈이 없어서 계약금과 중도금 일부만 납부하고, 잔금은 입주시기로 미루어 놓았다. 이때 지인들은 돈이 없는데 사서, 아파트 가격이 떨어지면 어떻게 하려고 그러느냐고 했다. 그렇지만 김 과장은 오를 것이라는 확신을 가지고, 용기를 내어 분양 받았다고 한다. 이 아파트도 세월이 흘러 2017년 5월에 입주가 시작되었다. 입주당시 주변아파트 상승효과에 따라 이 신축아파트 역시 두 배가 되는 7억원으로 올랐다. 잔금은 돈이 부족해서 전세보증금으로 대체했는데, 아파트 가격이 오른 탓에 돈이 남았다. 이런 사실을 지인들에게 이야기 했더니, 부러워하면서 축하해 주었다고 한다.

분양권을 살 때 위험부담은 전혀 없지는 않다. 지역에 따라 마이너스 프리미엄도 발생하지만, 대체적으로 소비자(=실수요자) 등이 좋아하는 위치에 있는 아파트를 분양 받으면, 부동산 경기에 영향을 받을 수도 있겠지만, 장기적으로 오를 수밖에 없다.

◆ 래미안퍼스티지와 반포LG자이 아파트분양권자와 일반매물로 산 사람은?

필자가 거주하는 아파트가 반포에 있어서, 래미안퍼스티지 아파트와 반포 LG자이 아파트가 재건축되는 과정을 3년 동안 눈으로 확인한 적이 있다. 이 아파트는 저층주공아파트를 철거하고, 신축한 아파트인데, 전매제한이 없어서 분양권 상태로 계속적으로 오르면서 거래가 이루어졌고, 입주 후에도 지하철 9호선 개통 등으로 인해서 아파트 가격이 급등했던 기억이 난다.

지난 얘기지만, 어느 날 ○○부동산중개업소에서 전화가 왔다. 중개업소에서 래미안퍼스트지 분양권 매매 계약서를 10억5,000만원에 작성하고, 계약금과 중도금을 지급하고, 잔금 3억5,000만원이 남아 있는 상태에서 조합에 확인하니, 매매대상 조합원분양권에 5억원의 채권가압류가 있었다. 그래서 매수인에게 그런 사실을 알렸고, 매수인은 노발대발하면서 계약을 이행하지 않겠다고 했고, 매도인도 돈이 없어서 해결할 수 없다는 것이다. 물론 이 문제는 이렇게 해결되었다. 3개월이 지나서 아파트분양권이 3억원 정도 오르면서 매도인과 매수인 사이에 부족한 돈을 차용증서로 대체하고, 매매 계약을 이행했다. 그리고 매수인이 중개업자를 상대로 법원에 손해배상 청구를 했지만, 원고의 패소로 중개업자의 손해배상 책임은 면했다.

이렇게 조합원분양권이 우량한 지역에 위치하고 있다면 계속해서 오르고, 그 오름세는 입주 후에도 계속된다. 아파트 가격이 오르는 것은 소비자가 있기 때문이다. 부동산 가치 자체가 오르는 것 이외에 물가상승 등으로 화폐 가치가 하락되는 요인도 간과해선 안 된다. 10년 전에 10억원과 10년 후의 10억원은 분명 다르기 때문이다.

본래 이곳은 반포주공 2단지가 위치해있던 자리였다. 반포아파트 2단지를 헐고 신축한 아파트가 래미안퍼스티지이다. 반포주공아파트 3단지는 반포자이로 재건축해 새로 태어났다. 반포주공 1단지는 현재 재건축사업이 진행 중에 있다.

이 래미안퍼스티지는 서울시 서초구 반포동에 위치한 고급 아파트 단지이며, 총 2,444세대 28개동의 대단지 아파트이다. 인근에 위치한 반포자이, 아크로리버 파크와 함께 집값이 국내에서 가장 비싼 강남에서도 가장 비싼 아파트에 속하는 초고가 아파트이다.

2018년 1월에는 20평대 기준 18억, 30평대 기준 24억원을 넘기고, 40평대는 28억5천만원이었다. 그러던 2019년 1월 21일에는 20평대 기준(전용면적 59㎡) 19억원, 30평대 기준(전용면적 84㎡) 24억원을 넘기고, 40평대(전용면적 135㎡)는 34억원으로 **다음 네이버 부동산 매물 시세처럼 급등한 사실을 알 수 있다.**

거래	확인일자	매물명	면적(㎡)	동	층	매물가(만원)	연락처
매매	확인매물 19.01.26	래미안퍼스티지 34 조용한 솔마을 깔끔인테리어에 끝내주...	113L1/84	128동	8/31	240,000 부동산뱅크	제일공인중개사사... 02-534-0001
매매	확인매물 19.01.26	래미안퍼스티지 34 입주매물, 풀옵션, 안정감있는층에 남...	113L1/84	109동	6/31	248,000 매경부동산	만복래공인중개사... 02-594-2489
매매	확인매물 19.01.26	래미안퍼스티지 26 풀옵션 귀한 매물, 신반포 역세권	87T1/59	125동	21/29	185,000 부동산뱅크	부동산마트공인중... 02-3482-0006
매매	확인매물 19.01.26	래미안퍼스티지 26 입주가능 고퀄리티 래미안퍼스티지입...	86T2/59	105동	23/30	200,000 한경부동산	단지내바른공인중... 02-595-0071

이 같이 신규아파트와 분양시장은 급등하고 있다. 이러한 현상은 2019년 들어서도 마찬가지로 분양만 받으면 2배가 남는 장사로 인식되고 있다.

◆ 프리미엄 서울 아파트 분양권 2배 남는 '청약 장사'

2018. 11. 30일 견본주택 문을 여는 디에이치라클라스의 3.3㎡당 평균 분양가는 4600만원대로 책정됐다. 서울 서초구 반포동 삼호가든맨션 3차를 재건축하는 디에이치라클라스는 연말 분양시장의 다크호스로 떠올랐다. 강남 '분양불패' 신화를 이어갈 수 있을지가 관심사다.

2018. 11월에 분양한 서울 서초구 서초동 래미안리더스원 분양가는 3.3㎡당 평균 4489만원이었다. 전용면적 84㎡를 기준으로 17억원 안팎의 분양가가 책정됐다. 고분양가 논란도 있었지만 분양 결과는 만족스러웠다. 232가구 모집에 9671명이 지원하면서 41.69대 1의 경쟁률을 보였다.

이렇게 서울 아파트 분양입주권 시장이 신바람을 내고 있다!

부동산시장은 불황이라지만 '강남3구(강남·서초·송파구)'의 새 아파트 분양은 언제나 대흥행이다. 대출 규제로 돈을 마련하기 어려운 상황은 역으로 현금부자들의 발걸음을 가볍게 하고 있다.

<u>"강남3구 아파트 청약 당첨은 두 배 남는 장사"라는 얘기는</u> 더는 비밀도 아니다.

2018년 11월 29일 국토교통부 실거래가 공개시스템에 따르면 강남구 일원동 래미안루체하임 전용면적 121.71㎡ 분양권이 올해 11월에 27억6000만원에 팔렸다. 2016년 6월 래미안루체하임 분양 당시 121.71㎡ 분양가는 17억~18억원 수준이었다. 2년 새 몸값이 10억원 뛴 셈이다.

2018년 12월 입주 예정인 송파구 가락동 송파헬리오시티 59.96㎡ 입주권은 11월에 13억6700만원에 거래됐다. 2015년 11월 분양가는 7억원 안팎이다. 강남3구 아파트 청약 당첨이 두 배 남는 장사라는 얘기는 괜히 나온 말이 아니었다. 반년도 안 돼 몸값이 두 배로 뛴 사례도 있다. 지난 6월 분양한 영등포구 신길동 신길파크자이 59.95㎡ 입주권은 11월에 8억7738만원에 거래됐다. 분양 당시 가격은 4억8440만원이었다.

〈아시아경제 2018. 11. 29. 자 기사 발췌〉

06 재건축과 재개발에서 프리미엄이 붙는 원리와 투자수익 계산

◆ 재건축과 재개발이 도급제로 진행되는 경우 투자 수익분석

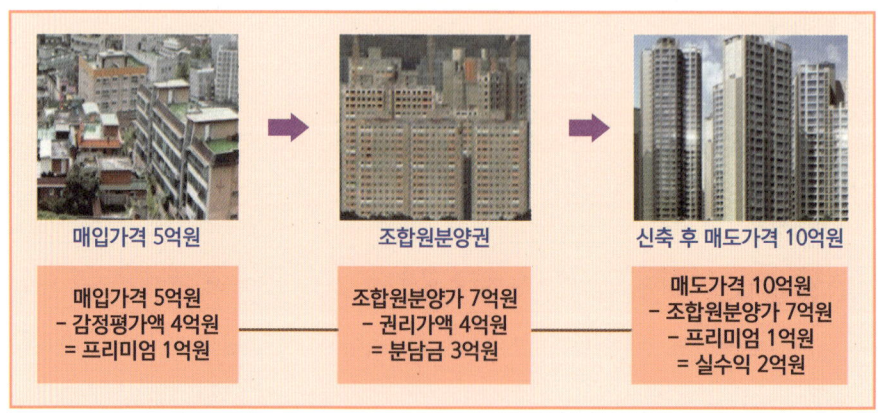

- 매입가격이 6억원.
- 감정평가금액(또는 예상감정가) 5억원(사업시행인가 시점을 기준으로 감정평가액)(매입당시 미확정단계라면 추진위나 조합의 예상감정가, 또는 주변 시세의 80% 수준으로 예상. ∵ 감정가는 시세보다 70~80%선에서 책정되기 때문)
- 프리미엄 1억원(조합원분양권을 받을 수 있는 권리의 댓가).
- 권리가액은 5억원(권리가액=감정평가액×비례율)(비례율이 100%로 가정)
- 추가부담금(또는 ▲청산금) 2억원 = 신축아파트의 권리가액 7억원(조합원분양가)−종전자산의 권리가액 5억원
- 34평형 조합원분양가 7억원
- 34평형 일반분양가 8억5,000만원
- 34평형 분양권, 또는 신규아파트를 일반 시세로 매매 10억원

재건축과 재개발 후 투자수익 계산방법

① 투자수익 = 매도한 가격 − 조합원분양가 − 프리미엄, 또는

② 투자수익 = 매도한 가격 − 총취득금액[매입한 가격(권리가액+프리미엄)+추가부담금+금융비용 등]으로 계산하면 된다. 금융비용 등은 매입시 소유권이전제비용+보유기간 은행이자+보유기간동안 기회비용 등을 말하고, 총취득금액은 총부담금으로 표시하기도 한다.

③ 투자수익 미래예측분석=[현재 주변 비슷한 단지 아파트시세+α(신규아파트 프리미엄+3~4년 후 가격상승 제요인 등)]−[기존아파트 매입가격(조합원권리가액+프리미엄)+추가부담금(▲청산금)+재건축으로 신축시까지 소요되는 금융비용 등과 소유권이전 제비용 등]

이 사례에서 단독주택, 또는 아파트 등을 6억원에 구입해서, 조합원의 권리가액 5억원보다 1억원을 프리미엄으로 더 주고 샀다.

① 34평형 조합원분양가인 7억원에 판다면, 매입가격 6억원에 사서 7억원에 파니 1억원의 시세차익을 본다고 생각해선 안 된다.

여기에는 2가지 사항에 유의해야한다. 첫째로, 구입가와 권리가액과 차이가

나는 프리미엄 1억원은 빼야한다는 것과, 둘째로, 조합원분양가에는 추가부담금 2억원이 포함된 금액이고, 이 금액은 매입가격과 별도로 추가로 지급해야되는 금액이라는 사실이다.

따라서 투자수익 = 매도가격 7억원 - 조합원분양가 7억원 - 프리미엄 1억원으로 1억원의 손실을 보게 된다.

쉽게 설명하면 투자수익 계산은 매도가격 7억원 - 총취득가격 8억원[매입가 6억원(권리가액 5억원+프리미엄 1억원)+추가부담금 2억원]으로 1억원의 손실을 보게 된다.

② 매수자가 일반분양가 8억5,000만원에 판다면 - 총취득가격 8억원[매입가 6억원(권리가액 5억원+프리미엄 1억원)+추가부담금 2억원]으로 5,000만원의 투자수익이 발생한다. 이 금액은 재건축 등의 사업이 장기간 진행됨에 따라 기회비용과 금융비용(금융기관 대출이자 등) 등을 계산하면 손해가 될 것이다. 하지만, 일반분양은 경쟁률이 높아서 분양받지 못한다는 것을 전제한다면, 분양가대비로 수익률을 계산하는 것보다 다음 ③과 같이 일반 시세로 매매할 때 수익이 발생하는 것으로 수익분석을 하는 것이 현명하다.

③ 주변 34평형 아파트 시세 10억으로 팔 때에는 - 총취득가격 8억원[매입가 6억원(권리가액 5억원+프리미엄 1억원)+추가부담금 2억원]으로 2억원의 투자수익이 발생한다. 이러한 프리미엄은 종전자산을 살 때 지급한 프리미엄과 신규아파트로 완공해서 입주하는 단계에서 주변아파트와 비교해 높은 가격을 받을 수 있는 신규아파트 프리미엄도 있다. 재건축 등의 사업에서 종국적으로 신규아파트의 프리미엄이 신축 후 아파트의 미래가치를 좌우한다고 해도 과언이 아니다.

④ 개발사업으로 투자수익을 계산할 때에는 앞에서와 같은 방법으로 계산하면 되지만, 재건축 후 신규아파트 시세를 분석할 때에는 재건축사업단지 등의

주변 분양아파트, 또는 주변 신규아파트 시세 등을 참고해서 분석하고, 여기에 추가로 신규아파트 프리미엄(3년~5년 후의 아파트 상승률 등) 등을 고려해서 분석하면 된다.

⑤ 재건축과 재개발사업에서 투자 시기는 아직 재건축이 진행되지 않았지만 앞으로 추진대상 아파트를 사거나(이 시기가 시간은 많이 소요 되지만, 싸게 사서 높은 수익을 올릴 수 있는 단계), 조합원분양권에 투자하거나, 일반분양권을 분양받거나, 또는 완공한 신축아파트를 매수하는 경우도 마찬가지로 소비자 등이 선호하는 지역의 아파트를 사면, 오르기를 멈추지 않는다.

호경기에 사서 호경기에 파는 전략과 재건축 등의 사업이 현실화되는 조합설립인가 후, 또는 사업시행인가 후 일반분양을 하는 시점 등에서 투자하는 것은 투자의 안전성을 높이겠지만, 높은 가격으로 사야 하니 그만큼 투자수익은 줄어든다.

침체기에 사서 호경기에 파는 전략과 재건축 등의 사업의 시작되기 전 35년 이상된 아파트와 재건축사업 등의 초기단계에 투자하면 적은 돈으로 투자해서 높은 수익을 가져다준다는 장점이 있다.

재건축과 재개발사업 등이 최소한 3년에서 5년 이상 장기투자로 승부를 보는 것이므로, 재건축사업 등이 시작되기 전, 또는 불경기에 사서 호경기에 파는 전략이 호경기에 사서 호경기에 파는 것보다 오랜 시간이 소요되지만, 적은 돈으로 높은 수익을 얻는 방법이다.

◆ 재건축사업 등을 지분제로 진행되는 경우 수익분석

대지지분은 전체 토지면적 × 대지권의 비율이고, 대지권이란 건물의 구분소유자가 건물의 대지에 대해 가지는 권리를 말한다.

여기서 무상지분율은 지분제 방식에서 주로 사용하는 것으로 대지지분에서 몇 프로비율로 추가분담금 없이 새 아파트의 면적을 받을 수 있는 가의 기준이다. 무상지분율이 높다는 것은 무상으로 받는 면적이 커진다는 것으로 조합원 입장에서는 당연히 무상지분율이 높을수록 투자가치가 높다.

> **재건축과 재개발 후 투자수익 계산방법**
>
> ① 투자수익 분석 = 매도가격 − 조합원분양가 − 프리미엄 − 금융비용 등, 또는
> ② 투자수익 분석 = 매도가격 − 총부담금(= 총취득금액)[매입가격(권리가액+프리미엄)+추가부담금+금융비용 등]으로 계산하면 된다. ※ 금융비용 등은 매입시 소유권이전 제비용과 보유기간 금융기관 이자 등을 말한다.

예를 들어 매매가격 5억원에 구입한 재건축 아파트 56㎡의 대지지분이 66㎡(20평)이고, 무상지분율이 130%라면 대지지분에 무상지분을 곱한 85.7㎡가 무상지분면적이 되고, 초과되는 부분에 대해서만 추가부담금을 내면 된다.

재건축 후 전용면적 84㎡(분양면적 112㎡, 34평형)를 받기 원한다면 유상지분면적은 112㎡에서 무상지분면적인 85.7㎡를 뺀 26.3㎡(8평)이다. 조합원분양가가 3.3㎡(평당) 1,000만원이라고 가정하면, 추가부담금은 7,960만원(26.3㎡÷3.3㎡=7.96)이 된다. 결국 공급면적 112㎡ 아파트를 5억7,960만원(대지지분 66㎡ 매입가 5억원 + 추가부담금 7,960만원)에 구입한 것으로 일반분양가를 8억원이라고 가정하면, 일반분양가 대비 2억2,040만원의 투자 수익이 발생하고, 주변 전용면적 84㎡ 신규아파트의 시세가 9억원 정도로 거래 되고 있다면 주변 신규아파트 시세 대비 3억2,040만원의 투자수익이 발생한다.

여기서 대지지분이 중요하긴 하지만, 조합원의 권리가액은 대지지분만으로 모든 것을 평가하지는 않고, 관리처분시 확정된 추가부담금과 차이가 발생하는 경우도 많다. 그래서 절대적인 기준으로 사용하기보다는 매수당시 기본적인 수익분석 자료로만 이용하면 된다.

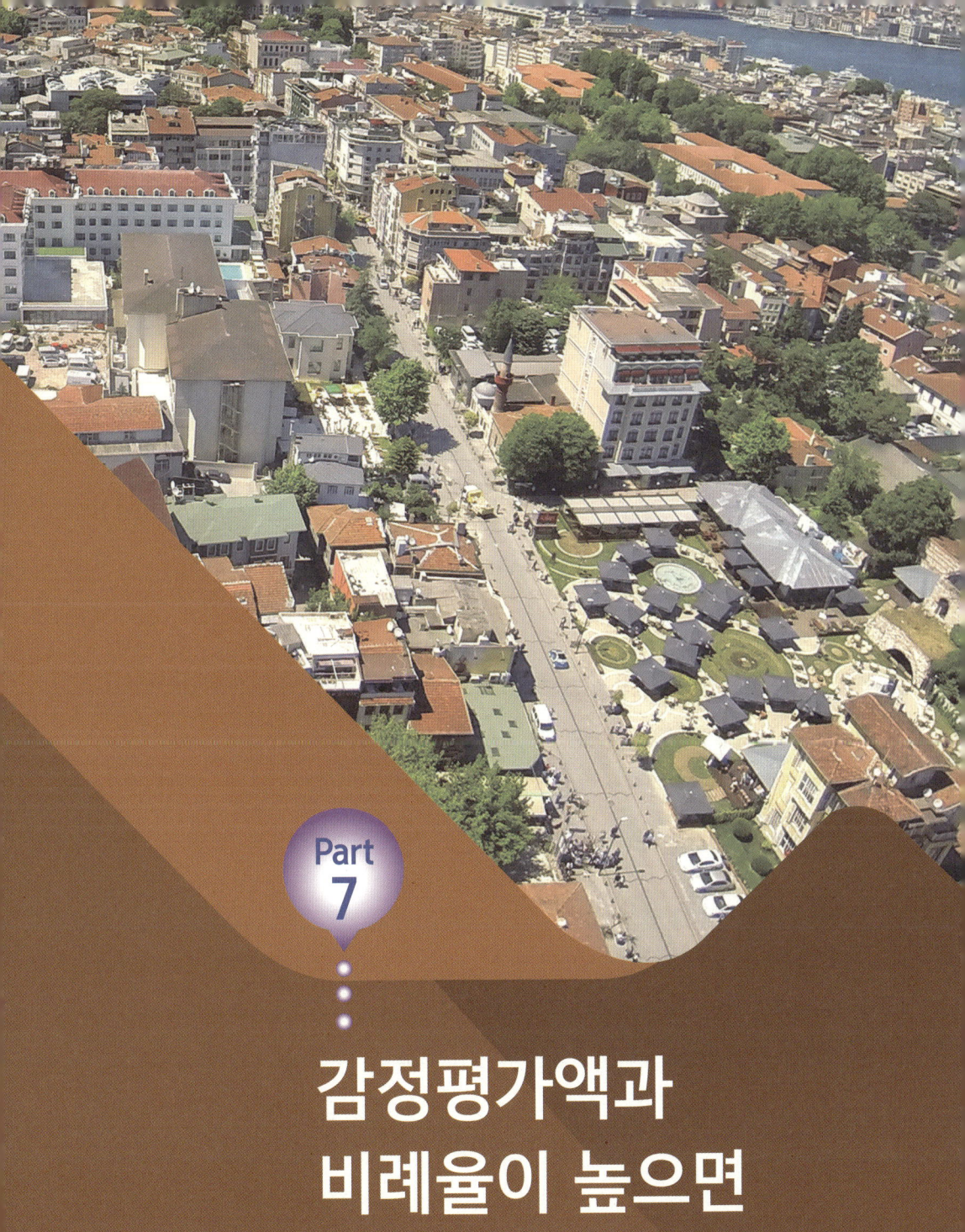

Part 7

감정평가액과
비례율이 높으면
언제나 좋을까?

01 감정평가방식 및 평가의뢰에 관한 법정기준은?

◆ **종전자산의 감정평가 규정과 평가 방법**

(1) 종전자산의 감정평가 규정

도시정비법 제74조 제2항에서 제74조 제1항 5호 "분양대상자별 종전의 토지 또는 건축물 명세 및 사업시행계획인가 고시가 있은 날을 기준으로 한 가격"과 제74조 제1항 8호 "세입자별 손실보상을 위한 권리명세 및 그 평가액" 등은 ① 주거환경개선사업 또는 재개발사업: 시장·군수 등이 선정·계약한 2인 이상의 감정평가업자, ② 재건축사업: 시장·군수 등이 선정·계약한 1인 이상의 감정평가업자와 조합총회의 의결로 선정·계약한 1인 이상의 감정평가업자가 평가한 금액을 산술평균하여 산정한다. 따라서 청산금이란 조합원이 분양받은 대지 또는 건축물과 종전에 소유하고 있던 토지 또는 건축물 가격의 차액에 상당하는 금액을 말한다. (종후분양 APT – 종전자산가액 = 추가부담금)

(2) 감정평가방법

종전자산 평가(분양 대상자별 종전의 토지 및 건축물의 명세에 따른 가격)의 경우는 사업시행인가의 고시가 있은 날을 기준으로 한다.

토지는 인근지역에 표준공시지가를 기준으로 해서 시점수정, 개별토시의 효용성차이, 인근지역 통상 거래가능 가격수준 등을 종합 참작해서 평가한다. 건물은 건축물의 구조, 사용자재, 시공 상태, 부대설비의 현황 및 관리정도를 종합 참작해 신규 재조달원가에서 적정한 수준 감가 수정하여 최종 평가액을 결정한다.

<u>도로는 인접토지의 1/3 수준으로 평가된다</u>(이는 지목이 대지이든 도로이든 상관없이 현황이 도로인 경우 이 정도가격으로 평가된다).

(3) 평가원칙

① 토지 – 토지대장면적, 토지등기사항증명서에 등재된 면적만 평가대상

② 건물 – 건물대장면적, 건물등기사항증명서 등재된 면적만 평가대상, 무허가건물은 무허가대장에 있는 면적만 대상이 되고, 건축물대장, 무허가건물대장에 없으면 평가대상이 아니다. 예외적으로 미등재건물, 수목, 구축물 등은 보상 가능하다.

(4) 종전토지와 건물평가

① 종전 토지평가 = 공시지가 × 지가변동률 × 지역요인 × 개별요인 × 기타요인

공시지가	지가변동률	지역요인	개별요인	기타요인
• 표준지공시지가 • 개별공시지가	• 국토해양부에서 확인할 수 있다.	• 뉴타운·재개발지역의 경우 거의 같다.	• 가로조건(도로) • 접근성(편의시설) • 획지조건(경사도, 모양) • 행정조건(뉴타운지역을 같이 본다) • 환경조건	• 표준지공시지가와 시가와의 차이조정 • 서울시의 경우 지역에 따라 1.5~1.8로 보고 있다. 그런데 실무에서는 1.5를 많이 쓰고 있다.

② 단독·다가구주택 = 재조달원가 − 감가상가 = 평가액

• 재조달원가는 새로 지은 때 들어가는 원가
• 연와조·기와지붕 = 40~50년으로 보통 50년으로 본다.
• 블록조 40년
• 시멘트, 벽돌 45년
※ 관찰감가적용 : 건축물대장의 실제 사용기간과 비교하여 너무 건물이 훼손이 심한 경우 관찰감가를 적용 10년, 5년 등을 되돌려 적용하게 된다. 예를 들어 건축연수가 15년이면 5년 관찰감가적용 20년으로 보아서 계산하게 된다.

③ 집합건물 ─ 아파트 = 매매사례비교법 = 매매가격 × 개별요인비교 × 시점수정
　　　　　　　　　　　　　　　　・층별가격차이
　　　　　　　　　　　　　　　　・동향, 남향 조망권 등의 전망가치 등의 요인
　　　　　　　ex) 매매가격 5억 × $\frac{101}{100}$ × 1.05 = 530,250,000원
　　　　　├ 연립, 다세대주택도 대단위인 경우 아파트와 같이 매매사례비교법으로 한다.
　　　　　└ 연립, 다세대주택도 소단위 즉, 1~2동인 경우
　　　　　　⇨ 집합건물에서도 다세대 한 동 전체의 토지 + 건물가격을 조사한다.
　　　　　　즉, 8세대 전체 토지가격 + 8세대 전체건물가격이 8억이라면
　　　　　　8억 × 1.2 = 전체평가액이 960,000,000원이다.
　　　　　　　(5~20% 가산한다)

◆ 종후자산의 감정평가 규정과 평가 방법

(1) 종후자산의 감정평가 규정

도시정비법 제74조 제2항에서 제74조 제1항 3호 "분양대상자별 분양예정인 대지 또는 건축물의 추산액"

① 주거환경개선사업 또는 재개발사업: 시장·군수 등이 선정·계약한 2인 이상의 감정평가업자

② 재건축사업: 시장·군수 등이 선정·계약한 1인 이상의 감정평가업자와 조합총회의 의결로 선정·계약한 1인 이상의 감정평가업자가 평가한 금액을 산술평균하여 산정한다.

(2) 감정평가방법

<u>종후자산 평가</u>(분양 대상자별 분양 예정인 대지 또는 건축물의 추산액)은 도시정비법 제74조 규정에 따라 분양 신청을 완료일이 기준 일자가 된다.

① 토지부분 투입원가

종전자산가액, 대지조성비, 기부체납 및 양여자산차액, 건축물 철거비, 조사측량비, 주거대책비, 하수처리부담비, 인입공사부담금, 손실보상비, 이설공사비 등

② 건축투입원가

건축시설공사비, 공사비부가세, 설계 및 감리 용역비 등

③ 공통부분

조합운영비, 행정용역비, 부가가치세, 보전등기비, 대여금이자, 교통시설부담비, 감정평가수수료, 공동시설용역비, 분양보증금수수료, 소송 및 민원처리비, 예비비 등

02 감정평가액이 높으면 좋고, 낮으면 나쁜 것일까?

사업성이 좋아 보이는 재개발 구역 일수록 거래되는 부동산의 가격 수준은 높다. 투자자들의 기대감이 높기 때문에 거래되는 시세도 높게 형성되고 있다. 이렇게 재건축과 재개발 등의 사업단지가 아닌 지역에 비해 높은 가격을 형성하는 부분만큼이 재개발 등으로 인한 프리미엄이라고 볼 수 있다. 그런데 재개발 구역의 종전자산에 대한 감정평가는 이러한 시가를 모두 정확하게 반영할 수는 없다.

◆ 조합원들의 재산을 낮게 감정평가하면 손해 볼까?

재개발 사업 등에서 많이 오해하는 것 중의 하나가 조합원들의 재산에 대한 감정평가금액을 너무 낮게 평가해서 조합원들의 재산권을 침해한다는 것이다. 조합원의 재산을 높게 평가해 줘야 사업을 잘하는 것인데, 너무 낮게 평가해서

조합을 신뢰할 수 없다는 게 관리처분인가 단계에서 많이 듣는 이야기이다. 당장 감정평가금액이 적어서, 새 아파트를 받기 위해 납부해야 할 추가부담금이 많은 조합원들 입장에서는 충분히 제기할 수 있는 말이다.

그러나 재개발 사업 등에서 종전자산에 대한 감정평가를 높여 주면, 조합원이 좋은 게 아니라 정비사업에 참여하지 않고, 현금청산금을 받고 나가는 조합원들만 좋은 결과를 만들 수도 있다.

◆ 감정평가액이 같은 비율로 높아지거나 낮아지는 경우

종전자산의 감정평가액이 같은 금액 또는 같은 비율로 높아지거나 낮아지는 경우에 따라, 비례율이 높아지거나 낮아지더라도 추후에 계산하면 권리가액이 똑같다.

> 예를 들면 평균적인 감정평가는 의미가 없다.
> 감정가액 ↑ → 비례율 ↓, 감정가액 ↓ → 비례율 ↑

감정가를 높이면 비례율은 떨어지고, 낮추면 비례율은 올라간다. 그런데 인위적으로 감정가를 변경하는 것은 재개발 사업 등에서 의미가 없고, 사업완료 단계에선 똑 같은 결과를 가져온다.

종전자산에 대한 감정평가가 낮게 나와도, 그 재개발 등의 구역에서 개발 이익이 높다면 조합원들의 수익은 더 받을 수 있다.

중요한 것은, 같은 재개발 구역 내 조합원들의 물건 중에서 내 물건의 평가가 다른 조합원 물건에 비해서 얼마나 더 높게 나올 수 있는가, 즉 상대평가가 얼마나 높게 나올 수 있나이다. 그런데 그런 희망을 가질 수 없다는 것은 투자자라면 누구나 경험한다.

> **알아두면 좋은 내용**
>
> Part 14에서 08 감정평가액이 같은 비율로 높아지거나 낮아지는 경우((312쪽)을 참고하기 바란다.

03 예상감정가와 토지와 건물을 평가하는 방법은?

◆ 예상감정가는 어떻게 판단하나?

 사업성이 좋은 재개발 구역은 공동주택 공시가격의 150% 선 정도에서 감정평가가 나오는 경향이 있다. 사업성이 좋지 않은 재개발 구역은 공동주택 공시가격의 100% 이하에서 감정평가가 나오곤 한다. 재건축이나 재개발 사업 등이 예정되어 있거나 초기단계에서는 정확한 감정평가금액을 분석할 수 없기 때문에 공동주택 공시가격의 100~150% 선을 정하여 평가금액을 추정해 보는 것이다. 단독주택의 경우도 마찬가지 이다.

 그래서 재개발 등의 사업에 투자할 때 공동주택이나 단독주택 등의 프리미엄을 계산하는 방법으로 토지개별공시지가와 주택공시가격(공동주택공시가격, 개별단독주택공시가격)의 130% 선으로 예상감정가를 적용하여 추정 프리미엄을 계산해 보는 것이다.

재개발 사업 등의 구역마다 감정평가 자료들을 보면, 인접해 있는 재개발 구역임에도 불구하고, 어느 구역의 경우는 단독주택과 다가구주택에 대한 평가 수준이 후한 곳도 있고, 어느 구역은 다세대주택에 대한 평가가 후한 경우도 있기 때문에 정답이 어느 선이라고 말하기 어렵다.

재개발 등의 사업구역 내에 있는 구옥은 1,300만원~1,350만원, 3층 정도 올라간 단독 및 다가구주택은 평당 1,500만원~1,600만원, 다세대주택 및 빌라들은 2,000만원 전후로 평가된 곳이 많다. 이들을 참고하면 단독주택의 평가금액을 100%로 볼 때, 다세대주택은 130% 선, 구옥은 85% 선에서 평가된 것을 알 수 있다.

◆ 토지와 건물을 예상감정가로 평가하는 방법

예상감정가를 ① 대지=대지지분 33.^{058}×개별공시지가 1,512,510원=50,000,556원(대지에 대한 평가방법은 감정평가가 이루어지기 전이기 때문에 감정평가 예상금액으로 보통 공시지가의 130%를 기준으로 삼았다. 그러나 이는 정확한 것이 아니다. 보통 재개발지역에서는 공시지가 대비 감정 평가되는 금액이 130~200%까지 차이가 날 수 있으나 이는 감정평가를 알 수 없는 상태에서 단순히 수치를 적용하여 비교하는 방법으로 이해하고 같은 조건(같은 개발구역 내)으로 두 개 이상 물건을 비교할 때만 좋은 방법이다).

② 건물=건물지분 66.^{116}m²×453,740원(건물이 10년 미만시)=29,999,474원(건물은 10년 미만일 경우 보통 평당 1,500,000원 정도 계산, 15년 미만인 경우 보통 1,000,000원, 20년 미만인 경우 보통 평당 800,000원 정도로 계산하고, 20년을 초과한 경우에도 사람이 생활할 수 있을 정도면 600,000원 정도는 인정하고 있다)

04 비례율과 권리가액이 높은 것이 좋을까?

◆ 비례율은 사업성을 나타내는 지표다!

재건축과 재개발 사업은 기존의 주택 등을 철거하고 아파트와 부대시설 등을 짓는 사업이다. 이 과정에서 수익이 발생하게 된다.

조합원이 권리가액을 결정하는데, 비례율이 중요한 요소다. 비례율이 100%를 초과 할수록 사업성이 좋다고 볼 수 있다. 따라서 비례율이 100%라는 의미는 총 사업이익과 조합원 전체 감정평가액이 같다는 뜻이기 때문에 보통 100%가 넘어야 사업성이 있다고 판단할 수 있다. 하지만, 비례율은 사업시행인가 단계에서 추정하는 부분이라 실제로 준공 후 조합 청산 시점 예상과 다른 경우가 많다. 부산 우동1구역의 경우 초창기 예상 비율이 100%에서 청산 할 때는 109%를 기록해 추가 수익을 얻기도 했다. 반대의 경우 서울의 봉천 12-1구역은 초반에 예상 비례율이 161%였지만 건설사의 부도 등으로 사업이 지연되어 악화되었고, 현재 예상 비례율이 87%까지 낮아지기도 했다.

- 비례율 = (총분양가액 − 총사업비) ÷ 종전자산 총평가액 × 100
- 권리가액 = 조합원 종전자산 감정평가액 × 비례율
- 분담금 = 조합원 분양가 − 권리가액

비례율이 높아지면 조합원의 권리가액도 늘어나 조합원 분담금(조합원 분양가에서 권리가액을 뺀 금액)이 줄어든다. 감정평가를 통해 조합원 지분의 가치를 따지긴 하나 결국에는 비례율의 높거나 낮음이 재개발 투자여부를 가늠할 수 있는 지표가 된다.

비례율에서 가장 큰 영향을 주는 것은 주변 부동산시장의 변화이다. 주변 집값이 올라 일반분양의 분양가도 높아지면 조합원의 비례율도 달라질 수 있다.

일반분양가가 상승하거나 일반분양물량이 증가하면 ⇨ 비례율이 상승한다. **반대로 일반분양가의 하락**, 공사비의 상승, 사업지연, 금리인상, 보상비의 상승 등의 이유로 ⇨ 비례율이 하락한다.

어쨌든, 비례율이 100% 이상으로 높다는 것은 사업성이 우수하다는 것과 일치한다. 그만큼 조합원의 추가부담금이 적어진다. 그러나 사업이 좋지 않아서 100% 이하가 된다면 그만큼 조합원의 추가부담금이 증가하게 된다. 이밖에도 비례율이 100%를 이상이면 종전자산의 권리가액이 적은 조합원보다 큰 조합원이 유리하다. 반대로 100% 이하이면 적은 권리가액을 가지고 있는 조합원에게 유리하다.

이러한 비례율은 사업전체가 끝이 나봐야 확정된다. 그 전에 종전자산과 종후자산을 평가할 때, 정한 추정 비례율은 확정된 비례율이 아니고, 추후 사업성과에 따라 확정된 비례율이 탄생하게 되는 것이다.

실무에서는 조합이 추정 비례율을 100%에 맞추려는 경향이 있으나 최종적인 비례율의 증가 여부는 사업 성공여부에 달려 있다.

> **알아두면 좋은 내용**
>
> Part 14에서 07 분양가가 높을 때와 낮을 때 누가 성공할까?((310쪽)을 참고하기 바란다.

◆ 권리가액은 감정가에 비례율을 곱한 것이다!

재건축과 재개발 사업이 진행될 때 재개발 전의 사업 대상지의 대지와 주택의 감정가에 비례율을 곱해 계산한 금액이 권리가액이다. 조합원 분양가에서 권리가액을 빼고 난 차이 분만큼 추가 부담금으로 지급하면, 재건축 재개발 사업이 종료이 되고 난 후 새로운 아파트에 입주가 가능하다. 만약 조합원 분양가가 5억이고, 권리가액이 3억이라면 2억원만 추가로 납부하면 된다. 이 권리가액을 기준으로 내가 투자를 선택한다면, 프리미엄을 얼마큼 더 내야 하고, 또 추가로 얼마를 더 부담해야 하는지 등을 계산할 수 있다. 이 권리가액을 알아야, 지금 매물이 제대로 평가가 되어 있는지 알 수 있으므로, 권리가액을 잘 알고 있어야 한다.

> **알아두면 좋은 내용**
>
> Part 14에서 05 2개 부동산 가치분석과 예상수익을 비교분석하는 방법(301쪽) ⇨ ❖ 33평형(109㎡)이 2억9,700만원이고, 비례율이 90%인 경우, ❖ 33평형(109㎡)이 2억9,700만원이고, 비례율이 100%인 경우, ❖ 33평형(109㎡)이 2억9,700만원이고, 비례율이 110%인 경우 ⇨ 누가 더 유리한가를 비교분석해 놓았으니 참고하기 바란다.

MEMO

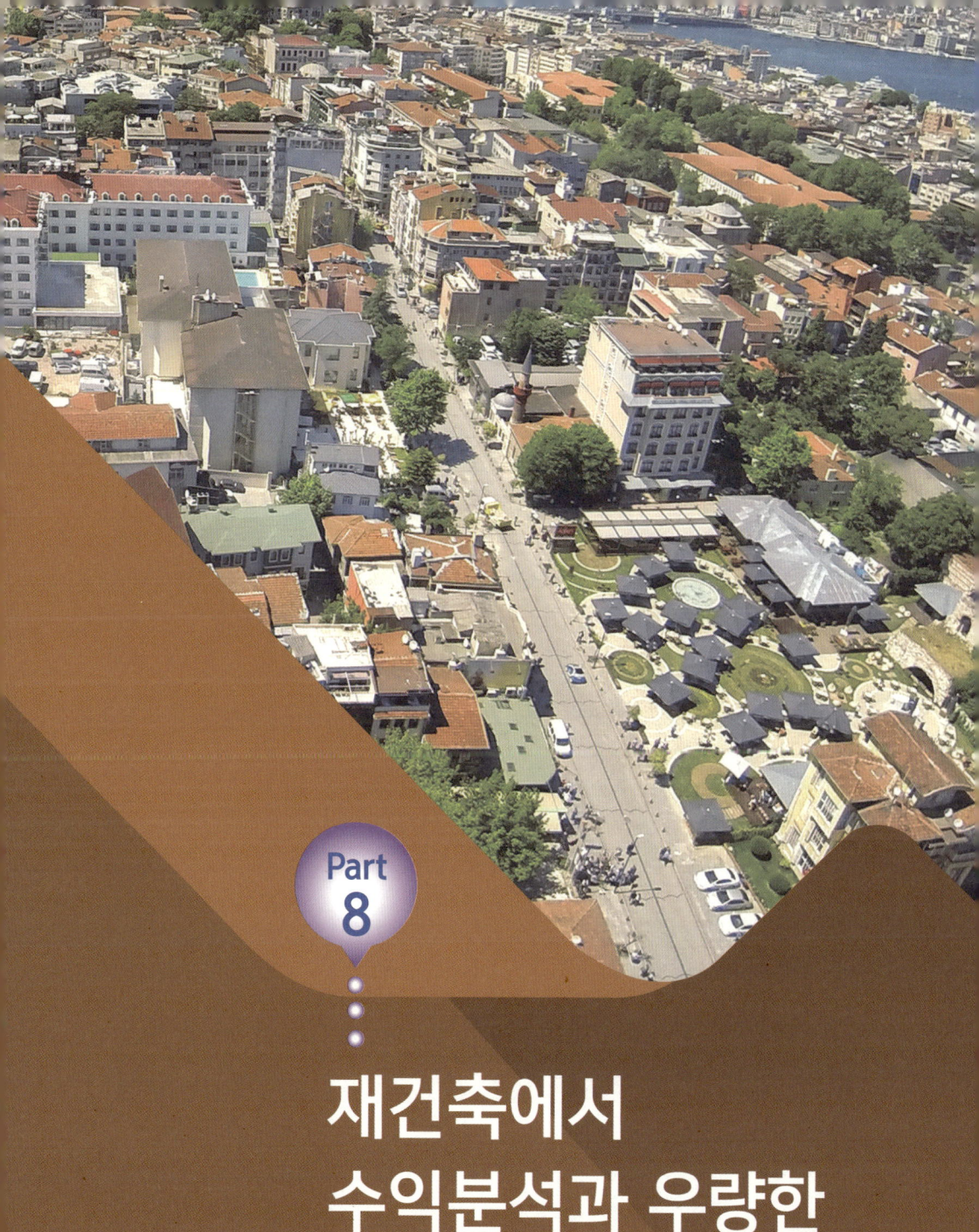

Part 8

재건축에서 수익분석과 우량한 물건에 투자하기!

01 재건축사업 진행과 아파트 평형별 건립 가구 수 계산

대지 총면적 49,587㎡이고, 용적률이 250%인 지역에서 다음과 같은 가정 하에 재건축을 하게 된다면 어떻게 될 것인가를 살펴보고 그에 따른 문제점 등에 대응해 보기로 하자!

◆ 재건축 방법과 가정

① 대지 총면적 49,587㎡이 용적률이 250%이다.
  따라서 연면적 49,587×250%=123,968㎡이다.
② 기존아파트가 36㎡가 500가구, 50㎡가 150가구, 56㎡가 100가구인 재건축대상 아파트
③ 건립비율 : 46㎡ 17%(임대주택), 79㎡ 23%, 109㎡ 40%, 142㎡ 20%
④ 재건축 부지 전체를 주택부지로만 사용한다.

◆ 아파트 평형별 건립 가구 수 계산

아파트면적 (평형)	가구수비율 (지자체 건립비율)	연면적대비 면적비율	아파트면적(평형)별 총면적 123,968㎡ × 면적비율	아파트면적(평형)별 건립가구
46㎡(14)	17	782/9,799=7.980%	123,968×7.980=9,893	9,893÷46=215
79㎡(24)	23	1,817/9,799=18.543%	123,968×18.543=22,987	22,987÷79=291
109㎡(33)	40	4,360/9,799=44.494%	123,968×44.494=55,158	55,158÷109=506
142㎡(43)	20	2,840/9,799=28.983%	123,968×28.983=35,930	35,930÷142=253
총계		9,799	123,968	총세대수 1,265세대

◆ 재건축사업에서 임대주택과 주택규모별 건설비율은?

① 85㎡ 이하를 주택 전체 세대수의 60% 이하로 지어야 한다.
② 85㎡ 초과를 주택 전체 세대수의 40% 이하로 건립해야 한다.
③ 임대주택에 관한 규정은 재건축에서는 재개발 등과 같이 적용 규정이 없다(도시 및 주거환경정비법 시행령 제9조 제1항 제3호).

하지만, 서울시가 법에도 없는 공공임대주택을 강요하고 있어서 서울시와 조합 측 등이 다투고 있다. 현행법상 재건축 시 임대주택 포함 여부는 의무가 아닌 주민들(재건축조합)의 선택 사항이다. 서울시가 법에도 없는 내용까지 강요하면서까지 지난달 발표한 박원순표 임대주택 공급 정책을 무리하게 밀어붙이고 있다는 지적이 나온다.

현행 서울에서 재건축과 재개발 단지는 임대주택 의무 공급 비중이 다르다. 재건축은 과거 일정 비율을 임대주택으로 공급하는 내용이 있었지만, 이명박 정부 당시인 2008년 폐지됐다. 이와는 달리 재개발 사업장은 수도권의 경우 15%, 지방은 12% 이하의 범위에서 시·도지사가 고시로 자율적으로 정할 수 있다. 다만 최근 마포구 아현2구역 재건축 사업 강제집행 과정에서 세입자가 자살하는 사건이 발생하자 정치권에서는 임대주택을 강제하는 '도시 및 주거환경정비법' 개정안(재건축 사업 시 늘어난 용적률의 25%·재개발 임대주택 의무공급 비율 15~40%)을 발의해 국회에 계류 중에 있다.

최근 서울시가 정비사업시 기부채납 시설에 공공임대주택을 포함시키라는 지침을 내렸다!

서울시는 2018년 말 '주택공급 5대 혁신 방안'을 통해 오는 2022년까지 공공주택 8만 가구(공공임대 4~5만 가구)를 공급하겠다고 발표했다. 이 같은 목표

물량을 채우기 위해 시는 재건축 시기가 도래한 노후 임대단지나 재개발·재건축단지를 활용해 총 4천600여 가구를 공공임대주택으로 활용할 계획이다. 아직 시에 정비계획서를 제출하지 않거나 건축심의 승인 등을 받지 못한 재건축·재개발구역이 그 대상이다. 그래서 재건축 심의단계에 있는 조합들이 임대주택 공급을 고려해야하는 현실적인 문제에 직면하고 있고, 장기적으로는 법 또는 서울시 조례 등을 개정하여 시행할 전망이다.

서울시가 임대주택 매매계약 체결 시점을 명확하게 규정하는 등 매입 업무처리기준을 개선했다

매매가격은 건축비와 부속토지비로 나뉘는데, 건축비는 국토교통부가 고시한 공공건설임대주택 분양전환가격 산정 기준에 따라 표준건축비를 적용해 산정한다. 매입비 지급시점도 규정했다. 매입비는 계약시 5%, 공정률에 따라 75%, 준공시 15, 이전고시 이후 5%로 차등 지급한다

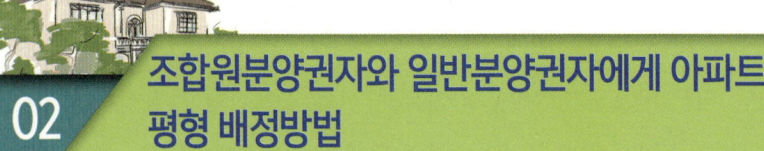

02 조합원분양권자와 일반분양권자에게 아파트 평형 배정방법

◆ 주택 및 부대·복리시설 공급 기준 등

서울특별시 도시 및 주거환경정비 조례 제38조 제1항 영 제63조 제1항 7호에 따라 법 제23조 제1항 4호의 방법으로 시행하는 주거환경개선사업, 재개발사업 및 단독주택재건축사업의 주택공급에 관한 기준은 다음 각 호와 같다.

1. 권리가액에 해당하는 분양주택가액의 주택을 분양한다. 이 경우 권리가액

이 2개의 분양주택가액의 사이에 해당하는 경우에는 분양대상자의 신청에 따른다.
2. 제1호에도 불구하고 정관 등으로 정하는 경우 권리가액이 많은 순서로 분양할 수 있다.
3. 법 제76조 제1항 7호 다목에 따라 2주택을 공급하는 경우에는 권리가액에서 1주택 분양신청에 따른 분양주택가액을 제외하고 나머지 권리가액이 많은 순서로 60제곱미터 이하의 주택을 공급할 수 있다.
4. 동일규모의 주택분양에 경합이 있는 경우에는 권리가액이 많은 순서로 분양하고, 권리가액이 동일한 경우에는 공개추첨에 따르며, 주택의 동·층 및 호의 결정은 주택규모별 공개추첨에 따른다.

제2항에서 <u>주거환경개선사업과 재개발사업으로 조성되는 상가 등 부대·복리시설에 관한 규정 내용은</u> 지면상 생략했으니 이 조문을 참고하면 될 것이다.

◆ 재건축사업에서 분양하는 방법

재건축은 재개발과 달리 중대평형 85㎡ 초과분의 50%를 일반분양하는 규정이 없고, 모두가 조합원의 분양대상이 되고, 나머지 물량에 대해서는 일반분양을 하게 된다는 점도 기억하자!. 이 내용은 재건축 및 재개발이 진행되면 이러한 절차로 재건축되고, 그에 따라서 조합원이 분양을 신청하는 방법과 집합건물의 구분소유권 그리고 대지권이 정리되어 완전하게 구분소유자에게 대지권이 등기되는 가 여부와 정리되지 못하고 대지권이 미등기가 되는 경우 또는 토지별도등기가 있는 경우에 대응하기 위해서 기본적으로 알고 넘어가야 할 부분이다. 이러한 과정은 나대지에 건물을 신축하는 과정도 기본적으로 마찬가지이다.

03 재건축사업은 도급제와 지분제로 진행된다!

일반적으로 재건축, 재개발 등 정비사업 추진 시 조합과 건설사가 맺는 계약은 도급제, 지분제 두 가지 방법이 있다.

01 도급제는 시공사와 평당 건축비를 산정해서 도급계약을 맺는 방식으로 조합은 진행하는 공정에 따라 공사비를 지급하면 되는 것으로 공사만 시공사에게 맡길 뿐이고, 모든 것을 조합이 추진하는 방식이어서 아파트나 상가 분양 등을 조합이 직접 주관하게 된다. 그러므로 그에 따르는 수익과 손실은 모두 조합과 조합원의 책임으로 돌아간다.

02 지분제는 조합이 시공사에게 모두 일임을 하고 모든 사업의 전반을 시공사가 책임지고 진행하는 방식이다.

계약 시에 조합원에게 무상지분율을 보장하는 것으로, 무상지분율은 대지지분을 기준으로 그에 맞는 평형을 추가 부담금 없이 조합원에게 줄 수 있는 비율을 말한다. 시공사는 조합원 물량 외 나머지 일반분양 물량과 상가 등을 분양해서 공사비로 충당하는 방법이다.

지분제는 또다시 확정지분제와 변동지분제로 나뉘는데 확정지분제는 시공업체 선정 시 조합원 각각의 소유지분에 따라 무상으로 지분을 보장해 주는 방식이다. 시공사는 시장상황과 무관하게 무상지분 비율대로 조합원의 지분을 보장해 주어야 한다. 공사 과정에서 추가 공사비가 발생해도 시공사가 전적으로 책임을 지는 것이기 때문에 손실이 생기든 수익이 생기든 모두 시공사로 돌아간다. 이 방식은 소규모 재건축 사업에서 널리 이용되는 방식이다.

에 반해 변동지분제는 사업추진 과정에서 발생할 수 있는 용적률 변화 등에 따라 시공사가 조합원에 약속하는 지분을 변동 시킬 수 있다. 즉 이주 기간, 용적률, 일반분양의 분양가 등 변동에 따라 무상지분율을 낮추는 변동지분제가 있다. 이는 규모가 큰 재건축사업방식에서 널리 이용되고 있는 사업방식이다.

통상적으로 조합이 시공사와 계약을 체결할 때 재개발은 도급제로 계약하는 경우가 대부분이고, 재건축은 도급제와 지분제를 병행해서 사용되고 있지만, 대부분 도급제로 진행되고, 일부 재건축사업단지와 소규모 재건축사업 등이 지분제로 진행되고 있다.

정리해보면, 부동산 경기가 호황일 때는 조합은 개발이득을 취하고자 도급제를, 부동산시장이 지금같이 위축되거나 불확실성이 커질 때는 지분제를 선택하는 경향이 있다. 이런 입장은 시공사 역시 재건축 사업단지가 좋아서 분양가를 높게 받을 수 있다면 지분제를 선호하겠지만, 이런 상황에선 조합은 도급제를 선택할 것이다.

그래서 재건축사업에 투자하는 사람들이라면 내가 투자하는 부동산이 어떠한 방식으로 진행되는 가를 알고 있어야 한다.

04 재건축과 재개발에서 도급제로 투자수익 분석방법

재건축과 재개발 도급제에서 투자수익 분석방법은 이미 <u>Part 6의 06번 재건축과 재개발에서 프리미엄이 붙는 원리와 투자수익 계산방법(152쪽)</u>에 기술되어 있고, <u>재개발사업에서 수익분석하는 방법은 Part 14의 03번(298쪽)</u>을 참고하면 되므로 중복을 피하기 위해서 생략했다. 이 파트에서는 다음 05번에서 지분방식으로 재건축사업이 진행될 때 수익분석하는 방법만을 자세하게 분석해 놓았다.

05 재건축이 지분제로 진행되는 경우 투자수익 분석방법

◆ 대지지분과 무상지분율은?

대지지분은 전체 토지면적 x 대지권의 비율이고, 대지권이란 건물의 구분소유자가 건물의 대지에 대해 가지는 권리를 말한다.

여기서 무상지분율은 지분제 방식에서 주로 사용하는 것으로 대지지분에서 몇 프로비율로 추가부담금 없이 새 아파트의 면적을 받을 수 있는 가의 기준이다. 무상지분율이 높다는 것은 무상으로 받는 면적이 커진다는 것으로 조합원 입장에서는 당연히 무상지분율이 높을수록 투자가치가 높다.

◆ 재건축과 재개발 후 투자수익 계산방법

재건축 후 투자수익 계산방법

① 투자수익 = 매도한 가격 - 조합원분양가 - 프리미엄(또는 ②번)
② 투자수익 = 매도한 가격 - 총취득금액[매입한 가격(권리가액+프리미엄)+추가부담금+금융비용 등]으로 계산하면 된다. 금융비용 등은 매입시 소유권이전제비용+보유기간 은행이자+보유기간동안 기회비용 등을 말하고, 총취득금액은 총부담금으로 표시하기도 한다.

종전아파트 14평형, 15평형, 19평형으로 재건축을 지분제로 진행하는 경우 수익분석은 다음과 같이 하면 된다.

종전아파트 평형	14평형	15평형	19평형
대지지분	16평(52.89㎡)	18평(59.50㎡)	23평(76.03㎡)
매입가격(소유권이전비포함)	2억6,000만원	2억8,000만원	3억6,500만원
무상 지분율	120%	120%	120%
무상 지분면적 (대지지분×무상지분율)	19.2평	21.6평	27.6평
입주예정 분양면적	23 평형	30 평형	37 평형
조합원권리가액	2억9,760만원	3억3,480만원	4억2,780만원
추가부담금 (조합원분양가-권리가액)	5,890만원	1억3,020만원	1억4,570만원
조합원분양가 (평당 1,550만원×분양면적)	3억5,650만원	4억6,500만원	5억7,350만원
일반분양가 (평당 1,680만원×분양면적)	3억8,640만원	5억400만원	6억2,160만원
보유기간 금융비용 등(대출이자 등)	2,000만원	2,500만원	3,000만원
조합원 총취득금액(총부담금) (매입가격+추가부담금+금융비용)	3억3,890만원	4억3,520만원	5억4,070만원
재건축 후 아파트 시세	5억5,000만원	7억원	8억원
일반분양가대비 수익발생	6,750만원	9,380만원	1억1,090만원
재건축 후 매도시 시세차익	2억1,110만원	2억6,480만원	2억5,930만원

위와 같이 재건축 일반시세로 매도할 때 수익이 발생한다는 사실을 알 수 있다. 하지만, 여기에 장기간의 금융비용과 기회비용 등, 그리고 소유권이전비용 등을 총 매입가 비용에 포함 시켜야 한다. 그렇다고 하더라도 장기간의 물가상승률, 부동산가격상승, 신규아파트프리미엄 등을 예상한다면 이보다 높은 수익이 발생할 것이다.

06 재건축사업에서 전체적인 수익분석 방법

총대지면적 56,860㎡(17,200평), 기존아파트가 36㎡(11평형)(대지지분 50.08㎡) 770가구, 50㎡(15평형)(대지지분 70.01㎡)100가구, 56㎡(17평형)(대지지분 79.34㎡) 130가구인 재건축대상 아파트로 다음과 같은 가정 하에 진행되었다.

- 용적률이 250%
- 총 건립세대 중 79㎡(24평형)는 20%, 109㎡(33평형)는 40%, 142㎡(43평형)는 40%
- 분양가 : 79㎡는 3.3㎡당 1,000만원, 109㎡는 3.3㎡당 1,100만원, 142㎡는 3.3㎡당 1,200만원
- 공사비(금리비용포함)는 3.3㎡당 400만원
- 재건축대상 부지전체를 주택부지로만 사용한다(정비기반시설 및 도로, 공원, 녹지와 기타 부대시설 부지 등은 계산하지 아니함).

◆ 평형별 건립세대수 계산방법

연면적 : 142,150㎡ = 대지면적 56,860㎡ × 용적률 250%

아파트면적 (평형)	가구수비율 (지자체 건립비율)	연면적대비면적비율	아파트면적(평형)별 총 면적 [(56,860㎡ ×250%)142,150㎡×면적비율]	아파트면적(평형)별 건립가구
79㎡(24)	20%	1,580/11,620 = 13.60%	142,150×13.60% = 19,332	19,332÷79 = 244
109㎡(33)	40%	4,360/11,620 = 37.52%	142,150×37.52% = 53,335	53,335÷109 = 489
142㎡(43)	40%	5,680/11,620 = 48.88%	142,150×48.88% = 69,483	69,483÷142 = 489
총 계	⟨100%⟩	전체면적 11,620	142,150	총세대수 : 1,222세대

◆ 분양총수입(조합원분양 + 일반분양)

- 분양총수입(대지면적×용적률×3.3㎡당 분양가)
- 총공사비용(대지면적×용적률×3.3㎡당 공사비)

  ① 79㎡[(19,332÷3.3)×1,000만원] 58,581,818,182원
+ ② 109㎡[(53,335÷3.3)×1,100만원]177,783,333,333원
+ ③ 142㎡[(69,483÷3.3)×1,200만원] 252,665,454,545원
= 489,030,606,060원

◆ 3.3㎡당 무상금액(3.3㎡당 개발이익)

3.3㎡당 무상지분금액 =

$$\frac{\text{경상이익금[총분양수입금∼489,030,606,060원−총공사비[공사비]∼3.3㎡당∼400만원 TIMES 연면적∼43,076(142,150㎡÷3.3)]∼17,230,400만원}}{\text{총대지면적(56,860㎡÷3.3)}}$$

= 18,382,275원

◆ 재건축사업 수익분석 계산공식

① 조합원 권리가액 = 3.3㎡당 무상금액 × 조합원별 대지지분(㎡ ÷ 3.3)(권리가액 = 무상평형 × 평형당 분양가)

② 조합원분담금(청산금 또는 추가부담금) = 배정평형분양가 − 조합원권리가액

③ 조합원무상지분 = $\dfrac{\text{조합원별 권리가액}}{3.3㎡당 \ 분양가} \times 100$

④ 무상지분율 = $\dfrac{\text{무상지분}}{\text{대지지분}(㎡ \div 3.3)} \times 100$ 또는 무상지분율 = $\dfrac{3.3㎡당 \ 무상금액}{3.3㎡당 \ 분양가}$

(또는 $\dfrac{\text{평당 개발이익}}{\text{평당 분양가}}$)

⑤ 무상지분 = 대지지분(㎡ ÷ 3.3) × 무상지분율(또는 무상평형 = 대지지분 × 무상지분율)

⑥ 3.3㎡당 분양가의 예측 = 주변 비슷한 단지 분양시세 기준 또는 현재 주변 비슷한 아파트시세 기준으로 예상하여 볼 수 있다.

⑦ 조합원분양권 총 매입가격(=총부담금) = 기존아파트 매입가격(조합원권리가액 + 프리미엄) + 신규아파트 추가부담금 + 금융비용 등. (금융비용 등은 매입시 소유권이전제비용 + 보유기간 은행이자 + 보유기간동안 기회비용 등을 말하고, 총취득금액은 총부담금으로 표시하기도 한다)

⑧ 투자수익 분석 = 매도가격 − 총부담금(=총취득금액)[매입가격(권리가액 + 프리미엄) + 추가부담금 + 금융비용 등]으로 계산하면 된다.

⑨ 투자수익 미래예측분석 = [현재 주변 비슷한 단지 아파트시세 + α(신규아파트 프리미엄 + 3~4년 후 가격상승 제요인 등)] − [기존아파트 매입가격(조합원권리가액 + 프리미엄) + 추가부담금(▲청산금) + 재건축시까지 소요되는 금융비용 등과 소유권이전 제비용 등]

◆ 한눈에 보는 재건축사업 수익분석표

기존 아파트 면적 m²(평형)	기존 아파트 대지 지분(m²)	기존 아파트 매입가(만원)	기존 아파트 세대수	신축 배정 면적 m²(평형)	신축 배정 세대수	신축 배정 비율	신축 배정 면적(m²)	3.3m²당 조합원 분양가(원)	3.3m²당 조합원 무상 금액(원)	조합원 총 불입금액(원)	조합원 권리가액(원)	조합원 추가 부담금(원)	조합원 총 부담금 (매입가+추가 부담금등)(원)	조합원 무상 지분	조합원 무상 지분율(%)	주변 신규 아파트 시세(억원)
36 (11평)	50.06	3억5,000만원	770	79 (24평)	244	20%	79	1,000만	18,382,275	239,393,939	278,964,949	▲39,571,010	310,428,990	27.90	183.82	①4
				109 (33평)	489	40%	109	1,100만	18,382,275	363,333,333	″	84,368,384	434,368,384	25.36	167.11	5
				142 (43평)			142	1,200만	18,382,275	516,363,636	″	237,398,687	587,398,687	23.25	153.19	7
50 (15평)	70.01	4억원	100	79		40%	79	1,000만	18,382,275	239,393,939	389,982,749	▲150,588,810	249,411,190	39.00	183.82	①4
				109			109	1,100만	18,382,275	363,333,333	″	▲26,649,416	373,350,584	35.45	167.11	5
				142			142	1,200만	18,382,275	516,363,636	″	126,380,887	526,380,887	32.50	153.19	7
56 (17평)	79.34	4억5,000만원	130	79	489		79	1,000만	18,382,275	239,393,939	441,954,454	▲202,560,515	247,439,485	44.20	183.82	①4
				109			109	1,100만	18,382,275	363,333,333	″	▲78,621,121	371,378,879	40.18	167.11	5
				142			142	1,200만	18,382,275	516,363,636	″	74,409,182	524,409,182	36.53	153.19	7

◆ 재건축사업 수익분석표를 통한 수익분석

① 배정면적(또는 평형)이 높을수록 무상지분이 낮아진다(추가부담금 늘어난다). 한 단지 내에서는 무상지분이 똑같을 수가 없다.

② **기존 36㎡(11평형)로** 신규분양아파트 109㎡(33평) 구입 시 총 부담금은 434,368,384원이고, 기존 50㎡(15평형)로 신규분양아파트 109㎡(33평형) 구입 시 총 부담금은 373,350,584원으로 109㎡를 분양받기 위해서는 기존아파트 50㎡를 구입하는 것이 유리하다.

③ **기존 아파트 50㎡로** 142㎡(43평)를 분양받기 위해서는 총 부담금이 526,380,887원이고, 기존 아파트 56㎡(17평형)로 142㎡(43평)를 분양받기 위해서는 총 부담금이 524,409,182원으로, 기존 아파트 50㎡가 56㎡보다 총 부담금에서 1,971,705원만큼 더 많다. **그러나 초기투자비용이 5,000만원 적게 들고, 이 자금을 다른 물건에 투자하여 수익을 올릴 수 있는 기회비용과 5,000만원에 대한 금융비용을 계산한다면** 초기에 적게 들고 총 부담금이 적게 드는 방법으로 투자해야 한다.

따라서 142㎡를 분양받기 위해서는 기존 아파트 50㎡를 선택하여 투자하는 것이 바람직하다.

아파트가 주변시세와 비교하여 저평가 되어 있는가! 또는 어떤 평형을 매입하는 것이 다른 평형과 비교하여 총 부담금이 적게 들어 그만큼 수익이 더 발생하는 가를, 위 수익분석표를 이용하여 비교분석하여 볼 수 있다.

④ 기존아파트 재건축시 가격형성 등을 예상하여 기존아파트가 저평가되어 있는가도 분석하는 것이 중요하다. 이를 위해서는 주변 비슷한 단지 등의 가격

을 조사하여 비교분석하는 방법이 좋다. 이 경우에는 주변 신규분양 아파트가격과 기존아파트가격, 그리고 2~3년 후 입주 후의 부동산 가격인상 등을 예상하여 분석해야 한다.

⑤ 일반분양권은 조합원분양권(일반분양가의 80% 수준)보다는 높은 가격으로 분양되지만, 신축아파트 완공 후 입주하는 시기에는 일반분양 가격보다 높은 가격으로 거래되는 프리미엄 등이 예상된다. 어떠한 아파트를 어떻게 조합원분양, 또는 일반분양 받아야만 시세차익을 볼 수 있는 프리미엄을 바라 볼 수 있는 가는 앞에서와 같은 수익분석표를 갖고 비교분석하면 다음과 같은 사실을 알 수 있다.

주변아파트 시세가 79㎡가 4억원인 경우 기존 36㎡로 79㎡를 분양받은 경우, 총 부담금이 310,428,990원으로 89,571,010원 만큼 저평가된 것이다. 기존 50㎡로 109㎡를 구입 시는 주변아파트 시세가 5억원 정도 되므로 총 부담금 373,350,584원과 비교하면 126,649,416원만큼 저평가된 것이다.

따라서 1차적으로 어떤 평형을 구입 시 몇 평형을 받을 수 있는가를 분석하고, 2차적으로 같은 평형을 구입하기 위해서 초기투자비용이 적게 들고, 총 부담금도 적게 들어가는 쪽으로 선택하는 것이 좋다. 3차적으로 주변아파트나 신규 분양되는 아파트분양가 등과 비교하여 저평가되어 있는 경우에 구입하는 것이 재건축·재개발 투자에서 현명한 선택이다.

그리고 **위 수익분석표에서 142㎡를 배정받을 수 있는 조합원은** 56㎡, 50㎡, 36㎡가 있다. 이 가운데 56㎡, 50㎡는 모두 배정이 가능하나 36㎡는 조합원 770명 중 258명만이 배정받을 수 있다. 이들 258명은 770명의 조합원 중에서 추첨방식으로 142㎡를 배정 받는다.

36㎡ 소유조합원 중에서 142㎡를 배정 받지 못한 512세대는 109㎡를 489세대가 우선배정 받고, 나머지 23세대는 79㎡를 배정 받게 되는데 109㎡를 489세대가 배정받는 방법은 추첨에 의해서 결정하게 된다. 그리고 79㎡ 중에서 조합원에게 배정 후 나머지 221세대분(임대아파트 부분은 계산하지 않음)은 일반분양하게 된다.

07 재건축사업에서 우량한 물건 실전투자 비법

재건축은 재개발과는 달리 정비기반시설은 양호하나 노후불량건축물이 밀집한 지역에서 토지면적의 2/3 이상 동의 또는 건축물소유자의 3/4 동의로 조합설립 신청하여 추진하는 것으로 전매제한이 있고, 재건축에 동의한 자만 조합원이 될 수 있다. 노후한 건물이라도 재건축이 되기 위해서는 재건축 기준연한이 경과되고 안전진단을 통과하여야만 재건축이 가능하다.

(1) 넓은 평형의 세대수가 상대적으로 적은 아파트가 유리하다!

재건축아파트의 경우 평형별 건립비율이 제한되며 평형배정은 지분크기에 따라 결정된다. 따라서 큰 평형을 배정받기 위해서는 큰 평형의 세대수가 적은 단지에서 큰 평형을 선택하여 투자해야 한다.

(2) 기존 아파트 등의 용적률이 낮을수록 좋다.

기존 아파트나 다세대 등의 용적률(건축연면적/대지면적)이 낮을수록 좋다. 일반적으로 용적률이 130%를 초과하지 아니하여야만 사업성이 있다고 본다. 그래야만 새로 건축되는 아파트에서 같은 지분을 갖고 큰 평형의 아파트를 배정받을 수 있다.

(3) 토지면적에 비해 가구 수가 많은 곳은 피하는 것이 좋다.

가구 수가 많으면 조합원들에게 돌아가는 개발이익이 떨어진다.

(4) 기존 주택면적과 비교하여 대지지분이 넓을수록 유리하다.

대지지분(=등기된 대지권)의 많고 적음은 조합원이 무상으로 분양받을 수 있는 평형의 크기를 결정하는 핵심요소이기 때문이다.

(5) 노후도도 재건축시 안전진단 통과에 중요한 요인이 되고 있다.

따라서 건축연한이 재건축 연한에 해당되는지를 자세히 알아보고 통과가능성이 있는지도 검토하여 투자해야 한다.

(6) 아파트 재건축시 대지가격이 비싼 곳이 유리하다.

땅값이 비싸면 그만큼 분양가가 높게 책정되기 때문이다.

(7) 기존 재건축 아파트단지가 대형단지일 수록 좋다.

기존 재건축 아파트단지가 대형단지일수록 신축된 아파트의 주변정비시설 등이 우량하게 되어 더 높은 분양가를 받을 수 있다.

(8) 진입도로가 넓은 것이 유리하다.

충분한 진입도로가 확보되지 아니하면 진입도로를 확보하기 위해서 추가로 매입하는 비용이 들기 때문이다.

(9) 투자시점을 냉철히 파악하여 투자해야 한다.

재건축의 개발이익도 재개발의 경우에서와 같이 중요한 사업단계의 고비를 넘기는 시점에서 주로 투자이익이 발생되므로 잘 분석해야 한다.

구역지정단계 ⇨ 조합설립(재개발·재건축은 조합설립 후 시공사 선정) ⇨ 사업시행인가단계 ⇨ 관리처분단계가 있다. 각 추진단계에서 확정 직전이 가장 좋은 투자시기가 될 것이다.

그러나 **가장 투자이익의 극대화되는 시점은** 재건축의 움직임이 있기 직전일이다. 아직 재건축의 움직임은 없지만, 노후 연한이 다 되어가는 아파트를 상대로 조만간 재건축이 가시화될 것을 예상하여 이러한 지역을 선정하고 2~3년간 미래가치를 생각하면서 기다리면, 높은 투자이익을 볼 수 있다. 이러한 투자방식이 좋지 않은 사람들은 재건축조합이 결성되기 직전, 직후가 비교적 안전하면서도 높은 투자수익을 볼 수 있다. 그러나 조합설립 후 투기과열지구 내에서는 조합원의 지위양도가 제한된다는 것에 유의해야 한다. 만일 조합원 자격이 승계되는 경우라면 조합설립 후 사업시행인가 전·후로 한 시점이다. 이 시기에 시공사도 선정되고, 이주비도 지급되는 시기로 공사가 안정적으로 진행된다.

(10) 아파트재건축이 도급제인지 지분제인지 여부를 확인한다.

지분제는 일반적인 공사형태인 도급제와는 달리 계약시 조합원의 지분과 추가부담금 여부 및 금액이 확정되는 계약형태로 재건축은 대부분 이에 해당된다. 도급제는 공사 진행에 따라 조합원의 부담이 추가될 수 있기 때문에 투자수익의 예측이 어렵다. 재개발은 100% 도급제에 의하도록 법으로 정하고 있다.

(11) 조합설립인가의 취소가능성과 세입자문제 등을 확인

조합설립인가 후 2년 이내에 사업승인신청이 없는 경우 조합설립인가가 취소될 수 있는데, 이때에는 조합의 피해가 클 수밖에 없다.

(12) 시공사와 조합간의 분쟁이 있는가도 확인해라!

분쟁이 있다면 사업은 그만큼 늦어지게 되고, 그에 따른 사업비 증가로 인해서 조합원의 부담의 증가로 이어질 수밖에 없다.

> **알아두면 좋은 내용**

재건축사업에서 도로를 일반 매매나 경매로 매수하는 경우

재건축사업에서 도로를 일반 매매나 경매 등으로 90㎡ 이상을 매수하더라도 재개발사업과 다르게 분양자격이 없고, 현금청산자이지만 투자의 매력이 있다. 왜냐하면 도로의 경우 그 주변대지가의 3분의 1로 소유권을 취득하고, 특히 경매 등으로 낙찰받으면 그 3분의 1로 평가된 금액의 50% 이하로 낙찰 받게 되므로, 현금 청산하더라도 높은 수익을 기대할 수 있다.

최근에는 흥미로운 대법원 판결내용이 있다(대법2008다21549).

토지의 현황이 도로일지라도 재건축이 추진되면 아파트 단지의 일부가 되므로 대지로서 평가하되, 다만 그 형태(세장형 등 형태가 불량함), 면적, 단독토지로서의 효용가치 등 획지 조건의 열세와 기여도 등을 감안하여 감액 평가하는 방식으로 '재건축을 전제할 경우의 시가'를 산출하였다는 이유로, 위 감정인의 2006. 6. 27. 자 감정평가 결과를 채택하여 이 사건 각 토지의 매매 시가를 결정하였다.

이 판례에 의해서 도로의 수익성을 계산하면 경매 등에서 감정가의 2분의 1 가격으로 매각되므로, 매수당시 2배의 수익률과 현금청산 시 대지 보상가를 기준으로해서 감액감정을 감안하여 보더라도 최소한 5배의 이상의 양도차익을 기대할 수 있다.

Part 9

재건축아파트 하나로
10억과 '1+1'으로
15억 만들다!

01 재건축사업으로 신축아파트에 입주할 수 있는 기간은?

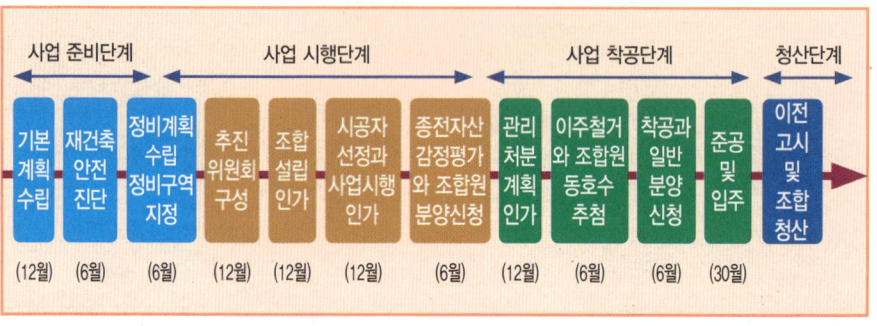

　재건축사업은 노후 주택의 소유자들이 조합원이 되어 사업을 추진하는 것으로, 아파트 재건축 절차는 '기본계획 수립(12개월 이상) ⇨ 안전진단(6개월 이상) ⇨ 정비계획 수립 및 지정(6개월 이상) ⇨ 추진위원회 구성(12개월 이상) ⇨ 조합설립(12개월 이상) ⇨ 시공사 선정과 사업시행 인가(12개월 이상) ⇨ 종전·종후 자산의 감정평가 와 조합원 분양신청(6개월 이상) ⇨ 관리처분계획 인가(12개월 이상) ⇨ 이주·철거·착공·일반분양(12개월 이상) ⇨ 준공·입주·이전고시·청산'(30개월 이상)의 순서대로 진행된다. 이렇듯 재건축사업은 여러 단계로 구성되어 있고 각 단계별로 1~2년 이상의 시간이 소요되기 때문에, 아무리 빨리 추진해도 7년 이상의 기간이 필요하다. 보통은 10년 이상 걸리며, 조합원 간 이견이나 분쟁이 있으면 20년 이상 소요되기도 하는 장기사업이며, 추진되다가 무산되거나 아예 추진하지 못하는 경우도 발생한다.

그렇지만 희망스러운 것은 재건축 등이 완성되어야만 주택가격이 상승되는 것이 아니라는 것이다.

재건축 등의 진행절차에서 1차적으로 추진위가 설립되는 단계 ⇨ 조합설립단계 ⇨ 관리처분 및 이주단계 ⇨ 일반분양 신청단계 ⇨ 완공 후 입주단계 등에서 계속해서 오른다는 사실이다.

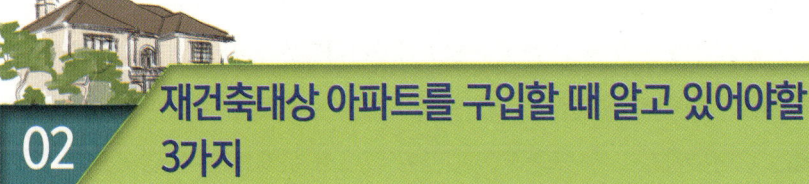

02 재건축대상 아파트를 구입할 때 알고 있어야 할 3가지

첫 번째, 종전 소유자가 조합설립에 동의했나(조합원)와 동의하지 않았나(비조합)를 확인해야 한다.

조합설립에 동의하지 않았다면 비조합원으로 사업비를 부담하지 않아도 되는 현금청산 대상자(조합 입장에서는 매도청구대상자)가 된다. 조합설립에 동의했는데 분양신청을 하지 않았다면 조합원이면서 현금청산 대상자(조합 입장에서는 매도청구대상자)가 된다. 조합설립에 동의했는데 분양신청을 하지 않았다면 조합원으로 현금청산자가 되는 것이다. 이러한 현금청산자는 현금청산당시까지 사업비를 정산해서 부담해야 하나(이런 이유로 조합설립 동의 여부가 중요하다), 실무에서는 조합설립에 동의하지 않은 현금청산자와 같이 사업비를 부담시키지 않고 현금 청산하는 경우가 많다. 이러한 보상을 결정할 때 감정가로 결정하게 되고, 이에 이의가 있을 때 사업시행자인 조합을 상대로 이의신청을 할 수 있고, 협의가 이루어지지 않으면 그 다툼을 가지고 법원에 매도청구 소송 등을 진행하게 된다. 어쨌든 매수자는 이러한 지위를 그대로 승계할 수밖에 없다.

두 번째, 조합설립에 동의하고 분양신청을 했다면 OOO동, OOO호, 몇 평형대를 분양 받았는 지와 청산금(추가부담금=종전아파트권리가액-신축아파트권리가액)을 확인해야 한다.

그리고 매수인이 조합원의 지위와 분양권을 승계할 수 있는 지도 분석해야 한다. 현재 도정법 제39조 2항에서는 주택투기과열지구 내에서만 금지하고 있고, 그 밖의 지역에서는 그러한 제한이 없다. 이 아파트를 일반 매매로 취득할 당시에는 주택투기과열지구로 지정된 곳이 없어서 문제가 되지 않았으나 2017년 부동산 8·2대책으로 투기과열지구가 지정되어 시행 중에 있으므로 유의해야 한다. 따라서 현재보유하고 있는 재건축대상 아파트를 제3자에게 매각하는 경우에는 투기과열지구에 해당된다면 다음 알아두면 좋은 내용처럼 조합원지위 양도가 불가하다. 그러나 이 아파트가 경매나 공매로 매각되는 절차에서 낙찰 받았다면 승계가 가능하다.

세 번째로 재건축으로 건물 철거 전인지와 철거 후인지에 따라 다르게 분석해야 한다.

철거 전이라면 기본적으로 몇 동, 몇 호, 몇 평형대를 분양 받았는 지와 청산금만 확인하면 된다. 그러나 종전조합원이 이주하고 나서 건물이 철거되었다면 이주비(무상이주비)와 청산금 미납금, 지연이자, 시유지 등의 불하대금, 그리고 조합원분양권에 채권가압류 등이 있는 지 등을 사업시행자인 조합에서 확인하고 매수해야 된다.

> **알아두면 좋은 내용**

재건축사업의 투기과열지구 내 조합원지위 양도 금지

재건축사업은 2017년 부동산 8.2대책 이후 도시정비법 제39조 제2항 「주택법 제63조 제1항에 따른 투기과열지구로 지정된 지역에서 재건축사업을 시행하는 경우에는 조합설립인가 후 해당 정비사업의 건축물 또는 토지를 양수한 자는 제1항에도 불구하고 조합원이 될 수 없다. 다만 예외적으로 ① 2018년 1월 25일부터 10년 이상 보유, 5년 이상 거주 요건을 갖출 경우 예외적으로 조합설립과 관계없이 조합원 지위 양도가 허용된다(법 시행령 제37조 1항). ② 조합 설립 후 3년 내 사업시행 인가 신청이 없거나 사업시행 인가 후 3년 내 착공하지 못했을 때 주택을 3년 이상 소유한 경우에만 예외적으로 분양권 양도를 허용하고 있다(법 시행령 제37조 2항).

이밖에도 법원경매나 KAMCO 압류재산공매로 낙찰 받으면 이러한 제한 없이 분양권을 취득할 수 있다. ⇨ 도시 및 주거환경정비법 시행령 제37조 제2항 제5호(도정법 제39조 제2항 제5호)에서 국가·지방자치단체 및 금융기관(「주택법 시행령」 제71조 제1호 각 목의 금융기관을 말한다)에 대한 채무를 이행하지 못하여 재건축사업의 토지 또는 건축물이 경매 또는 공매되는 경우

〈자세한 내용은 Part 3의 04번 투기과열지구 내 조합원지위 양도와 조합원분양권 전매제한(76쪽과 77쪽)참고하기 바란다〉

> **알아두면 좋은 내용**

투기과열지구 내 조합원분양권과 일반분양권 재당첨 제한

① 재건축과 재개발사업 조합원 분양분에 당첨된 세대에 속한 자는 5년간 정비사업 일반분양분 당첨에 제한될 뿐만 아니라 법 시행일 이후 주택을 취득한 주택을 통한 조합원 분양분 당첨에도 제한된다.
② 재건축과 재개발사업 일반분양에 당첨된 세대에 속한 자는 5년간 정비사업 일반분양분 당첨에 제한될 뿐만 아니라 법 시행일 이후 주택을 취득한 주택을 통한 조합원 분양분 당첨에도 제한된다.

이러한 경우 조합원의 지위를 적법하게 양도 받았다고 하더라도 그 양수인이 분양분 재당첨 제한에 해당할 수 있고, 이 경우 현금청산자가 된다.

그러나 법 시행 전에 이미 투기과열지구 내에 주택을 소유한 경우에는 법 개정 후 투기과열지구내 재건축과 재개발사업으로 일반분양을 먼저 받거나 추가로 예정주택을 취득하여 조합원분양권을 받는 경우에는 제한을 받지 않는다

03 분양 신청한 우성1차 아파트를 사서 10억 만들다!

◆ **오르는 재건축대상 아파트를 선택해야 돈이 된다!**

　이 재건축대상 서초우성1차 아파트는 서울시 서초구 서운로 62, 우성아파트 제3동 제3층 제000호로 아파트 건물전용면적이 209.88㎡(65평형)이고, 대지지분이 80.28㎡이다. 가까이에 지하철 2호선 강남역이 있고, 시세는 17억원을 형성하고 있다.

　그리고 서울시 서초구청에서 사업시행인가를 받고, 관리처분계획인가를 신청해 놓은 상태이다. 소유자 조OO는 65평형을 소유하고 있는데 35평형을 분양 신청해서 35평형 아파트와 614,974,000원을 현금청산금으로 수령할 수 있는 조합원이라는 사실을 <u>다음 관리처분계획(안) 핵심내용</u>을 참고하면 알 수 있다.

　그래서 매수를 희망하는 사람들이 많은데, 매물이 부족한 상황이라 가격상승이 기대되는 아파트였다. 그래서 급매물 16억2,000만원으로 나온 이 아파트를 사서 장기 보유하다가 팔면 9억까지 비과세 혜택과 장기보유특별공제 혜택(10년까지 보유하면 양도차익의 80% 공제)으로 세금을 절세하면서 높은 수익을 볼 수 있다는 판단이 섰다.

　이러한 아파트를 일반매매로 구입하려면 **앞의 02번에서 "재건축대상 아파트에 매수할 때 알고 있어야할 내용"** 과 같이 종전 소유자가 조합설립에 동의했나(조합원), 동의하지 않았나(비조합)와 조합설립에 동의했더라도 분양신청을 했는지, 하지 않았는지 등을 확인해야 한다. 분양을 신청했더라도 매수인이 조합원의 지위와 분양권을 승계할 수 있는지도 분석해야 한다. 그리고 건물이 재건축으로 철거하기 전인지, 철거 후인지를 확인하고 매수 여부를 결정해야 한다.

◆ 우성아파트의 사진과 주변 현황도

◆ 재건축 우성1차 아파트로 4억 1,297만원의 시세차익을 보다!

(1) 관리처분계획(안) 핵심 내용

① 산출기준

- 종전자산평가금액 : 2개 감정평가법인(제일, 나라)이 평가한 금액의 산술평균 값
- 종후자산평가금액(조합원분양가) : 앞에서와 같은 평가방식으로 확정
- 추정비례율 : 106.22% (일반분양가 3.3% 약 4,080만원 추정)
- 직접공사비 : 3.3㎡당 445만원(지하3층 주차장 약 4,000평 확장 반영, 협상완료)
- 조합원 공람의견을 반영하여 일반분양 세대를 저층으로 배치
- 59㎡(25평형) 조합원 분양분 10층 이상으로 배치 등

② 평형별 평균 추정분담금 추산액 현황

- 59㎡형 및 114㎡형 조합원분양분 상층 배치로 추정분담금 소폭 증가 등

구분	평형	신축 공동주택(아파트)		기존 공동주택(아파트)					
		전용면적(㎡)	평균 조합원 분양가격(천원)	29평형	30평형	33평형	43평형	50평형	65평형
전용면적				79.52	81.90	81.90	114.96	135.34	178.42
평형별 평균 추정 종전자산(천원)				974,245	981,668	1,006,064	1,306,763	1,479,948	1,704,929
평형별 평균 추정 권리가격(천원) (추정 비례율 106.22% 적용)				1,034,797	1,042,681	1,068,593	1,387,982	1,571,930	1,810,895
25평형	59A형	59.34	917,876	-116,922	-124,806	-150,717	-470,106	-654,054	-893,020
30평형	74A형	74.06	1,037,990	3,193	-4,691	-30,603	-349,992	-533,940	-772,905
34평형	83A형	83.87	1,182,738	147,940	140,056	114,144	-205,244	-389,193	-628,158
35평형	84A형	84.98	1,195,921	161,124	153,240	127,328	-192,060	-376,009	-614,974
45평형	114A형	114.96	1,543,042	508,245	500,361	474,449	155,061	-28,888	-267,853
52평형	135A형	135.38	1,754,902	720,104	712,220	686,308	366,920	182,971	-55,994
68평형	178A형	178.47	2,079,690	1,044,893	1,037,009	1,011,097	691,709	507,760	268,795

(2) 재건축 서초우성1차 아파트로 어떻게 4억1,297만원의 벌었나?

이 아파트는 매도인 조OO가 65평형으로 35평형을 분양신청해서 35평형과 614,974,000원을 현금청산금으로 수령할 수 있는 조합원이라는 사실을 앞 관리처분계획(안) 핵심 내용으로 확인할 수 있다.   따라서 35평형 조합원분양가는 1,195,921,000원이고 현금청산금액은 614,974,000원으로 실제 평가금액은 18억1,089만원이다. 그러나 이 가격으로 평가해서는 안 될 것이다. 조합원분양가는 일반분양가에 비해 낮은 가격(일반분양가의 80~90%수준)으로 평가되고, 신축 후의 아파트 시세는 일반분양가보다 높게 형성되고 있으므로, 최소한 보수적으로 평가하더라도 일반분양가를 기준으로 평가하는 것이 올바른 가치분석이다.

그래서 필자는 일반분양가 4,080만원×35평형 = 1,428,000,000원과 현금청산금 614,974,000원으로 평가했다. 왜냐하면 이 사례는 조합이 일반분양가를 5,000만원으로 구청과 협의했으나 거절당하고 4,080만원에 최종 합의했기 때문이다. 그리고 서초구와 강남구에서 분양되는 재건축아파트가 평당 4,500만원에서 5,000만원에 거래되고 있다는 사실을 참고하면 더욱 그러하다.

어쨌든 20억4,297만원의 가치가 있지만 취득비용과 2년간의 공사 기간 동안 금융비용 7,000만원과 그리고 기회비용 등을 감안해서 15억6,000만원 정도에 구입하면 좋을 듯하다. 이렇게 취득하면 취득비용과 금융비용을 제외하고도 4억1,297만원의 시세차익을 예상할 수 있기 때문이다. 그래서 지인이 16억2,000만원에 나온 65평형 우성아파트를 16억 이하로 매수를 희망했으나 매도인의 거절로 16억2,000만원에 구입했고, 현재 철거 후 재건축이 한 참 진행 중에 있다.

결론적으로 이 아파트를 사서 얼마의 투자수익이 발생하는 가는 다음 05번을 자세하게 기술해 놓았으니 참고 바란다.

04. 우성1차 아파트 50평형을 사서 1+1 분양신청해 15억 만들다!

일반매물로 나온 50평형 아파트 소유자가 35평형과 24평형 두 개 분양권을 신청했다. 이는「도시 및 주거환경정비법 제74조 제1항 5호에 따른 '분양대상자별 종전의 토지 또는 건축물의 명세 및 사업시행인가의 고시가 있은 날을 기준으로 한 가격' 범위에서 2주택을 공급할 수 있고, 이 중 1주택은 주거전용면적을 60제곱미터 이하로 한다. 다만, 60제곱미터 이하로 공급받은 1주택은 제86조 제2항에 따른 이전고시일 다음 날부터 3년이 지나기 전에는 주택을 전매(매매·증여나 그 밖에 권리의 변동을 수반하는 모든 행위를 포함하되 상속의 경우는 제외한다)하거나 이의 전매를 알선할 수 없다.」라고 명시하고 있는 데서 그 근거를 찾을 수 있다. 이때 하나의 주택은 주거용으로 30평형을 초과할 수 있지만, 임대형아파트는 24평이하여야 한다.

그래서 조합원분양권자는 35평형(조합원분양가 11억9,592만원) + 24평형(조합원분양가 9억1,787만원)에서 50평형 종전자산권리가액 15억7,193만원을 공제하면 추가로 납부할 청산금은 5억4,186만원이다(이때 2주택 가격의 합이 기존주택 가격을 넘어선 경우에는 2주택을 분양 받을 수 없었는데, 법 개정에 따라 분양 받을 2주택의 면적의 합이 기존 주택의 주거전용면적 범위 내에서도 확대 허용하고 있다).

따라서 조합원분양권자가 두 개의 분양권을 취득하는데 드는 비용은 21억1,186만원인데 조합원분양가도 21억1,186만원이다. 이러한 현상은 아파트 시세를 조합원분양가로 계산해서 부동산중개업소에서 거래되고 있어서 그런 것이다.

그러나 재건축대상 아파트 시세를 조합원분양가로 계산해선 안 된다.

조합원분양가는 일반분양가에 비해 낮은 가격으로 평가되고(일반분양가의 80~90%수준), 신축 후의 아파트 시세는 일반분양가보다 높게 형성되고 있으므로, 최소한 보수적으로 평가하더라도 일반분양가를 기준으로 평가하는 것이 올바른 가치분석이다. 그래서 필자는 일반분양가 4,080만원×35평형 = 1,428,000,000원과 일반분양가 4,080만원×25평형 = 1,020,000,000원으로 총 시세를 24억4,800만원으로 평가했다. 왜냐하면 서초구와 강남구에서 분양되는 재건축아파트가 평당 4,500만원에서 5,000만원에 거래되고 있기 때문이다. 그렇다면 두 개의 조합원분양권으로 취득비용과 금융비용 1억원 정도를 계산하면 2억3,614만원의 시세차익을 볼 수 있다. 그러나 서초구와 강남구 분양가가 4,500~5,000만원을 호가하고 있고, 25평형이 소형평형이라는 사실을 감안하면 시세차익은 더 높을 것으로 예상된다.

서초 우성 1차 재건축은 2015년 8월 18일 사업시행인가를 받고, 시공사로 삼성물산이 선정되면서 삼성래미안 브랜드로 건설하고 있다. 이 재건축사업은 서초동 1336 지번에 지하 3층~ 지상 35층으로 총 12개동, 총 세대수 1317세대로, 이중에 일반 분양으로 232세대가 공급예정이다. 2017년 3월에 공사를 시작해서 2020년 8월에 입주할 예정이고, 삼성래미안의 신축 후 아파트 건물 현황도는 다음과 같다.

    결론적으로 이 아파트를 사서 얼마의 투자수익이 발생하는 가는 다음 06번을 자세하게 기술해 놓았으니 참고 바란다.

05 우성1차 아파트 일반분양과 분양 후 시세차익은?

◆ **재건축한 래미안 리더스원 청약안내**

래미안 리더스원 청약안내

■ 청약자격

최초 입주자 모집공고일 현재 서울특별시 내에 거주하거나, 수도권(인천광역시, 경기도) 지역에 거주하는 세대주 또는 만 19세 이상인 분이 청약신청할 수 있습니다.
다만, 배우자 또는 직계존·비속인 세대원이 있는 세대주는 만 19세 미만도 청약 가능합니다.

■ 순위별 청약자격

1순위	2순위

• 서울특별시/인천광역시/경기도 지역 거주 만 19세 이상 세대주
  - 입주자 모집공고일 기준
• 무주택이거나 1주택만 소유한 세대주 (세대에 속한 세대원 포함)
• 과거 5년이내 다른 주택에 당첨자에 세대에 속하지 아니한자
  - 1,2순위 당첨사실 모두 해당 (세대에 속한 세대원 포함)
• 청약통장 2년이상 가입기간 면적별 예치금액 이상인 분
	• 1순위에 해당하지 않는 자
	• 청약통장 가입자만 청약가능 (청약통장 가입기간 무관)
	※ 재당첨 제한기간에 속한 세대주 및 세대원은 청약 불가

※ 순위별 청약자격 발생 기준일 : 최초 입주자모집공고일 기준
※ 청약저축 가입자의 민영주택 청약은 가입 후 1순위 자격을 취득하여 납입인정금액이 각 지역별 청약예금 예치금액 이상인 경우 해당 청약예금으로 전환(입주자모집공고 전일까지)하여 청약할 수 있음
※ 외국인인 경우 1순위 청약 불가

◆ **래미안 리더스원 일반분양가와 분양 후 시세차익은?**

래미안 리더스원은 전용면적 59㎡~239㎡, 총 1,317가구 규모의 대단지 아파트로 이중 232가구가 청약자들에게 공급됩니다. 전용면적 별로는 59㎡ 4가구, 74㎡ 7가구, 83㎡~84㎡ 185가구, 114㎡ 29가구, 135~238㎡ 7가구이다.

> 5층이상 기준층 기준 분양가 – 전용 84㎡ 기준 16억9,000만~17억3,000만원…주변 시세는 20억원 웃돌아!

이 아파트의 분양가는 ① 전용 59㎡ 기준으로 12억8,000만원, ② 전용 74㎡ 기준으로 15억원, ③ 전용 84㎡ 기준으로 17억3,000만원, ④ 전용 114㎡ 기준으로 19억원 선이다. 평균적으로 3.3㎡당 4671만원, 5147만원인 셈이다.

이 아파트의 장점은 현재 이 아파트 인근에는 같은 브랜드로 2016년 12월에 입주한 래미안서초에스티지(421가구), 올해 1월 입주한 래미안서초에스티지S(593가구)가 있는데 이들 아파트 시세보다 분양가가 낮다는 것이다.

전용 84㎡ 기준으로 래미안서초에스티지는 지난 8월 신고된 실거래가가 18억9,500만원으로 3.3㎡당 환산하면 5,677만원 수준이다. 래미안서초에스티지S의 경우 지난 2월 신고된 거래가는 19억5,000만원으로 3.3㎡당 환산하면 5,800만원 수준이다. 현재 래미안서초에스티지S의 경우 시장에 나온 매물은 20억~21억원대며 그나마 이들 매물도 매우 귀한 편이라는 것이 주변 부동산 중개업소의 말이다.

> 이러한 주변 사정으로 인해서 래미안 리더스원은 당첨만 되면 전용 84㎡ 기준으로 시세차익이 최소 2억원에서 많게는 4억원까지 보장이 된다는 말이 나오고 있다.

(1) 조합원분양가와 매수 가격과 비교하면 시세 차이는?

앞의 03번 사례에서 지인이 65평형을 16억2,000만원에 사고, 35평형을 분양신청해서 35평형과 614,974,000원을 현금청산금으로 수령할 수 있는 조합원이라는 사실을 앞 관리처분계획(안) 핵심 내용으로 확인할 수 있다.

35평형 조합원분양가는 1,195,921,000원이고, 현금청산금액은 614,974,000원으로 실제 평가금액은 18억1,089만원이다. 따라서 조합원분양가와 매수 가격과 비교하면 시세 차이는 1억9,000만원이다.

(2) 일반분양가와 매수 가격과 비교하면 시세 차이는?

앞의 03번 사례에서 일반분양가와 비교해도 일반분양가가 최고 17억3,000만원(5층이상)이고, 현금청산금액은 614,974,000원으로 실제 평가금액은 23억 4,497만원이다. 따라서 일반분양가와 매수 가격과 비교하면 시세 차이는 7억 2,497만원이다.

(3) 2019년에 거래되는 주변아파트와 시세 차이는 얼마나 되나?

앞의 03번 사례에서 일반매물로 나온 주변 30평형대 신규아파트가 20억 이상으로 거래되고 있고, 현금청산금액은 614,974,000원으로 실제 평가금액은 26억1,497만원이다. 따라서 매수 가격과 비교하면 시세 차이는 10억 정도가 될 것이다. 아파트 하나로 노후생활자금을 마련한 셈이다.

재건축과 재개발 후 투자수익 계산방법

① 투자수익 분석 = 매도가격 – 조합원분양가 – 프리미엄–금융비용 등
② 투자수익 분석 = 매도가격 – 총부담금(= 총취득금액)[매입가격(권리가액+프리미엄)+추가부담금+금융비용 등]으로 계산하면 된다.
※ 금융비용 등은 매입시 소유권이전제비용과 보유기간 금융기관 이자 등을 말한다.

06 서초우성1차, '1+1재건축' 시세차익 15억 전망

'똘똘한 한 채' 신드롬으로 서초우성1차의 시세도 급등했다. 지역 공인중개사 무소에 따르면 2016년 관리처분인가를 받을 당시 서초우성1차 100㎡(이하 전용면적) 가격은 11억5000만원이었지만, 래미안 리더스원 입주권의 현재 시세는 74㎡ 18억원, 84㎡ 19억~20억원이다.

이 래미안 리더스원은 이달 일반분양가를 3.3㎡당 평균 4,489만원으로 결정했다. 서울 강남권 아파트 중 역대 최고 분양가지만 주변 시세가 워낙 급등한 탓에 착한 분양가가 됐다. 주변 시세를 고려하면 차익은 5억원 이상으로 예상된다.

<u>입주권 값이 뛰면서 1+1 재건축으로 입주권 2개를 가진 조합원은</u> 더 많은 시세차익을 거둘 것으로 예상된다.

서초우성1차 147.8㎡ 소유자는 59㎡ 2채 혹은 59㎡와 74㎡ 등 각각 1채, 195.8㎡ 소유자는 59㎡·84㎡ 또는 59㎡·112㎡ 각각 1채를 받을 수 있었다.

인근 아파트 시세(3.3㎡당 5500만원)를 기준으로 래미안 리더스원 입주권 가격을 계산하면 59㎡ 2채는 26억4000만원, 59㎡와 74㎡ 합계는 30억원에 달한다. 2016년 서초우성1차 147.8㎡ 매매가 15억원을 감안하면 2억5000만~4억원의 분담금을 빼도 9억~11억원의 차익이 발생한다.

◆ 일반분양가와 매수 가격과 비교하면 시세 차이는?

앞의 04번 사례에서 일반매물로 나온 50평형 아파트 소유자가 35평형과 24평형 두 개 분양권을 신청했다. 이 재건축대상아파트를 조합원분양가로 거래되고 있는 21억에 취득했다면 얼마의 시세차익을 볼 수 있을까?

조합원분양권자는 35평형(조합원분양가 11억9,592만원) + 24평형(조합원분양가 9억1,787만원)에서 50평형 종전자산권리가액 15억7,193만원을 공제하면 추가로 납부할 청산금은 5억4,186만원이다.

따라서 조합원분양권자가 두 개의 분양권을 취득하는데 드는 비용은 21억1,186만원이다. 그러니 조합원분양가로 계산하면 시세 차익이 없다.

그러나 일반분양가로 계산하면 35평형(일반분양가 17억3,000만원) + 24평형(일반분양가 12억8,000만원)으로 총 30억1,000만원이 된다. 따라서 일반매물로 취득당시 가격 21억원과 비교하면 8억9,000만원의 차이가 발생한다.

◆ 2019년에 거래되는 주변아파트와 시세 차이는?

앞의 04번 사례에서 일반매물로 나온 50평형 아파트 소유자가 35평형과 24평형 두 개 분양권을 신청했다. 이 재건축대상아파트를 조합원분양가로 거래되고 있는 21억에 취득했다면 얼마의 시세차익을 볼 수 있을까?

주변 34평형대 신규아파트가가 20억 이상으로 거래되고 있고, 24평형은 16억선에 거래되고 있다. 따라서 매수 가격과 비교하면 시세 차이는 36억원-21억원은 15억원이다. 그야말로 아파트 하나로 대박이 된 셈이다. 재건축대상아파트를 구입할 때에는 이러한 분석을 하고 그 분석 하에 투자이익을 계산해야 한다.

07 '1+1분양권'을 아들과 공동 매수하면 세금이 절세될까?

◆ 소득세법 시행령 제154조의2(공동소유주택의 주택 수 계산)

1주택을 여러 사람이 공동으로 소유한 경우 이 영에 특별한 규정이 있는 것 외에는 주택 수를 계산할 때 공동 소유자 각자가 그 주택을 소유한 것으로 본다. [본조신설 2010.2.18.]

재건축과 재개발사업에서 '1+1분양권'은 종전자산의 권리가액 등이 큰 것이어야 가능하다. 특히 강남이나 한강변을 끼고 있는 재건축 등의 단지에서 '1+1분양권'으로 분양 받는다면 재건축 후 3년이 지나서 처분해야 하므로, 2개 아파트의 가치는 15억원에서 30억원에 이른다. 그래서 1가구 1주택자로 비과세 혜택을 볼 수 없다. 하나는 본인이 소유하고 하나는 임대를 줘서 2개 모두 3년 이후에 분리해서 팔수 있고, 그 이전에는 함께 팔수밖에 없기 때문이다.

그래서 세금절세를 목적으로 부모세대가 성년인 자녀 부부세대와 함께 '1+1분양권'을 각 2분의 1지분으로 공동 매수를 선택하고 있다.

이때 두 사람 모두 주택이 무주택자이고 '1+1분양권'만 공동으로 소유하고 있다면 각각 9억원까지 비과세 혜택을 볼 수 있을까?

공동소유로 매수하면 18억까지 비과세를 볼 수 있을 텐데....
- 동일세대원이면 1주택으로 보아 비과세 판정.
- 별도세대원이면 각각 1주택보유로 비과세 판정

첫째로, 조정대상지역 밖이라면 거주요건이 없어서 이 분양권 2분의 1지분만 소유하고 다른 주택이 없다면 부모와 동일세대가 아닌 독립세대로 2년을 보유하면 1가구 1주택자로 비과세 혜택을 볼 수 있다.

그래서 부모도 비과세 혜택 9억과 아들도 비과세 혜택 9억까지 볼 수 있으니 절세효과가 탁월하다.

둘째로, 조정대상지역내에 있는 재건축사업단지인 경우에는 2년 이상 거주요건을 갖추고 있는 경우만 비과세 혜택을 볼 수 있다.

이 경우 대비책은 두 가지가 있을 것이다.

① 부모세대만 거주하고 자녀세대가 거주하지 않는다면 부모세대는 비과세 혜택을 보고, 자녀세대는 일반세율 6~42%와 장기보유특별공제를 볼 수 있다.

② 부모세대와 자녀세대가 한 아파트에서 함께 거주하면 모두 비과세 혜택을 볼 수 있을까?

기본적으로 세무당국은 세대만 분리했더라도 실질적으로 생계를 같이한다면 가족으로 보고, 비과세 혜택을 하나만 주고자 할 것이고, 그로인해 다툼이 발생할 수 있다. 이때 필요한 조치가 **구분소유적 공유관계를 목적으로 상호명의신탁약정서를 작성하고, 그 약정에 따라 부모세대가 거주하는 공간과 자녀세대가 거주하는 공간을 분리해서 사용한다면 이러한 경우에 비과세 혜택은 각각 대상**이 될 수 있을 것이라는 것이 사견이다. 이 견해는 사견으로 제시한 것에 불과하므로 다른 판단의 여지가 있음을 전제로 밝힌 것이다.

◆ 공동소유 지분양도에서 1세대 1주택으로 각 비과세 대상인지!

소득세법 시행령 제15조 제1항 에 의하면 법 제5조 제6호 (자)목에서 **1세대 1주택이라 함은 거주자 및 그 배우자가 그들과 동일한 주소 또는 거소에서 생계를 같이하는 가족과 함께 구성하는 세대가 국내에 1개의 주택을 소유하고 3년 이상 거주하는 것으로 하되 다만 그 각호의 1에 해당하는 경우에는 그 거주기간의 제한을 받지 아니하도록 규정되어 있고, 같은 법 시행규칙 제6조 제2항 후단에 의하면 1주택을 2이상의 주택으로 분할하여 양도한 경우에는 먼저 양도하는 부분의 주택은 그 1세대 1주택으로 보지 아니한다고 규정되어 있으므로 거주자가 위와 같은 비과세 요건을 갖춘 1주택의 전부를 양도하는 것은 물론 그 일부를 양도하는 경우에도 그 양도로서 분할되는 부분이 각각 1주택으로 되지 아니하는 한 비과세대상이 된다**할 것인바, 원심이 확정한 바와 같이 원고가 비과세 요건을 갖춘 1세대 1주택과 이에 부수되는 토지에 대한 각 10분의 1 지분을 소외 9인에게 각 양도한 것이라면 그 1주택을 분할하여 양도한 경우에 해당되지 아니하고, 1주택의 일부를 양도한 것에 불과하여 양도소득세 비과세 대상에 해당된다할 것이다. (대법원 1993. 8. 24. 선고 93누3202 판결)

Part 10

재건축 예상 및 진행되는 아파트로 성공한 사례!

01 재건축 아파트 하나로 적금통장 2억원을 만들다!

◆ 오르고 있는 재건축대상 아파트를 사야 돈이 된다!

이 재건축대상 신흥주공아파트는 경기도 성남시 수정구 신흥동 10, 제109동 제8층 제000호로 아파트 건물전용면적이 61.56㎡(24평형)이고, 대지지분이 72.275㎡이다. 가까이에 지하철 8호선 산성역이 위치해 있고, 아파트 시세는 4억원에서 4억500만원을 형성하고 있다. 그리고 성남시 수정구청의 사업시행인가와 관리처분계획인가까지 받고, 그 관리처분계획에 따라 분양신청까지 마친 상태이다. 그래서 매수를 희망하는 사람들이 많은데, 매물이 부족한 상황이라 가격상승이 기대되는 아파트였다. 그래서 급매물 3억8,000만원으로 나온 아파트를 사서 2년 이상 거주하다가 비과세로 팔거나 재건축 후 신축아파트를 분양 받아도, 높은 수익을 기대할 수 있다.

이러한 아파트를 일반 매매로 구입하려면 앞의 Part 9에서 02번((191쪽) "재건축대상 아파트에 매수할 때 알고 있어야할 내용"과 같이 종전 소유자가 조합설립에 동의했나(조합원), 동의하지 않았나(비조합)와 조합설립에 동의했더라도 분양신청을 했는지, 하지 않았는지 등을 확인해야 한다. 분양을 신청했더라도 매수인이 조합원의 지위와 분양권을 승계할 수 있는지도 분석하고 매수 여부를 결정해야 한다.

◆ 신흥주공아파트의 사진과 주변 현황도

Part 10 재건축 예상 및 진행되는 아파트로 성공한 사례! **211**

◆ 재건축 신흥주공아파트로 어떻게 2억4,000만원을 벌었나?

필자가 분양신청 여부를 확인해 본 결과 24평형대를 분양 신청했고, 이렇게 동일한 평형대를 신청할 때 추가로 부담하는 청산금(추가부담금=종전아파트권리가액-신축아파트권리가액)은 3,000만원에서 4,000만원 정도였다. 종전아파트 권리가액과 신축아파트 권리가액이 거의 동일해서 이 아파트를 구입하면, 신축아파트를 추가비용 3,000만원에서 4,000만원을 부담하고 입주할 수 있다는 뜻이다.

그리고 이 아파트에서 거주하다가 재건축으로 아파트가 철거되어 대체주택을 취득해서 이사하면 일시적 1주택과 1입주권 상태가 된다. 이때 매도전략으로 ① 일시적 1주택과 1입주권 상태에서 조합입주권을 먼저 매도하는 전략으로 비과세 혜택을 볼 수도 있다(종전아파트를 2년 이상 보유하다가 철거 된 경우). ② 신축 된 아파트에 동일세대원 전부가 입주해서 1년 이상 거주하는 조건으로 대체주택을 신축아파트 준공일로부터 2년 이내에 매도해서 비과세 혜택을 볼 수 있다(대체주택 비과세요건). 그리고 ③ 재건축으로 입주한 아파트는 철거 전에 보유했던 기간과 신축해서 보유한 기간을 합산해서 2년 보유 후 매도하면 1가구 1주택자로 비과세 혜택을 볼 수도 있다.

그래서 지인에게 소개해 주었고 지인이 매수해서 거주하다가 2018년 1월에 대체주택으로 이주한 상태이다. 2018년 1월 18일에 확인해 본 결과 시세가 5억3,000만원에서 5억5,000만원대를 형성하고 있다. 매수할 당시보다 1억2,000만원(1억5,000만원-청산금 3,000만원) 정도가 오른 셈이다. 이렇게 오르고 있는 재건축대상 아파트를 사면, 즉 현재적 가치보다 미래적 가치가 높은 아파트를 구입해서 2년 거주하다가 비과세로 파는 방법으로 연봉 5,000만원에서 1억원을 벌수 있으니 하나의 작은 사업체를 운영하는 것과 같다. 아마도 이 신축 아파트가 재건축이 되어 입주하는 단계에 가면 6억5,000만원에서 7억원 정도 갈 것으로 예상된다. 재건축이 3년 걸린다고 보면 3억8,000만원에 사서 추가부담금 3,000만원을 보태면 4억1,000만원인데 6억5,000만원에 비과세혜택을 보면서 판다면 2억1,000만원(2억4,000만원-청산금 3,000만원)의 양도차익이 발생하니, 1년 단위로 나누어 보면 연봉이 7,000만원이 되는 셈이다.

이렇게 오르는 명품아파트 하나 구입해서 살다가 ⇨ 재건축으로 대체주택으로 이주했다가(위 ②대체주택 비과세요건) ⇨ 신축아파트로 입주하는 방법(위 ③ 신축아파트 비과세 요건)으로 팔면, 비과세혜택을 보게 되므로 9억까지 세금 한 푼 내지 않고 연봉 8,000만원을 벌 수 있다. 그래서 세금절세 방법을 알고 있어야 한다.

◆ 재건축 '산성역 포레스티아' 진행과정과 분양 후 수익분석

성남시 수정구 신흥주공아파트를 재건축하는 이 단지는 지하 3층 ~ 지상 최고 28층, 39개동, 전용면적 59㎡~98㎡, 4089세대 규모로 이 중 일반분양은 1705세대. 이 재건축사업은 2017년 8월 29일 특별공급을 시작으로 8월 30일 특공 당첨자 발표, 8월 31일 1순위(성남시), 2017년 9월 1일 1순위(서울시/인천 및 경기도), 9월 4일 2순위(서울시/인천 및 경기도) 청약이 진행된다. 당첨자 발표는 9월 8일이며 정당계약은 13~15일이다. 입주는 2020년 7월 예정이다.

청약은 모든 평형에서 1순위에서 8:1의 청약 경쟁률로 마감되었고, 산성역 포레스티아 분양가는 ① 전용면적 59㎡A는 4억1,930만원~4억7,230만원(평당 1,796만원~2,000만원), ② 전용면적 67㎡A는 4억5,910만원~5억960만원(평당 1,744만원~1,936만원), ③ 전용면적 74㎡AB는 4억7,300만원~5억4,940만원(평당 1,618만원~1,880만원), ④ 전용면적 84㎡AB는 5억1,760만원~5억8,741만원(평당 1,570만원~1,781만원), ⑤ 전용면적 98㎡A는 5억9,780만원~6억6,680만원(평당 1,577만원~1,759만원)이다.

조합원분양가와 일반분양가의 차이는 다음과 같다.

평형	조합원분양가 (만원)	일반분양가 (1790) 만원	일반분양분	조합원분양분
59(24) 평형	370,357	417,821	142세대	433세대
67(27)평형	412,646	471,038	51세대	451세대
74(30)평형	448,369	520,746	1229세대	729세대
84(34)평형	498,983	588,373	270세대	598세대
84T(34)평형	551,933			36세대
84P(34)평형	619,853			50세대
98(39)평형	572,840	678,517	13세대	86세대
			총1705세대	총2,383 세대

네이버 부동산매물로 나온 분양권을 확인하니 다음과 같다.

거래	확인일자	매물명	면적(㎡)	동	층	매물가(만원)	연락처
매매	19.01.26.	산성역포레스티아 59A조합원입주권 판상형구조로채광과통…	77A/59	132동	9/27	64,000 매경부동산	삼성공인중개사 031-749-4545
매매	19.01.26.	산성역포레스티아 67A 산성역세권아파트 조합원입주권	86A/67	135동	4/23	68,000 매경부동산	삼성공인중개사 031-749-4545
매매	19.01.25.	산성역포레스티아 59A타입 채광 통풍이 잘되는 구조로 선호…	77A/59	119동	8/24	64,000 매경부동산	대우공인중개사사… 031-744-3000
매매	19.01.26.	산성역포레스티아 74B 조망권 좋은 확트인 귀한 남동향의…	95B/74	104동	6/27	72,000 매경부동산	신흥탑공인중개사… 031-732-7771
매매	19.01.23.	산성역포레스티아 포레스티아 84A타입이며 통풍이 잘되는…	108A/84	116동	23/28	85,000 매경부동산	대우공인중개사사… 031-744-3000

〈2019년 1월 28일 기준시점, 청산금과 이주비가 포함된 금액임〉

이 신흥주공 재건축아파트를 2017년 1월에 3억8,000만원에 사서 청산금(= 추가부담금) 3,000만원을 보태면 4억1,000만원에 구입한 셈이다.

취득당시 가격과 일반분양권의 가격 차이는?

3억8,000만원에 취득한 아파트로 24평형을 분양 받는 금액은 총 4억1,000만원이다. 종전아파트 권리가액이 3억4,035만원인데 3억8,000만원을 주고 샀으니 4,000만원의 프리미엄을 주고 산 셈이다. 여기에 신축아파트를 분양받기 위해서 또다시 청산금(=추가부담금) 3,000만원이 필요하다. 어쨌든 총취득가는 4억1,000만원인데, 일반분양가는 4억1,782만원으로 일반분양가와 비슷한 가격을 형성하고 있다. 이렇게 조합원분양권을 구입할 때 일반분양가를 고려해서 취득한다면 일반분양권 가격 시세까지는 종전조합원이 시세차익을 보게 되는 것이고, 조합원분양권을 산 사람은 매수 이후의 즐거움을 만끽하게 된다는 사실을 다음 조합원분양권이 거래되는 시세를 확인하면 알 수 있다.

<u>2018년 1월 18일에 확인해 본 결과</u> 시세가 5억3,000만원에서 5억5,000만원대를 형성하고 있었다. 매수할 당시보다 1억2,000만원(1억5,000만원-청산금 3,000만원) 정도가 오른 셈이다.

<u>2019년 1월에 확인하니</u> 6억4,000만원~6억5,000만원 선이다. 그러니 2년만에 1억9,000만원(2억3,000만원-청산금 3,000만원)으로 매수당시 분석했던 것과 예상 기대수익률이 일치해 가고 있다.

이러한 판단 때문에 재건축사업이 진행되는 과정에서 계속적으로 오르는 현상이 발생하는 것이다. 물론 부동산 시장이 침체기에 빠져 있지 않다고 가정하면 그렇고, 설령 침체기라도 2~3년 후엔 호경기로 변화될 것이므로, 불경기에 싸게 사서 강력한 적금통장을 만들어야 한다. 어쨌든 지인은 재건축아파트 하나로 2억원짜리 적금통장을 만들었고, 계속해서 자산을 늘리고 있는 중이다.

02 반포주공 2단지 아파트로 재건축 명품아파트를 만들다!

　직장생활만 하던 친구가 어느 날 전화가 왔다. 반포주공 2단지 아파트를 샀다고 한다. 돈이 없는 것을 알고 있었는데… "어떻게?" 4억짜리 아파트를 1순위 전세 안고, 2순위로 은행에서 대출 받아서, 현금 5,000만원 들고 샀단다. "너! 제정신이냐" 했다. 친구 부인도 미친 사람이라고 했다. 그런데 삼성래미안 퍼스티지로 재건축할 때까지 포기하지 않고 끌고 가는 것을 보고 감탄했다.

◆ 반포주공 2단지 재건축으로 어떻게 돈을 벌었나?

본래 이곳은 반포주공 2단지가 위치해있던 자리였다.
반포아파트 2단지를 헐고 신축한 아파트가 래미안퍼스티지이다.
반포주공아파트 3단지는 반포자이로 재건축해 새로 태어났다.
반포주공 1단지는 아직도 현재 재건축 사업을 진행하고 있다.

이 래미안퍼스티지는 서울시 서초구 반포동에 위치한 고급 아파트 단지이며, 총 2,444세대 28개동의 대단지 아파트이다. 인근에 위치한 반포자이, 아크로리버 파크와 함께 집값이 국내에서 가장 비싼 강남에서도 가장 비싼 아파트에 속하는 초고가 아파트이다.

2018년 1월에는 20평대 기준 18억, 30평대 기준 24억원을 넘기고, 40평대는 28억5천만원이었다. 그러던 2018년 9월 21일에는 20평대 기준(전용면적 59㎡) 21억5,000만원 30평대 기준(전용면적 84㎡) 24억8,000만원을 넘기고, 40평대(전용면적 135㎡)는 35억5,000만원으로 다음 네이버 부동산 매물 시세처럼 급등한 사실을 알 수 있다.

거래	확인일자	매물명	면적(㎡)	동	층	매물가(만원)	연락처
매매	확인매물 18.09.22.	래미안퍼스티지 26 남향 입주가능 깨끗하게 관리잘된 집…	87T1/59	105동	11/30	215,000 부동산뱅크	대우래미안공인중… 02-534-1155
매매	확인매물 18.09.22.	래미안퍼스티지 34 매매. 전망최고입니다.	113L1/84	128동	7/31	248,000 매경부동산	반포래미안공인중… 02-591-1101
매매	확인매물 18.09.22.	래미안퍼스티지 52 최고로알매물 평생의 보금자리로최고…	172T1/135	112동	8/31	350,000 부동산뱅크	제일공인중개사사… 02-534-0001
매매	확인매물 18.09.22.	래미안퍼스티지 52 로얄동 로얄층 남향 조용한 안쪽동 채…	172T1/135	112동	10/31	345,000 부동산뱅크	대우래미안공인중… 02-534-1155
매매	확인매물 18.09.22.	래미안퍼스티지 81 최저가매매 풀인테리어 예쁜전망 세안고	268T2/222	124동	10/28	380,000 매경부동산	황금(반포래미안… 02-533-2449
매매	확인매물 18.09.22.	래미안퍼스티지 62 조용하고 전망이 예쁜집	205T2/168	113동	13/31	380,000 부동산뱅크	백마공인중개사사… 02-591-3350
매매	확인매물 18.09.22.	래미안퍼스티지 81 매매.	268T1/222	122동	14/26	410,000 부동산뱅크	반포래미안공인중… 02-591-1101

이 단지 내에는 잠원초등학교가 있고, 주변 초등학교는 반포초등학교, 잠원초등학교, 계성초등학교, 서울교육대학교부설초등학교가 있다. 주변 중학교는 세화여자중학교, 반포중학교, 신반포중학교, 방배중학교, 경원중학교가 있고, 고등학교는 세화고등학교, 세화여자고등학교, 서울고등학교, 현대고등학교, 서초고등학교, 반포고등학교, 상문고등학교, 압구정고등학교, 영동고등학교가 위치하고 있어서 학군이 우수하다. 그리고 9호선 신반포역과 강남고속터미널역이 아파트와 붙어 있다. 이러한 이유로 강남에서 제일 비싼 아파트로 통한다.

친구는 재건축이 완료되는 과정에서 입주하지 못하고, 분양권 상태로 팔았다.
이 아파트는 조합원분양권 전매제한이 없었을 당시에 재건축이 되었기 때문에 분양권 상태에서 팔 수 있었다. 그러한 사유에 대해 말해서 뭐하랴! 어쨌든 친구 부인을 만났을 때 들었던 말이 기억난다. "그땐 미친 사람, 지금은 착한 사람"… 또 갈아타기도 잘 했다. 주변에 있는 미도 아파트를 30평형 두 채를 사서, 한 채는 거주하고, 한 채는 전세 놓고 있다. 이 당시에 미도 아파트는 주변아파트에 비해 상당히 저렴한 아파트로 통했다. 사려면 한 채를 사고, 나머지는 다른 곳에 투자하지 그랬냐고 했더니, 자기 생각으로 지금은 가치가 덜 해도, 언젠 가는 재건축이 될 거고, 재건축이 안 되더라도 재건축에 임박하면 가치가 오른다고 했다. 그래서 거주하는 아파트는 대출을 받아서, 나머지 한 채는 전세 끼고 사는 전략으로 지금까지 보유하고 있다. 이렇게 실전 투자에서 성공하면 잘 한 것이고, 실패하면 못한 것이다. 전문가도 그 중심에서 벗어날 수 없다.

◆ 미도 아파트 두 채를 12억에 사서, 현재 30억을 만들다?

친구는 돈이 없었다. 고민만 하고 있기에! 필자가 노후대비를 위해 부동산 관련 책을 보라고 권했다. 부동산 공부와 더불어 생생한 부동산 정보를 경험하려고 주변 부동산중개업소를 열심히 다녔다. 그러더니 어느 날 돈도 없이 반포주공 2단지 아파트를 샀다. 이 이야기는 앞에서 기술한 바와 같다. 필자는 그때까지만 해도 반포주공 2단지 아파트가 재건축해서 그렇게 오를 것이라는 생각을 못했다. 그리고 미도 아파트를 살 때도 따라 사지 못했다. 아파트가 산꼭대기에 있고, 재건축하더라도 그리 높은 가치가 있을 것이라고 생각하지 못했다.

친구가 미도 아파트 두 채를 각 6억원에 샀다.

그런데 2018년 9월 21일 현재 네이버 부동산 매물 시세를 확인해 보았더니 30억 이상의 가치를 가지고 있다.

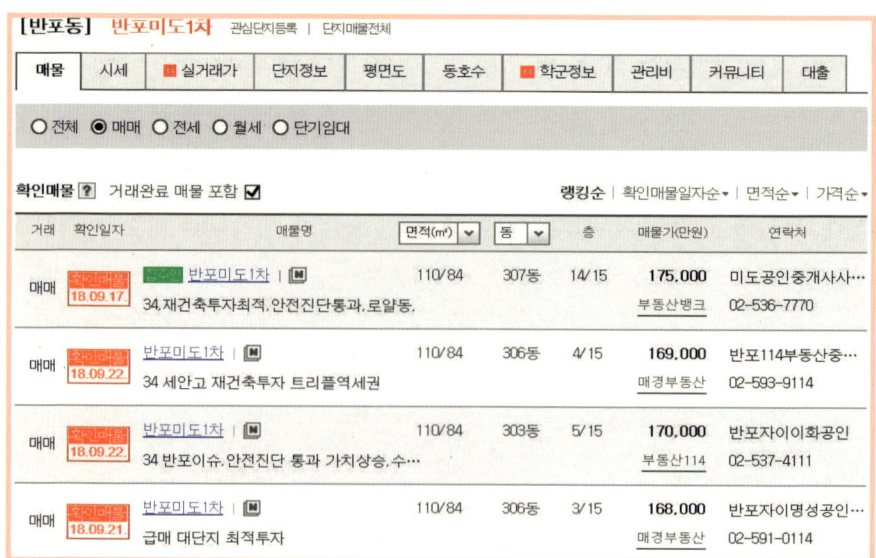

대부분의 사람들은 아파트 가격이 오르면 바로 판다. 특히 2017년 부동산 8·2대책 후 판 사람이 많다. 그로 인해 부부 싸움으로 번지고 이혼 직전까지 간 사람도 있다.

2018년 12월 3일 부동산업계에 따르면 반포 미도1차는 최근 정비구역 지정을 위한 준비위원회를 구성했다. 각 동 대표 8명과 상가 대표 1명 등 8명이 준비위원으로 뽑혀 앞으로 추진위원회 구성을 준비하는 업무를 진행할 예정이다. 이 단지는 반포동 아파트 중에서도 3·7·9호선 환승역인 고속터미널역이 도보 10분 거리로 가까워 입지가 좋다는 평가를 받는다. 서리풀공원 산책로와 연결돼 있어 여가생활을 즐기기 좋다는 평가를 받는다.

이러한 위치에서의 재건축사업은 강남 재건축에서도 신반포재건축사업단지보다는 미치지 못하지만 우량한 지역으로 손꼽을 수 있다. 그래서 그런지 매매가도 30평형이 17억5,000만원 신으로 급등하고 있다.

03 재건축이 예상되는 아파트를 10년 전에 투자해서 성공한 사례

이 아파트는 서울시 영등포구 문래동에 있는 44평형 아파트로 주변에 2호선 도림역과 문래역, 그리고 삼성 홈플러스 등이 위치하고 있다. 그리고 영문초등학교와 문래중학교가 인근에 위치하고 있어서 초중등학교 자녀를 두고 있는 부모들이 선호하는 아파트로 재건축도 추진 중에 있어서, 필자의 지인 홍길동에게 10년 전에 44평형 아파트를 3억5,000만원에 소개해 주었는데, 10년이 지나서 재건축이 활발하게 진행되고 있다.

지인이 매수하고 나서, 필자가 아파트 주민과 협의해서 달랑 "추진위원회 결성 추진" 이라는 플랭카드만 걸어 놓았는데, 그 플랭카드의 힘은 정말로 대단했다, 아파트 주민들이 먼저 단합해서 아파트 가격을 올리기 시작하더니, 얼마 안 되어 7,000만원 정도 급등했다. 그래서 아파트 주민들과 지인이 오랫동안 고마워했던 기억이 난다.
이 아파트의 사진과 주변 현황도 및 아파트 재건축 추진 과정은 다음과 같다.

◆ 아파트의 사진과 주변현황도

◆ 아파트 재건축 추진 과정

사업명 : 진주아파트주택재건축정비사업

위치	면적	재건축계획			필지수	조합원수
		용적률(%)	건폐율(%)	층수		
선유로9길 31 (문래동5가 22번지)	11188.1	299.96%	60%	21층	1	161

사업계획현황(인가)

정비기반시설(㎡)			건축계획				공사기간
도로	녹지	기타	공동주택	부대시설	층수	세대수	연면적(m²)	
		700	3동	근린생활시설 등	21	259	47661.3	

추진현황

주요추진현황		세부추진현황		비고
추진단계	일자	추진단계	일자	
정비구역 지정	2015.11.19			
조합설립인가	2017.12.21			

◆ 재건축 예상아파트 10년 후의 수익분석

재건축이 진행 중에 있어서 매물이 귀한 상태로, 30평형대 1개만 5억8,000만원에 나와 있고, 44평형대는 없다. 지인에게 문의해보니 매물로 나온 다면 6억5,000만원 정도는 받을 수 있다고 했다.

이렇게 재건축대상 아파트를 10년 전에 3억5,000만원 주고 사서, 거주하다가 재건축이 되고 나서 팔아도 양도소득세는 비과세 혜택과 장기보유특별공제 등으로 발생하지 않는다.

<u>이렇게 재건축 사업이 추진되기 전에 사면,</u> 재건축 사업이 진행되면 2배 정도 오르는 이익을 만끽할 수도 있다. 시간이 오래 걸리고 그에 따라 기회비용과 금융비용 등이 많이 소요된다는 것이 단점이지만 초기투자비용을 줄일 수 있다는 것이 장점이다.

그러나 마땅히 다른 곳에 투자할 곳이 없어서, 기회비용 상실조차 없거나 실거주 목적으로 투자하는 사람들에게는 금융비용 등을 걱정하지 말고 홍길동처럼 장기보유 후 재건축이 되고 나서, 비과세와 장특공제 혜택을 보면서 파는 전략이 좋을 듯하다.

만일 현재 재건축이 진행되는 단계에서 사려면, 30평형대는 5억8,000만원에서 6억을 주고 살 수밖에 없을 것이다. 이 시기에는 재건축 투자의 안전성은 높일 수 있겠지만, 투자금액의 증가로 초기단계보다 수익률은 낮아질 수밖에 없다.

04 재건축대상 건영1차아파트를 신탁공매로 낙찰 받아 성공한 사례

필자는 오랜 기간 부동산을 전문 직업으로 살아왔다. 앞에서와 같이 일반매물로 중개업소에서 사서 돈을 벌었던 경험은 물론, 다양한 경매물건과 공매물건에 직접 투자하거나 소개해서 성공한 사례를 가지고 있다. 그러나 지면상 수십년 동안 투자한 사례 모두를 기술할 수는 없다. 그래서 최근 2018년 10월에 신탁공매로 건영아파트를 낙찰 받아 성공한 사례만 기술했다. 나머지 사례는 후편에서 소개하고 있는 "집을 싸게 사고 싶다면 경매나 공매로 사면된다!" 편을 참고하기 바란다.

◆ 신림동 건영1차아파트 신탁공매

이 아파트는 국제자산신탁에서 온비드를 통해 매각하는 신탁공매물건이다. 필자가 입찰하기 전에 주변 현황을 확인하고 입찰에 참여한 물건이다.

(1) 신탁공매물건 입찰내역과 아파트 주변 현황

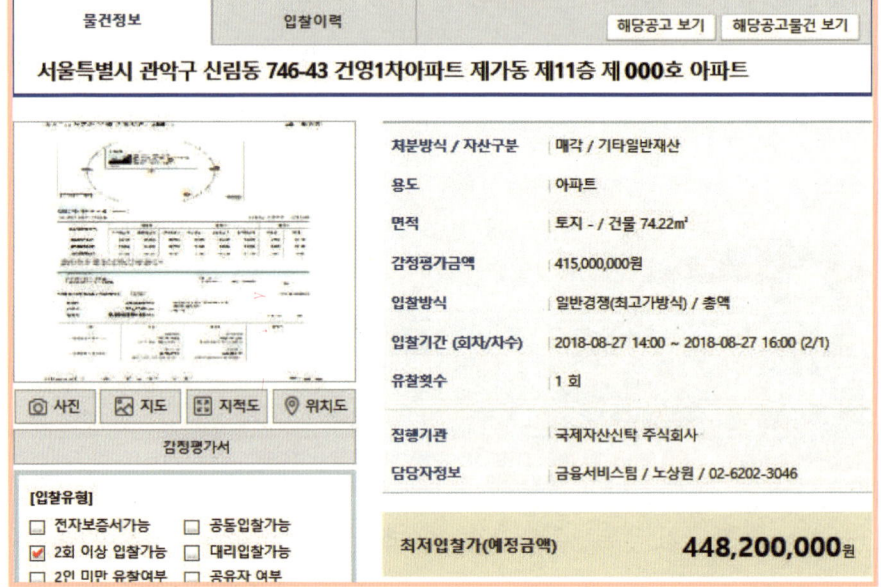

　이 아파트는 서울시 관악구 신림동 건영1차 20층 아파트로 재건축이 예정되어 있다. 2018년 7월 19일 서울 도시계획위원회 소위원회에서 정비계획 수립 및 정비구역 지정(안)을 수정가결 했다. 건영1차 아파트는 현재 492가구로 1984년도에 건축되었다.

　위치는 난곡터널이 있는 난곡우체국앞 교차로 서측으로 독산동과 신림동 경계 부근이다.

(2) 신림동 건영1차아파트 네이버 시세와 기대수익 계산

거래	확인일자	매물명		층	매물가(만원)	연락처
매매	18.10.24	건영1차 로얄층에 남향입니다	107/74	가동 중/12	↑61,000 부동산114	명성공인 02-851-0141
매매	18.10.15	건영1차 올수리 리모델링 하였고 전망이 좋습니다	107/74	다동 고/12	60,000 부동산114	명성공인 02-851-0141
매매	18.10.08	건영1차 전망좋은 남향집	107/74	다동 고/12	60,000 매경부동산	김반숙공인중개사 02-837-8989
매매	18.10.05	건영1차 내부수리되고 재건축예정입니다	107/74	가동 중/12	62,000 부동산뱅크	현대공인중개사 02-830-7711

 이 아파트는 재건축 기대감으로 입찰 당시에는 5억5,000만원이어서 4억 8,000만원에 입찰해서 낙찰 받았다. 그 후 잔금을 지급 후 현재 시세를 조사해 보니, 앞에서와 같이 6억원에서 6억2,000만원으로 올라 있었다. 입찰당시 7,000만원 싸게 샀지만, 두 달 동안 올라서 총 1억4,000만원의 시세 차이가 난 다. 필자는 이 아파트를 재건축할 때까지 전세를 놓았다가 팔 계획이다. 부동 산 투자는 이렇게 싸게 사는 것도 중요하지만, 오르는 아파트를 사면 기쁨이 두 배가 된다.

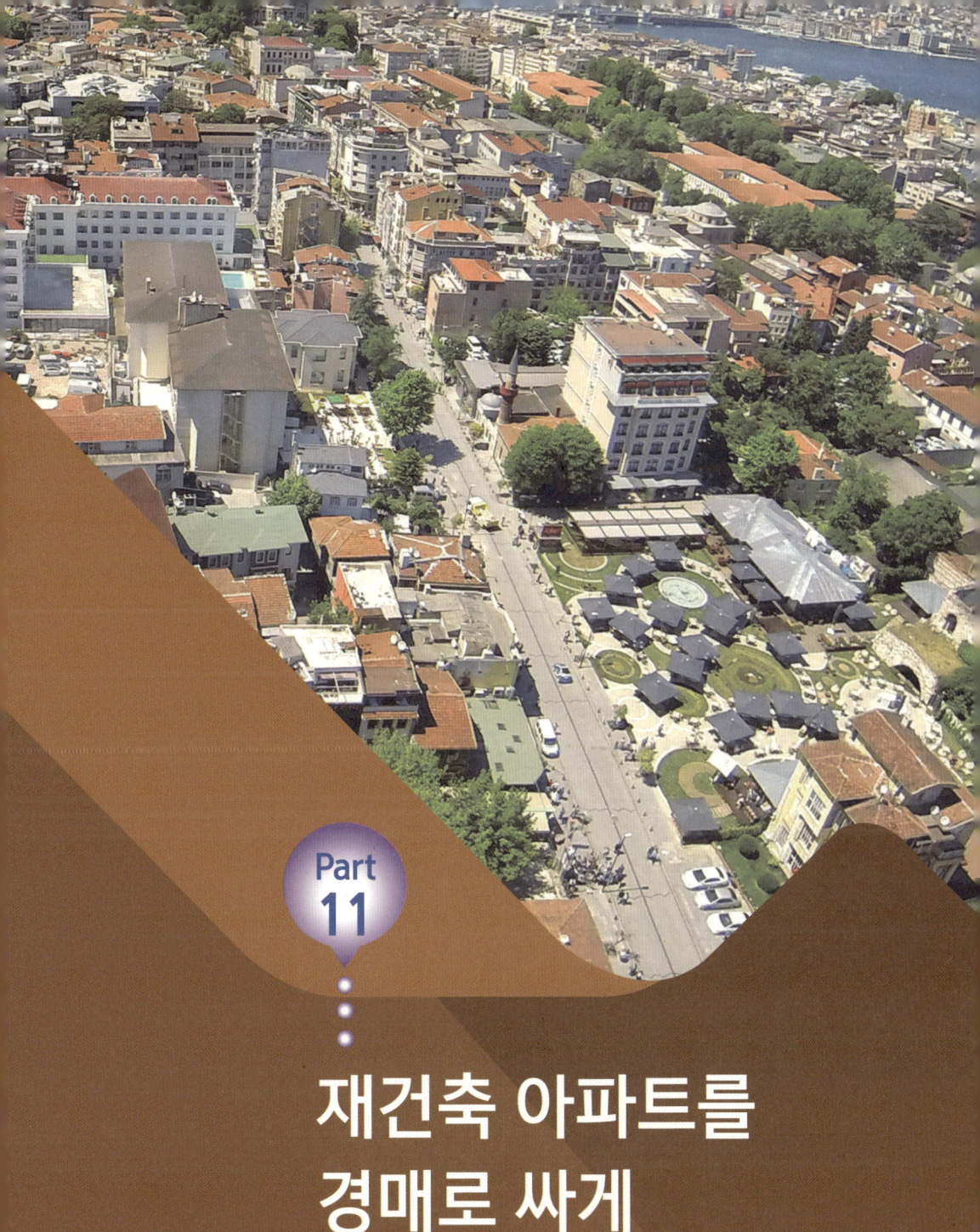

Part 11

재건축 아파트를
경매로 싸게
사는 비법!

01 분양권을 경매로 사려면, 꼭 알고 있어야할 내용

◆ 조합원분양권이 경매로 매각되는 경우

조합원이 분양 받을 평형대와 이 분양 평형대가 어느 정도 가격을 형성하고 있는가를 조사해야 한다. 그리고 조합원의 종전자산 평가액과 신축아파트 평가액의 차이로 발생하는 청산금(추가부담금)이 얼마이고, 조합원의 청산금 미납 금액과 이에 따른 지연이자 등을 확인해서 실제 입주하기 위해 지급해야 하는 총 납부금액을 조합에서 확인하고 입찰에 참여해야 한다. 조합원분양권을 낙찰 받아 완전하게 소유권을 행사를 위해서는 낙찰금액+청산금 미납금액과 이에 따른 지연이자 등을 납부해야 한다. 미납금액이 있다면 납부할 때까지 조합의 유치권 행사로 아파트를 인도 받을 수 없기 때문이다.

◆ 일반분양권이 경매로 매각되는 경우

일반분양권자가 계약금, 중도금, 잔금 중 어느 정도까지 납부했고, 그에 따라서 미납금액에 대한 추가 부담할 금액과 미납금액에 대한 지연이자 및 기타비용 등을 조합에 문의해서 정확하게 분석하고 입찰해야 한다. 미납금액이 있다면 납부할 때까지 조합의 유치권 행사로 아파트를 인도 받을 수 없기 때문이다.

◆ 조합원분양권이나 일반분양권을 매수 후 수익분석

전체 납부할 금액이 구입가가 되고, 분양 받고 입주 후에 아파트 시세와의 차액이 수익이다. 그러나 구입당시는 입주 전 2~3년, 빠르면 1~2년 사이에 분양권을 구입하게 되므로 신규아파트의 미래가치를 정확하게 판단하기가 쉽지 않다. 따라서 이를 위해서는 주변 같은 평형, 비슷한 학군, 교통과 단지 등을 비교하여 기존 같은 평형대의 아파트시세+신규아파트의 프리미엄을 계산하면 사전에 어느 정도의 수익성을 분석할 수 있다.

이 분석은 정확하게 할 수는 없겠지만, 이러한 미래불확실성은 입찰희망자 모두에게 해당되는 것이므로 온전한 아파트 보다 낮은 가격에 낙찰 받을 수 있어 성공적인 경매투자가 될 수 있다.

02 재건축 조합원입주권이 경매된 사례에 입찰하기

이 물건은 앞에서 설명한 조합원분양권과 일반분양권에 적용할 수 있는 사례이다.

(1) 입찰물건 정보내역과 입찰결과

● 토지등기부 (채권액합계 : 284,650,000원)

No	접수	권리종류	권리자	채권금액	비고	소멸여부
1	1973.04.30	소유권이전	이OO			
2	2008.06.09	근저당	농협중앙회 (금호동지점)	104,650,000원	말소기준등기	소멸
3	2008.06.16	근저당	안OO	150,000,000원		소멸
4	2008.06.26	근저당	안OO	30,000,000원		소멸
5	2009.05.25	압류	서울특별시성구			소멸
6	2010.06.23	임의경매	안OO	청구금액: 180,000,000원	2010타경9034	소멸
7	2010.11.24	소유권이전(상속)	이OO외 2명		이OO, 이OO, 이OO 각지분 1/3	
8	2011.04.22	이병우지분강제경매	고OO	청구금액: 35,000,000원	2011타경 0000	소멸
9	2011.08.24	이병우지분압류	고양세무서			소멸
10	2011.11.01	이병우지분압류	고양시일산서구			소멸
주의사항	▶ 본건은 공사중인 금호17구역 주택재개발 아파트 부지에 속한 토지이므로 정산관계 및 권리관계를 반드시 재개발조합에 확인요함					

(2) 조합원분양권이 경매로 매각되는 물건에 대한 권리분석

 이 물건은 다음 지도와 같이 5호선 신금호역이 도보로 3~5분 거리에 위치하고, 금호 17구역 주택재개발로 완공단계에 있고, 주변 입지 조건이 좋아서 많은 입찰자들이 선호하는 위치에 있는 조합원분양권이다.

수요가 높은 지역 임에도 계속적으로 가격이 떨어진 이유는 어디에 있을까?

그 이유는 이 조합원분양권을 낙찰 받으면 그 가격이 곧 아파트를 분양 받을 수 있는 총 취득가가 아니라 추가적으로 부담해야 할 금액이 많기 때문이다. 이 판단을 잘못해서 2012. 04. 16. 4억1,999만원에 낙찰 받았다가 포기하고, 2012. 09. 03. 3억5,177만원에 낙찰 받았다가 포기하는 사례가 발생했다.

이 사례는 필자가 5차에서 청산금(추가부담금)의 미납금액과 지연이자 등을 계산해본 결과 주변 아파트 시세를 초과했던 물건이다.

재건축으로 신축된 아파트를 매수하려면 얼마나 추가로 부담해야 하나?

재건축조합에 확인해 본 결과 조합원이 분양 받는 동·호수는 104동 605호 33평형이다. 이 신축아파트 분양가는 4억7,075만원이고, 종전자산의 권리가액이 296,401,287원(시유지매입금액 8,100만원 포함)으로 추가로 납부할 금액이 174,348,713원이 된다. 그런데 시유지 매입대금 중에서 계약금 836만원만 납부했고, 미납금 7,264만원도 추가로 납부해야 한다. 그러니 추가로 납부해야 할 금액이 246,988,713원이다. 그리고 장기간 미납으로 지연이자가 1억원에 상당했다.

2012. 09. 03. 3억5,177만원에 낙찰 받았다가 왜 포기했을까?

낙찰가 3억5,177만원 + 246,988,713원 + 수년간 미납으로 인한 지연이자가 1억 정도로 총 취득비용은 698,758,713원이다. 그런데 주변아파트 시세는 6억5천 ~ 7억 정도니 경매로 낙찰 받아서 수익을 내기 보다는 손해가 발생하게 돼 입찰보증금을 포기한 것으로 분석된다.

2013. 06. 03. 1억7,500만원에 낙찰 받은 입찰자는 어떨까?

1억7,500만원 + 246,988,713원 + 수년간 미납으로 인한 지연이자가 1억 정도로 총 취득비용은 521,988,713원으로 주변 아파트 시세 6억원 보다 저렴하다. 그리고 신규아파트의 프리미엄까지 생각하면 성공적인 투자로 볼 수 있다. 특히 이 아파트가 이미 준공된 상태로 낙찰 받고 나서 입주가 가능하다는 장점이 있어서 매수 후 투자금 회수도 가능할 것으로 분석된다.

이러한 경우 지연이자 부분만 조합과 상의해서 줄일 수만 있다면 해결의 실마리를 더 쉽게 찾을 수도 있으니 입찰하기 전에 그러한 사정을 확인하고 입찰에 참여해야 한다.

왜냐하면 조합원분양가로 신축 후 아파트를 취득해서 수익을 보기 위해서는 전체 납부할 금액이 구입가가 되고, 분양 받고 입주 후에 아파트 시세와의 차액이 수익이기 때문이다. 그러나 구입 당시는 입주 전 2~3년, 빠르면 1~2년 사이에 분양권을 구입하게 되므로 신규아파트의 미래가치를 판단하기란 쉽지 않다.

이러한 판단을 위해 같은 평형, 비슷한 학군, 교통과 단지 등을 비교하여 기존 같은 평형대의 아파트시세＋신규아파트의 프리미엄을 계산하면 사전에 어느 정도의 수익성을 예측할 수 있다.

알아두면 좋은 내용

재건축사업에서 대지지분만 매각 시 조합원분양권 지위 승계가 가능할까?

① 이 금호동 재건축조합원의 대지지분만 경매로 매각된 사례에서도 전체분양대금과 지연이자 등을 대상으로 수익분석 후 입찰에 참여하는 과정을 분석했다. 물론 이 과정에서 종전 건물분에 대한 권리가액은 계산하지 않았지만, 그냥 넘어갈 것으로 판단하였고, 설령 계산한다고 해도 그 금액은 그리 높지 않을 것이라는 판단에서 그렇게 한 것이지만 정확한 판단은 종전 건물 분을 계산하는 것이 올바른 판단이다.

② 조합원 지위양도(재건축 입주권 전매가능)가 투기 과열지구 내에서는 불가능하지만, 경매 또는 공매로 취득 시에는 조합원 지위양도가(재건축 입주권 전매가능) 2009년 8월 11일부터 가능하게 개정되었다(도정법 제39조 제2항 제5호).

03 재건축과 재개발에서 건물이 멸실되어 토지만 경매로 낙찰 받은 경우

◆ **재개발에서 건물이 멸실되어 토지만 경매로 낙찰 받은 경우**

① 재개발사업구역내에서 건물만 또는 토지만 소유한 경우도 분양자격 요건만 갖추고 있으면 조합원분양대상자가 되고, 그 분양대상자 물건을 경매로 취득하면 단독분양권자가 될 수 있다. 물론 청산금이 있다면 그 청산금과 지연이자 등을 납부해야 완전한 분양권을 취득할 수 있다는 사실은 앞에서 기술한 바 있다.

② 분양신청단계에서 건물과 토지를 가지고 분양을 신청했는데 건물이 멸실되어 토지만 경매로 낙찰 받은 경우라면 멸실되어 소유권이전이 불가능한 건물에 대한 조합원의 권리를 넘겨받을 수 없다. 따라서 종전 건물 소유자인 자가 건물분 조합원의 권리를 포기할 가능성이 없고, 당연히 그 주장을 하게 되어 추후에 공동조합원이 된다.

이때 청산금 부담비율은 종전 건물권리가액과 종전 토지권리가액 비율로 부담하게 되고, 그 비율에 따라 신규아파트에서 공동소유자가 된다.

◆ **재건축에서 건물이 멸실되어 토지만 경매로 낙찰 받은 경우**

① 재건축사업구역내에서 건물만 또는 토지만 소유한 경우에는 조합원분양대상자가 될 수 없고, 현금청산대상자가 된다는 것이 재개발사업과 다른 점이다.

② 분양신청단계에서 건물과 토지를 가지고 분양을 신청해야 조합원분양권을 취득할 수 있다. 이렇게 종전 조합원이 분양권을 신청한 상태에서 조합원분양권이 경매로 매각되면 청산금(분양대금 등) 미납금과 지연이자 등만 부담하면 신규분양권을 앞에서 기술한 바와 같이 취득할 수 있다. 그러나 종전 조합원이 분양권을 신청한 상태에서 건물이 멸실되어 토지만 경매로 낙찰 받은 경우라면 멸실되어 소유권이전이 불가능한 건물에 대한 조합원의 권리를 넘겨 받을 수 없다.

따라서 종전 건물 소유자인 자가 건물분 조합원의 권리를 포기할 가능성이 없고 당연히 그 주장을 하게 되어서 추후에 공동조합원이 될 수 있다. 이때 청산금 부담비율은 종전 건물권리가액과 종전 토지권리가액 비율로 부담하게 되고, 그 비율에 따라 신규아파트에서 공동소유자가 된다. 그러나 조합 측에서는 이러한 내용에 대해서 자세히 알 수가 없어서 토지만 낙찰 받은 사람이 전체 분양대금과 지연이자 등을 납부하게 되면 그를 조합원분양권을 승계한 자로 보고 신규아파트 전체지분을 소유권보존등기를 하게 된다. 실무에서는 이렇게 하므로 인해서 토지만 낙찰 받아 조합원의 지위를 승계한 사람이 건물분에 대해서 부당이득을 보게 되는 사례가 있다. 그러나 추후 종전 조합원이 건물분에 대해서 부당이득 반환을 청구할 수도 있다는 사실을 감안해야 한다.

04 1:1로 재건축이 추진되는 아파트를 공매로 낙찰 받아 성공한 사례

　이 아파트는 서울시 서초구 잠원동에 있는 신반포아파트로 재건축이 추진 중에 있는 아파트로 필자의 지인 박 소령에게 낙찰 받아준 아파트이다. 주변 학군과 교통상황이 좋고 특히 아파트 단지 근처가 한강이 위치하고 있어서 재건축이 이루어지면 실수요자들이 선호하는 위치에 있어서 낙찰 받고 입주해서 2년 살다가 비과세 혜택을 보면서 매각할 생각이었다.
　이 아파트의 사진과 주변 현황도, 입찰정보 및 입찰결과 내역은 다음과 같다.

◆ 신반포 아파트의 사진과 내부 및 주변 현황도

(1) 아파트의 사진과 내부 및 평면도

(2) 아파트 주변 현황도

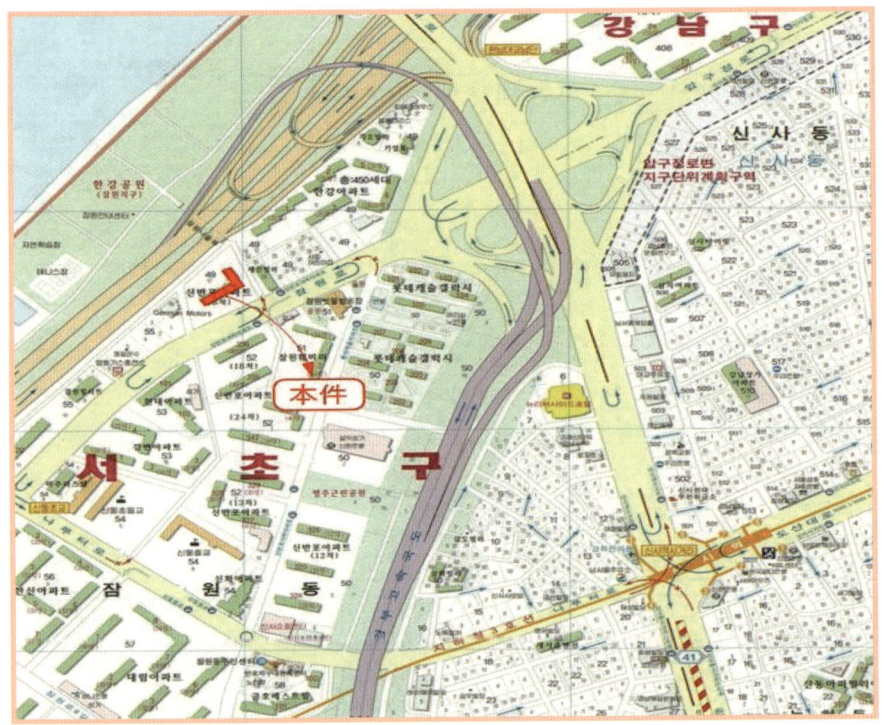

　이 아파트를 소개해줄 당시에도 실제로 입주해서 2년 거주하다가 팔면 양도세도 절세가 되면서 아파트가격으로 높은 수익을 보게 될 것이라고 해서 낙찰받고 입주했던 재건축대상 아파트이다.
　이렇게 미래가치가 있는 아파트를 공매로 낙찰 받아서 2년 거주하다가 팔면 내 집 마련을 통해서 재테크로 성공할 수 있다.
　이 공매물건 입찰정보내역과 공매재산명세서, 그리고 공매담당자에게 문의해서 인수할 권리가 있는 가를 확인해 보면 다음과 같다.

◆ 신반포 아파트의 입찰정보 내역과 권리분석은?

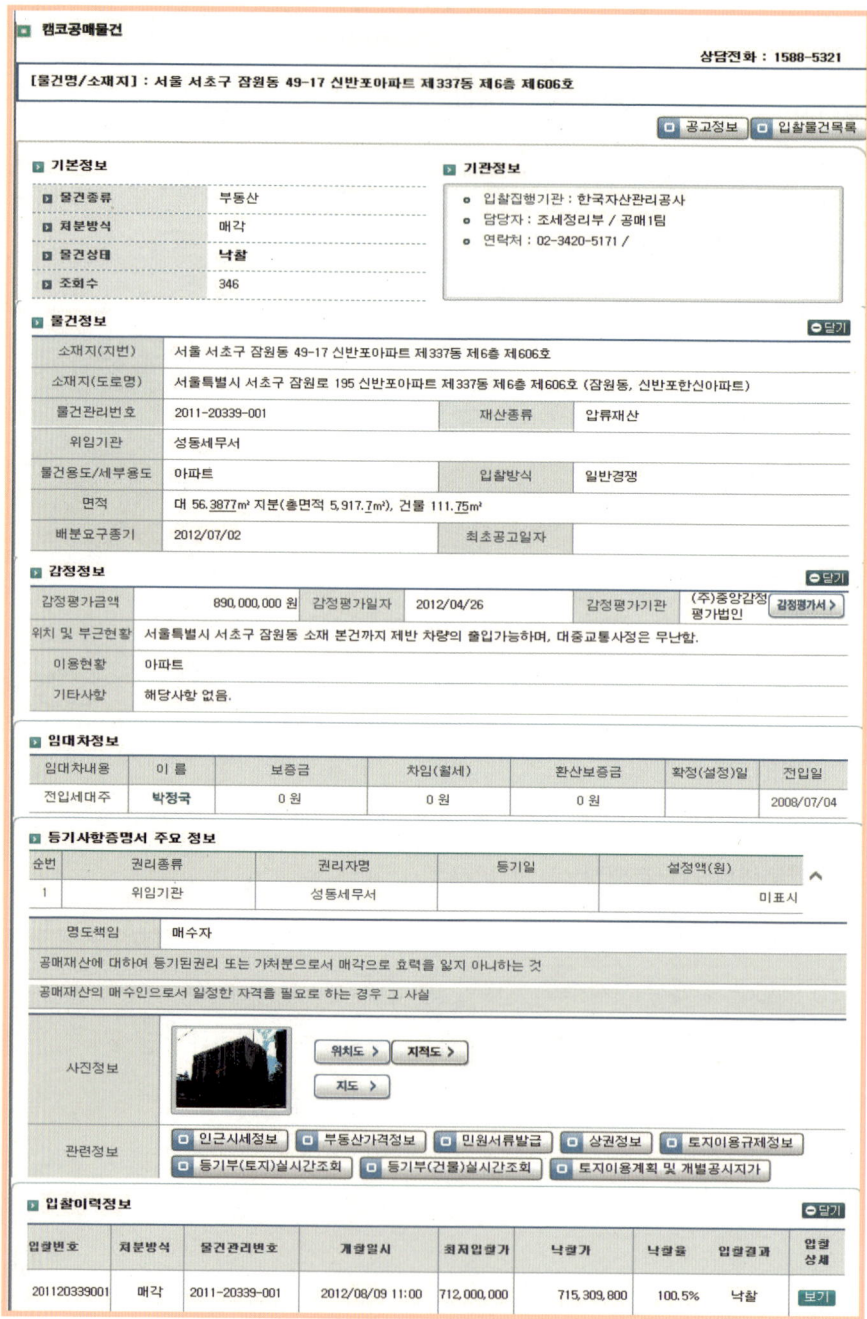

이 아파트는 감정가 8억9,000만원으로 7억1,503만원에 입찰에 참여하게 된다면 낙찰 받고 인수할 권리가 없다. 왜냐하면 임차인이 박 병장이 전입신고를 하고 있었으나 공매위임관서인 성동세무서가 2007. 04. 12. 압류하고 나서 입주를 했기 때문에 대항력이 없기 때문이다. 그런데 이상하게도 권리신고 및 배분요구가 없었고, 공매재산명세서와 공매담당자를 통해서 확인해본 결과 이 공매물건은 성동세무서의 7억 상당 체납세액에 의해서 공매가 진행되고, 그 법정기일도 상당히 앞서고 있었던 사실을 확인할 수 있었다.

◆ 박 소령이 단독으로 입찰에 참여해서 낙찰 받았다

▶ 입찰결과

물건관리번호	2011-20339-001	조회수	347
물건명	서울 서초구 잠원동 49-17 신반포아파트 제337동 제6층 제606호		
입찰자수	유효 1명 / 무효 0명 (인터넷)		
입찰금액	715,309,800원		
개찰결과	낙찰 (매각결정(낙찰자))	낙찰금액	715,309,800원
물건누적상태	유찰 2회 / 취소 0회 [입찰이력보기]		
감정가격 (최초 최저입찰가)	890,000,000원	낙찰가율 (감정가격 대비)	80.4%
최저입찰가	712,000,000원	낙찰가율 (최저입찰가 대비)	100.5%

필자와 지인 박 소령이 아파트를 낙찰 받고 방문해서 확인한 사실이지만, 아파트 내부공사를 하기 위해서 임차인 박 병장을 내보내고 공사를 완료했고, 새로운 임차인을 입주 시키는 과정에서 공매가 진행되어 공실로 비어두고 있었다. 그래서 소유자가 거주하고 있는 금호동 ○○아파트를 방문했는데, 부재중이어서 메모지를 남겨놓고 돌아왔다. 2일 후에 연락이 와서 만났다. 그 과정에서 아파트 내부공사를 하게 된 동기와 이사비 200만원을 요구해서 지급하고 명도를 완료했다.

◆ 재건축 진행 정도와 아파트 시세는 얼마나 올랐을까?

(1) 재건축사업은 1:1 재건축사업으로 진행된다!

한강변 '나 홀로' 재건축 속도(매일경제 2019. 01. 18. 기사)

정부 규제로 강남 재건축이 지지부진한 가운데 한강변과 접한 나 홀로 아파트 재건축이 속도를 내고 있다. 재건축 초과이익환수제도 부담을 최소화하기 위해 1대1 재건축을 선택한 신 반포 18차 337동이다.

이 신반포 18차 337동 재건축 조합은 오는 2019년 1월 24일 오후 6시 신성교회에서 조합원 총회를 개최한다.

이날 총회에서는 사업시행인가와 관련된 안건들이 상정될 예정이다. 아울러 초과이익환수제로 인한 부담금이 가구마다 얼마만큼 부과될지 설명하는 자리가 될 전망이다.

한강변에 위치한 이 아파트는 현재 1개동으로 전용면적 50.64 ~ 111.75㎡ 182가구로 구성되어 있다. 이 아파트는 초과이익환수제를 적용 받게 되므로, 재건축 후에도 가구 수가 늘지 않는 1대1 재건축을 추진 중이다. 1대1 재건축은 일반분양 없이 조합원 물량만큼만 새로 짓는 재건축 방식이다. 일반분양으로 발생하는 개발이익이 없으므로 초과이익환수제 부담금을 줄일 수 있기 때문이다. 지난해 서울 강남권에 최고 8억원대에 달하는 초과이익환수제 부담금이 부과될 수 있다고 발표된 바 있다. 이에 초과이익환수제를 적용받는 사업장들은 대부분 재건축사업을 중단한 상황이다.

이 아파트도 1대1 재건축에 따라 조합원 추정 분담금이 상당할 것으로 전해졌다. 공사비 약 540억원을 조합원이 모두 분담해야 하기 때문이다. 현재 가구당 추정 분담금은 약 3억원에 이를 것으로 예상된다. 김종근 조합장은 "초과이익환수제 부담금은 최소화하고 고급 자재를 사용해 주거 만족도를 최대한 끌어 올릴 방침"이라고 말했다.   2018년 5월 이 단지는 서울시 경관심의 및 건축심의를 통과했다. 재건축을 통해 2개동으로 건립되는 이 아파트는 수변과 인접한 부분이 15층이다. 한강과 멀어질수록 20층, 31층으로 높아지는 계단식 형태로 설계했다. 서울시는 2030 도시기본계획과 한강변 관리 기본계획에 따라 한강변 일반주거지역 아파트 최고 층수는 15층을 넘을 수 없도록 했다.

◆ 재건축대상 아파트 시세는 얼마나 올랐을까?

재건축속도가 붙고 있고 한강변을 끼고 역세권에 위치하면서도 학군 등이 우수해서 소비자 등이 선호하는 위치에 있다. 그래서 그런지 매수 후 6년이 지났는데 다음과 같이 42평형(전용면적 111㎡)이 17억8,000만원으로 올라 있다.

매매	19.01.19	신반포18차(337동)		55/50	337동	고/13	113,000 한경부동산	거성공인중개사사... 02-596-0701
		재건축 임박아파트 입주가능 초급매						
매매	19.01.08	신반포18차(337동)		55/50	337동	8/13	130,000 부동산뱅크	반포서울공인중개... 02-593-4499
		완벽호텔급올수리,한강변재건축투자적기...						
매매	19.01.14	신반포18차(337동)		122/111	337동	중/13	178,000 부동산뱅크	반포서울공인중개... 02-593-4499
		한강조망 채건축,조합원지위이전승계가...						
매매	19.01.05	신반포18차(337동)		122/111	337동	10/13	178,000 매경부동산	좋은공인중개사사... 02-596-8500
		35 한강라인 재건축 세안고 승계가능물건...						

2012년 8월 9일 공매낙찰가 715,309,800원에서 10억6,469만원으로 오른 셈이다. 이렇게 오를 수 있는 재건축사업 대상아파트를 찾아 투자해야 성공할 수 있다.

MEMO

Part 12

재개발에서 분양자격과
현금청산자를
판단하는 방법

01 재건축·재개발 대상물건을 살 때 알고 있어야할 3가지

첫 번째, 종전 소유자가 조합설립에 동의했나(조합원)와 동의하지 않았나(비조합)를 확인해야 한다. 조합설립에 동의하지 않았다면 비조합원으로 사업비를 부담하지 않아도 되는 매도청구대상자이다. 조합설립에 동의했는데 분양신청을 하지 않았다면 조합원이면서 현금청산대상자가 된다. 이러한 현금청산대상자는 현금청산당시까지 사업비를 정산해서 부담해야 하나(이런 이유로 조합설립 동의 여부가 중요하다), 실무에서는 매도청구대상자와 같이 사업비를 부담시키지 않고 현금 청산하는 경우가 많다. 그런데 이러한 보상을 결정할 때 감정가로 결정하게 되고, 이에 이의가 있을 때 사업시행자인 조합을 상대로 이의신청을 할 수 있고, 협의가 이루어지지 않으면 그 다툼을 가지고 법원에 매도청구 소송 등을 진행하게 된다. 어쨌든 매수자는 이러한 지위를 그대로 승계할 수밖에 없다.

두 번째, 조합설립에 동의하고 분양신청을 했다면 OOO동, OOO호, 몇 평형대를 분양 받았는 지와 청산금(추가부담금=종전아파트권리가액-신축아파트권리가액)을 확인해야 한다. 그리고 매수인이 조합원의 지위와 분양권을 승계할 수 있는 지도 분석해야 한다. 현재 도정법 제39조 2항에서는 주택투기과열지구 내에서만 금지하고 있고, 그 밖의 지역에서는 그러한 제한이 없다.

세 번째로 재건축으로 건물 철거 전인지와 철거 후인지에 따라 다르게 분석 해야 한다. 철거 전이라면 기본적으로 몇 동, 몇 호, 몇 평형대를 분양 받았는 지와 청산금만 확인하면 된다. 그러나 종전조합원이 이주하고 나서 건물이 철 거되었다면 이주비(무상이주비)와 청산금 미납금, 지연이자, 시유지 등의 불하 대금, 그리고 조합원분양권에 채권가압류 등이 있는 지 등을 사업시행자인 조 합에서 확인하고 매수해야 된다.

02 조합원의 자격 등(도시정비법 제39조)

① 제25조에 따른 정비사업의 조합원은 토지 등 소유자로 하되, **다음 각 호 의 어느 하나에 해당하는 때에는 그 여러 명을 대표하는 1명을 조합원으로 본다.**

1. 토지 또는 건축물의 소유권과 지상권이 여러 명의 공유에 속하는 때

2. 여러 명의 토지등소유자가 1세대에 속하는 때. 이 경우 동일한 세대별 주 민등록표 상에 등재되어 있지 아니한 배우자 및 미혼인 19세 미만의 직계 비속은 1세대로 보며, 1세대로 구성된 여러 명의 토지등소유자가 조합설 립인가 후 세대를 분리하여 동일한 세대에 속하지 아니하는 때에도 이혼 및 19세 이상 자녀의 분가를 제외하고는 1세대로 본다.

3. **조합설립인가 후 1명의 토지등소유자로부터 토지 또는 건축물의 소유권이 나 지상권을 양수하여 여러 명이 소유하게 된 때**

② 주택법 제63조 제1항에 따른 투기과열지구로 지정된 지역에서 재건축사업을 시행하는 경우에는 조합설립인가 후, 재개발사업을 시행하는 경우에는 제74조에 따른 관리처분계획의 인가 후 해당 정비사업의 건축물 또는 토지를 양수한 자는 제1항에도 불구하고 조합원이 될 수 없다. 다만, 양도인이 다음 각 호의 어느 하나에 해당하는 경우 그 양도인으로부터 그 건축물 또는 토지를 양수한 자는 그러하지 아니하다. 〈개정 2017. 10. 24.〉

1. 세대원의 근무상 또는 생업상의 사정이나 질병치료·취학·결혼으로 세대원이 모두 해당 사업구역에 위치하지 아니한 특별시·광역시·특별자치시·특별자치도·시 또는 군으로 이전하는 경우
2. 상속으로 취득한 주택으로 세대원 모두 이전하는 경우
3. 세대원 모두 해외로 이주하거나 세대원 모두 2년 이상 해외에 체류하려는 경우
4. 1세대 1주택자로서 양도하는 주택에 대한 소유기간 및 거주기간이 대통령령으로 정하는 기간 이상인 경우
5. 그 밖에 불가피한 사정으로 양도하는 경우로서 대통령령으로 정하는 경우

03 재개발사업의 분양대상 등 (서울시 도시정비조례 제36조)

① 영 제63조 제1항 제3호에 따라 재개발사업으로 건립되는 공동주택의 분양대상자는 관리처분계획기준일 현재 다음 각 호의 어느 하나에 해당하는 토지등소유자로 한다.

1. 종전의 건축물 중 주택(주거용으로 사용하고 있는 특정무허가건축물 중 조합의 정관 등에서 정한 건축물을 포함한다)을 소유한 자
2. 분양신청자가 소유하고 있는 종전토지의 총면적이 90제곱미터 이상인 자
3. 분양신청자가 소유하고 있는 권리가액이 분양용 최소규모 공동주택 1가구의 추산액 이상인 자. 다만, 분양신청자가 동일한 세대인 경우의 권리가액은 세대원 전원의 가액을 합하여 산정할 수 있다.
4. 사업시행방식전환의 경우에는 전환되기 전의 사업방식에 따라 환지를 지정받은 자. 이 경우 제1호부터 제3호까지는 적용하지 아니할 수 있다.
5. 도시재정비법 제11조 제4항에 따라 재정비촉진계획에 따른 기반시설을 설치하게 되는 경우로서 종전의 주택에 관한 보상을 받은 자

② 제1항에도 불구하고 다음 각 호의 어느 하나에 해당하는 경우에는 여러 명의 분양신청자를 1명의 분양대상자로 본다.

1. 단독주택 또는 다가구주택을 권리산정기준일 후 다세대주택으로 전환한 경우
2. 법 제39조 제1항 제2호에 따라 여러 명의 분양신청자가 1세대에 속하는 경우

3. 1주택 또는 1필지의 토지를 여러 명이 소유하고 있는 경우. **다만, 권리산정기준일 이전부터 공유로 소유한 토지의 지분이 제1항 제2호 또는 권리가액이 제1항 제3호에 해당하는 경우는 예외**로 한다.
4. 1필지의 토지를 권리산정기준일 후 여러 개의 필지로 분할한 경우
5. 하나의 대지범위에 속하는 동일인 소유의 토지와 주택을 건축물 준공 이후 토지와 건축물로 각각 분리하여 소유하는 경우. 다만, 권리산정기준일 이전부터 소유한 토지의 면적이 90제곱미터 이상인 자는 예외로 한다.
6. **권리산정기준일 후** 나대지에 건축물을 새로 건축하거나 기존 건축물을 철거하고 다세대주택, 그 밖에 공동주택을 건축하여 토지등소유자가 증가되는 경우

③ 제1항 제2호의 종전 토지의 총면적 및 제1항 제3호의 권리가액을 산정함에 있어 다음 각 호의 어느 하나에 해당하는 토지는 포함하지 않는다.

1. 「건축법」제2조 제1항 제1호에 따른 하나의 대지범위 안에 속하는 토지가 여러 필지인 경우 권리산정기준일 후에 그 토지의 일부를 취득하였거나 공유지분으로 취득한 토지
2. 하나의 건축물이 하나의 대지범위 안에 속하는 토지를 점유하고 있는 경우로서 권리산정기준일 후 그 건축물과 분리하여 취득한 토지
3. 1필지의 토지를 권리산정기준일 후 분할하여 취득하거나 공유로 취득한 토지

④ 제1항부터 제3항까지에도 불구하고 사업시행방식전환의 경우에는 환지면적의 크기, 공동환지 여부에 관계없이 환지를 지정받은 자 전부를 각각 분양대상자로 할 수 있다.

단독주택 재건축사업의 분양대상 등(서울시 도시정비조례 제37조)

제1항 단독주택재건축사업으로 건립되는 공동주택의 분양대상자는 관리처분계획기준일 현재 다음 각 호의 어느 하나에 해당하는 토지등소유자로 한다.
1. 종전의 건축물 중 주택 및 그 부속토지를 소유한 자
2. 분양신청자가 소유하고 있는 권리가액이 분양용 최소규모 공동주택 1가구의 추산액 이상인 자. 다만, 분양신청자가 동일한 세대인 경우의 권리가액은 세대원 전원의 가액을 합하여 산정할 수 있다.

알아두면 좋은 내용

부칙 <제5007호, 2010. 7. 15.>

제1조(시행일) 이 조례는 2010년 7월 16일부터 시행한다.

제3조(권리산정기준일에 관한 적용례 및 경과조치)
① 제27조(제36조로 변경) 및 제28조(제37조로 변경) 개정규정은 최초로 기본계획(정비예정구역에 신규로 편입지역 포함)을 수립하는 분부터 적용한다
② 이 조례 시행 전에 기본계획이이 수립도이 있는 지역 및 지구단위계획이 결정·고시된 지역은 종전규정(제27조, 제28조)에 따른다.

04 재개발에서 분양대상자와 현금청산자를 어떻게 판단하나?

재개발사업에서 분양대상자가 현금청산자보다 높은 수익을 가져다주곤 한다. 그래서 현금청산자가 되는 물건보다 분양자격을 가지고 있는 주택 등에 투자해야 성공할 수 있다.

그리고 재개발구역 내에서 공동소유주택의 일부 지분을 매수하거나, 주택에서 토지 또는 건물만 소유할 때 단독분양대상자, 공동분양권대상자, 현금청산대상자가 되는 가도 알고 있어야 한다.

◆ 분양권은 서울시 구조례, 신조례 적용대상에 따라 다르다!

재개발사업은 2010년 7월 15일 서울시 도시 및 주거환경 정비조례가 개정되었고, 부칙 제1조에 따라 시행 시기가 2010년 7월 16일부터 시행하고 있다. 이 개정된 조례를 신조례로, 개정되기 전 조례를 구조례로 기술했다.

(1) 서울시 구조례 적용대상을 받는 재개발사업

2010년 7월 15일 이전에 최초로 기본계획이 수립되어 있는 지역 및 지구단위계획이 결정·고시된 지역은 종전규정(도정법 제27조 및 제28조를)에 따른다(부칙 제1조 2항). 이 구조례에서는 2003년 12월 30일 전에 소유권이 분리된 경우만 각각 분양대상자를 인정하고 있다(즉 2003년 12월 29일까지 분리된 경우 각각 분양자격). 다만 2003년 12월 30일 이후에 소유권이 분리되었다면 하나의 분양권이 주어진다.

(2) 서울시 신조례 적용대상을 받는 재개발사업

2010년 7월 16일 이후부터 신조례 적용대상 사업장은 권리산정기준일 이전부터 소유권이 분리된 경우에는 각각 분양대상자가 된다. 다만 권리산정기준일 후에 소유권이 분리된 경우에는 하나의 분양권이 주어진다(즉 권리산정기준일이 2015년 1월 10일인 경우 ⇨ 1월 10일까지 분리된 경우에는 각각 분양자격)

하지만, 서울특별시는 이미 2010년 7월 15일 이전부터 진행 중인정비구역이 많다. 이렇게 진행 중인 대부분의 서울시 재개발과 재건축사업 구역은 구조례인 서울특별시 정비조례 시행일인 2003년 12월 30일을 기준으로 전에(2003년 12월 29일까지) 나누어졌다면 각 분양자격, 2003년 12월 30일 이후에 나누어졌다면 하나의 분양권만 나온다.

정리하면 재개발사업의 분양자격을 인정하는 기준은 서울특별시와 부산광역시는 권리산정기준일을 기준으로 판단하며, 경기도, 인천광역시, 경상남노, 울산광역시, 대구광역시 등 대부분의 지역은 정비구역지정 공람공고일이 기준이 된다.

> **알아두면 좋은 내용**
>
> **주택 등 건축물의 분양받을 권리산정기준일(도시정비법 제77조 1항)**
> 정비사업을 통하여 분양받을 건축물이 다음 각 호의 어느 하나에 해당하는 경우에는 제16조 제2항 전단에 따른 고시가 있은 날 또는 시·도지사가 투기를 억제하기 위하여 기본계획 수립 후 정비구역 지정·고시 전에 따로 정하는 날(이하 이 조에서 "기준일"이라 한다)의 다음 날을 기준으로 건축물을 분양받을 권리를 산정한다. (개정 2018. 6. 12.)(2010.7.15.신설)
> 1. 1필지의 토지가 여러 개의 필지로 분할되는 경우
> 2. 단독주택 또는 다가구주택이 다세대주택으로 전환되는 경우
> 3. 하나의 대지 범위에 속하는 동일인 소유의 토지와 주택 등 건축물을 토지와 주택 등 건축물로 각각 분리하여 소유하는 경우
> 4. 나대지에 건축물을 새로 건축하거나 기존 건축물을 철거하고 다세대주택, 그 밖의 공동주택을 건축하여 토지등소유자의 수가 증가하는 경우.〈부칙 제1조(시행시기) 2010년 7월 16일부터 시행〉
> 이 기준일을 기준으로 건축물을 분양 받을 권리를 산정하는 기준일이다. 즉 지분 쪼개기 등을 권리산정기준이 전에 했다면 쪼갠 수만큼의 분양자격, 권리산정기준일 이후에 했다면 하나의 분양자격이 주어진다.

◆ 투기과열지구 내 조합원분양권 전매제한과 재당첨금지

(1) 투기과열지구 내 조합원분양권 전매제한

 도시정비법 제39조 제2항「주택법 제63조 제1항에 따른 투기과열지구로 지정된 지역에서 주택재개발사업 및 도시환경정비사업의 경우에는 제74조에 따른 관리처분계획의 인가 후 해당 정비사업의 건축물 또는 토지를 양수한 자는 제1항에도 불구하고 조합원이 될 수 없다(조합원분양권과 일반분양권 양도자는 현금청산자가 된다). 이법은 공포일 2017년 10월 24일 후 3개월이 경과한 날인 2018년 1월 24일 사업시행인가 조합부터 적용한다.

그리고 조합원분양권 양도가 예외적으로 인정되는 사례

① 2018년 1월 25일부터 10년 이상 보유, 5년 이상 거주 요건을 갖출 경우 예외적으로 조합설립과 관계없이 조합원 지위 양도가 허용된다.

② 조합 설립 후 3년 내 사업시행 인가 신청이 없거나 사업시행 인가 후 3년 내 착공하지 못했을 때 주택을 3년 이상 소유한 경우에만 예외적으로 분양권 양도를 허용하고 있다.

③ 이밖에도 법원경매나 KAMCO 압류재산공매로 낙찰 받으면 이러한 제한 없이 분양권을 취득할 수 있다. ⇨ 도시정비법 시행령 제37조 제2항 도시정비법 제39조 제2항 제5호에서 "대통령령이 정하는 경우"란 다음 각 호의 어느 하나에 해당하는 경우를 말한다.

(1~4호 내용은 생략함), 5. 국가·지방자치단체 및 금융기관에 대한 채무를 이행하지 못하여 주택재건축사업의 토지 또는 건축물이 경매 또는 공매되는 경우

(2) 투기과열지구내 재당첨 금지

투기과열지구(서울 25개구 전역과, 경기 과천시, 세종시, 성남 분당구, 대구 수성구, 경기 광명시, 경기 하남시 등)내에서 재건축을 분양받은 사람은 5년 동안 분양받지 못한다. 2017년 10월 24일 이후 최초 사업시행인가 신청 조합부터 적용한다.

투기과열지구 내 조합원분양권과 일반분양권 재당첨 제한은 다음과 같다.

① 재건축과 재개발사업 조합원 분양분에 당첨된 세대에 속한 자는 5년간 정비사업 일반분양분 당첨에 제한될 뿐만 아니라 법 시행일 이후 주택을 취득한 주택을 통한 조합원 분양분 당첨에도 제한된다.

② 재건축과 재개발사업 일반분양에 당첨된 세대에 속한 자는 5년간 정비사업 일반분양분 당첨에 제한될 뿐만 아니라 법 시행일 이후 주택을 취득한 주택을 통한 조합원 분양분 당첨에도 제한된다.

이러한 경우 조합원의 지위를 적법하게 양도 받았다고 하더라도 그 양수인이 분양분 재당첨 제한에 해당할 수 있고, 이 경우 현금청산자가 된다.

그러나 **법 시행 전에 이미 투기과열지구 내에 주택을 소유한 경우**에는 법 개정 후 투기과열지구내 재건축과 재개발사업으로 일반분양을 먼저 받거나 추가로 예정주택을 취득하여 조합원분양권을 받는 경우에는 제한을 받지 않는다.

> **알아두면 좋은 내용**
>
> **투기과열지구 내 조합원지위 양도금지와 조합원분양권 전매제한**
>
> 도시정비법 제39조 제2항 주택법 제63조 제1항에 따른 투기과열지구로 지정된 지역에서 재건축사업을 시행하는 경우에는 조합설립인가 후, 재개발사업을 시행하는 경우에는 제74조에 따른 관리처분계획의 인가 후 해당 정비사업의 건축물 또는 토지를 양수한 자는 제1항에도 불구하고 조합원이 될 수 없다(재건축은 2017년 8.2대책 이후 투기과열지구에서 사업시행, 재개발은 2018년 1월 24일 이후에 사업시행). 다만 양도인이 다음 각 호의 어느 하나에 해당하는 경우 그러하지 아니한다.
>
> 1. 세대원의 근무상 또는 생업상의 사정이나 질병치료 · 취학 · 결혼으로 세대원이 모두 해당 사업구역에 위치하지 아니한 특별시 · 광역시 · 특별자치시 · 특별자치도 · 시 또는 군으로 이전하는 경우
> 2. 상속으로 취득한 주택으로 세대원 모두 이전하는 경우
> 3. 세대원 모두 해외로 이주하거나 세대원 모두 2년 이상 해외에 체류하려는 경우
> 4. 1세대 1주택자로서 양도하는 주택에 대한 소유기간 및 거주기간이 대통령령으로 정하는 기간 이상인 경우
>   ⇨ 도시정비법 시행령 제37조 제1항 2018년 1월 25일부터 10년 이상 보유하고, 5년 이상 거주 요건을 갖출 경우 예외적으로 조합설립과 관계없이 조합원 지위 양도가 허용된다.
> 5. 그 밖에 불가피한 사정으로 양도하는 경우로서 대통령령으로 정하는 경우 조합원 지위 양도가 허용된다.

⇨ 도시정비법 시행령 제37조 제2항 "대통령령으로 정하는 경우"란 다음 각 호의 어느 하나에 해당하는 경우를 말한다.
1. 조합설립인가일부터 3년 이상 사업시행인가 신청이 없는 재건축사업의 건축물을 3년 이상 계속하여 소유하고 있는 자가 사업시행인가 신청 전에 양도하는 경우
2. 사업시행계획인가일부터 3년 이내에 착공하지 못한 재건축사업의 토지 또는 건축물을 3년 이상 계속하여 소유하고 있는 자가 착공 전에 양도하는 경우
3. 착공일부터 3년 이상 준공되지 아니한 재건축사업의 토지를 3년 이상 계속하여 소유하고 있는 경우
4. 법률 제7056호 도시 및 주거환경정비법 일부개정법률 부칙 제2항에 따른 토지등 소유자로부터 상속·이혼으로 인하여 토지 또는 건축물을 소유한 자
5. 국가·지방자치단체 및 금융기관(주택법 시행령 제71조 제1호 각 목의 금융기관을 말한다)에 대한 채무를 이행하지 못하여 재건축사업의 토지 또는 건축물이 경매 또는 공매되는 경우(주택법 시행령 71조 1호에서 정한 금융기관은 가.「은행법」에 따른 은행, 나.「중소기업은행법」에 따른 중소기업은행, 다. 「상호저축은행법」에 따른 상호저축은행, 라.「보험업법」에 따른 보험회사, 마. 농업은행, 수협은행, 신협은행, 새마을금고, 산림조합은행, 한국주택금융공사, 우체국은행 등)등만 인정하고, 개인채권자의 경매신청으로 매수한 경우에는 허용하지 않고 있다.)
6. 「주택법」 제63조 제1항에 따른 투기과열지구로 지정되기 전에 건축물 또는 토지를 양도하기 위한 계약을 체결하고, 투기과열지구로 지정된 날부터 60일 이내에 「부동산 거래신고 등에 관한 법률」 제3조에 따라 부동산 거래의 신고를 한 경우 등은 조합설립인가 후, 또는 관리처분계획인가 후에도 조합원의 지위를 양도할 수 있다.

05 재개발사업에서 분양대상 조합원인 경우

◆ 단독·다가구주택 등에서 토지와 건물 전체 소유자

단독·다가구주택(기타 건축물 포함) 등에서 토지와 건물 전체를 소유한 자는 면적과 상관없이 분양대상자가 된다.

주택 등이 신축(준공)단계 부터 토지와 건물의 소유자가 같은 경우뿐만 아니라, 권리산정기준일 이전부터 같은 경우에도 하나의 분양자격이 주어진다. 다만 권리산정기준일 이전에 분리되었고, 토지 면적이 90㎡ 이상이면 각각 분양자격이 주어진다(구조례 적용대상은 2003년 12월 29일까지 분리된 경우만 각각 분양자격). 이 경우 건물소유자가 토지를 매수하거나 토지소유자가 건물을 매수하므로 인해서 종전자산의 권리가액의 증가를 가져와 대형평형을 분양 받거나 추가부담금을 줄일 수도 있다.

알아두면 좋은 내용

서울시 구조례와 신조례에 따른 시행 시기

① 구조례는 2003년 12월 30일부터 시행하므로 2003년 12월 30일 전(29일까지) 나누어진 경우에는 각각 분양자격이 주어진다.

② 신조례는 2010년 7월 15일 공포하고 시행 시기는 다음날로 정했다. 따라서 2010년 7월 16일 이후에 최초로 기본계획이 수립되어 있는 지역 및 지구단위계획이 결정·고시된 지역은 권리산정기준일 이전에 나눠졌다면 각각 분양자격이 주어진다. 다만 2010년 7월 16일 전에 최초로 기본계획이 수립되어 있는 지역 및 지구단위계획이 결정·고시된 지역은 권리산정기준일을 기준으로 하지 않고 구조례인 2003년 12월 30일 전에 나누어진 경우만 각각 분양자격을 갖는다.

※ 5월 10일 이전과 이후는 5월 10일이 포함된 것이나 5월 10일 전과 후는 5월 10일을 제외한 9일(전) 또는 11일(후)을 의미한다.

◆ 타인의 토지위에 건물만 소유한 경우

 타인토지나 국·공유지에 주택 등을 소유한 자는 건물이 등기되었든, 무허가건물이든, 건물면적과 상관없이 분양권이 인정된다(그러나 건물이 없는 점유, 주차장, 판넬, 야적장 등은 안 된다).

 다만 건물이 ① **서울시 구조례 적용대상이면** 2003년 12월 30일 전에, ② **서울시 신조례 적용대상이면** 권리산정기준일 이전에, 토지와 건물이 분리되어 있는 경우만 인정된다.

 <u>타인 토지위의 건물을 소유한 경우</u> 이것은 국공유지 주택과 같은 지상권이 있는 것으로 분양대상자이나 단지 차이가 있다면 국공유지가 아니어서 추후에 불하를 받을 수가 없어서 관리처분당시 평가액이 적기 때문에 평가순위에 밀려서 소형평형을 배정받거나 현금청산 될 수 있다. 그러나 조합원 수가 적거나 분양대상자가 될 수 있는 곳이라면 투자해볼만하다. 왜냐하면 소액투자가 가능하기 때문이다.

 무허가건축물에 대한 분양자격유무와 유의할 사항은 Part 13에서 "무허가건축물을 소유한 경우 분양자격과 유의할 사항"을 참고하기 바란다.

◆ 토지 90㎡ 이상을 단독 또는 공유지분으로 소유한 경우

 종전 토지의 면적이 90㎡ 이상이면서 권리산정기준일 이전(구조례 적용대상은 2003년 12월 30일 전)에 ① 단독으로 소유권이 분리되어 있거나 ② 공유지분으로 등기가 되어 있는 경우(지분면적이 90㎡ 이상)에는 분양대상자가 된다. 토지의 면적이 90㎡ 이상이면 지목과 상관없이, 즉 지목이 대지로 사용되는 경우는 물론이고, 지목과 현황모두가 도로로 사용되는 경우에도 단독필지든, 공유지분이든 90㎡ 이상인 경우에는 모두 분양자격을 갖는다.

> **김선생의 한마디**
>
> 토지면적은 지자체 조례에 따라 다르고(서울시 건축조례 제25조제1호에서 ① 주거지역 90㎡ 이상, ② 상업지역 150㎡ 이상, ③ 공업지역 200㎡ 이상, ④ 녹지지역 200㎡ 이상), 구조례와 신조례 적용대상 판단이 어렵기 때문에, 시·군·구 지자체 도시정비과에서 자세한 내용을 확인하는 방법이 좋다.

◆ 단독필지로 30㎡ 이상~90㎡ 미만인 토지소유자

단독필지로 30㎡ 이상~90㎡ 미만인 토지소유자는 2003년 12월 30일 이전에 소유권이 분리되고, ① 대지로 사용되는 경우에도 세대원 전원이 공사완료 고시일까지 무주택자이어야 한다.

② 도로로 사용되는 경우에는 지목과 현황이 모두 도로가 아니어야 하고(지목이 대지 또는 현황이 대지이면 분양대상), 사업시행인가 고시일 부터 공사완료 고시일 까지 세대전원이 무주택인 인 경우에는 분양대상자가 된다.

이 ①과 ②내용은 구조례 적용대상 재개발 사업장에서만 적용되고, 2010년 7월 15일 서울시 도시 및 주거환경 정비조례가 개정된 **신조례 적용대상 재개발사업구역에서는 90㎡ 미만인 토지소유자는 분양자격이 없다는 것에 유의해야 한다.**

결론적으로 30㎡ 이상~90㎡ 미만인 토지소유자는 신조례 적용대상에서는 현금청산자가 되고, 30㎡ 미만은 구조례와 신조례 적용대상 모두에서 현금청산자가 된다. 이렇게 90㎡ 미만으로 현금청산 대상자라해도 다른 사람의 지분을 매수해서 90㎡ 이상으로 만들면 분양대상자가 될 수 있다. 유의할 점은 권리산정기준일 이전(구조례 적용대상은 2003년 12월 30일 전)에 필지가 나누어져 있거나 공유지분으로 등기되어 있는 지분을 매수해서 90㎡ 이상을 만들면 분양자격과 종전자산의 권리가액을 증가시킬 수 있다. 그러나 권리산정기준일 후에 분할된 토지 등을 매수하면 권리가액에 포함되지 못하고, 현금청산 대상자가 된다.

◈ 권리가액이 분양용 최소규모 공동주택 1가구의 추산액 이상인자

종전 토지면적이 90㎡ 미만이더라도 권리가액이 분양용 최소규모 공동주택 1가구의 추산액 이상인 자는 분양자격이 주어진다. 그리고 분양신청자가 동일한 세대인 경우의 권리가액은 세대원 전원의 가액을 합하여 산정할 수 있다.

◈ 1주택 또는 1필지의 토지를 여러 명이 소유하고 있는 경우

1주택 또는 1필지의 토지를 여러 명이 소유하고 있는 경우에는 하나의 분양자격을 갖는다. 다만, 권리산정기준일 이전(구조례 적용대상은 2003년 12월 30일 전)부터 공유로 소유한 토지의 지분이 총면적이 90㎡ 이상 또는 권리가액이 분양용 최소 규모 공동주택 1가구의 추산액 이상인 자의 경우는 분양대상자가 될 수 있다.

◈ 수 필지나 대지 소유자 각자 90㎡ 이상인 경우

수 필지나 대지 소유자 각자 90㎡ 이상인 경우이고, 권리산정기준일 이전에 분할된 경우 각각 분양대상자가 된다. 수 필지를 합한 면적이 90㎡ 이상이거나 공유로 소유하고 있는 면적 중 단일지분이 90㎡ 이상인 경우에도 권리산정기준일 이전(구조례 적용대상은 2003년 12월 30일 전)부터 분할된 토지여야 한다.

권리산정기준일 후에 분할된 경우에는 하나의 분양대상자다. 이 경우도 90㎡ 미만 소유자가 권리산정기준일 이전에 분할되거나 공유지분으로 등기된 지분을 매수해서 90㎡ 이상을 만들면 분양자격과 종전자산의 권리가액의 증가를 가져올 수 있다.

◆ 한 세대원이 한 재개발구역 내에서 여러 필지나 여러 주택을 소유한 경우

한 세대원이 한 재개발구역 내에서 조합설립인가일 이후에 여러 필지나 여러 주택을 소유하더라도 **한 개의 분양자격만 주어진다.**

조합설립인가일 전에 같은 세대원이 아닌 다른 세대원에게 매매, 양도하여야만 각각 분양대상이 된다. 조합설립인가일 이후에 매각하면 한세대원이 소유하고 있던 모든 주택을 합해서, 하나의 분양자격이 주어지니 공동분양권자가 되는 것이다.

◆ 다세대주택의 분양자격과 유의할 점은?

(1) 최초 다세대(원다세대)인 경우

신규 다세대주택(최초 다세대)은 평수와 상관없이 분양자격이 주어진다. 즉 준공 시부터 집합건물인 경우이다. 이러한 경우에는 재개발구역 내 조합원 수에 따라 변수는 있겠지만, 30평형대를 배정받을 수 있다.

(2) 기존건물을 철거 후 다세대주택을 신축한 경우

기존건물을 철거 후 신규 다세대주택(최초 다세대)은 평수와 상관없이 분양대상자가 되었다.

그러나 서울시는 2008년 7월부터 서울시내에서 새로 건축되는 전용면적 60

㎡ 이하 다세대주택은 재개발할 때에 입주권을 주지 아니하고 현금청산할 계획이다(단, •서울시조례 2008. 07. 30. 이전까지, •경기도조례 2008. 07. 25. 이전까지 건축허가를 받아 집을 지으면 면적에 상관없이 입주권이 인정된다. 그러나 •인천시조례는 규제조항이 없음). 이는 재개발이나 뉴타운이 예상되는 지역에서 아파트 분양권을 많이 받기 위해 주택을 헐고 소규모 다세대주택을 신축하는 등의 지분쪼개기(=신종 지분쪼개기)를 방지하기 위한 조치이다.

① 서울시에서는 건축허가를 2008. 7. 30. 이전에 받아서 다세대를 건축한 경우 60㎡ 미만이라도 온전한 아파트분양권대상자가 될 수 있다. 2008. 7. 30. 후라면 60㎡ 미만으로 신축한 경우 수인의 분양신청자는 1인의 분양대상자라도 제한한다.

② 그러나 2008. 7. 30. 후 신축다세대가 60㎡ 미만일지라도 재건축 신축아파트 최소분양평형이 신축다세대평형 미만일 경우는 분양권대상이 된다. 즉 신축다세대전용면적≥재건축 신축아파트최소분양평형일 경우 분양대상자격제한의 예외를 두고 있다.

③ 조례개정일(서울시의 경우 2008. 7. 30, 경기도는 2008. 7. 25) 후에 기존의 단독·다가구주택 또는 비주거용 건물을 철거하고 공동주택을 신축하는 경우 1개동 전체 세대에 대하여 하나의 분양대상자격만 부여한다.

알아두면 좋은 법률

서울시 도시 및 주거환경정비조례 제24조 제2항 제6호

다음의 경우에는 수인의 분양신청자를 1인의 분양대상자로 본다.
– 단독주택 또는 비주거용건축물을 공동주택으로 신축한 경우(기존의 공동주택을 세대수를 늘려 신축한 경우를 포함한다). 다만, 해당 공동주택의 주거전용면적이 당해 정비사업으로 건립되는 분양용 공동주택의 최소 주거전용면적 이상인 경우에는 그러하지 아니한다(개정 2008.7.30).

◆ 단독주택 또는 다가구주택을 다세대주택으로 전환한 경우

권리산정기준일 이전(구조례 적용대상은 2003년 12월 30일 전에) 에 분리된 다세대(분할다세대인 경우)는 각각 분양자격이 주어지나 권리산정기준일 후에 분리된 다세대는 하나의 분양자격이 주어진다.

◆ 토지와 주택을 건축물 준공 이전, 이후 분리 소유한 경우

단독 또는 다가구주택의 경우 토지소유자와 주택소유자가 다른 경우가 있다. 이들은 둘 다 조합원이나 분양대상은 다르게 적용된다(도정법 제24조 제2항 5호).

① 토지와 건물 소유자가 준공 당시부터 분리되었다면 토지소유자와 주택의 소유자 각각 별도의 조합원번호가 부여되고 각각의 동의서로 산정되며, 분양대상자격도 각각 주어지게 된다.

② 토지와 건물 소유자가 준공 이후부터 분리되었다면 토지와 주택소유자를 합쳐서 하나의 조합원번호가 부여되고 동의서는 두 사람 모두 제출해야하나 하나의 동의서로 간주된다(또는 양자 중 대표자 선임해서 동의서 제출). 이러한 경우 수인의 분양신청자를 1인의 분양대상자로 보는 경우에 해당된다.

③ 토지와 건물의 소유자가 준공 이후 분리되었더라도 권리산정기준일 이전(구조례 적용대상은 2003년 12월 30일 전)에 토지와 주택이 각각 분리되었고, 토지의 규모가 건축조례 제25조 제1호의 규정에 의한 규모($90m^2$) 이상인 경우에는 각각 분양자격이 주어진다(2006.1.1. 개정). 이 경우 토지소유자가 건물을 매수해서 종전자산의 권리가액의 증가를 가져와 대형평형 분양받거나 추가부담금을 줄일 수도 있다.

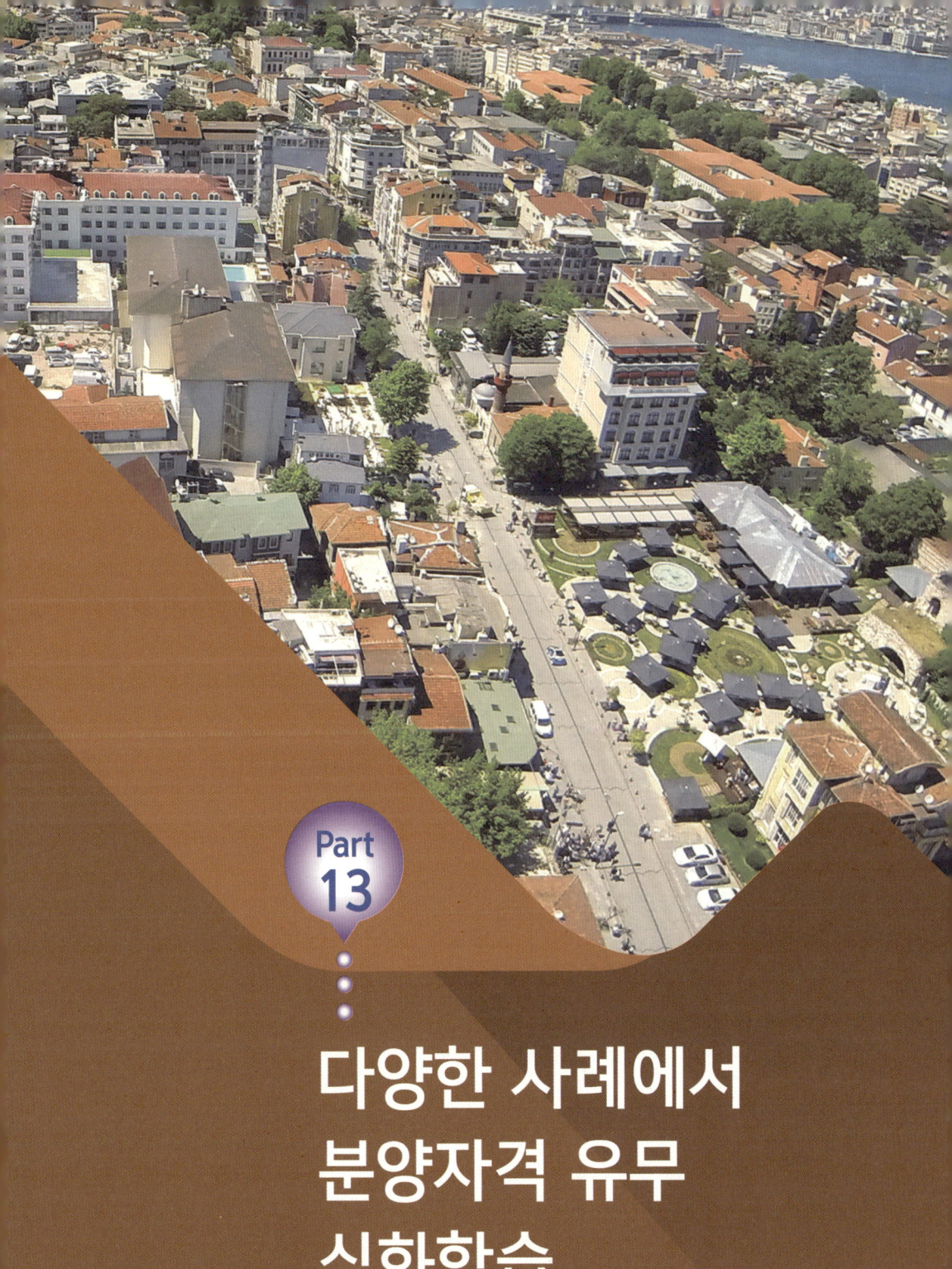

Part 13

다양한 사례에서
분양자격 유무
심화학습

01 공유필지 위에 건물이 있는 경우 분양자격 유무 분석

다음 예제들은 토지와 건물을 신축당시부터 공동으로 소유하는 경우뿐 만 아니라, 신축당시에는 한사람이 소유하다가 일반 매매 또는 상속 등으로 토지와 건물이 공동소유로 변경등기된 상태이다. 이때 분할시점이 권리산정기준일 이전(구조례 적용대상은 2003년 12월 30일 전)이라면 각각 분양대상이 될 수도 있고, 현금청산자가 될 수도 있다. 현금청산자도 종전자산의 권리가액에는 포함되는 지분(앞의 사례와 같은 지분)과 종전자산의 권리가액에도 포함되지 못하는 지분(권리산정기준일 후에 나누어진 지분을 매수)으로 나누어 분석할 수 있어야 한다.

◆ 토지와 건물이 한사람 소유였다가 건물(B단독)+토지(B+C)로 변경된 경우

이 사례는 신축당시에는 한사람이 소유하다가 일반 매매 또는 상속 등으로 토지와 건물이 공동소유로 변경등기된 상태이고, 분할시점이 권리산정기준일 이전(구조례 적용대상은 2003년 12월 30일 전)이라는 가정 하에 분석한 것이다. 이렇게 권리산정기준일 이전에 분리된 경우도 각각 분양대상이 될 수도 있고, 현금청산자가 될 수 있다. 그러나 권리산정기준일 후에 분리된 경우라면 전체를 가지고 하나의 분양자격만 주어지니, 공동분양권자가 될 수밖에 없을 것이다.

알아두면 좋은 내용

서울시 도시정비조례 제36조
제2항 제1항에도 불구하고 다음 각 호의 어느 하나에 해당하는 경우에는 여러 명의 분양신청자를 1명의 분양대상자로 본다(1~4호 생략).
5. 하나의 대지범위에 속하는 동일인 소유의 토지와 주택을 건축물 준공 이후 토지와 건축물로 각각 분리하여 소유하는 경우. 다만, 권리산정기준일 이전부터 소유한 토지의 면적이 90제곱미터 이상인 자는 예외로 한다. (종전 구조례 제27조 2항 5호에 따라서, 2003년 12월 30일 이후 하나의 대지범위 안에 속하는 동일인 소유의 토지와 주택을 건축물 준공 이후 토지와 주택으로 각각 분리하여 소유하면 개별 분양대상자가 되지 못하고, 각각 소유한 사람들 전체에 대해서 1인의 분양대상자로 본다고 규정하고 있다.)

(1) 건물 360㎡와 대지 100㎡를 소유하고 있는 B의 분양자격은?

재개발사업은 재건축과 같이 주택 수만큼 분양권을 받을 수 있는 것이 아니다. 하나의 재개발사업구역 내에서 보유한 주택의 종전 자산평가액을 합산해서 하나의 주택을 공급 받을 수 있다.

다만 다음 조건에 해당하면 **"1+1(원+원) 입주권"**을 받을 수 있다.

① 건축물의 연면적(등기부상의 전용면적 기준)이 분양 받고자 하는 2개의 아파트 전용면적의 합계보다 큰 경우
② 단독주택의 경우 토지+건축물의 권리가액이 분양 받고자 하는 2개의 아파트 조합원 분양가의 합계보다 커야 한다.
③ 분양 받고자하는 2개의 아파트 중 1개는 59㎡(24평형)형을 의무적으로 분양 받아야 하고, 이 아파트는 이전고시일로부터 3년 이내에 매도할 수 없다.

여기서 '2주택을 공급할 수 있고' 는 공급할 수 있다로 2주택 공급은 절대적인 것이 아니다. 재개발 구역마다 처한 상황이 모두 다르고, 2주택 공급의 가액을 어떻게 정할지 등도 법에서는 명시하고 있지 않아서, **"1+1(원+원) 입주권"을 받기 위해선** 종전자산의 권리가액이 높아야 한다. 그래서 다음 (2)와 같이 현금청산되는 C지분과 공동분양자격을 갖든지, 아니면 C지분을 매수해서 B가 단독으로 분양받는 방법으로 진행하면 될 것이다.

(2) 대지 60㎡만을 소유하고 있는 C의 분양자격은?

대지 C 공유지분권자(60㎡)는 90㎡ 미만으로 현금청산자이다.

단독필지여야만 구조례에서만 30㎡ 이상 ~ 90㎡ 미만이고, 세대원전이 무주택일 경우에 해당되어 분양자격을 갖지만, 이렇게 공유지인 경우에는 대상이 아니다. 그러나 B도 종전자산의 권리가액에 포함 시킬 수 있으므로, 권리산정기준일 이전에 분할된 다른 지분을 매수해서 단독분양자가 되거나 B지분과 공동분양자격을 가질 수도 있다.

실무에서는 공동분양자격을 갖게 되거나 B에게 팔아서 B가 분양권을 단독으로 갖는 방법으로 진행 될 것으로 예상된다.

◆ 토지(B+C)와 건물(A+D)을 공유하는 경우 분양자격 분석

⇨ 주택 A·D 공동소유자에게 하나의 분양자격이 주어지고, 대지 C 공유지분권자(110㎡)도 하나의 분양자격을 갖는다. 그러나 대지 B 공유지분권자(50㎡)는 90㎡ 미만으로 현금청산자이다.

서울시 신조례에서는 90㎡ 미만은 현금청산 대상이다. 다만 서울시 구조례 적용사업장은 단독필지로 30㎡ 이상 ~ 90㎡ 미만이고, 세대원전원이 무주택일 경우에 한해서만 분양자격을 갖지만, 공유지분으로 소유한 경우에는 대상이 아니다. 그러나 B도 권리산정기준일 이전에 분할되었다면, 권리산정기준일 이전에 분할된 다른 공유지분을 매수해서 90㎡ 이상을 만들어 분양자격을 갖을 수 있다.

알아두면 좋은 내용

서울시 도시정비조례 제36조

제2항 제1항에도 불구하고 다음 각 호의 어느 하나에 해당하는 경우에는 여러 명의 분양신청자를 1명의 분양대상자로 본다(1~4호 생략).

5. 하나의 대지범위에 속하는 동일인 소유의 토지와 주택을 건축물 준공 이후 토지와 건축물로 각각 분리하여 소유하는 경우. 다만, 권리산정기준일 이전부터 소유한 토지의 면적이 90제곱미터 이상인 자는 예외로 한다. (종전 구조례 제27조 2항 5호에 따라서, 2003년 12월 30일 이후 하나의 대지범위 안에 속하는 동일인 소유의 토지와 주택을 건축물 준공 이후 토지와 주택으로 각각 분리하여 소유하면 개별 분양대상자가 되지 못하고, 각각 소유한 사람들 전체에 대해서 1인의 분양대상자로 본다고 규정하고 있다.)

6. 권리산정기준일 후 나대지에 건축물을 새로 건축하거나 기존 건축물을 철거하고 다세대주택, 그 밖에 공동주택을 건축하여 토지등소유자가 증가되는 경우

◆ **토지(B+C)와 건물(A+B)을 공유하는 경우 분양자격 분석**

⇨ 주택 A·B와 대지 B 공유지분권자(50㎡)는 주택과 대지 B지분의 종전자산의 권리가액으로 하나의 공동분양자격을 갖는다. 대지 C 공유지분권자(110㎡)는 별도로 하나의 분양자격을 갖는다..

서울시 도시정비조례 제36조

제2항 제1항에도 불구하고 다음 각 호의 어느 하나에 해당하는 경우에는 여러 명의 분양신청자를 1명의 분양대상자로 본다(5~6호 생략).
1. 단독주택 또는 다가구주택을 권리산정기준일 후 다세대주택으로 전환한 경우
2. 법 제39조 제1항 제2호에 따라 여러 명의 분양신청자가 1세대에 속하는 경우
3. 1주택 또는 1필지의 토지를 여러 명이 소유하고 있는 경우. 다만, 권리산정기준일 이전부터 공유로 소유한 토지의 지분이 제1항 제2호 또는 권리가액이 제1항 제3호에 해당하는 경우는 예외로 한다.
4. 1필지의 토지를 권리산정기준일 후 여러 개의 필지로 분할한 경우

◆ **토지(B+C)와 건물(A단독)을 공유하는 경우 분양자격 분석**

⇨ 주택 A 소유자에게 하나의 분양자격이 주어지고, 대지 C 공유지분권자(110㎡)도 하나의 분양자격을 갖는다.

◆ 토지(B+C)와 건물(A단독)을 공유하는 경우 분양자격 분석

⇨ A는 주택을 소유하고 있어서 분양자격이 있지만, 대지 공유지분권자 B와 C 모두 90㎡ 미만으로 분양자격이 없다. 하지만, B가 C지분을 매수해서 110㎡가 된다면 B도 분양자격을 갖게 된다.

◆ 토지와 건물을 A, B, C가 각 1/3씩 공유하는 경우 분양자격

⇨ 주택과 대지를 A, B, C가 각 ⅓씩 공동으로 소유하고 있어서 주택과 대지 전체 권리가액으로 하나의 분양자격을 갖는다. 그러나 공유시점이 권리산정기준일 이전(구주례 적용대상은 2003년 12월 30일 전)이고, 각 토지의 지분면적이 90㎡ 이상이면서, 대지만을 제3자 즉 A지분은 D에게, B지분은 E에게, C지분은 F에게 조합설립인가일 전에 매각했다면 조합원분양권은 ① 건물에서 A, B, C가 공동분양권을 갖고, ② D, E, F가 각각 분양자격을 갖게 되어 총 4개의분양자격을 만들 수 있다.

알아두면 좋은 내용

서울시 건축조례 제25조제1호에서 ① 주거지역 90㎡ 이상, ② 상업지역 150㎡ 이상, ③ 공업지역 200㎡ 이상, ④ 녹지지역 200㎡ 이상인 경우에 분양자격이 주어진다. 토지면적은 지자체 조례에 따라 다르기 때문에, 시·군·구 지자체 도시정비과에서 자세한 내용을 확인하는 방법이 좋다.

02 한 필지 위에 또는 여러 필지 위에 건물이 있는 경우

한 필지 위의 건물 또는 여러 필지위의 건물 등이 있는 경우 분양대상자 유무에 판단은 투자 실무에서 꼭 알고 있어야 한다.

◆ 토지(A+B)상에 건물을 A와 B가 단독으로 소유하는 경우

⇨ 재개발구역 내에서 주택 준공시부터 A, B가 각각 주택을 소유하고 있고, A, B가 공유하고 있는 토지가 있을 경우 A, B 모두 각각 분양자격을 갖는다.

◆ 토지(A+B)상에 A가 건물 2동을 가지고 있는 경우

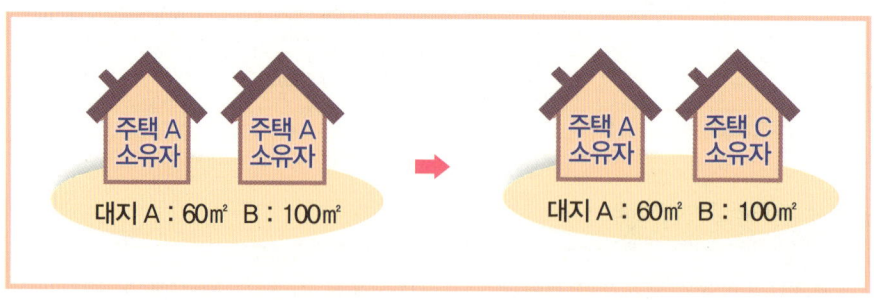

재개발구역 내에서 주택을 준공시부터 A가 2채를 소유하고 있다가 권리산정기준일 이전(구조례 적용대상은 2003년 12월 30일 전)에 1채를 B에게 판 경우 분양권은?

① A는 건물과 대지지분을 가지고 하나의 분양자격을 갖는다.

② C는 건물만을 가지고 하나의 분양자격을 가지나 종전자산의 권리가액이 건물만 가지고 평가하게 되므로 추가부담금이 높을 것이다.

③ B는 대지지분을 가지고 하나의 분양자격을 갖는다.

◆ 토지(A단독)상에 A와 B가 건물을 각각 소유하는 경우

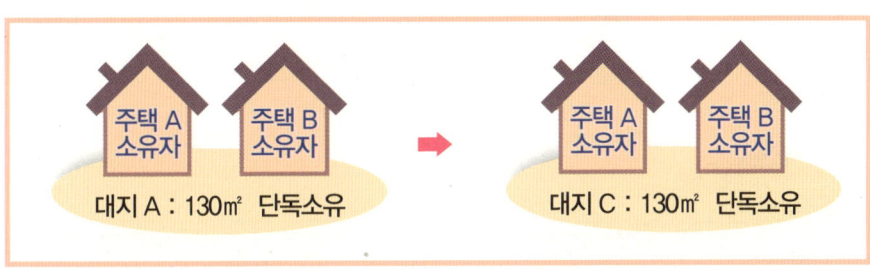

재개발사업 내에서 주택 준공시부터 A, B가 각각 주택을 소유하고 있고 A가 토지를 갖고 있다가 권리산정기준일 이전(구조례 적용대상은 2003년 12월 30일 전)에 A가 대지지분만을 C에게 매각한 경우 분양권은?

① A는 건물만을 가지고 하나의 분양자격을 가지나 종전자산의 권리가액이 건물만 가지고 평가하게 되므로 추가부담금이 많다.

② C는 대지 130㎡만을 가지고, 하나의 분양자격을 갖는다.

③ B도 건물만 가지고, 하나의 분양자격을 갖는다.

◆ 토지(A+B)상에 A와 B가 건물을 각각 소유하는 경우

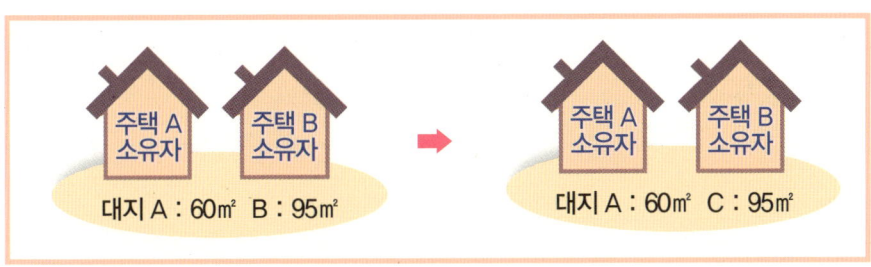

재개발사업 내에서 주택 준공시부터 A, B가 각각 대지와 건물을 소유하고 있다가, 권리산정기준일 이전(구조례 적용대상은 2003년 12월 30일 전)에 B가 대지지분만을 C에게 매각한 경우 분양권은?
① A는 건물만을 가지고 하나의 분양자격을 갖는다.
② B도 건물만 가지고, 하나의 분양자격을 갖는다.
③ C도 대지 130㎡만을 가지고, 하나의 분양자격을 갖는다.

03 재개발사업지구 지정 후 추가로 매입할 경우

반드시 평가액이 올라가서 대형평수를 받을 수 있는 것만은 아니다. 추가로 매입한 지분 등이 종전권리가액에 포함되지 못해서 현금청산이 될 수도 있기 때문에 유의해야 한다.

어쨌든, 이 사례는 한사람이 소유하다가 일반 매매 또는 상속 등으로 토지 또는 건물 등이 단독 또는 공동소유로 변경 등기된 상태이고, 분할시점이 권리산정기준일 이전(구조례 적용대상은 2003년 12월 30일 전)이라는 가정 하에 분석한 것이다. 이렇게 권리산정기준일 이전에 분리된 경우도 각각 분양대상이 될 수도 있고, 현금청산자가 될 수 있다. 현금청산자도 종전자산의 권리가액에는 포함되는 지분(앞의 사례와 같은 지분)과 종전자산의 권리가액에도 포함되지 못하는 지분(권리산정기준일 후에 나누어진 지분을 매수)으로 나누어 분석할 수 있어야 한다. 그러나 권리산정기준일 후에 분리된 경우라면 전체를 가지고 하나의 분양자격만 주어지니, 공동분양권자가 될 수밖에 없다.

◆ 갑은 종전권리가액이 적어서 다른 지분을 매수하려 한다

```
토지1 : A
20평형 120세대
조합원분양가 250만원
```

```
토지2 : B
30평형 120세대
조합원분양가 350만원
```

```
토지3 : C
40평형 60세대
조합원분양가 450만원
```

주택과 함께 있지 않는 토지라면, 1필지의 빈땅(나대지)을 별도로 매입해서 종전권리가액에 포함 시킬 수 있지만, 필지가 주택과 함께 있거나 권리산정기준일 후(구조례 적용대상은 2003년 12월 30일 이후)에 분할되었다면 종전권리가액에 포함되지 않는다.

① 갑이 종전권리가액(200만원)이 적어서, 권리산정기준일 이전에 분할된 것으로 해당지역에서 분양자격이 있는 조합원 소유 토지를, 조합설립일 전에 A로부터 매입한다면 A의 종전자산 권리가액만큼 순위가 상승하게 된다. 그래서 종전자산의 권리가액은 450만원이다.

② 갑이 B로부터 매입했다면 종전자산의 권리가액은 550만원이 된다.

◆ A가 B소유의 토지2를 추가로 조합설립일 전에 매입한 경우

```
토지1 : A
주택소유자 A
평가금액 270만원
```

```
토지2 : B
30㎡
평가금액 100만원
```

```
토지3 : B
70㎡
평가금액 350만원
```

A가 B소유의 토지2를 추가로 조합설립일 전에 매입했다면 40평형대의 분양이 가능할까?

① 조합원 A는 30평형의 분양가 350만원보다 적으므로, 대형평형으로의 진입이 어렵다. 그러나 토지2를 매입하면 평가액이 370만원으로 높아져서 대형평형을 분양신청할 수 있다.

② 그러나 A가 30평형의 분양가보다 평가금액이 적어도 대형평형건립세대수의 1/2 내에만 해당되면(44평형 이상의 건립가구수가 60가구이므로, 30순위에 해당되면) 추가매입하지 않아도 대형평형분양신청이 가능하다. 이런 이유로 조합원수가 적은 곳에 투자해야 한다.

◆ 같은 필지 또는 다른 필지의 일부지분을 매입한 경우

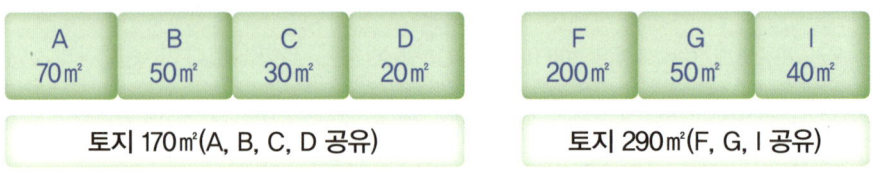

① A가 자기지분 70㎡ + D지분 20㎡를 매입 ⇨ 분양자격 있음(단 A, D지분의 공유지분등기가 권리산정기준일 이전(구조례 적용대상은 2003년 12월 30일 전)에 등기되어 있어야 한다).

② B가 자기지분 50㎡ + I지분 40㎡를 매입 ⇨ 분양대상자격 있음(단 B, I지분의 공유지분등기가 권리산정기준일 이전(구조례 적용대상은 2003년 12월 30일 전)에 등기되어 있어야 한다).

③ C가 자기지분 30㎡ + D지분 20㎡와 G지분 50㎡를 매입 ⇨ 분양대상자격 있음(단 C, D, G지분의 공유지분등기가 권리산정기준일 이전(구조례 적용대상은 2003년 12월 30일 전)에 등기되어 있어야 한다).

④ D가 F지분 중 100㎡만 공유로 매입한 경우 ⇨ 개별적인 분양대상자격이 없고, F와 공동분양자격이 주어진다. 그러나 F지분을 권리산정기준일 이전(구조례 적용대상은 2003년 12월 30일 전)에 나누어서 공유로 등기하였다면 각각 100㎡ 이상으로 2개의 분양자격을 만들 수 있다.

04 무허가건축물을 소유한 경우 분양자격과 유의할 사항

　기존 무허가건축물에 해당되는지 반드시 해당구청 주택과에서 '무허가건축물확인원'이 있는지 먼저 확인해야 한다. 없는 경우에는 기존 건축물로 인정받을 요건을 충족시키는지 확인해야 한다.

◆ 무허가건축물이 분양자격을 갖는 경우

　(1) 서울시 도시 및 주거환경정비 조례 제2조 1호 "특정무허가건축물"이란 건설교통부령 제344호 공익사업을 위한 토지 등의 취득 및 보상에 관한 법률 시행규칙 부칙 제5조에서 "1989년 1월 24일 당시의 무허가건축물 등"을 말한다.

　제2조 2호 "신발생무허가건축물"이란 제1호에 따른 특정무허가건축물 이외의 무허가건축물을 말한다(※건축허가를 받고 나서 준공허가가 나지 않은 건축물).

　여기서 기존무허가건축물"이라 함은 다음 각목의 1에 해당하는 무허가 건축물을 말한다.

가. 1981년 12월 31일 현재 무허가건축물대장에 등재된 무허가건축물
나. 1981년 제2차 촬영한 항공사진에 나타나 있는 무허가건축물
다. 재산세 납부대장 등 공부상 1981년 12월 31일 이전에 건축하였다는 확증이 있는 무허가건축물
라. 1982년 4월 8일 이전에 사실상 건축된 연면적 85제곱미터 이하의 주거용 건축물로서 1982년 제1차 촬영한 항공사진에 나타나 있거나 재산세

납부대장 등 공부상 1982년 4월 8일 이전에 건축하였다는 확증이 있는 무허가건축물
마. 공익사업 등을 위한 토지 등의 취득 및 보상에 관한 법률 시행규칙 부칙 제5조의 규정에 의한 무허가건축물(사용승인 · 준공인가 등을 받지 못한 건축물을 포함한다) 중 조합정관에서 정한 건축물

> **알아두면 좋은 내용**
>
> 미사용승인 건축물 소유자에게 분양자격을 인정하는 규정
> ① 서울시 도시 및 주거환경정비법 개정(2004.11.5.) 제2조 제1호 마호 신설
>   - 「공익사업을 위한 토지 등의 취득 및 보상에 관한 법률 시행규칙」 부칙 제5조의 규정에 의한 무허가건축물(사용승인, 준공인가 등을 받지 못한 건축물 포함) 중 조합정관에서 정한 건축물을 기존무허가건축물에 포함시켜 사용승인, 준공인가 등을 받지 못한 건축물(미준공건축물) 소유주도 조합정관에서 규정할 경우 분양대상자로 자격을 부여함.
>   - 「공익사업을 위한 토지 등의 취득 및 보상에 관한 법률 시행규칙」 부칙 제5조(무허가건물 등에 관한 경과조치) 1989년 1월 24일 당시의 무허가건축물에 대해서는 제24조, 제54조제1항 단서, 제54조제2항 단서, 제58조제1항 단서 및 제58조제2항 단서의 규정에도 불구하고 이 규칙에서 정한 보상을 함에 있어 이를 적법한 건축물로 본다.
> ② 기존 무허가란 허가제도 이전의 건축물이라고 이해하면 된다.

(2) 재개발구역 내 위치하고 있는 모든 무허가건축물이 분양대상자가 되는 것이 아니며 기존건축물로 인정받은 것만이 대상이 된다. 기존무허가건축물로 인정받는 것과 신발생무허가 건축물 중 미사용승인건축물 중 조합정관에서 정한 건축물(알아두면 좋은 내용 1항) 항목 이외의 모든 신발생무허가 건축물이 분양대상자가 될 수 없고 현금 청산되고, 허가건축물 중에서도 허가받지 못한 일부분은 권리가액산정시 포함되지 아니한다(예, 옥탑 등 불법증축건축물부분).

◆ 무허가건물(국·공유지)투자에 유의할 점

국·공유지의 점유권자에게 정당한 권리가 있는지 확인하고 점용료를 해마다 납부했는지 확인한다. 대부분이 납부하지 아니하다가 이주비 등으로 공제당하는 경우가 있거나 대지점유부분을 불하받을 때에 일시에 납부하는 경우가 있다. 불하시 점용료를 납부하지 아니하면 불하받을 수 없기 때문이다. 따라서 사전에 해당구청 재무과에서 계약자가 정당한 권리자인지 여부와 정확한 점유면적과 점용료 납부내역 등을 확인해야 한다. 점용료는 기존 소유자가 납부하지 아니하였더라도 5년 이상 소급할 수 없어서 5년간만 납부하면 될 것이다.

(1) 개인사유지에 비교하여 그 지역토지시가에 비해 200~300만원 정도 저가이기 때문에 사유지 구입 시보다 초기투자자금이 적게 든다는 장점이 있으나 추후 토지를 별도로 구입해야 하므로 재개발추진단계에서 사유지거래시세에 근집하여 거래된다면 기대수익을 올리기가 힘들게 된다. 즉 무허가건물 구입 시 금액(필요경비포함)+점유사용료+추가토지매입금액(불하금액)+추가부담금(청산금)+기회비용에 따른 이자 등이 새로 신축되는 아파트를 분양받을 자격을 얻게 되는데 들어가는 총비용이 될 것이다. 국·공유지가 초기투자비용은 적지만, 이러한 모든 비용 등을 잘 분석하여 투자해야 할 것이다.

(2) 점유면적과 점용료, 불하방법과 불하가격
① 점유면적은 공부상면적이 아닌 실제 현황상 주택 점유면적 기준으로 하는데 200㎡ 이내가 된다.

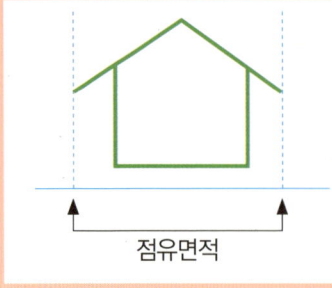
우선 불하 받을 권리는 실제 면적을 갖고 불하면적을 계산하게 된다(점유자들이 해당조합보다 우선 불하신청권리가 있다. 미동의자 것은 조합이 수용하게 된다).

② 점용료(사용료) - 공부상 기준이 아니라 실제 점유면적을 가지고 계산하게 된다. 점용료는 평상시에는 지급하지 아니하는 경우가 대부분이므로 불하받으려면 받고자하는 자가 이를 계산하게 되는데 오랜 기간 내지 아니하여서 금액이 많다. 그러나 국가채무는 5년만 소급할 수 있으므로 최종 소유자가 5년간의 점용료를 내면 된다.

③ 불하방법 - 재개발사업이 진행되면 조합설립 후 관리처분 인가신청하기 전 까지 해당관리청과 매매계약(불하계약)을 체결하면 된다. 불하계약 ⇨ 계약금 5%, 나머지 95% 근저당권을 설정하여 구입하게 된다. 때문에 이 불하계약은 승계되지 아니하므로 승계하려면 근저당 95%를 상환해야 한다.

④ 불하가격은 감정평가를 통해 정해지는데 2개의 감정평가기관에서 평가한 금액을 산술평균한 가격이 된다. 권리가액은 이러한 감정평가금액(즉 무허가건축물평가금액+점유인정토지면적($200m^2$ 이하)의 평가금액의 합산금액)과 1:1로 받게 된다. 그렇다고 하더라도 불하받는 감정가가 높은 것이 좋다. 초기투자가 5%로 95%에 대한 저리금융비용만 지불하면서도 관리처분시 종전 평가액은 높게 받을 수 있기 때문이다. 초기 적은 투자와 종후

자산이 높은 것이 대부분이기 때문이다. 이때 불하방법은 15년간 불하와 서울의 경우에는 20년간 불하계약을 맺는다. 계약 후부터 분할납부가 가능하며 장기 저리로(이자는 보통 4~5%) 주택을 구입하는 것과 같다. 불하받기 전까지는 사용료만 내면 되고, 불하받은 이후에는 근저당권금액에 대한 이자만 지불하면 되는 것으로서 초기투자금액이 적은 비용으로 재개발지역에 투자할 수 있는 장점이 있다. 참고로 국·공유지에서 무허가건축물을 구입한 자는 사업시행인가 전(불하받기 전)에는 무허가건물대장의 명의변경을 해야 하고 재개발조합에서 조합원명의변경을 해야 한다. 사업시행인가 후(불하받은 후)에 구입할 때에는 무허가건축물대장과 불하받은 토지에 대한 명의변경과 조합원의 명의변경을 해야 한다.

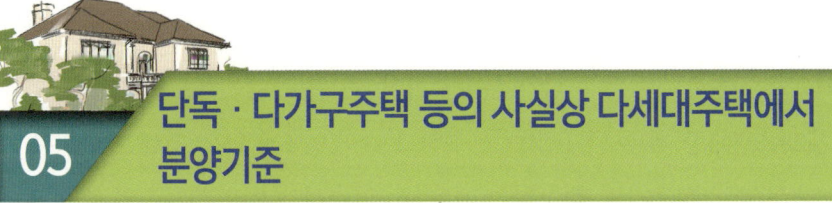

05 단독·다가구주택 등의 사실상 다세대주택에서 분양기준

◆ 단독·다가구주택의 분양기준에 관한 경과조치

서울시 도시정비조례 부칙 제28조

① 1997년 1월 15일 전에 가구별로 지분 또는 구분소유등기를 필한 다가구주택(1990년 4월 21일 다가구주택 제도 도입 이전에 단독주택으로 건축허가를 받아 지분 또는 구분등기를 필한 사실상의 다가구주택을 포함한다)은 제36조 제2항 제3호의 개정규정에도 불구하고 다가구주택으로 건축허가 받은 가구 수로 한정하여 가구별 각각 1명을 분양대상자로 한다.

② 1997년 1월 15일 전에 가구별로 지분 또는 구분소유등기를 필한 다가구주택(1990년 4월 21일 다가구주택 제도 도입 이전에 단독주택으로 건축허가를 받아 지분 또는 구분등기를 필한 사실상의 다가구주택을 포함한다)은 제37조 제2항 제3호의 개정규정에도 불구하고 서울특별시조례 제4768호 서울특별시 도시 및 주거환경 정비조례 일부개정조례 시행 당시 최초로 사업시행인가를 신청하는 분부터 적용하며, 이미 사업시행인가를 받은 조합으로서 사업시행인가를 변경하고자 하는 경우에는 토지 등 소유자 전원의 동의를 받아야 한다.

이러한 단독주택과 다가구주택 등을 사실상 다세대주택이라 한다.

◆ 사실상 다세대주택을 다세대주택으로 전환한 경우

사실상 다세대주택인 단독주택과 다가구주택을 주택 수의 증가 없이 다세대주택으로 전환한 경우에는 각각 분양자격이 주어진다. 즉 제27조 제2항 제1호 및 제28조 제2항 제1호의 규정에 불구하고 1997년 1월 15일 전에 가구별로 지분 또는 구분소유등기를 필한 다가구주택이 건축허가 받은 가구수의 증가 없이 다세대주택으로 전환된 경우에는 가구별 각각 1인을 분양대상자로 한다.

> **다세대주택으로 전환된 주택의 분양기준에 관한 경과조치**
> **(서울시 도시정비조례 부칙 제27조)**
>
> 제36조 제2항 제1호와 제37조 제2항 제1호의 개정규정에도 불구하고 서울특별시조례 제4824호 서울특별시 도시 및 주거환경 정비조례 일부개정조례 시행 당시 최초로 사업시행인가를 신청하는 분부터 1997년 1월 15일 전에 가구별로 지분 또는 구분소유등기를 필한 다가구주택이 건축허가 받은 가구 수의 증가 없이 다세대주택으로 전환된 경우에는 가구별 각각 1명을 분양대상자로 하여 적용한다.

◆ 단독·다가구주택 등의 사실상 다세대주택에 투자하는 비법

등기사항증명서와 건축물대장상에는 단독주택 또는 다가구주택으로 되어 있으나 등기사항증명서에 공유지분 형태 또는 구분등기가 되어 있고, 구분등기를 완료한 날짜가 단독주택의 경우 1990년 4월 21일 이전이고, 다가구주택의 경우 1997.1.15. 이전이면, 각각 분양대상자가 된다. 이러한 주택을 협동주택 또는 합동주택이라 한다. 이는 다세대주택 제도가 생기기 전에 발생된 문제를 해결하기 위해서 만들어진 규정이다.

1996년 10월에 준공된 다가구주택으로 등기부와 건축물관리대장에 다가구주택으로 되어있고, 등기부상 공유지분형태 또는 구분등기가 되어 있는 경우에는 각각 분양대상자가 된다.

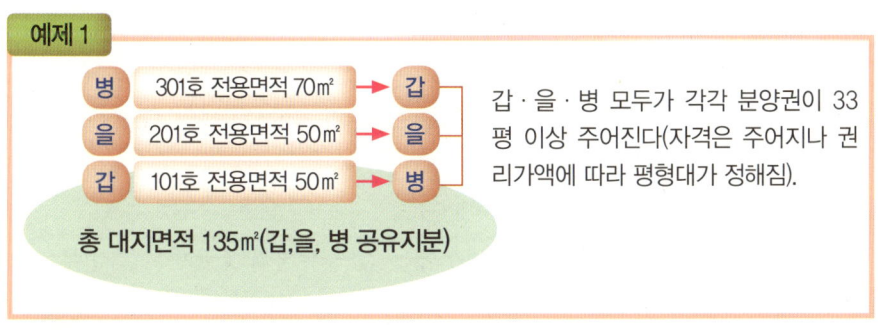

갑·을·병 모두가 각각 분양권이 33평 이상 주어진다(자격은 주어지나 권리가액에 따라 평형대가 정해짐).

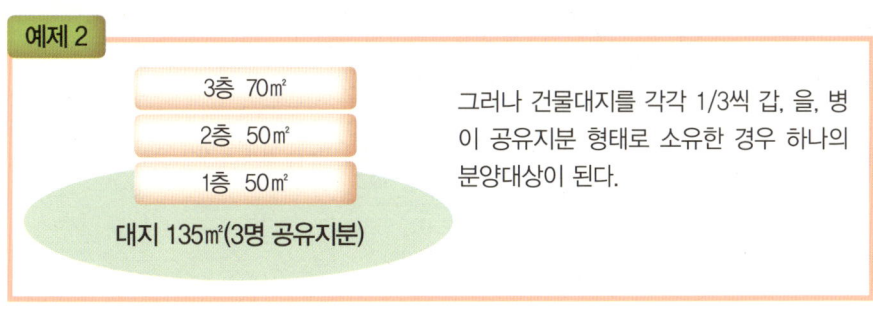

그러나 건물대지를 각각 1/3씩 갑, 을, 병이 공유지분 형태로 소유한 경우 하나의 분양대상이 된다.

06 구분소유적 공유관계와 재개발에서 분양자격은?

◆ 구분소유적 공유관계(상호명의 신탁)의 의미

1필의 토지를 위치와 면적을 특정하여 각각 매수하였으나, 분필 절차의 어려움 때문에 분필등기를 하지 않고, 1필지 전체에 대해 매수한 부분의 면적에 상응하는 공유 지분등기를 하는 경우, 이를 『구분소유적 공유』라 하고, 내부적으로는 각자가 특정된 매수 부분을 구분하여 배타적으로 사용 수익할 수 있다. 여기서, 각 공유자들이 각자의 배타적 사용 수익 대상의 특정 부분을 제외한 나머지 부분에 관한 등기를 『상호명의신탁』하고 있는 것으로 본다.

즉, 구분소유적 공유하고 있는 관계를 상호명의신탁이라고 한다.

◆ 구분소유적 공유관계에서 취득세 적용과 분양자격은 몇 개?

(1) 구분소유적 공유관계에서 취득세 적용

구분소유적공유관계가 성립하는 경우에는 각 공유자가 소유하는 특정부분을 하나의 주택으로 보아 그 취득가액을 기준으로 적용할 세율을 판단하여야 할 것인바, 이 사건주택의 경우 단독주택이 일반 지분일 때는 전체 취득 주택가액을 기준으로 취득세 적용하고, 단독주택이 구분소유적 공유관계일 때는 취득 지분가액을 기준으로 취득세 적용한다(조세심판원 2017. 9. 13. 2017지0725 결정).

(2) 구분소유적 공유관계에서 분양자격은 몇 개?

서울시 조례에 의하면 하나의 주택 또는 한필지의 토지를 수인이 소유하는 경우에는 분양권 1개만을 주고 있다. 다만 권리산정기준일 이전(구조례 적용대상은 2003년 12월 30일 전)부터 공유지분으로 소유한 대지 지분면적이 건축조례 제25조 제1호의 규정에 의한 규모 90㎡ 이상인 자는 그러하지 않는다.

따라서 재개발 조합정관에서 위와 같은 구분소유적 공유관계 부동산에 대해서 각 구분소유자별로 분양권을 부여해 줄지, 아니면 대표자 한사람에게만 부여해 줄지에 따라 다르게 판단할 수도 있지만, **하나의 분양자격 즉 구분소유적 공유관계자 모두가 하나의 공동분양권을 받게 된다고 알고 있으면 될 것이다.**

사견으로, 구분소유적 공유관계자에게 각각 분양자격을 주게 된다면, 다가구주택 등에서, 이러한 주장을 하는 사람들이 만들어 질 것이고, 그로인해 재개발사업이 어려움에 직면할 것을 고려하면 더욱 그렇게 해야 될 것이다.

07 협동주택의 의미와 협동주택은 모두 분양자격을 갖는다!

협동주택은 서울시 주택개량사업을 통해 80년대 중후반까지 서울시내에 지어졌던 주택형태로, 다세대주택이라는 제도가 만들어지기 전에 협동주택으로 지어진 주택을 말한다. 이러한 협동주택을 확인하는 방법은 등기부를 열람해 보면 표제부 우측 건물내역에 협동주택으로 표기되어 있다. 건축물대장을 열람해 봐도 건축물 현황란에 협동주택으로 표기 되어 있으니 등기부 또는 건축물대장만 열람해 봐도 확인할 수 있다. 서울시의 도시정비조례에서는 1988년 5월 7일 이전에 지분 또는 구분등기된 협동주택에 대해서만 분양자격을 인정해 오다가 이 기준일이 2015년 5월에 삭제되므로 인해서 현재는 이후에 등기된 협동주택도 분양자격이 주어지게 되었다. 그러니 협동주택이라면 모두 분양자격이 인정된다고 이해하면 된다. 이러한 협동주택은 대지평당 가격이 다세대주택 등보다 저렴하고, 단독주택보다 높은 가격 수준이다.

> **협동주택의 분양기준에 관한 경과조치 등(서울시 도시정비조례 부칙 제31조)**
>
> 제36조 제2항 제3호와 제37조 제2항 제3호의 개정규정에도 불구하고 서울특별시조례 제4768호 서울특별시 도시 및 주거환경 정비조례 일부개정조례 시행 당시 최초로 조합설립인가를 신청하는 분부터 종전의 「서울특별시 주택개량재개발사업시행조례」 제4조 제2항에 따라 건축된 협동주택으로서 지분 또는 구분소유등기를 필한 세대는 사실상 구분된 가구 수로 한정하여 각각 1명을 분양대상자로 하여 적용한다.

알아두면 좋은 내용

협동주택의 발생연혁과 분양자격에 관한 변천사

1. 서울시는 재개발 분양자격과 똑같은 기준을 적용하기로 조례를 개정했다. 종전 「서울시 주택개량재개발사업 시행 조례」 제4조 제2항에 따라 건축된 협동주택으로서 1988년 5월 7일 전에 지분 또는 구분등기를 필한 세대는 사실상 구분된 가구별로 각각 분양자격이 주어진다. 다만 이 규정은 2009년 4월 22일 이후 최초로 조합설립인가를 신청하는 분부터 적용한다.
2. 협동주택 건축 근거법률 : 1974년 제정 1988년 폐지된 '서울시 주택개량 재개발사업 시행조례'
3. 협동주택은 1980년대 중후반까지 서울의 일부 지역에서 주택개량사업을 통해 지어진 일종의 공동주택이다. 4가구 이상 독립된 주거생활을 할 수 있는 구조이지만, 다세대나 다가구의 개념이 없던 시절이라 편의상 협동주택이라 명명되었다.
4. 2015. 5. 14.자 조례개정으로 인하여 2015. 6. 4.부터는 1988. 5. 7.전에 등재여부를 불문하고 협동주택으로 등재되어 있으면 무조건 각 분양대상이다.

08 전환다세대주택에 대한 경과조치(분리다세대)

(1) 전환다세대주택(분리다세대)란 다가구에서 각자 하나씩 별도등기된 것을 말하고, 원다세대란 준공당시부터 공동주택으로 별도의 세대를 구성해 등기를 완료한 것을 말한다.

(2) 단독 또는 다가구주택을 다세대주택으로 전환한 주택이라도 권리산정기준일 이전(서울시 구조례 2003년 12월 30일 전)에 구분등기를 완료한 주택이라면 전용면적 60㎡ 이하의 주택을 공급받거나 정비구역 안의 임대주택을 공급할 수 있다(구조례 적용대상은 • 서울시조례 2003년 12월 30일 전, • 경기도조례 20017. 04. 09. 전, • 인천시조례 2004. 07. 19. 전).

(3) 전환다세대주택이라도 주거총면적이 60㎡(여러 채를 합산하여도 가능함) 초과 시에는 종전관련 조례에 의하여 85㎡ 이하 주택을 분양 신청할 수 있다. 그러나 하나의 다세대전환주택을 공유지분으로 소유하고 있는 경우에는 주거전용 총면적에 포함시키지 않는다.

(4) 전환다세대주택의 주거총면적이 60㎡ 이하인 경우에는 기본적으로 전용면적 60㎡ 이하의 소형주택 또는 임대주택을 공급 받을 수 있지만, 재개발구역 내 전용면적 85㎡ 이하 주택을 분양신청조합원에게 배정하고 잔여분이 있고, 전용면적 60㎡ 이하 주택배정조합원의 상향요청이 있을 시에는 권리가액 다액 순으로 추가 배정할 수 있다(2007년 7월 30일 조례부칙개정). 이때에는 조합총회의 결의를 거쳐야 한다.

조례시행일 이후에 분할된 권리는 각각 다르더라도 면적과 상관없이 분양자격은 전 세대를 합산해서 하나만 나온다. 그러나 사업을 진행하기 위해서는 분리된 다세대가 많은 지역은 그의 결정의 힘(의결권)이 커지므로 60㎡까지 보호 받을 수 있다. 하지만 그 많은 수의 분리다세대조합원을 충족시키려면 소형평형을 많이 지어야 하므로 사업성이 떨어진다. 따라서 투자시 이러한 곳을 피해야 할 것이다.

(5) 전환다세대주택의 분양자격(권리산정기준일 2015. 01. 10.)

예제 1

301호 전용면적 80㎡
201호 전용면적 50㎡
101호 전용면적 50㎡

2010년 1월 10일 다가구주택에서 다세대주택으로 전환한 301호를 매입한 경우 ⇨ 권리산정기준일 이전(구조례 적용대상은 2003년 12월 30일 전)에 분리된 다세대는 소형평형이나 임대아파트가 배정 받게 되나 전용면적이 60㎡ 이상이어서 종전관련 조례에 의하여 85㎡ 이하 주택을 분양 받을 수 있다.

예제 2

2010년 1월 10일 다가구주택에서 다세대주택으로 전환한 201호를 매입한 경우 ⇨ 소형평형이나 임대아파트가 배정된다. 여기서 권리산정기준일 이전은 1월 10일까지 포함되는 것이고, 구조례 적용대상인 12월 30일 전은 12월 29까지만을 의미한다. 따라서 1월 11일에 전환된 다세대주택은 하나의 분양자격만 주어진다.

예제 3

2015년 3월 10일 다가구주택에서 다세대주택으로 전환한 201호를 매입한 경우 ⇨ 101호, 201호, 301호 전체에서 하나의 분양자격이 주어지므로, 공동분양권자가 된다.

> **알아두면 좋은 내용**
>
> ① 서울시 도시 및 주거환경정비조례 제24호 제2항 제1호 다음의 경우에는 수인의 분양신청권자를 1인의 분양대상자로 본다.
>   - 단독주택 또는 다가구주택의 건축물 준공 이후 다세대주택으로 전환된 경우
> ② 부칙(2003.12.30) 제5조위 규정에도 불구하고 이 조례시행 전에 단독 또는 다가구 주택을 다세대주택으로 전환하여 구분등기를 완료한 주택에 대하여는 전용면적 60㎡ 이하의 주택을 공급하거나 정비구역 안의 임대주택을 공급할 수 있으며, 다세대주택의 주거전용총면적이 60㎡ 초과하는 경우에는 종전관련조례의 규정에 의한다. 단, 하나의 전환다세대를 공유지분으로 소유하고 있는 경우에는 주거전용 총면적에 포함시키지 아니하며 전용면적 85㎡ 이하 주택을 분양신청조합원에게 배정하고, 잔여분이 있는 경우 전용면적 60㎡ 이하 주택배정조합원의 상향요청이 있을 시에는 권리가액 다액순으로 추가 배정할 수 있다.

09 사실상 주거용으로 사용하는 근린상가, 오피스텔 등

　2008년 7월 30일 새 조례가 공포되면서 분양대상기준이 확정되었다. 2008년 7월 30일 이전에 준공을 마친 근린생활시설 등의 건축물 중 사실상 주거용으로 사용한 건축물은 분양자격을 주도록 하였다. 다만 소유자가 재개발사업지정일 이후부터 관리처분계획기준일 이전까지 무주택인 경우에 한한다. 그리고 이러한 분양자격은 위의 분양자격을 승계한 자에게도 인정하고 있다. 서울시는 지금까지 상가를 주거용도로 사용했을 때 7월 29일 이전에 실제 주거용으로 사용해 왔다는 증명이 되면 분양대상자가 될 수 있다. 그리고 상가나 근린생활시설소유자가 아파트분양대상자가 되기 위해서는 권리가액이 향후 분양되는 아파트의 최소분양가 이상이 되어야 한다.

> **사실상 주거용으로 사용되고 있는 건축물에 관한 경과조치**
> (서울시 도시정비조례 부칙 제25조)
>
> 이 조례 개정전 종전의 제24조 제1항 제1호에 따른 "사실상 주거용으로 사용되고 있는 건축물"로서 이 조례 시행 전에 법 제4조 제1항에 따른 정비계획을 주민에게 공람한 지역의 분양신청자와 이외 지역에서 법 제4조제3항에 의한 정비구역 지정 고시일부터 법 제46조 제1항에 의한 분양신청기간이 만료되는 날까지 세대원 전원이 주택을 소유하고 있지 아니한 분양신청자는 종전의 규정에 의한다. (2008.07.30)

10 재개발사업에서 현금청산 대상 조합원

◆ 나대지 단독필지로 30㎡ 미만 소유자

◆ 나대지 단독필지로 30㎡ 이상~90㎡ 미만 소유자로 유주택자

◆ 나대지 단독필지로 30㎡ 이상~90㎡ 미만 소유자로 무주택자

 2010년 7월 15일 서울시 도시 및 주거환경 정비조례가 개정된 **신조례 적용 대상 재개발사업구역에서는** 90㎡ 미만인 토지소유자는 **분양자격이 없어서, 현금청산대상자가 된다.**

 그러나 서울시 구조례 적용대상으로 단독필지로 30㎡이상~90㎡ 미만인 토지소유자는 ① 2003년 12월 30일 전에 소유권이 분리되고, ② 지목과 현황이 모두 도로가 아니어야 하고, ③ 사업시행인가 고시일 부터 공사완료 고시일 까지 세대전원이 무주택인 인 경우에는 분양대상자가 된다.

◆ **나대지 공유지분이 90㎡ 미만 소유자**

◆ **분양신청을 하지 않은 자**

◆ **공유지분이나 분리된 필지 등이 분양대상에 해당되는 경우**

공유지분이나 분리된 필지 등이 분양대상에 해당되어도 분할시점이 권리산정기준일 이후였다면 분양대상이 아니고, 현금청산대상이다.

지금까지는 도시 및 주거 환경정비법과 서울시 조례를 가지고 서울시 분양자격과 현금청산자를 분석해 보았다.

이렇게 서울시를 기준으로 분석한 것은 서울시의 주택재개발사업이 가장 오래되었고, 다른 지역들의 경우도 서울시의 조례를 참고하여 만든 사례가 대부분이기 때문이다.

그렇더라도 지방자치단체 조례별로 다르게 규정하여 시행하고 있으니, 다른 지방자치단체 조례를 국가법령정보센터에서 확인해서 분양자격을 분석하거나 지방자치단체 도시정비과에 문의해서 분양자격 유무를 정확하게 확인하고 투자 여부를 결정해야 성공할 수 있다.

MEMO

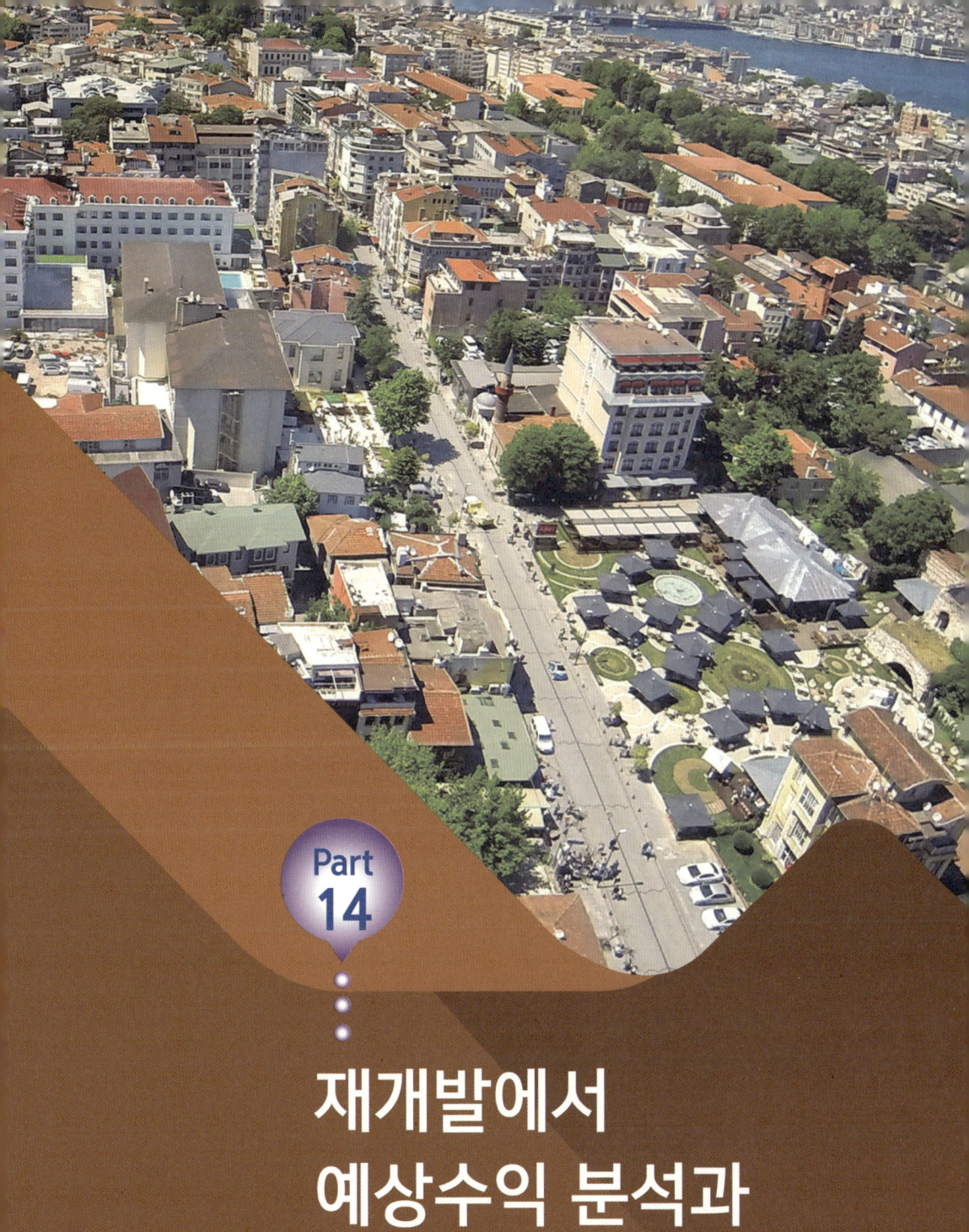

Part 14

재개발에서
예상수익 분석과
실전투자 비법

01 재개발사업 진행과 아파트 평형별 건립세대 계산

◈ **재개발투자에서 기본적으로 알고 있어야할 내용**

(1) 초기투자금액을 적게 하여 입주까지의 금융비용(기회비용)을 줄이는 것이 좋다.

(2) 희망하는 평형의 분양대상자격에 법률적으로 합당한가(희망평수를 분양받을 수 있는가 분석).

(3) 초기투자금액과 추가부담금액(청산금)의 합계를 계산하여 총액이 적은 물건으로 구입할 것

① **초기투자금액** = 지분매입가 − [(전세보증금 + 대출금액) 이들은 이주비를 받아서 상환하면 된다]

② **추가부담금(청산금)** = 조합원분양가 − 조합원의 권리가액(토지 및 건축물의 평가총액 × 비례율)

③ **총 부담금(총취득금액)** = 지분매입가(권리가액+프리미엄) + 추가부담금 + 금융비용 및 소유권이전비용 등(초기투자시 초기투자금액이 많고 적음에 따라 기회비용 계산)

④ **투자수익 분석** = 매도가격 − 총부담금(=총취득금액)[매입가격(권리가액+프리미엄)+추가부담금+금융비용 등]으로 계산하면 된다.

◆ 재개발 방법 및 가정, 그리고 건립세대 계산방법

(1) 재개발 방법 및 가정

① 대지 총면적 49,587㎡이 용적률이 250%이다.
따라서 연면적 49,587×250%=123,968㎡이다.
② 기존아파트가 36㎡가 500가구, 50㎡가 150가구, 56㎡가 100가구인 재개발대상 아파트
③ 건립비율 : 46㎡ 17%(임대주택), 79㎡ 23%, 109㎡ 40%, 142㎡ 20%(일반재개발지역은 건립비율이 전용면적 85㎡ 이하가 80%, 85㎡ 초과가 20%이지만 이와 같은 건립비율로 재개발하였다는 조건임)
④ 재개발 부지 전체를 주택부지로만 사용한다.

(2) 아파트 평형별 건립세대 계산방법

아파트면적 (평형)	가구수비율 (지자체 건립비율)	연면적대비 면적비율	아파트면적(평형)별 총면적 123,968㎡ × 면적비율	아파트면적(평형)별 건립가구
46㎡(14)	17	782/9,799=7.980%	123,968×7.980=9,893	9,893÷46=215
79㎡(24)	23	1,817/9,799=18.643%	123,968×18.643=22,987	22,987÷79=291
109㎡(33)	40	4,360/9,799=44.494%	123,968×44.494=55,158	55,158÷109=506
142㎡(43)	20	2,840/9,799=28.983%	123,968×28.983=35,930	35,930÷142=253
총계		9,799	123,968	총세대수 1,265세대

◆ 재개발사업에서 임대주택과 주택규모별 건설비율은?

① 85㎡ 이하를 주택 전체 세대수의 80% 이하로 지어야 하지만, 이 80% 안에는 임대주택수를 15% 뺀 65% 이하가 일반주택수이다.

② 85㎡ 초과를 주택 전체 세대수의 20% 이하로 건립해야 한다.
③ 임대주택은 주택 전체 세대수의 30% 이하로 하되, 주거전용면적이 40㎡ 이하인 임대주택이 전체 임대주택 세대수의 40% 이하로 건립해야 한다 (도시 및 주거환경정비법 시행령 제9조 제1항 제2호).

02 재개발사업에서 분양하는 방법

　재개발구역내에서는 중대평형 <u>85㎡ 초과분의 50% 조합원 + 50% 일반분양</u> 이므로 253 ÷ 2 =126.5이므로 126세대의 범위 내에서 조합원에게 분양한다.
　따라서 기존 56㎡가 100세대를 우선 분양받고, 2차로 50㎡가 26세대를 분양받게 되는데 50㎡ 소유조합원들은 26세대 분을 가지고 추첨방식으로 배정 받게 된다.
　나머지 124세대와 36㎡소유 500세대는 109㎡의 506세대 분을 분양 받을 수 있는데 이들의 배정순위는 50㎡의 124세대가 우선 받고, 나머지 382세대 분을 36㎡소유 500세대가 추첨방식으로 배정 받는다. 여기서 배정 받지 못한 118세대는 79㎡를 분양 받는다. 따라서 79㎡의 나머지 173세대와 142㎡ 127세대가 일반분양분으로 분양하게 되므로 이 금액이 분양 총수익금으로 신축되는 아파트 공사대금에 충당할 수 있게 되니 그 만큼 조합원들의 청산금[추가부담금=종후 자산의 권리가액(신축아파트의 분양가격) − 종전자산의 권리가액]의 부담을 감소시키게 되는 금액이다. 그리고 46㎡ 215세대는 전체건립가구의 17%로 임대아파트공급을 위해서 건립된 것이다.

그러나 재개발구역내에서 조합원의 수가 많아서 분양을 받지 못하게 되는 조합원이 발생 된다면 앞에서 기술한 중대평형 85㎡ 초과분 50%의 일반분양분에서 우선 공급할 수 있도록 하고 있어서 일반분양분이 50% 이하로 줄어들 수 있다. 즉 분양받지 못하는 조합원이 발생된다면 일반분양은 없게 된다. 재개발구역내에서 소형평형이 증가되는 현상은 좋은 계기가 될 수 있다. 이는 1~2인 가구증가와 대형평형 선호에서 소형평형 선호로 주택소비자들이 실수요에 맞게 변화되고 있는 추세이기 때문이다. 따라서 재개발구역내에 투자 시 큰 지분을 가지고 있는 투자자가 반드시 대형평형을 선택한다는 계산으로 초기투자시 작은 지분에 투자하였다가는 큰 지분권자가 소형평형에 분양신청하게 되면 상대적으로 대형평형을 신청할 수밖에 없어서 예상치 못한 추가부담금의 증가와 그로 인한 손실이 발생될 수 있다는 점을 염두에 두고 투자해야 한다. 그렇다고 해서 초기투자가 적은 물건이 수익성이 나빠진다는 사실은 아니다. 재개발이 장기간 소요되는 점 등을 볼 때 같은 평형을 받을 수 있고, 총투자금이 같거나 많은 차이가 나지 않는 경우 분명 좋은 투자가 될 수 있다.

03 재개발사업은 도급제로 진행된다!

일반적으로 재건축, 재개발 등 정비사업 추진 시 조합과 건설사가 맺는 계약은 도급제, 지분제 두 가지 방법이 있다.

01 **도급제는 시공사와 평당 건축비를 산정해서 도급계약을 맺는 방식으로** 조합은 진행하는 공정에 따라 공사비를 지급하면 되는 것으로 공사만 시공사에게 맡길 뿐이고, 모든 것을 조합이 추진하는 방식이어서 아파트나 상가 분양 등을 조합이 직접 주관하게 된다. 그러므로 그에 따르는 수익과 손실은 모두 조합과 조합원의 책임으로 돌아간다.

02 **지분제는 조합이 시공사에게 모두 일임을 하고 모든 사업의 전반을 시공사가 책임지고 진행하는 방식**이다(자세한 내용은 Part 8의 03 재건축사업은 도급제와 지분제로 진행된다! 참조).

통상적으로 조합이 시공사와 계약을 체결할 때 재개발은 도급제로 계약하는 경우가 대부분이고, 재건축은 도급제와 지분제를 병행해서 사용되고 있지만, 대부분 도급제로 진행되고, 일부 재건축사업단지와 소규모 재건축사업 등이 지분제로 진행되고 있다.

정리해보면, 부동산 경기가 호황일 때는 조합은 개발이득을 취하고자 도급제를, 부동산시장이 지금같이 위축되거나 불확실성이 커질 때는 지분제를 선택하는 경향이 있다. 이런 입장은 시공사 역시 재건축 사업단지가 좋아서 분양가를 높게 받을 수 있다면 지분제를 선호하겠지만, 이런 상황에선 조합은 도급제를 선택할 것이다.

그래서 재건축사업에 투자하는 사람들이라면 내가 투자하는 부동산이 어떠한 방식으로 진행되는 가를 알고 있어야 한다.

04 재개발이 도급제로 진행되는 경우 투자 수익분석

- 매입가격이 6억원
- 감정평가금액(또는 예상감정가) 5억원(사업시행인가 시점을 기준으로 감정평가액)(매입당시 미확정단계라면 추진위나 조합의 예상감정가, 또는 주변 시세의 80% 수준으로 예상, ∵ 감정가는 시세보다 70~80%선에서 책정되기 때문)
- 프리미엄 1억원(조합원분양권을 받을 수 있는 권리의 댓가).
- 권리가액은 5억원(권리가액=감정평가액×비례율)(비례율이 100%로 가정)
- 추가부담금(또는 ▲청산금) 2억원=신축아파트의 권리가액 7억원(조합원분양가)−종전자산의 권리가액 5억원
- 34평형 조합원분양가 7억원
- 34평형 일반분양가 8억5,000만원.
- 34평형 분양권, 또는 신규아파트를 일반 시세로 매매 10억원

> **재개발 후 투자수익 계산방법**
>
> ① 투자수익 = 매도한 가격 - 조합원분양가 - 프리미엄(또는 ②번)
> ② 투자수익 = 매도한 가격 - 총취득금액[매입한 가격(권리가액+프리미엄)+추가부담금+금융비용 등]으로 계산하면 된다. 금융비용 등은 매입시 소유권이전제비용+보유기간 은행이자+보유기간동안 기회비용 등을 말하고, 총취득금액은 총부담금으로 표시하기도 한다.
> ③ 투자수익 미래예측분석=[현재 주변 비슷한 단지 아파트시세+α(신규아파트 프리미엄+3~4년 후 가격상승 제요인 등)]-[기존아파트 매입가격(조합원권리가액+프리미엄)+추가부담금(▲청산금)+재개발로 건물이 신축시까지 소요되는 금융비용 등과 소유권이전 제비용 등]

이 사례에서 단독주택, 또는 아파트 등을 6억원에 구입해서, 조합원의 권리가액 5억원보다 1억원을 프리미엄으로 더 주고 샀다.

① 매수자가 일반분양가 8억5,000만원에 판다면 - 총취득가격 8억원[매입가 6억원(권리가액 5억원+프리미엄 1억원)+추가부담금 2억원]으로 5,000만원의 투자수익이 발생한다. 이 금액은 재건축 등의 사업이 장기간 진행됨에 따라 기회비용과 금융비용(금융기관 대출이자 등) 등을 계산하면 손해가 될 것이다. 하지만, 일반분양은 경쟁률이 높아서 분양받지 못한다는 것을 전제한다면, 분양가대비로 수익률을 계산하는 것보다 다음 ②와 같이 일반 시세로 매매할 때 수익이 발생하는 것으로 수익분석을 하는 것이 현명하다.

② 주변 34평형 아파트 시세 10억으로 팔 때에는 - 총취득가격 8억원[매입가 6억원(권리가액 5억원+프리미엄 1억원)+추가부담금 2억원]으로 2억원의 투자수익이 발생한다. 이러한 프리미엄은 종전자산을 살 때 지급한 프리미엄과 신규아파트로 완공해서 입주하는 단계에서 주변아파트와 비교해 높은 가격을 받

을 수 있는 신규아파트 프리미엄도 있다. 재건축 등의 사업에서 종국적으로 신규아파트의 프리미엄이 신축 후 아파트의 미래가치를 좌우한다고 해도 과언이 아니다.

③ 개발사업으로 투자수익을 계산할 때에는 앞에서와 같은 방법으로 계산하면 되지만, 재건축 후 신규아파트 시세를 분석할 때에는 재건축사업단지 등의 주변 분양아파트, 또는 주변 신규아파트 시세 등을 참고해서 분석하고, 여기에 추가로 신규아파트 프리미엄(3년~5년 후의 아파트 상승률 등) 등을 고려해서 분석하면 된다.

05 2개 부동산 가치분석과 예상수익을 비교분석하는 방법

◆ 재개발사업의 기본적인 수익분석표

[종전부동산 가치분석]

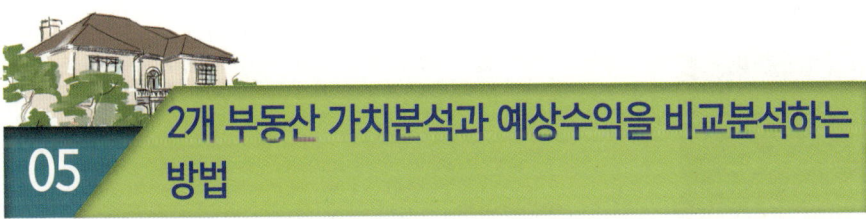

김미영 소유자	1억2,000만원	⇨ 사업비투자 (9억5,900만원)	일반분양 정	3층분양가 2억9,700만원
박소영 소유자	2억원		조합원분양 갑	3층분양가 2억9,700만원
종전평가금액합계	3억5,000만원		조합원분양 을	2층분양가 2억9,700만원
			일반분양 병	1층분양가 3억3,000만원

신규 아파트 자산 총 합계 = 12억7,400만원

이와 같이 사항을 갖고 비례율을 계산하면 비례율은 90%가 된다.

$$비례율 = \frac{종후자산의\ 총합계(조합원분양가의\ 총합계+일반분양가의\ 총합계)12억7,400만원-(총사업비)9억5,900만원}{종전대지\ 및\ 건물평가액\ 총\ 합계\ 3억5,000만원} \times 100 = 90\%$$

구 분	김미영, 대지지분 33㎡, 건물 66㎡	박소영, 대지지분 66㎡, 건물 99㎡
매입가(취득가)	1억2,000만원	2억원
대지지분평단가	1,200만원	1,000만원(이러한 차이는 부동산 재개발 시장에서 지분이 크냐, 적으냐에 따라, 또는 초기투자 금액이 크냐, 적으냐에 따라 가격 차이가 발생하기 때문이다)
평가금액	• 토지 33㎡(3.3㎡당 1,000만원) = 1억원 • 건물 66㎡(3.3㎡당 100만원) = 2,000만원 [20년 미만시 3.3㎡당 보증](20년 초과시에도 사람이 살 수 있을 정도면 3.3㎡당 60만원 보증] 계 1억2,000만원	• 토지 66㎡(3.3㎡당 1,000만원) = 2억원 • 건물 99㎡(3.3㎡당 100만원) = 3,000만원 [20년 미만시 3.3㎡당 보증](20년 초과시에도 사람이 살 수 있을 정도면 3.3㎡당 60만원 보증] 계 2억3,000만원
비 례 율	90%	90%
비례율산정 후 가격	1억800만원	2억700만원
조합원분양가 109㎡	2억9,700만원	2억9,700만원
추가부담금(청산금)	1억8,900만원	9,000만원
총 부담금	3억900만원	2억9,000원
최초 지분매입시 비용 및 금융비용부담	① 소유권이전비용, 부동산수수료 1억2,000만원×1.5%=180만원 ② 금융비용부담 1억2,000만원×4%(3년)=1,440만원	① 소유권이전비용, 부동산수수료 2억원×1.5%=300만원 ② 금융비용부담2억원×4%(3년)=2,400만원
총 부담금 및 제비용 합계	3억2,520만원	3억1,700만원
일반분양가 109㎡ (33평형)	4억원	4억원
주변 33평형아파트 시세	5억+α(신규아파트프리미엄+3년 후 아파트가격상승요인 등)	5억+α(신규아파트프리미엄+3년 후 아파트가격상승요인 등)

위와 같이 박소영이 김민영보다 초기투자비용 8,000만원을 더 투자해서 820만원의 투자수익을 더 보게 되었다. 이 사례에서 투자자라면 박소영 부동산을 매수해야한다. 그렇지만 초기투자금액을 8,000만원 더 투자하게 되므로, 8,000만원에 대한 3년 동안 기회비용도 포함해서 계산해야 한다. 이러한 기회비용까지 생각한다면 초기투자금액이 적은 김미영 부동산에 투자하는 것이 올바른 선택일 것이다. 그러나 이 사례에서는 두 가지 문제점을 생각하게 한다.

첫째로, 기회비용까지 포함해서 차이가 없을 때에는 당연하게 초기투자금액이 적은 부동산에 투자해야 될 것이지만, 대부분 차이가 많이 발생하게 되는 것이 일반적이고, 그렇다면 초기투자금액을 높여서라도 박소영 부동산을 선택해야 한다.

둘째로, 건립비율에 따른 건립세대수와 해당조합원수 등을 비교하여 109㎡(33평형)의 분양에 해당될 수 있는가를 다음과 같이 정확하게 분석하고 투자해야 한다.

◆ 33평형(109㎡)이 2억9,700만원이고, 비례율이 90%인 경우

앞의 예제는 33평형(109㎡)이 2억9,700만원이고, 비례율이 90%에서 조합원 500명이고, 건립세대가 1,000세대이다.

① 142㎡(43평형) 200세대(100세대 조합원분양, 100세대 일반분양(50%))

② 109㎡(33평형) 400세대

③ 79㎡(24평형) 이하 400세대인 경우로 일반분양물건 100세대를 제외하고 나면, 142㎡ 100세대, 109㎡ 400세대로 총 500세대가 되므로 지분이 적은 김미영도 33평형(109㎡)을 분양 받을 수 있다. 이러한 상황에서는 박소영지분에 투자하는 것보다 김미영지분이 유리하다.

◆ 33평형(109m²)이 2억9,700만원이고, 비례율이 100%인 경우

　김미영은 추가부담금이 1억7,700만원으로 총 부담금과 제비용 합계금액이 3억1,320만원이다(총취득금액=매입한 가격 1억2,000만원(권리가액+프리미엄)+추가부담금 1억7,700만원(조합원분양가 2억9,700만원-비례율 반영한 금액 1억2,000만원)+금융비용 등 1,620만원).

　박소영은 추가부담금이 6,700만원으로 총 부담금과 제비용 합계금액이 2억9,400만원이다. 따라서 비례율의 증가에 따라 총부담금이 김미영은 1,200만원 줄고, 박소영은 2,300만원 줄게 된다. 따라서 비례율이 증가되면 지분이 적은 사람보다 큰사람의 총부담금이 적어지는 것을 확인할 수 있다. 비례율이 적어지면, 그 반대 현상이 발생한다.

　이 현상을 쉽게 설명하면 비례율은 사업 성공 비율이기 때문에, 공동투자 사업에서 많이 투자한 사람이 적게 투자한 사람보다 많이 가져가는 원리로 당연한 결과이다. 그러나 반대로 사업이 손해를 보게 되면 적게 투자한 사람이 많이 투자한 사람보다 적게 손해 보는 원리와도 같다.

◆ 33평형(109m²)이 2억9,700만원이고, 비례율이 110%인 경우

　김미영은 추가부담금이 1억6,500만원으로 총 부담금과 제비용 합계금액이 3억120만원이다(총취득금액=매입한 가격 1억2,000만원(권리가액+프리미엄)+추가부담금 1억6,500만원(조합원분양가 2억9,700만원-비례율 반영한 금액 1억3,200만원)+금융비용 등 1,620만원).

　박소영은 추가부담금이 4,400만원으로 총 부담금과 제비용 합계금액이 2억7,100만원이다. 따라서 비례율의 증가에 따라 총부담금이 김미영은 1,200만원 줄고, 박소영은 2,300만원 줄게 된다.

따라서 비례율의 증가에 따라 추가부담금이 김미영은 2,400만원 줄고, 박소영은 4,600만원 줄게 된다. 따라서 비례율이 증가되면 지분이 적은 사람보다 큰사람의 추가부담금이 적게 되는 것을 다시 한번 확인할 수 있다. 비례율이 적어지면 그 반대 효과가 발생한다.

그리고 비례율이 100%를 초과하면 지분이 큰사람에게 유리하고, 100% 미만이면 지분이 적은 사람이 유리한 구조라는 것을 재개발사업 등에서 알고 있어야 한다.

◆ 재개발사업을 종합적으로 분석하는 방법

전체적으로 보면 비례율이 높으면 조합원 추가부담금이 적어지는 것을 알 수 있다. 비례율이 높은 때에는 초기투자가 많은(지분이 큰 조합원) 박소영이 김미영보다 총부담금이 상대적으로 적어진다. 비례율이 낮을 경우에는 초기투자금액이 적은(지분이 적은 조합원) 김미영이 박소영보다 총부담금이 상대적으로 낮아진다. 보통 재개발지역에서는 비례율이 100% 미만에서 결정되는 것이 대부분으로 적은 금액을 투자해도 같은 평형을 받을 수 있다는 확신이 선다면, 추후에 총 부담금에서는 적게 부담되는 김미영 부동산에 투자하는 것이 유리하다. 그렇다고 하더라도 ① 조합원수가 적고, 일반분양수가 많아서 분양수익이 많이 발생하거나 ② 용적률이 높아서 일반분양수가 많아지는 경우, ③ 강남지역과 같이 분양가가 높은 지역이어서 분양수익을 높일 수 있는 경우에는 비례율이 높아지기 때문에 초기투자비용이 높은 것이 좋을 수도 있다는 사실은 앞에서 설명한 바와 같다.

이 사례에서 김미영, 박소영 상황에서 김미영과 박소영의 투자금액을 갖고서 분양아파트 총 부담금에서 비교할 때 김미영이 유리하다는 것을 분석해 보았다. 그러나 이들이 분양아파트 입주 후의 분양가와 시세 차이를 알기 위해서는 총 부담금액(총 투자금액)과 주변아파트시세를 비교해서 재개발 지분에 대한 투자의 수익성을 분석해야 한다. 예를 들어 주변아파트 시세가 5억원이라면 앞의 예제(33평형(109㎡)이 2억9,700만원이고, 비례율이 110%인 경우)에서 김미영은 1억9,800만원(주변아파트 시세 5억원－총부담금 3억120만원), 박소영은 2억2,900만원(5억－2억7,100만원)의 이익이 발생하게 한다. 그러나 여기에 추가적으로 물가상승이나 신규아파트프리미엄, 아파트가격상승요인 등을 예상하면 더 많은 수익이 발생할 것이다.

06 김민정과 이승민 부동산의 재개발사업 수익분석 방법

◆ 김민정 부동산평가와 비례율 산정 후의 수익 분석표

김민정 대지 및 건물 총 매입가	대지지분 33.068㎡(10평) 건물　　 66.116㎡(20평)] = 1억2,000만원에 매입했다.	대지지분평당가 = 1,200만원
평가방법	① 대지＝대지지분 33.068×개별공시지가 1,512,510원＝50,000,556원 그런데 대지에 대한 평가방법은 감정평가가 이루어지기 전이기 때문에 감정평가 예상금액으로 보통 공시지가의 130%를 기준으로 삼았다. 그러나 이는 정확한 것이 아니므로 보통 재개발지역에서는 공시지가 대비 감정평가되는 금액이 130~200%까지 차이가 날 수 있으나 이는 감정평가를 알 수 없는 상태에서 단순한 수치를 적용하여 비교하는 방법으로 이해하고 같은 조건(같은 개발구역 내)으로 두 개 이상 물건을 비교할 때는 좋은 방법이다. 대지평가＝50,000,556×130%＝65,000,723원	

평가방법	② 건물 = 건물지분 66.116㎡ × 453,740원(건물이 10년 미만 시)(건물은 10년 미만일 경우 보통 평당 1,500,000원 정도 계산, 15년 미만인 경우 보통 1,000,000원, 20년 미만인 경우 보통 평당 800,000원 정도로 계산하면 될 것이다. 이는 단순비교하기 위한 방법이지 정확한 것은 아니다. 20년 이상 초과된 경우에도 사람이 생활할 수 있을 정도면 600,000원 정도는 인정하고 있다) = 29,999,474원
대지 및 건물 총 평가금액	95,000,197원
비례율	95%($\frac{\text{사업완료 후(종후) 대지 및 건물의 총 가액} - \text{사업 총 비용}}{\text{종전토지 및 건물의 총 가액}} \times 100$)
비례율산정 후 가격	90,250,187원
조합원분양가	277,500,000원(보통 일반분양가의 75% 수준)
추가부담금	187,249,813원(조합원분양가 - 비례율 산정 후 가격)
총부담금	307,249,813원(대지 및 건물 총 매입가 120,000,000 + 추가부담금 187,249,813원)
최초 지분매입시 비용 및 금융비용 부담	① 취득비용 및 제비용 3% = 120,000,000 × 3% = 3,600,000원 ② 금융비용부담 = 120,000,000원 × 6%(3년) = 21,600,000원
조합분양가대비 수익성분석	조합원분양가 277,500,000원 - 총부담금 307,249,813원 - 비용 및 금융비용 25,200,000원 = △54,949,813원
배정평형의 일반분양가 [예 109㎡(33평형)인 경우]	370,000,000원
일반분양가대비 수익성분석	일반분양가 370,000,000 - 총 부담금 307,249,813 - 비용 및 금융비용 25,200,000 = 37,550,187원
주변 109㎡ 아파트시세	4억3,000만원 + α(신규아파트프리미엄 + 3년 후의 아파트가격상승요인 등)

◆ 이승민 부동산평가와 비례율 산정 후의 수익 분석표

이승민 대지 및 건물 총 매입가	대지지분 66.116㎡(20평) 건물 99.174㎡(30평)] = 2억원에 매입했다. 대지지분평당가 = 1,000만원
평가방법	① 대지=대지지분 66.116㎡×개별공시지가 1,512,510원=100,001,111원 대지평가금액=100,001,111원×130%=130,001,444원 ② 건물=건물지분 99.174㎡×453,740원=44,999,211원(건물이 10년 미만시)
대지 및 건물 총 평가액	175,000,655원
비례율	95%($\frac{\text{사업완료 후(종료후) 대지 및 건물의 총 가액 − 사업 총 비용}}{\text{종전토지 및 건물의 총 가액}}$ ×100)
비례율산정 후 가격	166,250,622원
조합원분양가	277,500,000원(보통 일반분양가의 75% 수준)
추가부담금	111,249,378원(조합원분양가−비례율 산정 후 가격)
총부담금	311,249,378원(대지 및 건물 총 매입가 200,000,000원+추가부담금 111,249,378원)
최초지분매입시 비용 및 금융비용부담	① 취득비용 및 제 비용 3%=200,000,000원×3%=6,000,000원 ② 금융비용부담=200,000,000원×6%(3년)=36,000,000원
조합원분양가 대비 수익성분석	조합원분양가 277,500,000원−총 부담금 311,249,378원−비용 및 금융비용 42,000,000원=△75,749,378원
배정평형의 일반분양가 [예 109㎡(33평형)인 경우]	370,000,000원
일반분양가 대비 수익성분석	일반분양가 370,000,000원−총 부담금 311,249,378원−비용 및 금융비용 42,000,000원=16,750,622원
주변109㎡아파트시세	4억3,000만원+α(신규아파트프리미엄+3년 후의 아파트가격상승요인 등)

이 06사례에서 김민정과 이승민 부동산평가와 비례율 산정 후의 수익 분석표에서 총투자금과 조합원분양가 대비 수익성분석과 총투자금과 일반분양가 대비 수익성분석을 계산해 보았다. 이러한 분석도 중요하지만, 신축된 아파트 입주 후 분양아파트의 가격을 알기 위해서는 주변지역의 비슷한 아파트단지 등

과 비교하여 보면 미래 입주 후 아파트가격과 재개발지분에 대한 가격 차이를 예측할 수 있다.

여기에 물가상승, 신규아파트프리미엄, 3~4년 후의 아파트가격상승 등의 미래가치를 예상하면 된다.

앞의 예제 05번과 06번 사례에서 살펴본 바와 같이 모든 투자에서 적은 비용으로 높은 수익을 올리는 것이 원칙이다. 따라서 적은 투자로 많은 수익을 올리거나 신축 아파트 건립 후 같은 평형을 분양 받게 된다면 총 부담금이 적은 쪽을 선택해야 한다. 또한 총투자금액이 같더라도 초기자금이 적게 투자되는 것이 유리하다. 왜냐하면 투자금의 기회비용이나 금융비용 등을 계산하면 당연하다.

즉 초기에 5,000만원 투자하고, 추가부담금이 2억5,000만원으로 33평형(109㎡) 아파트를 4억원에 분양 받았다면, 총 투자금액원 3억으로 1억원의 수익이 발생한다.

동일 조건하에서 초기에 2억5,000만원을 투자하고, 추가부담금 5,000만원을 부담하여 33평형(109㎡) 아파트를 분양 받았다면 총 부담금은 같지만, 기회비용, 금융부담 등을 생각하면 초기투자가 적은 쪽이 유리하다. 물론 초기투자가 적은 지분이 법률상 33평형을 분양 받을 수 있다는 전제하에서 논한 것이다.

여기에 재개발 등의 투자지분에 대한 성공은 현재 가치뿐만 아니라 미래가치(가격상승요인), 건물의 감가상각(건물의 노후 등에 따른 상각)과 기회비용(그 투자금액을 가지고 다른 분야에 투자했을 경우 얻을 수 있는 기대수익 등), 투자금액에 대한 금융비용 등도 총투자금에 포함시켜서 종합적으로 수익성을 분석하는 것이 좋다.

07 분양가가 높을 때와 낮을 때 누가 성공할까?

◆ 재개발사업에서 조합원의 분양가만 높인 경우

앞의 예제 05번에서 기존 조합원분양가를 2억9,700만원에서 3억3,000만원으로 올렸다면, 분양가 인상으로 비례율은 올라가고, 초기투자가 많은 박소영이 적은 지분 김미영에 비해서 유리하다. 즉, 김미영이 더 낸 부담금만큼 박소영의 부담금이 적어진다.

조합원분양가 2억9,700만원 김미영의 추가부담금 1억8,900만원, 박소영의 추가부담금 9,000만원 이었다(05번 사례의 비례율은 90%).

$$\text{비례율} = \frac{\text{종후자산의 총합계(조합원분양가의 총합계+일반분양가의 총합계)12억7,400만원-(총사업비)9억5,900만원}}{\text{종전대지 및 건물평가액 총 합계 3억5,000만원}} \times 100 = 90\%$$

조합원분양가 3억2,500만원(분양가 인상으로 비례율이 90% ⇨ 106% 증가)

조합원분양가 3억2,500만원으로 인상되므로 종후자산의 총합계가 5,600만원[(3억2,500만원- 2억9,700만원)×2]만큼 증가된다.

$$\text{비례율} = \frac{\text{종후자산의 총합계(조합원분양가의 총합계+일반분양가의 총합계)13억3,000만원-(총사업비)9억5,900만원}}{\text{종전대지 및 건물평가액 총 합계 3억5,000만원}} \times 100 = 106\%$$

① 김미영 추가부담금=3억5,000만원-1억2,720만원(1억2,000만원×106%)
=2억2,280만원.

② 박소영 추가부담금=3억5,000만원-2억4,380만원(2억3,000만원×106%)
=1억620만원이다.

조합원분양가 인상과 인상에 따른 비례율 상승(106%)으로 ① 김미영 총부담금=3억5,900만원(매입한 가격 1억2,000만원+추가부담금 2억2,280만원+금융비용 등 1,620만원)이다. ② 박소영= 3억3,320만원(매입한 가격 2억원+추가부담금 1억620만원+금융비용 등 2,700만원)이다.

결론적으로 비례율 90%로 계산할 때와 비교하면 총부담금의 차이가 박소영이 820만원 적었다. 그러나 조합원분양가를 인상해서 비례율이 106%로 증가할 때에는, 2,580만원으로 차이가 커지는 것을 알 수 있다. 따라서 조합원분양가 상승으로 재개발지분이 적은 김미영이 지분이 큰 박소영보다 1,760만원을 더 추가부담하게 된다.

◆ 재개발사업에서 조합원의 분양가만 낮춘 경우

앞의 사례에서 기존 조합원분양가를 3억5,000만원에서 3억원으로 내렸다면, 분양가 인하로 비례율은 내려가고, 초기투자가 적은 김미영이 많은 박지영에 비해서 유리하다.

이러한 경우 분양가 인하로 인하여 비례율이 낮아지고, 이에 따라서 비례율이 92%가 된다.

- ① 김미영 추가부담금=3억원-1억1,040만원(1억2,000만원×92%)=1억8,960만원.
- ② 박소영 추가부담금=3억원-2억1,160만원(2억3,000만원×92%)=8,840만원이다.

조합원분양가 인하와 인하에 따른 비례율 하락(92%)으로 ① 김미영 총부담금=3억2,580만원(매입한 가격 1억2,000만원+추가부담금 1억8,960만원+금융비용 등 1,620만원)이다.

② 박소영 = 3억1,540만원(매입한 가격 2억원+추가부담금 8,840만원+금융비용 등 2,700만원)이다.

결론적으로 비례율 106%로 계산할 때와 비교하면 총부담금의 차이가 박소영이 2,580만원 적었으나 92%로 계산할 때에는 1,040만원으로 차이가 더 적어진다는 사실을 알 수 있다.

따라서 조합원분양가를 인하하면 재개발지분이 적은 김미영이 지분이 큰 박소영보다 1,540만원 적게 부담하게 된다.

이렇게 분양가 인상과 분양가 인상에 따른 비례율이 상승시 변동 전보다 종전지분이 큰 박소영이 김미영보다 유리하다.

그러나 분양가 인하와 분양가 인하에 따른 비례율이 하락시 변동 전보다 종전지분이 적은 김미영이 유리하다.

08 감정평가액이 같은 비율로 높아지거나 낮아지는 경우

종전자산의 감정평가액이 같은 금액 또는 같은 비율로 높아지거나 낮아지는 경우에 따라, 비례율이 높아지거나 낮아지더라도 추후에 계산하면 권리가액이 똑같다.

> 예를 들면 평균적인 감정평가는 의미가 없다.
> 감정가액 ↑ → 비례율 ↓, 감정가액 ↓ → 비례율 ↑

종전자산에 대한 감정평가가 낮게 나와도, 그 재개발 등의 구역에서 개발 이익이 높다면 조합원들은 그 수익을 다 받을 수 있다.

대지 33,000㎡, 용적률 200%, 3.3㎡당 분양가가 1,000만원, 3.3㎡당 사업비가 500만원인 경우

◆ 감정평가액이 3.3㎡당 500만원인 경우

$$비례율 = \frac{총수입\ 2,000억원[(33,000㎡ \times 200\%) \times 1,000만원(3.3㎡당)] - 사업비\ 1,000억원[(66,000㎡ \times 500만원(3.3㎡))] - 1,000억}{500억원[33,000㎡ \times 500만원(3.3㎡)]} \times 100 = 200\%$$

따라서 비례율 반영 후 권리가액 = 500만원 × 200% = 1,000만원이다.

◆ 감정평가액이 3.3㎡당 1,000만원인 경우

$$비례율 = \frac{총수입\ 2,000억원[(33,000㎡ \times 200\%) \times 1,000만원(3.3㎡당)] - 사업비\ 1,000억원[(66,000㎡ \times 500만원(3.3㎡))] - 1,000억}{1,000억원[33,000㎡ \times 1,000만원(3.3㎡)]} \times 100 = 100\%$$

따라서 비례율 반영 후 권리가액 = 1,000만원 × 100% = 1,000만원이다.

◆ 감정평가액을 같은 비율로 증가시키는 경우

앞의 예제 05번에서 김미영과 박소영 감정평가액을 10%씩 증가 시킨 사례이다.

김미영 평가액 = 1억2,000만원 × 110% = 1억3,200만원

박소영 평가액 = 2억3,000만원 × 110% = 2억5,300만원으로 할 때 종전평가금액의 합계는 3억8,500만원이 된다.

다른 조건이 같다면

$$\text{비례율} = \frac{\text{종후자산의 총합계(조합원분양가의 총합계+일반분양가의 총합계)12억7,400만원-(총사업비)9억5,900만원}}{\text{종전대지 및 건물평가액 총 합계 3억8,500만원}} \times 100 = 81.8181\%$$

김미영의 비례율 반영한 평가액 = 1억3,200만원(평가액) × 81.8181% = 107,999,892원(인상하기 전 기존평가액 1억2,000만원 × 기존비례율 90% = 108,000,000원으로 동일하다. 8원 차이는 81.81818181.... 을 절사한 차이로 소수점 끝까지 계산하면 똑 같은 금액이 된다.)

박소영의 비례율 반영한 평가액 = 2억5,300만원(평가액) × 81.8181%
= 206,999,793원(인상하기 전 기존평가액 2억3,000만원 × 기존비례율 90% = 207,000,000원으로 동일하다.)

따라서 기존감정평가금액에서 같은 비율로 평가금액을 증가시키거나 낮추어도 비례율이 증가하거나 낮아질 수 있지만, 조합원의 비례율 반영 후 감정평가금액은 똑같다는 사실을 알 수 있다. 뿐만 아니라 김미영과 박소영의 총부담금도 같아지는 것을 분석할 수 있다.

따라서 정비사업체 등이 감정평가액과 비례율 조정 등으로 조합이 선호하는 방향으로 조정하려는 경향이 있다. 왜냐하면 비례율이 높으면 좋다는 생각이 있기 때문이다.

09 재개발사업 등의 국·공유지 수익분석

　재개발사업 등에서 국·공유지 위에 있는 무허가건물을 거래한다는 것은 지상건축물을 매입한다는 것을 뜻하고, 지상건축물에 의해 국·공유지 점유권이 인정되는 것이다. 점유인정의 최대한도는 본인이 소유한 토지를 포함해 200㎡까지이다. 국·공유지의 평가액이 높게 나오든 낮게 나오든 점유 인정권자에겐 큰 의미가 없다. 국·공유지의 평가액은 매각대금과 1:1이기 때문이다. 과거에는 매각대금은 공시지가이고, 평가대금은 별도여서 국·공유지에 대한 투자가 메리트가 컸으나 현재는 1:1방식이라 큰 이익이 없다. 단지 평가금액이 상향되어서 권리가액 다액순으로 경합이 되었을 경우 대형평형의 우선순위가 부여될 수 있다는 이점이 있을 뿐이다. 그렇다고 하더라도 앞에서 국·공유지에 대한 감정평가에서 살펴본바와 같이 평가금액이 높은 경우에도 1:1방식으로 인정받기 때문에 유리하다. 이때에도 불하 받는 감정가가 높은 것이 좋다.
∵ 불하가격은 초기투자가 계약금 5%로 나머지 95%에 대한 저리금융비용만 지급하면서도 관리처분시 종전평가액을 높게 받을 수 있기 때문이다. 참고로 불하방법은 불하 계약시 계약금 5%, 나머지 95%는 근저당권설정하여 구입하게 된다. 이 불하계약은 제3자에게 승계되지 않는다. 승계하려면 근저당권 95%를 상환해야 가능하다.

국공유지 매수조합원	〈이만기〉	〈정수민〉
대지 및 건물 총 매입가	① 국·공유지 점유 부분 66.116㎡(20평)=0 ② 건물 82.645㎡(25평)=5,000만원 총 매입가 5,000만원	① 국·공유지 점유 부분 165.29㎡(50평)=0 ② 건물 247.835㎡(75평)=1억원 총 매입가 1억원
국·공유지대비 평당 매입가	2,500,000원	2,000,000원
개별공시지가 (평당)	3,000,000원	3,000,000원
평 가 액	① 대지(국·공유지) =20평×(300만원×130%) =7,800만원 ② 건물=25평×80만원(20년 미만) =2,000만원 합계=9,8000만원	① 대지(국·공유지) =50평×(300만원×130%) =1억9,500만원 ② 건물=75평×80만원(20년 미만) =6,000만원 합계=2억5,500만원

비례율	95%	95%
비례율 조정 후 평가총액	9,310만원	2억4,225만원
109㎡(33평형) 조합원분양가	3억원	3억원
조합원 추가 부담금	2억690만원	5,775만원
국·공유지불하대금	7,800만원	1억9,500만원
총 부담금(총 투자금)=조합원 추가부담금+국·공유지불하대금+대지 및 건물 총 매입가	3억3,490만원	3억5,275만원
조합원 분양가 대비 수익분석	▲ 3,490만원	▲ 5,275만원
109㎡(33평형) 일반분양가	4억원	4억원
일반분양가 대비 수익분석	6,510만원	4,725만원

이 재개발지역 국·공유재산에 대한 투자에서 이만기 부동산과 정수민 부동산을 비교하면 이만기는 초기자금 5,000만원 투자해서 109㎡(33평형) 배정받는 데 총 부담금액이 3억3,490만원이 들어갔다. 정수민은 초기자금 1억원을

투자해서 총 부담금액이 3억5,275만원이 투자되므로 이만기가 정수민보다 초기자금도 적게 투자되고 총 부담금도 적게 투자되는 것으로 나타난다. 이와 같이 동일한 재개발구역 내에서 국·공유지를 점유하고 있는 지상건물 매입 시는 이러한 데이터를 갖고 단순비교계산하면 수익성을 단순하게 분석할 수 있다. 여기서 국·공유지 평가시 개별공시지가의 130% 계산은 단순계산으로 보통 재개발구역에서는 130% ~ 200% 범위 내에서 결정한다(편의상 130%로 계산한 것임).

 이 같이 수익성분석을 이만기와 정수민과의 사이에서만 비교우위수익성을 계산하는 것은 둘 중 어느 투자물건을 선택하는 것이 좋은가를 판단하는 것이지, 근본적인 수익성의 계산은 조합원분양가와 일반분양가, 그리고 주변아파트시세 등을 잘 분석하여 계산해야 하며, 물가 상승률과 신규아파트 프리미엄, 3~4년 후의 미래예상가치 등을 가지고 종합적으로 분석해야 한다.

MEMO

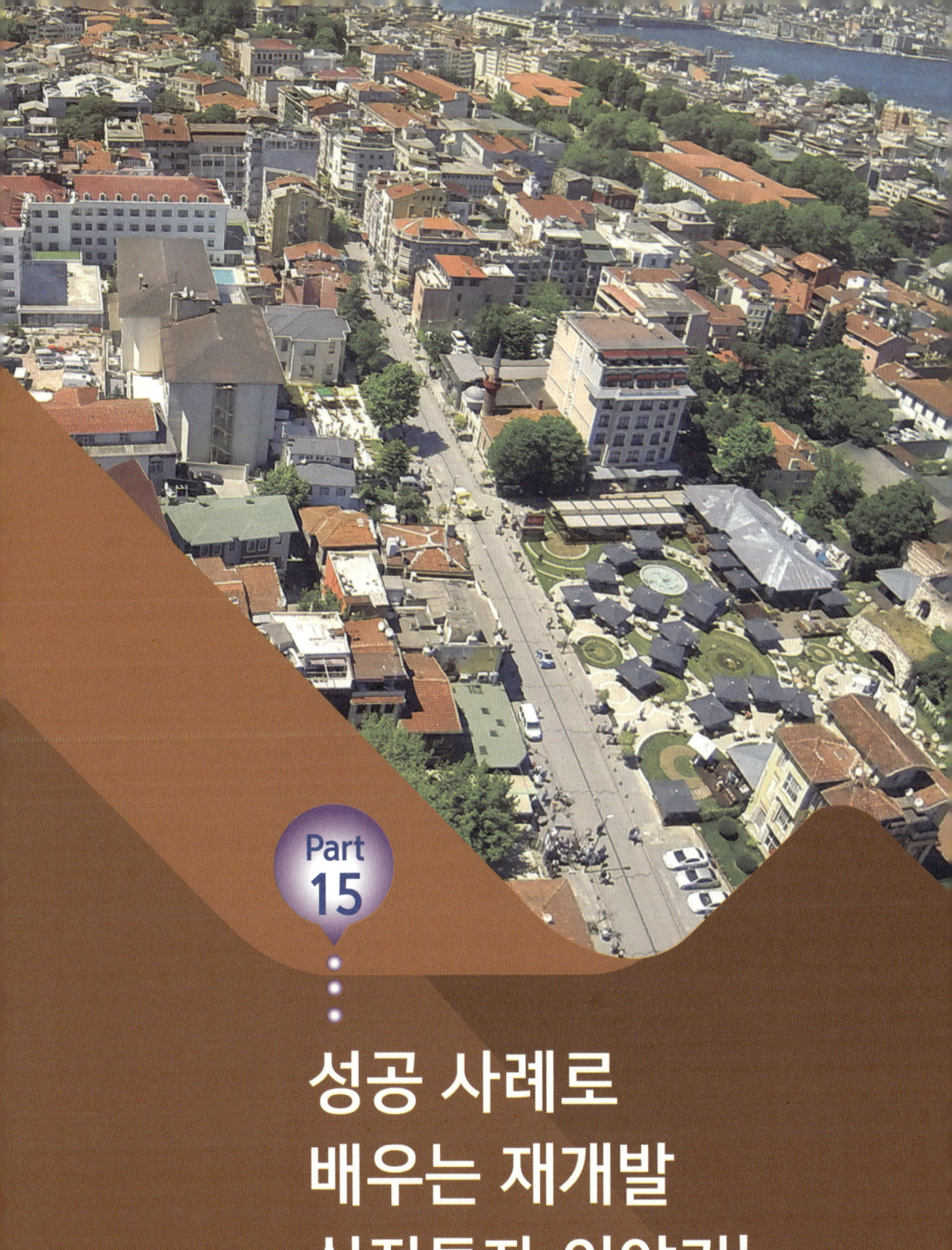

Part 15

성공 사례로
배우는 재개발
실전투자 이야기!

01 재개발로 신축아파트에 입주하려면 얼마나 걸릴까?

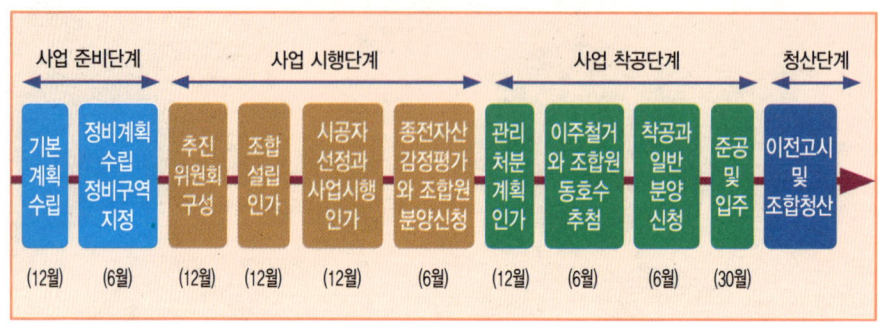

　재개발사업은 노후 주택의 소유자들이 조합원이 되어 사업을 추진하는 것으로, 아파트 재개발 절차는 '기본계획 수립(12개월 이상) ⇨ 정비계획 수립 및 지정(6개월 이상) ⇨ 추진위원회 구성(12개월 이상) ⇨ 조합설립(12개월 이상) ⇨ 시공사 선정과 사업시행 인가(12개월 이상) ⇨ 종전·종후자산의 감정평가 와 조합원 분양신청(6개월 이상) ⇨ 관리처분계획 인가(12개월 이상) ⇨ 이주·철거·착공·일반분양(12개월 이상) ⇨ 준공·입주·이전고시·청산(30개월 이상)'의 순서대로 진행된다. 이렇듯 재개발사업은 여러 단계로 구성되어 있고 각 단계별로 1~2년 이상의 시간이 소요되기 때문에, 아무리 빨리 추진해도 7년 이상의 기간이 필요하다. 보통은 10년 이상 걸리며, 조합원 간 이견이나 분쟁이 있으면 20년 이상 소요되기도 하는 장기사업이며, 추진되다가 무산되거나 아예 추진하지 못하는 경우도 발생한다.

　그렇지만 희망스러운 것은 재개발 등이 완성되어야만 주택가격이 상승되는 것이 아니라는 것이다.

재개발 등의 진행절차에서 1차적으로 추진위가 설립되는 단계 ⇨ 조합설립 단계 ⇨ 관리처분 및 이주단계 ⇨ 일반분양 신청단계 ⇨ 완공 후 입주단계 등에서 계속해서 오른다는 사실이다.

02 성남 신흥2구역 재개발사업의 다세대주택을 매수해서 성공한 사례

필자는 오래 전에 부동산중개법인 대표로, 서울시 양천구 목동에 본점과 김포 신도시에 지점을 두고 공인중개사 10여분과 함께 일을 한 적이 있다. 10년 정도 운영하다가 경매 분야에만 전념하려고 중개법인을 정리했다. 그래서 함께 근무하던 공인중개사 분들을 혼자서 할 수 있도록 독립시켜 주었다. 그런데 어느 날 마음을 정하지 못한 여성 공인중개사 세분이 찾아왔다. 성남 재개발사업이 활성화 될 것 같으니 그 곳에서 세 사람이 할 수 있도록 사무실을 열어 달라는 것이다. 함께 근무할 때 실적과 책임감 등이 우수한 분들이어서, 세분의 말을 따라도 괜찮겠다는 생각을 하고 2015년 봄에 성남시 수정구 신흥2동에 중개사무소를 개업했다. 개업 하자마자 재개발사업의 관심도가 높아졌고, 그로인해 계약실적도 증가했다. 재개발 초기에는 단기투자로 돈을 버는 사람도 많아지기 때문이다. 필자도 이렇게 돈을 버는 것을 보고 투자하기 시작했다.

돈이란 혼자만의 노력으로도 얻을 수 있지만, 이렇게 믿을 수 있는 주변사람들이 도와주면 더 쉽다. 필자가 투자하면 공인중개사분들이 알아서 팔아주니, 크게 신경 쓰지 않고 내 업무에 주력할 수 있었다. 지금도 이 분들에게 감사한다.

이번 사례는 함께 근무했던 공인중개사 김○○가 최근에 다세대주택을 일반매매로 구입해서 분양 신청한 사례이다.

◆ **신흥2구역 내의 다세대주택 주변 현황도와 주택사진**

◆ 성남시 수정구 신흥2구역 재개발 사업

(1) 신흥2구역 재개발사업 추진 과정

1. 조합원수 : 2100세대
2. 2009년 12월 4일 사업시행인가
3. 2016년 6월 예정(기초조사 실시)
4. 사업시행변경인가 : 2016년 11월말 인가예정
5. 순환이주단지 입주신청 : 2016년 11월 30승인완료
6. 권리자 분양신청실시 : 2017년 1월 ~ 2017년 2월말 분양신청 완료
7. 관리처분인가 고시 : 2017년 6월 26일
8. 순환이주단지 이주개시 : 2017년 7월 이주 시작
9. 입주연도 : 2022년 예정

(2) 평형별 분양세대 수와 조합원 분양가

1. 총 분양세대 4774세대와 전용면적별 분양세대

(단위: 천원)

주택 형	주택 타입	전용 면적(㎡)		평형별 세대수
51㎡(18평형)	51A	51.94㎡	15평72홉	110세대
59㎡(24평형)	59A	59.98㎡	18평14홉	1,834세대
	59B	59.97㎡		
	59C	59.96㎡		
	59D	59.95㎡	18평13홉	
74㎡(30평형)	74A	74.96㎡	22평68홉	1,311세대
	74B	74.97㎡		
	74C	74.99㎡		
84㎡(34평형)	84A	84.98㎡	25평71홉	707세대
	84B	84.92㎡	25평69홉	
	84테라스-10	84.99㎡	25평71홉	

3,962세대 분양아파트 + 812세대 임대 = 총 세대수 4,774세대

2. 평형별 조합원 분양금액

조합원 평균 분양가는 평당 1,240만원 정도로 ⇨ ① 18평형 분양가격은 2억 5,730만원(소형평형은 높은 가격으로 분양가 책정), ② 24평형 분양가격은 2억 9,820만원, ③ 30평형 분양가격은 3억6,200만원, ④ 34평 4억120만원(중대형 평형은 낮은 가격으로 책정)임.

〈일반분양가 1,540만원시 개별부담금 산정〉   (단위 : 천원)

주택형	종전자산 감정평가액	비례율	권리가액	권리자 분양가	개략적 분담금	비고	일반 분양가
51	245,000	131.76%	322,812	257,300	-65,512	환급	332,963
59				298,200	-24,612	환급	385,373
74				362,300	39,488	부담	468,582
84				401,200	78,388	부담	519,253

※권리자 분양가는 5층 이상 평균금액으로 산정
※상기내용은 일반분양가 상승시 분담금 산출에 대한 이해를 돕기 위하야 작성된 참고자료이며, 실제 분담금은 추후 분양설계 및 관리처분계획 기준 변경, 실제 투입되는 공사비 등 사업비 변경시 비례율이 변경될 수 있으며 사업준공 후 청산시 확정됩니다.(LH 성남재생사업단 산정)

◆ 신흥2구역 재개발사업으로 신축한 아파트 조감도

◆ 재개발대상 다세대주택을 구입할 때 알고 있어야할 내용

김OO가 대지지분이 22.94㎡, 건물전용면적 59.86㎡(건축년도 2001년도)인 다세대주택을 2016년 2월 24일 일반매매로 2억300만원에 구입했다. 이 다세대주택은 2018년 현재 신흥2구역 재개발대상으로 앞에서 확인한 바와 같이 관리처분계획인가 후 조합원들이 모두 이주해서 철거까지 마치고 신축 중에 있다.

이러한 다세대주택을 일반매매로 구입할 때 종전 소유자가 조합설립에 동의했나(조합원), 동의하지 않았나(비조합)와 조합에 동의했더라도 분양신청을 했는지, 하지 않았는지 등을 확인해야 한다. 분양을 신청했더라도 매수인이 조합원의 지위와 분양권을 승계할 수 있는 지를 분석해야 한다. 그리고 건물이 재개발로 철거하기 이전인지, 철거 이후인지를 확인하고 매수해야 한다. 이 다세대주택은 2016년 2월 24일에 취득해서 24평형을 분양 신청한 상태이다. 그러니 전매제한에 해당되지 않아서 중도에 조합원분양권을 파는 것도 가능하다. 그래서 그 가치는 더 높다.

◆ 이 주택으로 24평형을 분양신청하면 수익은 얼마나 발생하나?

김OO가 다세대주택으로 아파트 24평형을 분양신청해서 종전자산의 권리가액(다세대주택 평가금액)은 1억7,700만원이고, 24평형의 종후자산의 권리가액(신축아파트 조합원분양가)은 2억9,820만원으로 추가부담금 121,200,000원이 발생한다. 따라서 24평형을 분양받는데 실제 소요된 금액은 2016년 2월에 취득한 금액 2억300만원과 추가부담금 121,200,000원으로 324,200,000원이므로 조합원분양가보다 26,000,000원만큼 비싸게 산 것이 된다.

그러나 이 가격으로 평가해서 손해를 봤다고 분석하면 안 되는 것이다. 조합원분양가는 일반분양가에 비해 낮은 가격(일반분양가의 70~80%수준)으로 평가되고, 신축 후의 아파트 시세는 일반분양가보다 높게 형성되고 있으므로, 최소한 보수적으로 평가하더라도 일반분양가를 기준으로 평가하는 것이 바람직하다.

성남시 신축 6년차 1단계 재개발구역의 아파트 시세는 평당 1,900만원에 일반분양했으며, 현재 거래되는 시세는 2,100만원~2,200만원을 형성하고 있다(2018년 1월, 신흥OO부동산의 시세조사). 그리고 현재 5년 된 25평형 아파트가 4억 6,000만원이고, 2017년 8월에 분양한 산성역포레스티아가 5억 3,000만원으로 거래되고 있으니 향후 건축될 신축아파트 가격은 5억에서 5억 5,000만원 이상이 예상된다(2018년 1월 수정OO부동산의 시세조사). 그리고 성남 신흥2구역 조합원은 평형당 1,540만원보다 높은 일반분양가를 희망하고 있다.

성남 신흥2구역 조합원이 희망하는 일반분양가는 1,540만원×24평형 = 3억 6,960만원으로 평가했다. 이렇게 계산하면 투자수익은 4,540만원이다.

그런데 재개발로 건물이 신축되는 기간과 기회비용 등을 계산하더라도 현재 신흥2구역에서 24평형대가 부동산중개업소에서 거래되고 있는 시세는 4억 5,000만원에 거래되고 있고, 3~4년 후 입주할 당시에는 5억 3,000만원 이상으로 거래될 것으로 예상된다.

현재 거래되고 있는 4억 5,000만원으로 투자이익을 계산하면 투자이익은 4억 5,000만원 - 총취득금액 3억 2,420만원으로 1억 2,800만원이다.

그러나 **실제 입주할 당시 금액은 5억 5,000만원으로 계산해야 하며** 그렇다면 투자이익은 2억 2,580만원이 된다. 이렇게 재개발과 재건축에서 기대수익률을 계산하고, 그러한 기대 하에 돈이 되는 아파트 등을 묵혀서 팔아야 성공할 수 있다.

그래서 공인중개사 김OO도 입주할 때까지 팔지 않고 가져갈 생각이라고 한다.

03 재개발구역의 상가주택 ½로 수익률 255%를 만들다!

　이 상가주택은 지하1층과 지상1~2층은 근린상가이고 3층만 주택이다. 그리고 이 상가주택은 소유자가 2명으로 각 1/2씩 공유지분으로 되어 있는데 그 중 1/2지분만 공매가 진행된 물건이다. 이 지역은 LH공사가 주관하고 대림산업이 시공하는 재개발구역으로 2017년 12월경에 4,800여 세대의 공동주택 사업이 착공될 예정이다. 그래서 매수인은 다른 공유자와 협의해서 공동으로 분양을 신청하든가, 현금청산 받는 방법이 있는데 입찰 전에 확인해 본 결과 현금청산을 받더라도 감정가 정도가 예상되는 물건이었다. 그렇게 판단하게 된 동기는 감정가가 6억700만원인데 반해서 시세는 6억8,000만원에서 7억원을 호가하고 있었기 때문이다. 따라서 3억4천만원에 공매 낙찰 받아 감정가수준의 현금청산을 받을 경우 약 2억5천만원 정도의 수익이 예상되었다.

◆ 토지 지분공매 절차에서 공매물건의 사진과 주변 현황도

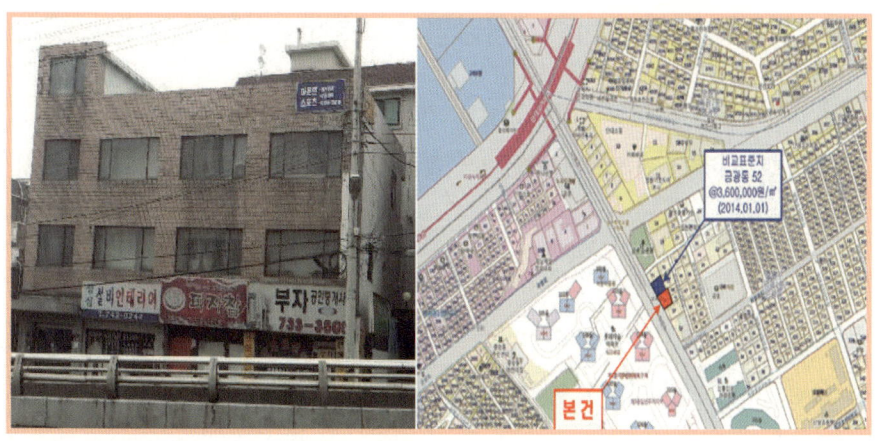

◆ 상가주택 2분의 1 지분 온비드공매 입찰정보 내역

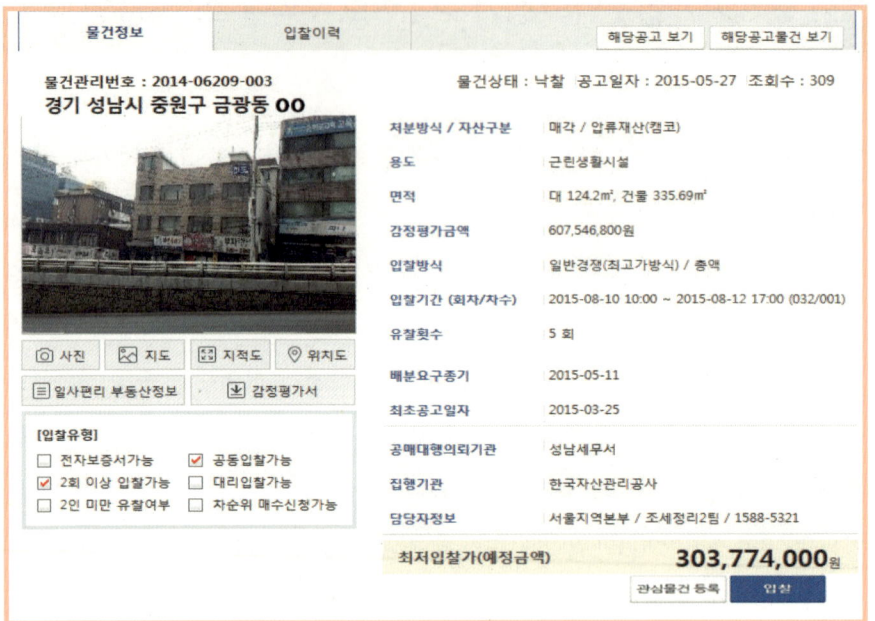

이 물건은 필자가 345,600,000원에 입찰하여 낙찰 받았고, 차순위자는 333,770,000원에 입찰하였다.

◆ 상가주택 ½ 매수 이후 대응방법과 255% 수익률 만들기!

필자가 낙찰받고 명도 하러 갔는데, 체납자겸 소유자가 2층에 거주하고, 다른 공유자는 3층에 거주하고 있었다. 2층에 거주하는 체납자를 명도하고 나서, 다른 공유자 문OO와 상의하여 2층 전체를 2억원에 전세를 놓았고, 분양 신청 대신 현금청산을 선택했다. 입찰 전에도 분석한 바도 있지만 감정가 정도로 현금 청산되면 매수인은 약 9천여만원 투자해서 2억5,000만원 정도 시세차익을 보게 되므로 입찰에 참여할 때부터 양도세 절세를 목적으로 법인사업자 명의로 낙찰 받았다.

필자가 3억4,560만원에 낙찰 받고, 잔금대출 2억4,200만원(낙찰금액의 70%)을 받아 실제 투자금은 소유권이전등기 비용(16,934,000원) 등까지 포함해 120,534,000원이 들었다. 2017년 중순경 현금청산을 받을 것이라고 예상하고 투자하였으나, 2017년 1월 현금청산을 받았다. 현금청산금은 685,188,490원이었으며, 총수익(현금청산금)에서 본인투자원가(3억4,560만원 + 소유권이전비용 등 16,934,000원+대출이자 15,000,000원 = 377,534,000원)를 공제할 경우 총수익은 307,654,490원이다. 따라서 현금투자 대비 수익률은 307,654,490원/120,534,000원 = 255.24%로 성공적인 투자가 되었다. 이러한 금액을 가지고 부족한 노후생활자금에 보태면 된다.

◆ 금광1구역 재개발사업에서 현금청산금을 받고 탈출하다

성남시 금광1구역 재개발사업에서 현금청산금을 받게 된 감정평가금액과 현금청산협의요청문서를 첨부했으니 독자 분들도 이러한 물건이 일반매물로 나오거나 공매 등으로 매각되면 투자해서 성공의 기쁨을 맛보기 바란다.

한국토지주택공사 경기지역본부

문서번호 :
수   신 : 주식회사조이 귀하
제   목 : 현금청산협의요청

　　에 편입된 귀 소유 토지 등에 대한 현금청산계획을 다음과 같이 정하고 「도시 및 주거환경정비법」 제47조 및 동법시행령 제48조에 따라 협의를 요청하오니 계약체결기간내에 협의에 응하여 주시기 바랍니다.

- 다 음 -

계약체결기간	2016.10.05~2016.11.03	협의 및 계약체결장소	금광1 재개발 현장사무소
계약 및 지급조건	['별첨'] 보상 안내문 참조]		
제출요구서류	['별첨'] 보상 안내문 참조]		

현금청산내역

구분	소재지	지번	지분면적(㎡)	물건의 종류	구조및규격	수량	보상액(원)	비고
토지	경기도 성남시 중원구 금광동	56	124.20				533,439,000	
물건	경기도 성남시 중원구 금광동	56		가옥-가외 3건	알씨및연와조,철근크리트조		151,749,490	

토지 현금청산명세

소유자 : 주식회사   귀하   주소 : 경기도 성남시 중원구 희망로422번길   (금광동)

일련번호	소재지	지번	공부지목	편입면적(㎡)	지분	지분면적(㎡)	보상금액
1	경기도 성남시 중원구 금광동	56	대	248.40	1/2	124.20	533,439,000

물건 현금청산명세

소유자 : 주식회사   귀하   주소 : 경기도 성남시 중원구 희망로422번길   (금광동)

일련번호	소재지	지번	물건의종류	구조 및 규격	수량(건)	단위	지분	보상금액
1	경기도 성남시 중원구 금광동	56	가옥-가	알씨및연와조,철근콘크리트조	671	㎡	1/2	150,984,240
2	경기도 성남시 중원구 금광동	56	기타지장물-창고	판넬조, 3.3*2.2	7	㎡	1/2	435,600
3	경기도 성남시 중원구 금광동	56	기타지장물-지하출입구	시멘트벽돌조, 1.1*2	2	㎡	1/2	254,650
4	경기도 성남시 중원구 금광동	56	기타지장물-대문	소	1	식	1/2	75,000

04 재개발구역에서 대지 지분이 일반매매 또는 경매로 나온 경우

◆ **재개발에서 아파트 등의 대지지분을 매수할 때 알고 있어야 할 사항**

　재개발(재건축)을 시행하는 구역에는 수많은 사람들(소유자들)이 있고, 그 중에는 자신의 부동산에 저당권, 가압류, 가처분, 지상권, 예고등기가 있는 사람도 있다. 이러한 복잡한 권리관계가 정리되지 않은 채 그대로 관리처분계획을 인가 받아 재개발 등을 진행하는 사례가 발생하기도 한다. 아파트가 건립되고 나서 조합이나 건축회사(시공사 또는 분양회사)의 입장에서는 수많은 각각의 토지를 하나의 필지로 합필한 후 아파트의 각 호수별로 대지 지분을 나누어 주면(대지권등기) 좋은데, 조합원들의 기존 필지에 남아 있는 권리 등이 말소되지 않아서 대지권 정리(필지정리)가 안 되고 오래 걸리는 이유가 되고 있다. 각각의 토지소유자들의 권리관계가 정리될 때까지 조합은 필지정리를 할 수 없다. 또한 각 토지에 설정되어 있는 저당권자, 가압류권자, 담보가등기권자들은 집합건물법 제20조에 따른 분리처분금지에 해당되지 않아 필요에 따라서는 토지를 경매 신청하는 사례도 발생한다.

　(1) 재개발(재건축)의 관리처분은 선순위저당권, 가압류 등에 대항할 수 없다. 재개발 등을 하기 전에 설정된 저당권, 가압류 등의 경매절차에서 토지를 낙찰받은 경우 그 토지의 전 소유자인 조합원이 조합으로부터 배정받은 호수(예, 101동 202호)의 대지권으로 되었다하더라도(토지소유자와 건물소유자가 동일인이므로) 재개발 등을 하기 전에 설정된 저당권, 가압류 등에 대항하지 못하므로 완전하게소유권을 취득한다.

(2) 재개발과 재건축사업에서 법정지상권 성립여부

건축업자가 토지에 저당권을 설정하고 은행에서 대출을 받아서 집합건물을 건축한 때에는 대지권이 성립되었음에도 불구하고 대지 지분이 경매로 처분되는 경우 법정지상권이 성립되지 아니한다.

(3) 재개발 전부터 대지에 설정 된 권리 등을 정리하는 데에는 많은 시간이 걸린다.

재개발 등이 완료되면 조합 또는 아파트 입주자대표회의에서 아파트가격 상승을 위하여 대지권을 정리하고자 할 것이다. 그때 적절한 가격과 함께 부당이득금에 대하여 청구하면 높은 기대수익을 얻을 수 있다.

또는 해당 토지의 건물이 몇 동, 몇 호인지(101동 202호) 파악한 후 건물주(구분소유자)를 상대로 부당이득(지료)반환청구 소송을 통하여 판결을 득한 다음 경매를 신청할 수도 있다. 또는 법정지상권이 없음을 원인으로 집합건물법 제7조에 따라 집합건물을 매도 청구하는 방법도 있다. 결과적으로 높은 수익을 기대할 수 있다.

◆ 재개발(재건축)구역에서 건물이 철거되고 대지지분만 경매로 나온 경우

재개발구역 등에서 건물이 멸실되어 토지만 경매가 진행되는 경우, 멸실되어 소유권이전이 불가능한 건물에 대한 조합원의 권리를 넘겨받을 수 없다. 따라서 종전 건물 소유자가 건물분 조합원의 권리를 가지게 되므로 토지낙찰자와 공동조합원이 된다.

재개발구역 등의 관리처분 가액은 토지 지분에 대한 감정평가와 건물분에 대한 감정평가를 분리하여 평가하게 되는데, 이러한 토지·건물 평가금액 합계가 종전 자산에 대한 평가금액이 되고, 이 종전 자산평가금액이 새로운 아파트를 취득할 수 있는 분양대상자격이 주어지는 것이다. 그렇더라도 토지분 감정가액이 건물분 감정가액보다 높은 것이 사실이다. 따라서 공동조합원이 되더라도 토지에 대한 지분율이 높을 것이고, 그러한 사실을 예상하여 토지를 낮은 가격으로 낙찰 받을 수 있다면 성공할 수 있다.

도시 및 주거환경정비법의 규정에 의하여 조합원분의 종전 토지와 건물분은 재개발 후의 새로운 건물로 환권된 것으로 본다. 그리고 새로운 건물은 아파트(집합건물)의 형태이므로 종전 부동산에 대한 조합원의 권리는 새로운 아파트(건물과 대지권을 포함한 개념의 부동산)로 변환된 것으로 볼 수 있다. 따라서 새 건물에 대한 권리 중 토지부분이 변환된 부분의 권리는 재개발 지분 토지를 낙찰 받은 경락자의 몫이다. 그러나 실무에서는 대지만 낙찰 받아도 분양대금 전부를 납부하면 건물분 조합원분양권까지 승계하기도 한다. 이런 사실은 종전 조합원의 대지지분만 경매되면, 건물분은 종전조합원 몫이 되나 그러한 권리 등을 주장하지 않는 경향이 있어서 대지만 낙찰 받고 건물분까지 부당이득을 보는 경우도 허다하다.

◆ 조합원분양권이나 일반분양권 등이 경매로 나온 경우 대응 방안

(1) 조합원분양권이 경매로 나온 경우

① 재건축이 추진 중인 분양권이 경매로 나온 경우 조합원분양권이 명의변경이 가능한지, 또는 불가능한지를 관할구청 등에 문의하면 정확히 알 수 있다. 참고로 이에 대한 부수적인 정보는 조합이나 주변부동산중개업소를 방문하여 확인하면 된다.

② 조합원이 분양 받을 평형대와 이 분양평형대 가격이 어느 정도 가격을 형성하고 있는 가 등을 조사해야 한다.

③ 그리고 조합원의 종전자산평가액과 추가부담금(청산금)이 얼마이고, 조합원의 추가부담금미납금액과 이에 따른 연체금 등이 있는 가 등을 분석하여 실제 입주하기 위해 지불해야하는 총 납부금액을 계산해야 한다. 조합원 분양권을 낙찰 받아 완전한 권리행사를 위해서는 낙찰금액＋청산금(추가부담금) 미납금액과 이에 따른 연체금 등을 납부해야 한다. 이와 같은 낙찰자의 총 납부금액과 낙찰 받은 분양권의 가격형성대와 미래가치 등을 분석하여 투자기대 수익률이 보장되는 금액에서 입찰가를 결정하면 된다.

(2) 일반분양권이 경매로 나온 경우

일반분양권자가 계약금, 중도금, 잔금 중 어느 정도까지 납부했고, 그에 따라 추가로 납부할 금액과 미납금액에 대한 연체된 이자 및 기타 비용 등을 조합과 시공사 등에 문의하여 정확하게 분석하고 입찰에 응해야 한다.

(3) 조합원분양권과 일반분양권에 입찰할 때 수익분석은 어떻게 하면 되나?

전체 투입된 금액이 취득가가 되고, 분양 받고 입주 후에 아파트 시세에서 차액이 수익이라 할 수 있다. 그러나 구입당시는 입주 전 2~3년, 빠르면 1~2년 사이에 분양권을 구입하게 되므로 신규아파트의 미래가치를 판단하기란 쉽지 않다. 이러한 판단을 위해서는 주변 같은 평형대의 아파트시세 ＋ 신규아파트의 프리미엄을 계산하면 사전에 어느 정도의 수익성을 분석할 수 있다. 이 분석이 정확 할 수는 없지만 이러한 미래불확실성은 입찰희망자 모두가 마찬가지이다. 그중에서 누가 더 많은 발품을 팔아 정확한 정보를 가지고 투자 하느냐에 따라 미래 불확실성을 줄이면서 성공할 수 있을 것이다.

◆ 일반매매 및 경매로 분양권을 취득하는 경우에 유의할 점

(1) 입찰하기 전 조합에 문의

① 분양신청을 했는지 또는 하지 않았는지!
② 분양신청을 했다면 몇 동, 몇 호를 받았는지!
③ 경매 등으로 매수하면 명의변경이 가능한 지와 분양권에 가압류 등의 보전처분여부
④ 종전자산의 권리가액이 어떻게 되는 지, 그로 인해 전체 추가부담금(청산금)이 얼마이고, 납입은 어느 정도 납부되었고, 미납된 금액과 연체이자 등을 확인
⑤ 낙찰 받고 어떠한 절차로 완전한 분양권을 취득하게 되는 지 등을 확인해야 한다.

(2) 관할구청 담당공무원과 상담하여 분양자격이 승계 가능 여부

관할구청 담당공무원과 상담하여 분양자격이 경매 등으로 승계가 가능한 가를 확인해야 한다. 왜냐하면 관할구청이 재개발 등의 관리처분계획인가에서 담당자이기 때문이다.

(3) 이주비 담당은행과 추가대출금 담당은행과 상담은 필수다!

이주비(무상이주비)와 추가대출(유상이주비)은 어떻게 되는 가와, 이자 지연금 등이 있는 지, 그리고 경매로 낙찰 받은 경우 어떻게 해야 하는 가 등을 확인한다. 특히 일반 매매로 분양권을 취득하는 사례에서는 분양계약서 원본과 조합 사무실 등에서 분양권자를 확인하는 방법 이외에도 이주비를 지급한 은행에서 다시 소유자를 확인할 수 있는데 이러한 과정을 거치면 분양사고도 예방할 수 있다.

MEMO

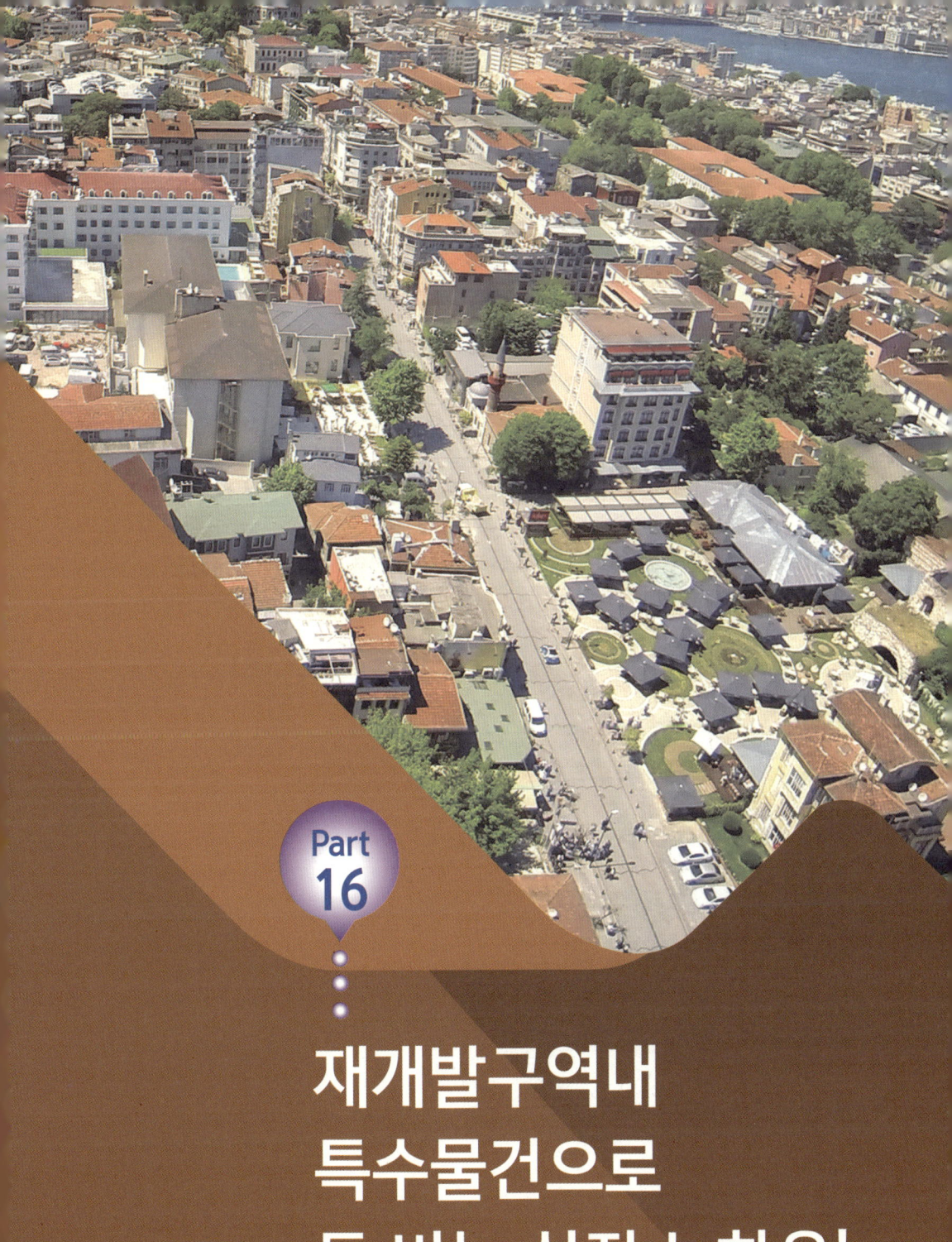

Part 16

재개발구역내
특수물건으로
돈 버는 실전 노하우!

01 재개발구역내 2분의 1은 공매, 2분의 1은 경매로 매각되는 경우

김선생 말풍선

2분의 1지분은 공매로, 2분의 1지분은 경매로 동시에 매각되고 있다면?
① 자산관리공사 압류공매[관리번호 2005-21048-001] 이철민의 2분의 1지분과
② 법원경매[고양지원 2005타경25898] 이철수 2분의 1지분이 동시에 매각되는 경우인데, …등기부를 열람해 보면 알 수 있듯이 주식회사 에임피앤디가 시행하여 아파트부지로 개발 중인 지역으로 먼저 공매로 2분의 1 매수하고 나서 고양지원의 경매절차에서 공유자우선매수신청한 사례로 경매와 공매가 동시에 진행될 때와 지분경매 투자에 좋은 사례이다.

◆ 재개발구역내 단독주택의 사진과 주변 현황도

◆ 단독주택의 2분의 1 온비드공매 입찰정보 내역

캠코공매물건
상담전화 : 1588-5321

[물건명/소재지] : 경기 고양시 일산서구 일산동 655-119

기본정보
- 물건종류 : 부동산
- 처분방식 : 매각
- 물건상태 : 낙찰
- 조회수 : 584

기관정보
- 입찰집행기관 : 한국자산관리공사
- 담당자 : 조세정리1부 / 김자경
- 연락처 : 02-3420-5174 /

물건정보

항목	내용	항목	내용
소재지(지번)	경기 고양시 일산서구 일산동 655-119		
소재지(도로명)			
물건관리번호	2005-21048-001	재산종류	압류재산
위임기관	인천광역시		
물건용도/세부용도	단독주택	입찰방식	일반경쟁
면적	대지 61㎡ 지분(총면적:122.000㎡), 건물 22.025㎡ 지분(총면적:44.050㎡)		
배분요구종기		최초공고일자	2006/01/18

감정정보

항목	내용	항목	내용	항목	내용
감정평가금액	183,000,000 원	감정평가일자	2006/01/03	감정평가기관	코리아감정평가법인 [감정평가서]
위치 및 부근현황	일산구 일산동 소재 "일산역"				
이용현황	주거용(폐가옥)으로 이용중임.				

임대차정보

임대차내용	이름	보증금	차임(월세)	환산보증금	확정(설정)일	전입일
감정서상 표시내용 또는 신고된 내용이 없습니다.						

등기사항증명서 주요 정보

순번	권리종류	권리자명	등기일	설정액(원)
1	공유자	최재춘	2003/05/15	0 원
2	근저당권	농협(중앙회)	2004/12/31	80,089,956 원
3	가압류	농업협동조합중앙회	2006/02/24	0 원
4	압류	의정부세무서		미표시

입찰이력정보

입찰번호	처분방식	물건관리번호	개찰일시	최저입찰가	낙찰가	낙찰율	입찰결과	입찰상세
200521048001	매각	2005-21048-001	2006/03/22 11:00	109,800,000	125,090,000	113.9%	낙찰	보기

◆ 2분의 1 지분경매와 2분의 1 지분공매 물건 정보내역

주 소	면 적	공매가 진행과정	1) 임차인조사내역 2) 기타청구	등기부상의 관리관계
경기도 고양시 일산서구 일산동 ○○○ 이철수 지분 강제 경매신청 : 신희경 (고양지원2005- 25898) 이철민 지분 압류공매 : 인천광역시(2005 -21048 -001)	대지 122㎡중 이철민지 분 61㎡ 건물 44.05㎡중 이철민 지분 22.025㎡	감정가 183,000,000원 최저가 1차 183,000,000원 유찰 1 2차(10% 저감) 164,700,000원 유찰 3차(10% 저감) 146,400,000원 유찰 4차(10% 저감) 128,100,000원 유찰 5차(10% 저감) 109,800,000원 낙찰 125,090,000원 〈2006.3.22〉	1) 임차인 주변일대가 재개발을 위하여 폐가옥 상태임 따라서 임차인 없음 2) 기타청구 ① 인천광역시 취득세 (법정 04.11.30) 2,850만원 ② 의정부세무서 상속세 (법정 05.3.30) 1,450만원 ③ 북인천세무서 재산세 (법정 05.7.10) 64만원 ④ 부천세무서 재산세 (법정 05.7.10) 25만원 〈①~④는 당해세가 아닌 일반 조세채권임〉	공유자 지분의 1/2 이철수 610140-1*** 공유자 지분의 1/2 이철민 590430-1*** • 근저당 농업협동조합 2004.12.31. 104,000,000원 • 이철민지분압류 인천광역시 2005.4.6. • 이철민지분압류 의정부세무서 2005.5.23. • 이철민지분압류 북인천세무서 2005.10.31. • 이철수지분 강제경매 신청 신희경 2005.10.31. • 이철민 지분압류공매 : 인천광역시 청구 2,850만원 〈공매공고 06.1.18〉

◆ 물건에 대한 분석 및 배분표 작성

이 공매사건에서 말소기준권리는 전체 지분에 설정된 농업협동조합 근저당권이다.

그런데 압류공매는 이철민 지분 1/2이고, 나머지 1/2지분권자인 이철수 지분은 강제경매가 진행되고 있는 것을 알 수 있다. 이러한 경우 농협은 근저당권을 각 지분권자에 대하여 공동저당권자와 같은 지위로 볼 수 있어서, 먼저

진행된 매각절차(선행된 공매 또는 경매절차)에서 전액 우선 변제받고, 그 매각대상 지분공매 후순위채권자 등은 나머지 지분매각절차에서 동시매각 시 배당받을 수 있었던 금액을 한도로 하여 이철수 지분 경매절차에서 민법 제368조 제2항에 따라 선순위 농협저당권을 대위행사(농협저당권 52,000,000원에 대하여)하여 후순위저당권자 등의 채권을 만족시킬 수 있다.

이 공매사례를 가지고 배분표를 작성하면, 배분액이 123,340,000원이므로

1순위 : 인천광역시 28,500,000원(우선변제 1)

2순위 : 농협근저당 94,840,000원(우선변제 2)으로 배분이 종결된다.

◆ 김 선생이 낙찰 받고 나서 대응한 방법은?

상세입찰결과

물건관리번호	2005-21048-001		
재산구분	압류재산(캠코)	팀명부점	조세정리1부
물건명	경기 고양시 일산서구 일산동 655-119		
공고번호	200601-00232-00	회차 / 차수	021 / 001
처분방식	매각	입찰방식/경쟁방식	최고가방식 / 일반경쟁
입찰기간	2006-03-20 10:00 ~ 2006-03-21 17:00	총액/단가	총액
개찰시작일시	-	집행완료일시	2006-03-22 11:30
입찰자수	유효 2명 / 무효 0명(인터넷)		
입찰금액	125,090,000원/ 109,800,000원		
개찰결과	낙찰	낙찰금액	125,090,000원
감정가 (최초 최저입찰가)	183,000,000원	최저입찰가	109,800,000원
낙찰가율 (감정가 대비)	68.36%	낙찰가율 (최저입찰가 대비)	113.93%

대금납부 및 배분기일 정보

대금납부기한	2006-05-21	납부여부	납부
납부최고기한	-	배분기일	2006-05-02

지분압류공매로 이철민지분 소유자가 된 대산투자(필자 투자법인)는 나머지 지분권자 이철수지분의 고양지원 강제경매절차에서 공유자우선매수를 신청하였다. 나머지 지분까지 매수하고 근생건물을 신축할 예정이었는데, 이 지역 재개발시행자인 (주)에임피앤디로부터 계속적으로 매수요청이 들어와 필자도 부동산을 하는 입장에서 더 이상 거절해서는 안 되겠다고 생각해 대산투자지분 1/2지분을 (주)에임피앤디에 높은 가격에 매각했다. (주)에임피앤디가 나머지 지분을 매수해 재개발 사업을 했다. 이러한 지분경매나 지분공매는 권리분석과 매수가격을 잘 결정해서 입찰에 참여하면 이 사례와 같이 성공적인 결과를 가져올 수 있다. 재미있는 사실은 양천구 신정동에 있는 새마을금고에 가서 재개발로 현재가치가 많이 올라 있어서 70% 대출을 하더라도 시세와 비교하면 50% 정도 밖에 안 된다는 사실을 설명하는 방법으로 대출받아 잔금을 지급했다. 지급 후 얼마 안 되어 3배 이상 받았으니 성공적인 투자라고 할 수 있다.

02 산곡재개발 6구역 내 지상에 다세대주택이 있는 토지만 공매로 낙찰 받았다

 김선생이 도움을 주는 얘기

이 공매물건은 필자가 인천시 부평구 산곡동의 산곡재개발 6구역 내에 있는 토지만 낙찰 받은 사례인데 그 지상에 14세대의 다세대주택이 존재하고 있었다.

◆ 산곡재개발 6구역내 토지 온비드공매 입찰정보 내역

캠코공매물건

상담전화 : 1588-5321

[물건명/소재지] : 인천 부평구 산곡동 77-41

■ 기본정보

물건종류	부동산
처분방식	매각
물건상태	낙찰
조회수	706

■ 기관정보

- 입찰집행기관 : 한국자산관리공사
- 담당자 : 인천지역본부 / 조세정리팀
- 연락처 : 032-509-1577 /

■ 물건정보

소재지(지번)	인천 부평구 산곡동 77-41		
소재지(도로명)	인천광역시 부평구 산청로17번길 43-10 (산곡동)		
물건관리번호	2010-05491-001	재산종류	압류재산
위임기관	북인천세무서		
물건용도/세부용도	대지	입찰방식	일반경쟁
면적	대지 646㎡		
배분요구종기		최초공고일자	2010/06/30

■ 감정정보

■ 입찰이력정보

입찰번호	처분방식	물건관리번호	개찰일시	최저입찰가	낙찰가	낙찰율	입찰결과	입찰상세

◆ 토지만 공매가 진행된 입찰대상 물건분석표

KAMCO의 입찰정보내역과 감정평가서, 등기사항증명서, 건축물대장, 전입세대열람 등을 통해서 물건분석표를 작성하면 다음과 같다.

주 소	면 적	공매가 진행과정	1) 임차인내역 2) 기타청구	등기부상의 권리관계
인천시 부평구 산곡동 00-0 체납자 겸 소유자 : 지선미 토지만 압류공매 공매위임 관서 : 북인천세무서 공매집행 기관 : 자산관리공사 (관리번호: 2010-05491-001) 압류공매 : 북인천세무서 청구 18,385만원 〈공매공고 10.12.22〉	대지 646㎡ (195.415평) 토지만 압류공매 (지상에 14세대의 다세대주택 이존재) 이 물건은 산곡동에 소재한 물건으로 마곡초등학교 남동측 인근에 위치 산곡재개발 6구역 내에 위치하고 있어서 재개발이 진행되는 경우 분양자격이 예상되는 물건이다.)	감정가 729,980,000원 (2010.06.07) 최저가 1차 729,980,000원 유찰(10%저감) 2차 656,982,000원 유찰 3차(10% 저감) 583,984,000원 유찰 4차 510,986,000원 유찰 5차 437,988,000원 유찰 6차 364,990,000원 낙찰 411,690,800원 (2011.03.31.) (입찰자수 3명)	1) 임차인 토지만 매각된 경우로 임차인 없음 2) 기타청구 ① 북인천세무서 상속세 체납세액 183,850,000원 93.08.16. ② 부평구청 재산세 355만원 (법정 96~2011년분) 취득세 및 기타세금 4,800만원 96.07.20. ③ 남인천세무서 소득세 3,780만원 98.05.31. ④ 인천광역시 연수구청 취득세 3,580만원 02.07.31. ⑤ 국민건강보험 480만원 (납부기한 01~03년분)	소유권이전 박경미(가명) 92.07.02. 압류 북인천세무서 93.05.17. 근저당 북인천세무서 2,600,000,000원 공동담보목록 제411호 93.07.09. 근저당 최형식 25,000,000원 공동담보목록 제606호 96.09.11. 가압류 (주)서울은행 1억원 97.08.11. 압류 남인천세무서 99.07.09. 압류 연수구청 03.01.17. 압류 국민건강 인천남부지 04.03.18. 압류 부평구청 97.01.15. 토지전체 면적을 대지권으로 14세대에 14분의 1씩 공유 지분등. 2009.05.13. 대지권 지분에 대한 가처분 채권자 방민기 외 10명

3) 지상건물내역
지상에 존재하는 다세대주택은 미등기 상태로 있다가 채권자 임미정의 강제경매신청(인천지법2009-31415)으로 미등기 집합건물이 2009년 9월 18일에 각 구분소유자별로 보존등기되고 강제경매개시결정 기입등기가 촉탁으로 등기되었다.
4) 대지권으로 공유지분등기 내역
이진기(101호), 김현기(102호), 임인기(103호), 김윤기(104호), 김화기(201호), 엄시기(202호), 김미기(203호), 심자기(204호), 김인기(301호), 김영기(302호), 김단기(303호), 이문기(304호), 박지기(제비01호), 백남기(제비02호)의 대지권등기

◆ 토지만 공매가 진행된 물건에 대한 권리분석과 배분표 작성

이 공매물건은 인천시 부평구 산곡동의 산곡재개발 6구역 내에 위치하고 있는 물건으로 그 지상에 14세대의 다세대주택이 존재하고 있는 물건이다. 그런데 중요한 것은 토지에 압류나 근저당권 설정 당시에 건물이 미등기 상태로 되어 있던 점 등을 고려할 때 관습법상 법정지상권이 성립된다고 봐야 한다. 그리고 토지에 압류나 근저당권 설정 당시에 미등기 건물이 존재했으므로 건물의 임차인 등은 토지만의 매각절차에서도 구분소유권의 대지지분이 매각되는 부분에 대해서는 소액보증금 중 일정액과 확정일자 우선변제금으로 배당요구가 가능할 것으로 판단할 수 있는데 배분요구한 임차인 등이 없고 대부분 소유자가 점유하고 있다는 점에서 임차인에 대한 고려 없이 배분표를 작성하도록 하였다(임차인이 몰라도 한참 몰랐다).

그리고 임차인이 있다고 하더라도 배분 요구하지 않으면 배분 절차에서 배제되고 토지만의 매각절차이므로 매수인에게는 부담이 되지 않고, 그 문제는 임차인의 권리의 문제이며 집합건물의 구분소유자들의 문제이다.

배분표를 작성하면 다음과 같다

매각대금이 411,690,800원이고 공매비용이 12,350,700원이면 실제 배분금은 399,340,100원이 된다.

1순위 : 북인천세무서 183,850,000원(상속세 우선변제 1)

2순위 : 부평구청 3,550,000원(재산세 우선변제 2)

1~2순위는 당해세에 해당되지만 동순위로 하지 않은 것은 다른 세금과의 관계에서는 압류하지 않은 경우도 당해세가 당연히 우선하지만, 같은 당해세 간

에 압류를 한 경우라면 압류선착주의에 따라 압류를 먼저 한 당해세가 우선해야 한다고 보기 때문이다.

3순위 : 부평구청 취득세 4,800만원(우선변제 3), 3순위에서 북인천세무서의 근저당권을 배분하지 않은 것은 26억원은 공동담보목록 제411호에 의해서 공동담보된 채권이고 북인천세무서가 1억8,385만원만 교부청구한 것은 다른 공동담보물건의 매각절차에서 회수가 이루어지고 교부청구된 체납세액만 남아 있기 때문이다.

4순위 : 최형식 2,500만원(우선변제 4)
5순위 : 남인천세무서 3,780만원(우선변제 5)
6순위 : 연수구청 3,580만원(우선변제 6)
7순위 : 국민건강보험480만원(우선변제 7)

배분잔여금이 60,540,100원이 있어서 후순위 채권자가 있다면 배분참여가 가능하나 주식회사 서울은행의 가압류채권 등과 같은 일반채권은 국세징수법상 진행되는 공매절차에서는 배분참여가 불가하다.

다만 저당권 등의 담보물권보다 선순위이거나 동순위인 경우만 배분참여가 가능하므로 이 공매사건에서는 배제될 수밖에 없다.

배분잔여금 60,540,100원은 체납자 겸 소유자에게 배분하게 된다.

따라서 가압류채권자 서울은행은 체납자의 배분금에 대해서 사법기관에 채권가압류하고 본안소송을 거쳐서 추심하는 절차를 진행하여야 한다.

그러나 2011. 04. 04. 국세징수법의 개정으로 2012. 01. 01.부터 가압류채권자와 집행권원을 가지고 배분요구한 모든 채권자가 배분절차에 참여 가능하도록 개정되어 개정되어 시행되고 있으므로 앞의 규정은 2011. 12. 31. 까지 적용되고, <u>2012년부터는 경매와 같이 가압류채권자와 강제경매신청채권자, 집행권원을 가지고 배분요구한 채권자 모두 배분절차에 참여가 가능</u>해 졌다.

◆ 공매물건의 주변현황과 사진

◆ 토지를 공매로 낙찰 받는 경우 분양대상자가 될 수 있을까?

인천지역은 구역지정공람공고일 이전에 분할된 토지로 재개발구역 내에서 90㎡ 이상이면 분양대상자가 될 수 있는데 매수면적이 646㎡(195.415평)이므로 종전자산의 권리가액으로 대형 평형의 조합원입주권을 분양받고서도 상당 부분의 초과부분이 발생되어(종전 자산의 가치와 신축건물의 가치의 차액은 현금으로 청산되기 때문이다) 나머지 부분은 현금으로 청산 받을 수 있다.

◆ 낙찰 받고 난 다음 대응방법은?

① 관습법상 법정지상권이 성립되므로 각 구분소유자에게 대지사용부분에 해당하는 지료를 청구할 수 있는데 각 구분소유자의 전유면적 비율로 안분해서 지료를 산정하면 된다.

지료는 나대지 상태에서 계산하게 되므로 공매감정보다 높게 감정될 수 있다. 왜냐하면 공매감정은 건물이 존재하는 사유 등을 감안해서 저감해서 감정하는 경우가 대부분이고 실제 현장을 방문하여 중개업소를 통한 시세조사에서도 600만원 대를 형성하고 있다는 점을 고려할 때 감정가는 10억 정도로 예상하고 지료 청구소송에서 7%의 지료를 청구하면 높은 지료수익을 얻을 수 있다.

물론 지료청구는 7% 정도 청구하겠지만 법원이 감정평가를 통해서 판단하는 과정에서 5~6%의 지료가 결정될 가능성이 높다(이 당시 지료가 6% 정도였으나 현재는 3~4% 정도임).

10억에 대해서 연 6%의 지료를 받을 수 있다면 6,000만원이고 이는 실제 투자금액이 낙찰금액 411,690,800원과 필요제경비 2,100만원을 합해서 432,690,800원으로 계산해도 연 기대수익률(6,000만원/432,690,800원)은 13.86%이 돼 높은 수익률이 발생한다.

② ①의 방법으로 계산된 지료를 지급하지 않으면 지료 청구소송으로 득한 집행권원으로 강제경매를 신청할 수 있다.

이를 위해서 매수인은 잔금납부 즉시 지료 청구소송을 제기해서 판결문을 받아 놓아야 한다.

③ 집합건물의 구분소유자들은 대지사용권이 없어도 분양자격을 획득하는 데에는 영향을 받지 않는다. 이는 건물소유자는 분양대상자가 되는데 인천지역은 구역지정공람공고일 이전에 분할된 토지와 건물은 토지와 별도로 분양자격이 주어진다. 그렇다고 하더라도 종전자산의 가치가 적어서 그 재개발지역의 최소 평형보다 종전자산의 권리가액이 적은 경우라면 현금청산도 가능하다는 점도 고려해야 된다.

그러나 이 재개발구역은 조합원이 적어서 그러한 문제는 발생되지 않겠지만 종전자산의 권리가액(건물평가액)이 적어서 소형 평형을 배정받을 것이 예상된다.

따라서 집합건물 구분소유자들은 대지지분을 매수하여 집합건물의 대지권으로 합체하여 주택에서 완전한 권리를 행사함(재개발사업 전의 온전한 재산권행사)과 동시에 종전자산의 권리가액을 높여서 대형 평형을 받을 수 있는 권리와 지료지급에 대비(대지지분을 매수했으므로 지료지급이 발생되지 않는다)하고자 할 것이다. 이때 적당한 가격으로 대지지분을 매도하면 된다.

④ 집합건물에 임차인 등이 있다면 건물에서만 권리가 있어서 임차보증금을 회수하는 문제점 등으로 집합건물에 대해서 전세보증금 반환청구소송으로 판결문을 득해 강제경매신청을 할 것이 예상되는데 이 과정에서 건물구분소유권을 낙찰 받아서 대지권을 등기한 후 제3자에게 매각하면 높은 수익을 얻을 수 있다.

⑤ 이 집합건물의 구분소유권은 건물만으로도 분양대상자가 되므로 ②의 사례와 ④의 사례 등에서 구분소유권을 매수할 수만 있다면 대지권을 등기하여 온전한 주택을 만들어 제3자에게 매각하면 재개발구역이므로 조합원입주권을 희망하는 수요자에게 높은 가격으로 매각할 수 있다. 그리고 재개발까지 고려하지 않아도 그동안 대지권이 없어서 저평가되었던 집합건물을 대지권까지 등기해 매각한다면 현 건물만의 가격보다 상대적으로 높은 가격으로 매도할 수 있다.

필자가 이 다세대주택 부지로 사용하고 있는 대지를 낙찰 받고 나서 14개 구분호수 현관에다 "이 다세대주택 부지 전체가 매각되었으므로 거주하시는 분들에게 알리게 되었습니다. 따라서 소유자분들과 임차인분들은 이로 인해서 손해가 발생하지 않도록 대비하셔야 합니다. 궁금한 사항이나 협의하실 상황이 있으시면 010-3735-0000로 연락바랍니다" 라고 공고문을 붙였더니, 구분소유자들이 떼고를 몇 번 반복하더니 건물구분소유자 대표자들이 강남으로 찾아와 협의를 하였고, 그 과정에서 협의가 이루어져 대지 지분을 구분소유자들에게 팔고 높은 수익을 올릴 수 있었던 사례이다. 독자 분들도 이러한 방법으로 투자하면 좋겠다고 생각되어 기술해 놓은 것이다.

03 재개발에서 수인의 공유지분이 경매가 나왔을 경우

◆ 경매입찰대상물건 분석

이한동지분만 경매된 경우로, 이때 낙찰자가 분양대상자가 되는가와 지분경매시 배당표 작성하는 방법이다.

주소	면 적	공매가 진행과정	1) 임차인조사내역 2) 기타청구	등기부상의 권리관계
서울시 서초구 방배동 ○○○번지 다가구주택 (재개발 예정지구) 채무자겸 소유자 : 이한동지분 경매신청 : 송철민	대지 155㎡ 건물 1층 65㎡ 2층 55㎡ ① 이한동 건물 대지 각각 1/5 ② 김기수 건물만 4/5 ③ 김철희 대지만 3/5 ④ 이기철 대지만 1/5 (2007.12.25. 공유분할)	감정가 230,000,000원 최저가 1차 230,000,000원 유찰 2차 184,000,000원 유찰 3차 147,200,000원 낙찰 155,400,800원 〈이준명〉	1) 임차인 ① 우선명 전입 07.1.10. 확정 07.1.10. 배당 01.1.15. 보증 6,000만원 ② 이순희 전입 08.3.30. 확정 08.3.30. 배당 11.1.20. 보증 5,000만원 ③ 유승민 전입 09.7.30. 확정 09.7.30. 배당 11.11.10. 보증 3,000만원	공유지분권자별로 소유권이전등기 2007.12.25. 근저당 국민은행 2007.12.25. 9,600만원 이한동지분 가압류 송철민 2008.2.10. 3,000만원 김기수지분 가압류 한만복 2008.3.10. 2,500만원 김철희지분 가압류 이수만 2009.4.10. 1,500만원 이한동지분 강제경매 송철민 청구 2,000만원 〈2010.8.30〉

첫째 사례에서는 말소기준권리가 국민은행이 되고, 공유지분 분할 시점이 권리산정 기준일 이전이므로 분양대상요건에만 해당된다면 분양대상자가 될 수 있다. 이 사례는 이한동지분만 경매가 진행되는 경우인데 이한동지분 매수자는 대지 1/5(31㎡)과 건물을 1/5지분을 소유하게 된다. ① 이 사건에서는 공유지분권 중 경매가 진행된 것을 낙찰 받았을 경우 분양대상자인가와 ② 지분 경매인 경우 배당표 작성방법과 ③ 후순위 채권자의 대위행사청구에 대해 연구하여 보자! 먼저 배당표를 작성하면 다음과 같다.

◆ 예상배당표를 작성하는 방법

배당금 (155,400,800원 – 집행비용 200만원)153,400,800원이고 서초구청이 교부청구(법정기일 2010. 7.10. 재산세 40만원)가 있었다. 1순위 : 유승민 1,600만원(최우선변제금 1등), 2순위 : 서초구청 40만원(당해세 우선변제금 1), 3순위 : 우선명 6,000만원(확정일자부 우선변제금 2), 4순위 : 국민은행 77,000,800원 (우선변제 2)

◆ 후순위채권자의 법정대위행사 청구 방법

위와 같이 지분경매가 이루어진 경우 선순위 임차인이나 선순위 근저당권자들은 전액 우선 배당받을 수 있고, 이로 인해 배당받지 못한 후순위 채권자들을 나머지 공유지분권자들에게 동시배당 시 후순위채권자가 배당받을 수 있는 금액에 대하여 민법 제368조 제2항에 따라 후순위저당권자 등이 법정대위행사를 할 수 있다.

◆ 분양대상(분양자격) 여부 판단

 이한동 지분을 낙찰 받아 소유권이전 시 분양대상자가 될 수 있는가에 대하여 분석해 보면, 주택소유자이거나 또는 공유지분권자가 권리산정기준일 이전에 분할된 대지가 90㎡ 이상이어야 분양대상자가 될 수 있다. 따라서 낙찰자는 단독분양대상자는 될 수 없고, 김기수 지분(건물 4/5지분)과 이한동 지분(건물 1/5지분과 대지 1/5지분)으로 종전 감정평가액에 따른 평가액에 따라 청산금(추가부담금)도 나누어 내고 그 비율로 공동분양대상자가 된다.

04 재개발로 건물이 철거되고, 토지만 경매되는 경우

김선생 말풍선

재개발지역에서 건물이 멸실되어 있어서 토지만 경매로 낙찰 받은 경우 멸실되어 소유권이전이 불가능한 건물에 대하여는 조합원의 권리를 넘겨받을 수 없다. 따라서 종전건물 소유자가 건물분 조합원의 권리를 포기할 가능성이 없으니, 당연히 아파트로 신축 후 공동분양권자가 된다.

◆ 토지경매 입찰대상 물건분석표

주소	면적	공매가 진행과정	1) 임차인조사내역 2) 기타청구	등기부상의 권리관계
서울시 마포구 아현동 ○○○번지 단독주택 (건물멸실로 대지만 경매) 채무자 겸 소유자 : 김윤식	대지 112㎡ (33.88평) 재개발로 건물이 멸실된 상태	감정가 1억3천만원 최저가 1차 130,000,000원 유찰 2차(20% 저감) 104,000,000원 유찰 3차(20% 저감) 83,200,000원 91,000,000원 낙찰 93,550,000원	1) 임차인 임차인 없음 2) 기타청구 ① 마포구청 재산세 35만원 (법정기일 09.7.10) ② 마포세무서 부가세 1,557만원 (법정기일 09.7.25)	소유자 김윤식 근저당 고양새마을금고 2008.10.20. 6,500만원 가압류 대전캐피탈 2009.3.15. 3,000만원 압류 마포세무서 2010.1.30 임의경매 고양새마을금고 청구금액 6,500만원 〈경매신청 : 10.8.30〉

◆ 이 토지만의 경매에서 권리분석과 분양자격에 대한 판단

이 지역은 마포구 아현 1지구 재개발지역으로 2,000세대를 건립하는 곳으로서 재개발지분이 경매로 나왔다. 이 재개발 아파트는 2014년 10월에 완공되어 이때에 입주가 가능하다. 여기서 말소기준권리는 근저당권 고양새마을금고 2008. 10. 20. 이다. 이 물건은 건물이 멸실되어 있어서 대항력 있는 임차인이나 후순위 임차인 등이 없어서 명도도 문제가 발생하지 않고, 재개발로 투자 가치가 높은 지역인데도 이렇게 낮은 가격으로 낙찰되는 이유는 무엇일까?

① 재개발지역에서 건물이 멸실되어서 토지만 경매가 진행된 경우에는 건물분에 대한 조합원의 권리를 넘겨받을 수 없다. 종전 건물소유자가 건물분 조합원의 권리를 포기할 가능성이 없기 때문에 추후에 공동조합원이 된다.

② 재개발구역의 관리처분가액은 토지지분에 대한 감정평가와 건물지분에 대한 감정평가를 분리하여 평가하게 되는데, 이러한 토지·건물 평가금액 합계가 종전자산에 대한 평가금액이 되고, 이 종전자산 평가금액으로 새로운 아파트를 취득할 수 있는 자격을 얻게 된다. 따라서 정상적이라면, 신축아파트 등기 시에는 관리처분 당시(재개발당시) 종전의 토지지분과 건물지분의 감정평가금액의 비율로 공유등기가 된다. 그러나 조합이 이러한 사실을 간과하고 토지낙찰자를 분양대상자로 보고 이전고시를 하는 경우도 발생한다. 이 경우 건물소유자는 조합과 낙찰자를 상대로 건물분 만큼의 공유지분을 주장할 수 있다. 그런데 그 권리를 주장하지 못하는 사례도 있기 때문에 토지낙찰자가 부당이득을 보게 될 수도 있다. 어쨌든 정상적이라면 토지낙찰자는 추후에 건물분의 지분을 매입해야만 신축 아파트에서 제약을 받지 않고 완전한 권리행사를 할 수 있다.

이러한 문제는 건물 소유자 역시 마찬가지이다. 그래서 토지만 경매되는 경우 분양자격이 단독이냐, 공동분양권자가 되느냐, 현금청산대상자가 되느냐 등을 분석하고 매수를 결정해야 한다. 이러한 사실은 토지를 일반매물로 취득하는 경우에도 마찬가지이다. 그리고 청산금 즉 추가부담금과 몇 동, 몇 호를 분양 받게 되고, 그 분양 받는 아파트의 시세가 어떻게 되는 가를 정확하게 분석하고, 매수 여부를 결정해야 한다.

MEMO

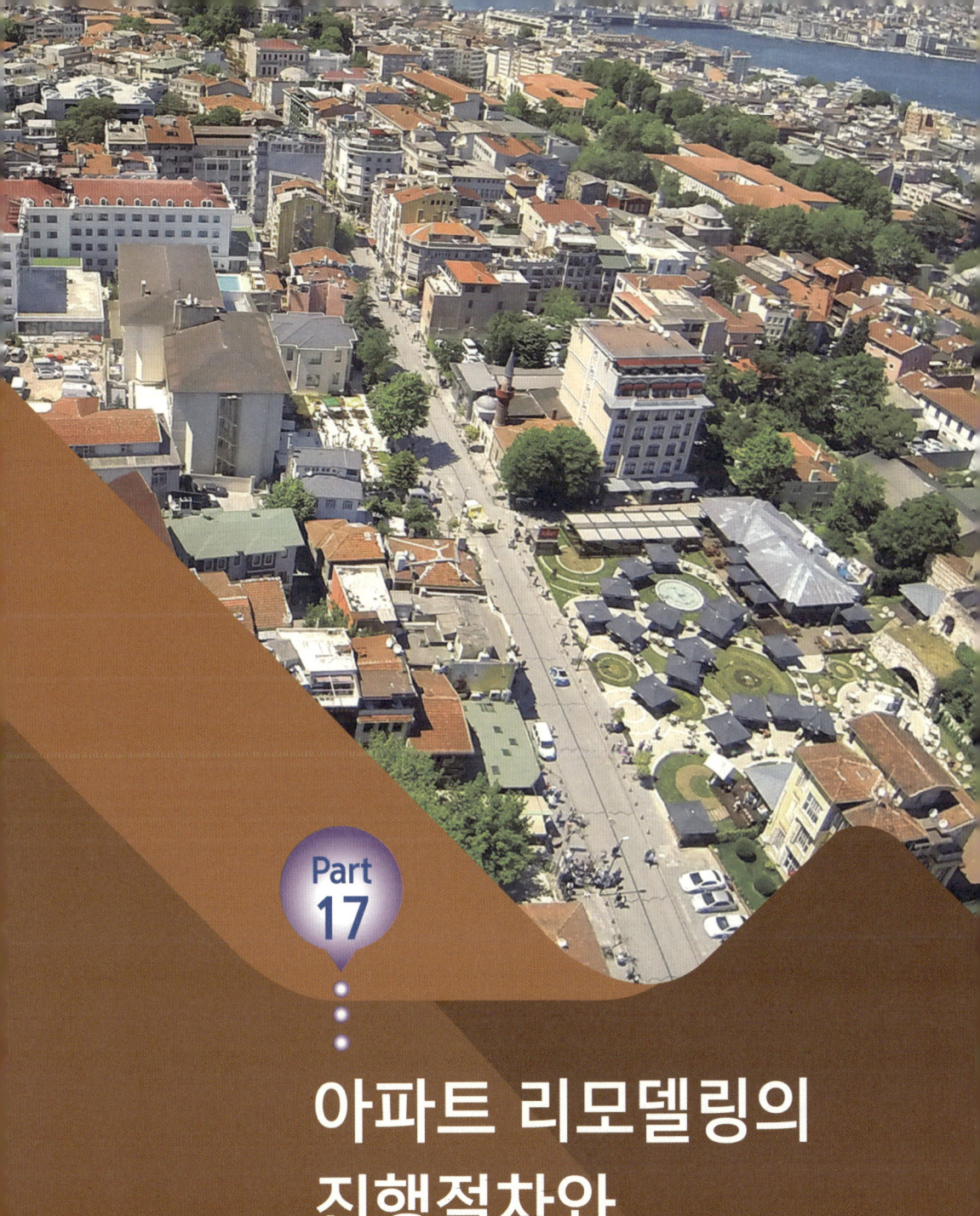

Part 17

아파트 리모델링의 진행절차와 실전투자 포인트

01 아파트 리모델링 사업은 어떻게 진행되나?

주택법에서 정하고 있는 주택조합은 많은 수의 구성원이 제15조에 따른 사업계획의 승인을 받아 주택을 마련하거나 제66조에 따라 리모델링하기 위하여 결성하는 다음 각 목의 조합을 말한다(주택법 제2조 11호).

가. 지역주택조합 : 지역에 거주하는 주민이 주택을 마련하기 위하여 설립한 조합(•서울특별시, •인천광역시 및 경기도, •대전광역시·충청남도 및 세종특별자치시, •충청북도 .... 등 전국 시도 지역 무주택 서민이 설립한 주택조합).

나. 직장주택조합 : 같은 직장의 근로자가 주택을 마련하기 위하여 설립한 조합

다. 리모델링주택조합 : 공동주택의 소유자가 그 주택을 리모델링하기 위하여 설립한 조합

리모델링은 건축물의 신축 및 재건축과는 구별되며, 기존 건축물의 노후화를 억제하거나 기능향상 등을 위해 대수선하거나 일부 증축하는 행위(건축법 제2조 제10호, 주택법 제2조 제25호)로 사용검사일 또는 사용승인일부터 15년 이상 경과한 공동주택을 각 세대의 주거전용면적의 30퍼센트 이내(세대의 주거전용면적이 85제곱미터 미만인 경우에는 40퍼센트 이내)에서 전유부분을 증축하는 행위(주택법 제2조 제25호)이다.

주택법 제2조 제25호 정의하고 있는 리모델링은 ① 대수선, ② 세대수 증가형 리모델링, ③ 수직증축형 리모델링으로 분류하고 있다.

◆ 대수선하는 리모델링 사업은?

대수선은 건축물의 기둥 보 내력벽 주계단 등의 구조나 형태의 수선 변경 또는 증설하는 것으로 대통령령으로 정하는 것을 말한다(건축법 제2조 제9호). 대수선의 범위(법 시행령 제3조의2)

1. 내력벽을 증설 또는 해체하거나 그 벽면적을 $30m^2$ 이상 수선 또는 변경하는 것
2. 기둥을 증설 또는 해체하거나 세 개 이상 수선 또는 변경하는 것
3. 보를 증설 또는 해체하거나 세 개 이상 수선 또는 변경하는 것
4. 지붕틀을 증설 또는 해체하거나 세 개 이상 수선 또는 변경하는 것
5. 방화벽 또는 방화구획을 위한 바닥 또는 벽을 증설 또는 해체하거나 수선 또는 변경하는 것
6. 주계단·피난계단 또는 특별피난계단을 증설 또는 해체하거나 수선 또는 변경하는 것(7호~9호 내용은 지면상 생략함) 등을 말한다.

◆ 세대수 증가형 리모델링 사업은?

리모델링은 주택법 제2조 제25호 나목 : 15년이 경과된 공동주택을 각 세대의 주거전용면적의 30% 이내(세대의 주거전용면적이 $85m^2$ 미만인 경우에는 40% 이내)에서 증축하는 행위이다(주택법 2조 제25호 나목). 여기서 세대수 증가형 리모델링은 각 세대의 증축 가능 면적을 합산한 면적의 범위에서 기존 세대수의 15퍼센트 이내에서 세대수를 증가하는 증축행위를 말한다(주택법 2조 제25호 다목).

◆ 수직증축형 리모델링 사업은?

리모델링은 주택법 제2조 제25호 나목 : 15년이 경과된 공동주택을 각 세대의 주거전용면적의 30% 이내(세대의 주거전용면적이 85㎡ 미만인 경우에는 40% 이내)에서 증축하는 행위이다(주택법 2조 제25호 나목). 여기서 수직증축형 리모델링은 최대 3개층 이하로서 대통령령으로 정하는 범위에서 증축할 수 있다(주택법 2조 제25호 다목).

수직증축형 리모델링의 허용 요건(주택법 시행령 제13조)
1. 수직으로 증축하는 행위의 대상이 되는 기존 건축물의 층수가 15층 이상인 경우: 3개 층
2. 수직증축형 리모델링의 대상이 되는 기존 건축물의 층수가 14층 이하인 경우: 2개 층

02 리모델링 관련 법 개정 연혁과 주택법 주요 개정내용

◆ **리모델링 관련 법 개정 연혁**

관련 법령	시행일(개정일)	주요 내용
주택법 전부개정	2003. 11. 30. (2003. 5. 29.)	• 주택법에 리모델링 제도 도입 • 리모델링 주택조합제도 도입 • 행위허가 기준 마련 • 동별 리모델링 및 전체 리모델링 모두 인정 • 리모델링 동의율 완화(100% ⇨ 80%)
주택법 제2조	2005. 7. 13. (2005. 7. 13.)	• 리모델링 용어정의 개정(증축의 범위를 대통령령으로 정함) ※ 공동주택의 구조적 안전과 주거환경이 열악해지는 것을 방지하기 위하여 증축을 일정범위에서 제한
주택법 시행령 제4조의2 별3	2005. 9. 16. (2005. 9. 16.)	• 대통령령에서 주거전용면적의 10분의 3 이내 증축 허용함을 규정 • 필로티 구조의 인정 및 최상층 상부 증축허용
조세특례제한법 시행령 및 주택법	2006. 2.	• 리모델링시 부가가치세 면제 • 기존국민주택 30% 이내 증축시 부가가치세 면제
주택법 시행령 제4조의2	2007. 3. 16. (2007. 3. 16.)	• 공동주택 증축 리모델링 허용 연한을 20년에서 15년으로 단축(15년~20년 미만 기간내 조례로 규정) ※ 공동주택의 급수·위생설비 등의 교체와 병행하여 증축을 위한 리모델링을 할 수 없는 문제 감안
주택법 시행령 제47조	2007. 7. 6. (2007. 7. 6.)	• 재건축 대상 건축물에 대한 리모델링에 동의한 입주자는 리모델링주택조합 또는 입주자대표회의에서 허가 신청서를 제출하기 전까지 서면으로 그 동의를 철회할 수 있음
주택법 제2조 등	2012. 7. 27. (2012. 7. 26.)	• 85㎡미만의 증축범위를 30% ⇨ 40%로 확대 • 세대별 증축가능 면적 범위에서 세대수 증가 허용 (수평·별동증축·세대분할로 한정하여 기존 세대수의 10%내에서 허용) ⇨ 수직증축 제외 • 세대수 증가 리모델링시 도시계획심의 신설
주택법	2013. 6.	• 수직증축 리모델링 확대 및 세대수 증가 허용 (14층 이하 : 2개층 허용, 15층 이상은 3개층 허용)

주택법 제2조 등	2014. 4. 25. (2014. 4. 24.)	• 수직증축 리모델링 허용 및 세대수 증가범위 확대 (기존 세대수의 10% ⇨ 15%) • 안전진단 보완, 전문기관 안전성 검토, 수직증축 구조기준 등 안전성 확보방안 마련 • 리모델링 기본계획 수립 의무화(특·광역시, 50만 이상 대도시) 등
주택법시행령 별표 4	2017. 2. 13. (2017. 2. 13.)	• 리모델링 허가시 전체 및 동별 동의비율 완화 (각 80% 이상 ⇨ 각 75%이상)
주택법 시행규칙 등 개정	2019. 2. 15. 입법예고	• 수직증축 리모델링 분담금 변동내역 총회의결 의무화
주택법 시행령 개정 예정	2019. 03.	• 수직증축시 세대간 내력벽 철거 허용은 2019년 3월경 재논의해서 개정할 예정이나 시기는 미확정임.

◆ 수직증축 리모델링 허용 주택법 개정 주요내용

이 개정내용은 시행 시기는 2014년 4월 25일이다.

(1) 세대수 증가 수직증축 리모델링 허용

세대수 증가 리모델링 허용 대상에 수직증축을 포함 최대 3개층 이하로서 건축물의 안전성 등을 고려하여 대통령령으로 정하는 범위 및 요건을 갖춘 경우로 한정

※ 현재는 수평·별동증축, 세대분할에 한해 세대수 증가 리모델링 허용

(2) 세대수 증가 허용범위 확대

리모델링시 기존 세대수의 10%에서 15%까지 세대수 증가 허용 지역별 기반시설 여건에 맞게 세대수 증가를 탄력적으로 적용할 수 있도록 세대수 증가범위를 확대

(3) 수직증축 리모델링 허용에 따른 단계별 안전성 확보방안

리모델링 대상 주택에 대한 정밀 안전진단을 통해 대상 건축물의 수직증축 적합성 및 범위 등을 체계적으로 검토·조사(전문기관 검토) 건축심의 전후 구조설계도서 등에 대한 전문기관 검토절차를 마련하여 수직증축의 구조 안전성을 상세 확인하고 있다.

※ 검토 전문기관: 한국시설안전공단, 한국건설기술연구원(구조기술사 협력) 수직증축시 공사감리자가 건축물의 구조영향에 미치는 사항이 확인된 경우 구조기술사의 협력을 의무화

(4) 도시과밀 방지 등을 위한 리모델링 기본계획 수립

(수립대상) 리모델링 일시집중에 따른 부작용 방지를 위해 특·광역시, 50만 이상 대도시에 대해 리모델링 기본계획 수립을 의무화, 다만, 리모델링으로 도시과밀 우려가 적은 경우 등은 자체 심의 또는 도지사 인정 절차를 거쳐 수립 대상에서 제외 수립대상이 아닌 시(市)도 도지사가 일시집중 등의 우려가 있어 계획수립의 필요성을 인정한 경우는 기본계획을 수립

(수립절차) 주민공람(14일) ⇨ 의회의견 청취(30일) ⇨ 관계기관 협의 ⇨ 도시계획위원회 심의 ⇨ 도지사 승인(대도시)(수립내용) 세대수 증가 리모델링 수요, 일시집중 방지 등 단계별 시행방안, 기반시설의 영향 검토 등

(5) 리모델링 지원 강화

(지원센터) 지자체는 리모델링의 원활한 추진을 지원하기 위해 필요한 경우 리모델링 지원센터를 설치·운영(주택기금) 국민주택규모 이하의 리모델링을 주택기금 지원대상으로 확대하여 리모델링 활성화 지원

03 '서울형 리모델링' 내력벽 철거 허용한다면 한층 탄력!

'서울형 리모델링' 사업이 내년 상반기 구체화할 전망이다. 내년 4월 정부가 **리모델링 때 내력벽(건축물 무게를 지탱하도록 설계한 벽) 철거까지 허용한다면** 서울형 리모델링 사업 추진도 한층 탄력 받을 것으로 보인다. 서울형 리모델링은 공공의 지원을 받아 아파트를 리모델링하되, 증축된 단지 내 주차장이나 커뮤니티시설 일부를 지역사회에 개방, 공공성을 확보하는 새로운 개념의 도시재생 사업을 말한다.

서울시는 2018년 6월 △중구 남산타운 △구로구 신도림 우성1·2·3차 △송파구 문정시영·건영 △강동구 길동 우성2차 아파트 등 7곳을 서울형 리모델링 시범단지로 선정했다.

이동훈 한국리모델링협회 정책법규위원장은 "2014년 정부가 3개 층 수직증축을 허용하고 가구 수를 10%에서 15%까지 늘릴 수 있도록 하는 등 제도를 완화했지만, 아직 착공한 단지가 없다"며 "서울형 리모델링이 업계에 활력을 불어넣을 것으로 기대한다"고 말했다.

서울에서 2004년 이전에 지어진 아파트는 총 2993단지 114만6576가구로, 2020년이면 전체 아파트의 77.4%가 리모델링 연한 15년을 채우게 된다.

다만 **서울형 리모델링은 내력벽 철거 허용 여부라는 또 다른 산을 넘어야 한다.** 국토교통부는 2019년 3월까지 '세대 간 내력벽 철거' 결정을 보류했다. 내력벽 철거가 허용되면 아파트 평면을 효율적으로 설계할 수 있어 사업성이 높아진다는 장점이 있다.

서울시 관계자는 "아파트 주민도 아직까지는 리모델링 추진 의지가 강하지 않다"며 "석 달 동안 주민 대상 설문조사를 비롯한 현황 분석, 공공성 적용 방안 등 기본 작업을 진행한 뒤 4월 나올 정부의 내력벽 철거 허용 여부에 따라 기본설계 작업을 진행하게 될 것"이라고 설명했다. 〈이데일리 2018. 12. 13. 기사 일부발췌〉.

04 아파트 리모델링 사업을 추진하는 절차

◆ 세대수 증가가 없는 리모델링 사업 추진절차

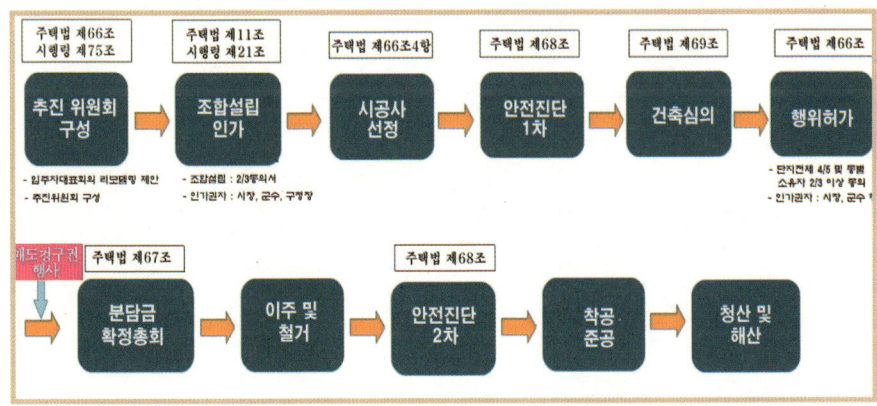

◆ 세대수 증가형 리모델링 사업 추진절차

05 재건축과 리모델링의 차이점 비교분석

구 분	재건축	리모델링
관련 법	도시 및 주거환경 정비법	주택법, 건축법
사업방식	완전 철거 후 신축	골조유지 후 증축 및 보장
목적	노후/불량 구조물 밀집 지역 주거 환경 개선 및 주택 공급	건축물의 노후화 억제 및 기능 향상
행위 허용연한	30년 이상(40년으로 연장 검토)	15년 이상
사업기간	7년~10년	2년~3년
가구수 증가	용적률 한도내 제한 없음	기존의 15% 이내
안전진단	D등급- 조건부 재건축 E등급- 재건축 가능 안전진단 규제 강화 검토	B등급 이상
시행 주체	재건축 주택조합	입주자 대표회의(전원동의), 리모델링 주택조합
세대수 증가	허용	허용 (기존 세대수의 15% 이내)
용적률	법정 용적률 범위 내	건축심의로 법정 용적률 초과 허용
건축기준완화	없음	용적률 · 건폐율 · 높이제한 · 일조권 등 총 8개 기준
임대주택 의무비율	있음	없음
재건축 초과이익환수	있음	없음
장점, 단점	• 주택 수요자에 맞는 자유로운 설계 • 주거 환경의 전면적인 개선 • 수익성이 좋다 (초과이익환수제로 수익성이 감소 예정)	• 내력벽을 철거하지 않는 한도 내 다양한 구조를 만들어 내기 어렵다. • 내력벽 방식으로 지어진 건물의 세대를 나누는 한계가 있다. • 재건축에 비해 진행절차가 간소하다. • 주거환경 개선과 주택가격 상승 • 초과이익환수제 미적용 • 기부채납에 자유로움. • 리모델링 사업기간이 재건축에 비해 적게 되므로 비용절감효과가 높다.

06 리모델링이 예상되는 아파트에 대한 투자 포인트

◆ 리모델링대상 아파트 입지가 좋은 곳을 선택해라!

리모델링 사업이든, 재건축사업이든, 중요한 것은 공사가 종료되고 입주 이후에 재산의 가치, 즉 아파트의 가치가 올라 주어야 성공할 수 있다. 모든 리모델링 아파트가 수익성이 있는 것이 아니고, 리모델링 사업으로 평수가 증가되었다면, 증가된 평수가 기존 아파트 시세 + 리모델링투자비용 + 제반비용 등의 합계금액보다 높은 가치를 가질 수 있어야만 수익이 발생할 수 있다. 즉 미래가치가 증가될 수 있는 곳을 선정해야 한다. 이를 위해서는 사전에 주변 아파트 시세 및 분양가, 교통여건, 교육여건, 아파트의 위치 등을 고려해야 한다.

◆ 대단지로 30평형 이상 아파트를 선택해라!

아파트 세대수는 15%, 전용면적은 30%까지 허용된다.

30평형 이상의 아파트가 되어야 평면은 3-베이(3-bay:아파트 전면에 안방, 거실, 작은 방이 위치하는 경우)로 설계할 수 있어, 외부접촉공간이 많아져 집안이 밝아지고, 증축되는 공간도 많아져 다양한 공간이 창출 가능하다.

너무 작거나 너무 큰 평형도 피해야 한다!

리모델링하기 전 평형이 너무 작으면 확장하는데 제약이 많고, 너무 큰 평형은 리모델링 후 대형평형이 되면서 수요가 제한적일 수밖에 없다. 리모델링 후 30평형에서 40평형 평형대가 수요층이 높다.

◈ 아파트 동간 거리와 전면이 넓은 아파트를 찾아라!

동간 거리가 넓어야 확장하기가 유리하고, 전면이 넓어야 사업성이 뛰어나다.

리모델링 세부기술적인 면에서 보면, 기존 아파트의 앞면과 뒷면만 늘어나게 되는 리모델링 특성상, 리모델링대상 아파트를 선정할 때 아파트 전면과 아파트 동과 동사이의 간격이 넓어야 리모델링 후 새 아파트가 멋있게 나온다.

20평형대 아파트라면 전면이 좁아서 리모델링하는데 어려움이 따른다.

리모델링 사업으로 내부평면이 직사각형으로 길어지기 때문에 햇볕이 들어오지 않는 공간이 많고 통풍에도 문제가 생긴다.

그래서 거실의 폭이 넓은 곳이 좋다. 콘크리트와 철골에 있어서 기둥과 내력벽을 철거 후 새로 만들기에는 안전성문제로 어려울 수밖에 없다.

◈ 지하주차장이 있는 아파트가 없는 아파트보다 훨씬 좋다

지하주차장이 없는 아파트를 리모델링하려면, 지하주차장을 추가적으로 만들어야 하는데 그 비용이 상당하다. 따라서 기존에 지하주차장을 가지고 있는 아파트가 리모델링 사업에 더 사업성이 높다.

◈ 건물구조가 '一' 자형 구조가 좋고, ㄱ(기역)자형은 피해라!

판상형 아파트(한 곳을 바라보며 일자형으로 배치된 아파트)가 타워형이나 꺾인 구조의 아파트보다 구조적으로 증축이 더 용이하다. 건물이 'ㄱ' 자 형이거나 'ㄴ'자 형이면 평면설계에 제한이 있을 수밖에 없다. '一'자 형 구조가 2베이를 3베이나 4베이로 확장하는데 유리하다. 아파트가 ㄱ(기역)자인 경우 또는 ㄷ자,

ㅁ자인 경우에는 리모델링 특성상 앞뒤로만 건물이 늘어나기 때문에 문제가 발생한다. 따라서 리모델링대상 아파트에 투자하기 위해서는 ㅡ자형 아파트로 동과 동 사이 간격이 넓고 남쪽으로 위치한 곳이 좋다.

◆ 소형복도식 아파트가 유리하나 계단식과 섞여 있지 않아야 한다

소형복도식 아파트가 유리한 것은 과거정부 등이 소형복도식 아파트를 낮은 가격에 분양하고, 중형평수 이상을 높은 가격으로 분양하는 정책을 썼기 때문이다. 이 정책을 잘 이용하면 큰 이익을 얻을 수 있다. 그리고 리모델링이 유리한 아파트는 전용면적비율보다 공용면적비율이 높은 아파트다. 공용면적을 전용면적으로 편입시킬 수 있는 여지가 많기 때문이다. 계단식 아파트에 비해 복도식 아파트는 공용부분의 면적이 넓다. 층마다 긴 복도가 있을 뿐만 아니라 엘리베이터가 한 곳에 집중돼 있고, 1층의 필로티 부분도 상당한 면적을 차지하기 때문이다. 이런 아파트는 복도와 발코니가 전부 전용면적으로 편입될 수 있다.

소형복도식 아파트가 같은 단지 내 계단식 아파트와 섞여 있지 않는 곳이 좋다. 혼합되어 있으면 동의가 어렵다.

◆ 리모델링대상 아파트가 재건축으로 돌아갈 수 있다면 좋다!

리모델링대상 아파트가 재건축 규제가 완화되어, 재건축으로 돌아갈 수 있는 여지가 있는 것이 좋다. 이를 위해서는 6층~12층 사이의 저층아파트가 좋다. 이들은 기존 아파트의 용적률이 낮아 추후 재건축할 경우 용적률을 높일 수 있다. 5층 아파트는 엘리베이터가 없는 계단식이 대부분으로 전용면적비율이 높아 리모델링 가치가 떨어진다. 이와 같이 리모델링이라면 각 전유부분 소유자의 대지지분이 넓은 중층아파트(6~12층)와 공용면적의 비율이 높은 복도식 아파트가 리모델링하기 좋은 아파트이다.

◆ 리모델링대상 아파트를 선택할 때 유의할 점은?

리모델링을 위한 추진위원회만 구성하고, 그 다음 단계를 진행시키지 못하는 경우가 많다. 이는 주민동의가 이루어지기가 쉽지 않기 때문이다. 리모델링을 하기 위해서 주민 1가구당 추가비용이 적지 않고, 재건축을 요구하는 주민 등이 많아서 그렇다. 그래서 리모델링대상 아파트를 선택하기 전에 추진과정을 잘 살펴야 한다. 추진위원회만 구성하고, 실제로 사업추진하는 경우는 10~20% 정도밖에 안 되는데, 그 이유는 주민동의도 어렵지만 추진위원회만 구성하면 아파트가격이 상승되기 때문에 어느 정도 목적달성을 한 것으로 생각하는 곳도 상당부분 있기 때문이다.

어쨌든 투자가 목적이라면 리모델링 사업이 추진되기 전에 예상되는 아파트를 찾아서 투자하는 방법이 수익을 높이는 방법이다.

MEMO

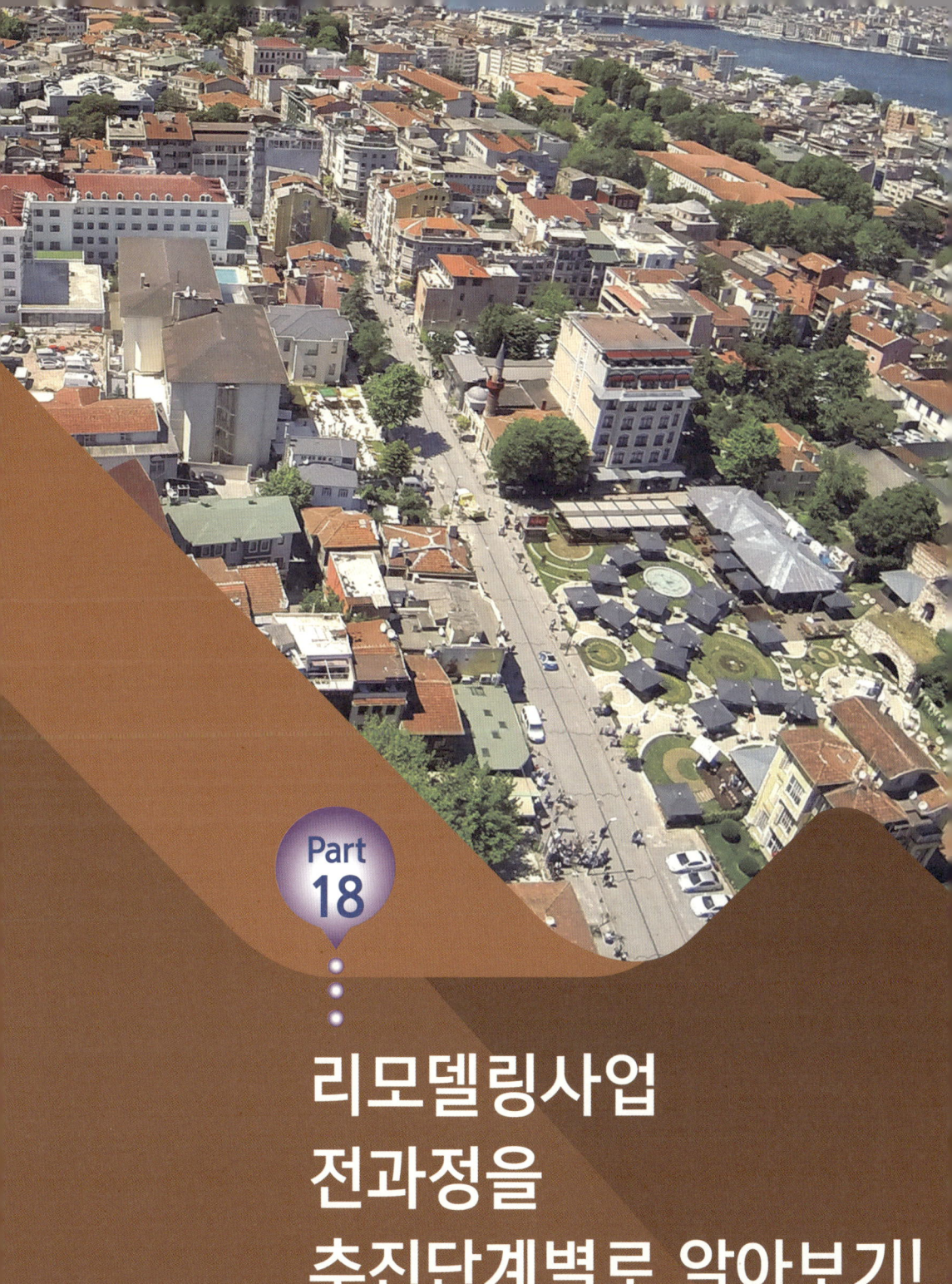

Part 18

리모델링사업 전과정을 추진단계별로 알아보기!

01 리모델링 기본계획은 어떻게 수립하나?

◆ 리모델링 기본계획의 수립권자 및 대상지역

주택법 제71조 ① **특별시장·광역시장 및 대도시의 시장은** 관할구역에 대하여 다음 각 호의 사항을 포함한 **리모델링 기본계획을 10년 단위로 수립하여야 한다.** 다만, 세대수 증가형 리모델링에 따른 도시과밀의 우려가 적은 경우 등 대통령령으로 정하는 경우에는 리모델링 기본계획을 수립하지 아니할 수 있다.

1. 계획의 목표 및 기본방향
2. 도시기본계획 등 관련 계획 검토
3. 리모델링 대상 공동주택 현황 및 세대수 증가형 리모델링 수요 예측
4. 세대수 증가에 따른 기반시설의 영향 검토
5. 일시집중 방지 등을 위한 단계별 리모델링 시행방안
6. 그 밖에 대통령령으로 정하는 사항

② 대도시가 아닌 시의 시장은 세대수 증가형 리모델링에 따른 도시과밀이나 일시집중 등이 우려되어 도지사가 리모델링 기본계획의 수립이 필요하다고 인정한 경우 리모델링 기본계획을 수립하여야 한다.

◆ 리모델링 기본계획 수립절차 및 기본계획의 고시

(1) 리모델링 기본계획 수립절차

주택법 72조 ① 특별시장·광역시장 및 대도시의 시장(제71조 제2항에 따른 대도시가 아닌 시의 시장을 포함한다)은 **리모델링 기본계획을 수립하거나 변경하려면 14일 이상 주민에게 공람**하고, 지방의회의 의견을 들어야 한다. 이 경우 **지방의회는 의견제시를 요청받은 날부터 30일 이내에 의견을 제시**하여야 하며, 30일 이내에 의견을 제시하지 아니하는 경우에는 이의가 없는 것으로 본다. 다만, 대통령령으로 정하는 경미한 변경인 경우에는 주민공람 및 지방의회 의견청취 절차를 거치지 아니할 수 있다.

② 특별시장·광역시장 및 대도시의 시장은 리모델링 기본계획을 수립하거나 변경하려면 관계 행정기관의 장과 협의한 후 「국토의 계획 및 이용에 관한 법률」 제113조 제1항에 따라 설치된 시·도 도시계획위원회 또는 시·군·구 도시계획위원회의 심의를 거쳐야 한다.

③ 제2항에 따라 협의를 요청받은 관계 행정기관의 장은 특별한 사유가 없으면 그 요청을 받은 날부터 30일 이내에 의견을 제시하여야 한다.

(2) 리모델링 기본계획의 고시 등

주택법 제73조 ① 특별시장·광역시장 및 대도시의 시장은 리모델링 기본계획을 수립하거나 변경한 때에는 이를 지체 없이 해당 지방자치단체의 공보에 고시하여야 한다. ② **특별시장·광역시장 및 대도시의 시장은 5년마다 리모델링 기본계획의 타당성 여부를 검토**하여 그 결과를 리모델링 기본계획에 반영하여야 한다.

02 리모델링 결의와 추진위원회 결성

◆ 아파트 리모델링 사업시행과 리모델링 결의

아파트 리모델링 사업절차는 01 리모델링 결의 ⇨ 02 소유자 동의 확보 ⇨ 03 조합 창립총회 ⇨ 04 조합설립인가 ⇨ 05 안전진단실시 ⇨ 06 건축심의 ⇨ 07 행위허가 ⇨ 08 매도청구 ⇨ 09 이주 및 착공 ⇨ 10 사용검사 및 준공 ⇨ 11 조합해산 등으로 진행된다.

이러한 리모델링공사 소요기간은 단지의 규모 및 상황에 따라 다를 수 있지만, 보통 총 30개월 정도 소요된다.

주택법은 리모델링 사업은 조합 외에도 입주자, 사용자, 관리주체, 입주자대표회의도 사업시행자가 될 수 있다고 규정하고 있다.

(1) 입주자대표회의가 리모델링 결의 후 사업을 추진하는 경우

주택법시행령 제47조에 의거 입주자대표회의가 구성하고 있는 주택단지를 리모델링하고자 할 때에는 주택단지의 주택소유자 전원의 100% 동의를 얻은 입주자대표회의가 리모델링 행위허가를 받을 수 있다. 하지만, 입주자대표회의가 시행하는 리모델링 사업은 리모델링을 반대하거나 경제적 능력이 없는 경우, 소유자의 소재파악이 불가능한 경우 등으로 사업 시행을 할 수 없는 경우가 대부분이다.

(2) 추진위원회가 리모델링 조합을 설립해서 추진하는 경우

이 방식은 리모델링 추진위원회를 구성하여 리모델링사업을 결의하고, 가급적 빠른 시일 내에 조합 총회를 열어 조합설립 인가를 받는 방식이다. 설립인가가 된 조합은 시공사 선정, 안전진단과 건축심의 요청 등의 절차를 직접 수행하게 된다.

주택법은 주택소유자의 2/3이상의 동의가 있으면 리모델링 주택조합 설립을 인정하고 있다. 이때 리모델링 주택조합이 찬성하지 않는 주택소유자들에 대한 매도청구권을 행사하여 리모델링 사업이 원활히 수행되도록 하고 있다. 일반적으로 아파트 리모델링 사업의 시행자는 리모델링 주택조합이라 할 수 있다.

리모델링 조합을 제외한 나머지 주체들은 구분소유자 전원의 동의가 있어야만 사업을 시행할 수 있다. 그래서 대부분의 리모델링 사업은 다음과 같이 추진위원회를 먼저 구성하고, 그 추진위원회를 주축으로 조합을 결성하여 시행하고 있다.

◆ 추진위원회의 구성과 추진 업무

리모델링 주택조합 설립을 위한 추진위원회의 설립은 주택법에서는 이에 대한 구체적인 규정이 없지만, 추진위원회는 리모델링주택조합의 앞 단계에서 리모델링 사업과 관련된 준비행사를 하는 등 행정관청의 인가를 받기 위하여 체계적으로 추진할 조직의 단체로서 그 준비행위 결과는 리모델링주택조합에 그대로 승계된다.

추진위원회는 주택법에서 요구하는 단체가 아니기 때문에 행정관청의 승인을 받을 필요가 없다. 하지만, 적법성을 인정받으려면 합목적성을 가지고 정당성을 지닐 수 있게 사업의 원활한 추진을 위하여 리모델링의 경우에도 재건축사업처럼 소유자 및 의결권자의 1/2 이상의 동의로 추진위원회를 구성하는 것이 좋다고 생각한다. 또한 가능하면 입주자대표회의와의 마찰을 피하는 차원에서 입주자대표회의의 임원을 추진위원으로 가입시키는 방법도 좋은 대안이다.

리모델링조합 추진위원회 내지 준비 위원회는 추진위원회를 대표하는 위원장 1인과 감사를 두고, 보통 추후 조합설립을 위해 창립총회 회의록과 조합장 선출 동의서, 조합규약, 사업계획서, 조합원 명부, 리모델링 동의서 등을 준비하게 된다.

재건축추진위원회가 시장·군수로부터 설립승인을 받게 되면 정비사업 조합설립 추진위원회 운영규정 제3조에 따라 추진위원회는 업무를 개시하기 전에 반드시 추진위원회 운영규정을 작성 시장·군수에게 신고해야 한다. 조합설립인가를 받기 전에는 추진위원회만이 적법한 단체로서 존재하기 때문에 정비사업 추진은 추진위원회만이 할 수 있다.

그러나 **리모델링 추진위원회는** 도정법상의 추진위원회가 아닌 임의단체이므로 추진위원회 등이 난립하여 리모델링 사업의 지연을 가져오는 경우가 많다. 따라서 리모델링 추진위원회도 도정법상의 승인규정을 준용하여 주택법에 규정할 필요가 있다. 그러면 추진위원회가 공적인 기관으로서 리모델링 사업을 일관성 있게 진행시킬 수 있어서 사업지연 등을 방지할 수 있을 것이다.

03 리모델링주택조합 설립인가와 조합의 추진 업무

◆ 리모델링 주택조합 설립요건(주택법 제11조)

① 많은 수의 구성원이 주택을 마련하거나 리모델링하기 위하여 주택조합을 설립하려는 경우에는 관할 특별자치시장, 특별자치도지사, 시장, 군수 또는 구청장의 인가를 받아야 한다. 인가받은 내용을 변경하거나 주택조합을 해산하려는 경우에도 또한 같다.

② 제1항에 따라 주택을 마련하기 위하여 주택조합설립인가를 받으려는 자는 해당 주택건설대지의 80퍼센트 이상에 해당하는 토지의 사용권원을 확보하여야 한다. 다만, 제1항 후단의 경우에는 그러하지 아니하다.

③ 제1항에 따라 주택을 리모델링하기 위하여 주택조합을 설립하려는 경우에는 다음 각 호의 구분에 따른 구분소유자와 의결권)의 결의를 증명하는 서류를 첨부하여 관할 시장·군수·구청장의 인가를 받아야 한다.

1. **주택단지 전체를 리모델링하고자 하는 경우**에는 주택단지 전체의 구분소유자와 의결권의 각 3분의 2 이상의 결의 및 각 동의 구분소유자와 의결권의 각 과반수의 결의

2. **동을 리모델링하고자 하는 경우**에는 그 동의 구분소유자 및 의결권의 각 3분의 2 이상의 결의

◆ 리모델링주택조합의 조합원 자격(시행령 제21조)

제1항 제3호에 따른 조합원이 될 수 있는 자 중에서 리모델링주택조합의 설립에 동의한 자가 조합원이 될 수 있다.

가. 법 제15조에 따른 사업계획승인을 받아 건설한 공동주택의 소유자
나. 복리시설을 함께 리모델링하는 경우에는 해당 복리시설의 소유자
다. 「건축법」 제11조에 따른 건축허가를 받아 분양을 목적으로 건설한 공동주택의 소유자(해당 건축물에 공동주택 외의 시설이 있는 경우에는 해당 시설의 소유자를 포함한다)

◆ 리모델링주택조합이 추진하는 업무

리모델링 추진위원회를 구성하여 리모델링 결의를 하고, 가급적 빠른 시일 내에 조합 총회를 열어 조합설립인가를 받는 절차로 진행된다. 설립 인가된 조합은 안전진단과 건축심의 요청 등의 절차부터 직접 수행하게 된다. 안전진단과 건축심의 이외의 이후 절차 즉, 매도청구와 시공업체선정, 행위허가신청 등은 모두 주택조합을 통해서만 가능하다.

어쨌든, 리모델링조합은 재건축조합과 달리 별도의 법인격을 부여받을 수 없다. 재건축조합은 그 조합의 명의로 대외적인 모든 법률행위를 할 수 있는 반면, 리모델링조합이나 지역주택조합, 직장조합주택 등은 주택법상 조합은 제한된 범위 내에서만 법률행위를 할 수 있다. 이러한 이유로 리모델링 사업은 조합이 단독으로 진행하는 예는 거의 없고, 시공사를 선정하여 그 시공사와 공동으로 사업을 시행하는 경우가 대부분이다.

04 조합이 시공사 선정과 안전진단을 신청하는 방법

◆ 조합이 시공사를 선정하는 방법

시공자는 리모델링 주택조합 설립인가 이후 주택법 제66조 4항에 의거하여 경쟁입찰로 선정한다. 그러나 2회 이상 입찰에 참여하는 시공자가 하나이거나 입찰자가 없어 경쟁 입찰방법으로 시공자 등을 선정할 수 없는 경우에는 조합원총회 승인을 거쳐 1개 업체와 수의계약 하는 것도 가능하다.

> **알아두면 좋은 법률**
>
> 주택법 제66조 제4항 제3항에 따른 시공자를 선정하는 경우에는 국토교통부장관이 정하는 경쟁입찰의 방법으로 하여야 한다. 다만, 경쟁입찰의 방법으로 시공자를 선정하는 것이 곤란하다고 인정되는 경우 등 대통령령으로 정하는 경우에는 그러하지 아니하다.

◆ 리모델링의 안전진단은 1차와 2차로 나누어 진행한다!

안전진단은 리모델링조합이 시공사 선정 후 신청하는 1차 안전진단과 조합원 등의 이주 및 철거 후 신청하는 2차 안전진단이 있다.

1차 안전진단은 ① 구조안전성을 평가하여 수직증축 가능 여부 등 증축 리모델링 가능 여부를 판정, ② 주민 이주 후 구조 안정에 대한 상세 확인을 위해 2차 안전진단을 실시한다. 안전진단 결과 리모델링이 적합하다고 판단하면 허가를 하고, 재건축 사업의 시행이 필요하다고 결정된 경우는 증축형 리모델링은 불가하다.

2차 안전진단은 주민 이주 후 구조안전에 대한 상세 확인을 위해 안전진단 실시로 1차 안전진단에 대한 적합성 등을 확인하는 절차로 다음과 같은 법률에 근거해서 진행한다.

◆ 증축형 리모델링의 안전진단(주택법 제68조)

  ① 제1항 제2조 25호 나목 및 다목에 따라 증축하는 리모델링을 하려는 자는 시장·군수·구청장에게 안전진단을 요청하여야 하며, 안전진단을 요청받은 시장·군수·구청장은 해당 건축물의 증축 가능 여부의 확인 등을 위하여 안전진단을 실시하여야 한다.

> **알아두면 좋은 법률**
>
> 1. 주택법 제2조 제25호 나목 : 15년이 경과된 공동주택을 각 세대의 주거전용면적의 30% 이내(세대의 주거전용면적이 85㎡ 미만인 경우에는 40% 이내)에서 증축하는 행위
> 2. 주택법 제2조 제25호 다목 : 나목에 따른 각 세대의 증축 가능 면적을 합산한 면적의 범위에서 기존 세대수의 15퍼센트 이내에서 세대수를 증가하는 증축 행위(세대수 증가형 리모델링). 다만 수직으로 증축하는 행위(수직증축형 리모델링)는 다음 요건을 모두 충족하는 경우로 한정한다.
>   ① 수직으로 증축하는 행위의 대상이 되는 기존 건축물의 층수가 15층 이상인 경우 : 3개 층
>   ② 수직증축형 리모델링의 대상이 되는 기존 건축물의 층수가 14층 이하인 경우: 2개 층

  ② 제2항 시장·군수·구청장은 제1항에 따라 안전진단을 실시하는 경우에는 대통령령으로 정하는 기관에 안전진단을 의뢰하여야 하며, 안전진단을 의뢰받은 기관은 리모델링을 하려는 자가 추천한 건축구조기술사(구조설계를 담당할 자를 말한다)와 함께 안전진단을 실시하여야 한다.

③ 제4항 시장·군수·구청장은 제66조 제1항에 따라 수직증축형 리모델링을 허가한 후에 해당 건축물의 구조안전성 등에 대한 상세 확인을 위하여 안전진단을 실시하여야 한다. 이 경우 안전진단을 의뢰받은 기관은 제2항에 따른 건축구조기술사와 함께 안전진단을 실시하여야 하며, 리모델링을 하려는 자는 안전진단 후 구조설계의 변경 등이 필요한 경우에는 건축구조기술사로 하여금 이를 보완하도록 하여야 한다.

④ 제5항 제2항 및 제4항에 따라 안전진단을 의뢰받은 기관은 국토교통부장관이 정하여 고시하는 기준에 따라 안전진단을 실시하고, 국토교통부령으로 정하는 방법 및 절차에 따라 안전진단 결과보고서를 작성하여 안전진단을 요청한 자와 시장·군수·구청장에게 제출하여야 한다.

알아두면 좋은 법률

국토부가 고시하는 증축형 리모델링 안전진단기준
[국토교통부고시 제2017-92호, 2017. 2. 14. 일부개정]

제2절 용어의 정의
1-2-1. 1차 안전진단 : 주택법 제68조 제1항에 따라 증축형 리모델링을 하려는 자가 시장·군수·구청장에게 요청하여 해당 건축물의 증축 가능 여부의 확인 등을 위하여 실시하는 안전진단을 말한다.
1-2-2. 2차 안전진단 : 법 제68조 제4항에 따라 수직증축형 리모델링을 허가한 후에 해당 건축물의 구조안전성 등에 대한 상세 확인을 위하여 실시하는 안전진단을 말한다.

제3절 증축형 리모델링 판정기준
2-3-1. 각 평가항목별 평가등급이 모두 B등급 이상(성능점수가 80점 초과)인 경우에는 '수직증축 리모델링 가능'으로 판정한다.
2-3-2. 각 평가항목 중 어느 하나의 평가등급이 D등급 이하(성능점수가 55점 이하)인 경우에는 '증축형 리모델링 불가'로 판정한다.
2-3-3. 평가항목별 평가등급이 2-3-1 및 2-3-2에 해당되지 않은 경우는 '수평증축 리모델링 가능'으로 판정한다.

리모델링은 재건축이나 재개발의 전면 철거 대신 기존 아파트 구조를 유지한 채 층수를 올리거나 일부 구조를 변경하는 방식이다. 가구 수는 기존보다 최대 15%까지 늘릴 수 있다. 안전진단 5개 등급(A~E) 중 B등급 이상을 받으면 기존 아파트 위로 2~3개 층을 더 올리는 수직증축 리모델링이 가능하다. C등급 이상을 받으면 수평증축이 가능하다. D등급 이하를 받아야 추진할 수 있는 재건축보다는 안전진단 요건이 덜 까다롭다. 또한 준공 연한이 15년으로 재건축(30년)보다 짧다. 조합 설립 ⇨ 안전진단 ⇨ 건축심의 ⇨ 행위허가 ⇨ 이주·착공 ⇨ 입주 순으로 진행돼 재건축 사업에 비해 간소한 편이다.

05 리모델링은 건축심의와 도시계획심의가 필요하다?

현행법은 리모델링 후 증축세대가 50세대 미만인 경우에는 건축심의만 받으면 되지만, 증축세대수가 50세대 이상인 경우에는 건축심의와 별도로 도시계획심의가 추가되어 과도한 행정절차로 재건축 못지않은 사업기간이 소요되고 있다.

◈ 리모델링의 건축심의와 제출 기한

① 주택법 제69조 제1항 시장·군수·구청장은 수직증축형 리모델링을 하려는 자가 「건축법」에 따른 건축위원회의 심의를 요청하는 경우 구조계획상 증축범위의 적정성 등에 대하여 대통령령으로 정하는 전문기관에 안전성 검토를 의뢰하여야 한다.

> **전문기관 안정성검토(시행령 79조)**
>
> 제1항 법 제69조 제1항에서 "대통령령으로 정하는 전문기관"이란 한국시설안전공단 또는 한국건설기술연구원을 말한다.

② 주택법 제69조 제3항 제1항 및 제2항에 따라 검토의뢰를 받은 전문기관은 국토교통부장관이 정하여 고시하는 검토기준에 따라 검토한 결과를 대통령령으로 정하는 기간 이내에 시장·군수·구청장에게 제출하여야 하며, 시장·군수·구청장은 특별한 사유가 없는 경우 이 법 및 관계 법률에 따른 위원회의 심의 또는 허가 시 제출받은 안전성 검토결과를 반영하여야 한다.

> **전문기관 안정성검토(시행령 79조)**
>
> 제2항 법 제69조 제3항에서 "대통령령으로 정하는 기간"이란 같은 조 제1항 또는 제2항에 따라 안전성 검토를 의뢰받은 날부터 30일을 말한다. 다만, 검토 의뢰를 받은 전문기관이 부득이하게 검토기간의 연장이 필요하다고 인정하여 20일의 범위에서 그 기간을 연장(한 차례로 한정한다)한 경우에는 그 연장된 기간을 포함한 기간을 말한다.

◆ **리모델링의 도시계획 심의**

시장·군수·구청장이 50세대 이상으로 증가형 리모델링을 허가하려는 경우에는 기반시설에 영향이나 도시·군 관리 계획의 부합여부 등에 대하여 "국토의 계획 및 이용에 관한 법률 제113조 제2항"에 따라 설치된 시·군·구도시계획위원회의 심의를 거쳐야 한다(주택법 제66조 제6항, 시행령 제76조 제2항).

> **전문기관 안정성검토(국토법 113조)**
>
> 제2항 도시·군 관리계획과 관련된 다음 각 호의 심의를 하게 하거나 자문에 응하게 하기 위하여 시·군 또는 구에 각각 시·군·구 도시계획위원회를 둔다.
> 1. 시장 또는 군수가 결정하는 도시·군 관리계획의 심의와 국토교통부장관이나 시·도지사의 권한에 속하는 사항 중 시·도 도시계획위원회의 심의대상에 해당하는 사항이 시장·군수 또는 구청장에게 위임되거나 재위임된 경우 그 위임되거나 재위임된 사항의 심의
> 2. 도시·군관리계획과 관련하여 시장·군수 또는 구청장이 자문하는 사항에 대한 조언
> 3. 제59조에 따른 개발행위의 허가 등에 관한 심의
> 4. 그 밖에 대통령령으로 정하는 사항에 관한 심의 또는 조언

06 권리변동계획의 수립 및 분담금 확정

◆ 권리변동계획의 수립 및 계획 내용

권리변동계획의 수립(주택법 제67조)은 세대수가 증가되는 리모델링을 하는 경우에는 기존 주택의 권리변동, 비용분담 등 대통령령으로 정하는 사항에 대한 계획을 수립하여 사업계획승인 또는 행위허가를 받아야 한다.

또 주택법 시행령 제77조(권리변동계획의 내용) ① 법 제67조에서 "기존 주택의 권리변동, 비용분담 등 대통령령으로 정하는 사항"이란 다음 각 호의 사항을 말한다.

1. 리모델링 전후의 대지 및 건축물의 권리변동 명세
2. 조합원의 비용분담
3. 사업비
4. 조합원 외의 자에 대한 분양계획
5. 그 밖에 리모델링과 관련된 권리 등에 대하여 해당 시·도 또는 시·군의 조례로 정하는 사항

② 제1항 제1호 및 제2호에 따라 대지 및 건축물의 권리변동 명세를 작성하거나 조합원의 비용분담 금액을 산정하는 경우에는「감정평가 및 감정평가사에 관한 법률」에 따른 감정평가업자가 리모델링 전후의 재산 또는 권리에 대하여 평가한 금액을 기준으로 할 수 있다.

◆ 권리변동계획에 따른 분담금 확정은 총회의결로 결정!

공동주택 수직증축 리모델링 추진 과정에서 리모델링에 따른 분담금 변동내용을 반드시 조합원 총회에 안건으로 결의해야 한다. 국토교통부는 공동주택 수직증축 리모델링 관련 절차 및 안전성 보완을 위한 주택법 시행규칙 및 하위지침 개정안을 2019년 2월 15일부터 다음달 26일까지 40일간 입법예고한다고 2019년 2월 15일 밝혔다. 개정안은 리모델링 안전진단 결과를 반영하기 위한 설계변경이 필요한 경우 총회 의결을 거치도록 해 설계변경으로 인한 추가 분담금 가능성을 조합원이 인지하고 의사결정을 할 수 있도록 한 것이다.

◆ 둔촌동 현대아파트 권리변동계획 총회 개최 결과

2019년 1월 31일에 둔촌동 현대아파트의 권리변동 계획 총회가 열렸다. 이번에 열리는 것은 확정 총회 전에 대략의 계획을 보고하고 승인하는 총회였다. 저녁 7시 반에 시작해서 투표 결과까지 저녁 11시에 끝났다.

(1) 추가 분담금은 1억 4천만 원 예상

추가 분담금은 평균 1억4,000만원이고, 일반 분양되는 74세대에 대한 분양가격은 옆의 둔촌주공과 비교하여 80% 수준으로 설정하여도 평당 3,200만원으로 예상된다. 따라서 조합원의 추가 분담금 증가가 없을 것으로 예상된다.

설계부분에 있어서는, 기본이 확장형으로 진행되고(추가 부담 없음), 확장형으로 되는 경우 약 6평정도 증가한다고 한다.

주차장은 지하1층, 2층에 건설되고, 지하1층에서는 엘리베이터를 통해 각 가구로 연결이 되지만, 지하2층은 환승해야 하기 때문에, 지하 2층에서 지하 1층, 1층으로 가는 셔틀 엘리베이터를 설치한다고 한다. 이 부분에 대해, 지하 2층에서 각 가구로 직접 연결하지 않느냐는 질문에, 포스코 건설과 조합장님의 답변은 가능은 하지만 공사비가 증가되어 각 가구당 1천만원 이상의 분담금이 상승되고, 설치 공간이 필요하여 동간 거리가 짧아지고, 지하 주차장이 감소된다고 했다. 이 방법이 비용을 최소화 시키는 방법이라고도 했다.

그러나 증축되는 3개동은 지하 2층에서 각 가구로 바로 연결이 된다고 했다.

(2) 이주는 2020년 4월 예상

- 권리변동 확정 총회 : 2019년 10월
- 이주 : 2020년 1월~4월

계획대로 진행되면 위와 같은 일정으로 진행된다고 한다.

그리고 조합장은 2025년의 세종고속도로의 개통과 GBC 등의 입주가 맞물리면 아파트의 가치가 더 높아 질 것이라고도 했다.

(3) 투표결과는 압도적 찬성이었다!

총회장에는 많은 조합원이 참석했다. 시작 전에 사회를 보는 분이 오늘 진행될 총회의 내용과 절차 등을 설명하였고, 일부 조합원분들이 당신은 누군데 나와 있냐? 어디에서 왔냐? 조합장 나와라.. 등등의 큰 소리로 주장하여 약간의 소란이 있었지만 투표결과는 찬성으로 압도적으로 결정되었다.

◆ 잠원한신로얄 권리변동 계획수립 총회

2018년 2월 24일 오후 1시30분부터 반포종합사회복지관 5층에서 잠원한신로얄 리모델링 사업의 행위허가 신청을 위한 권리변동계획수립 및 정기총회를 전체 조합원의 80%가 넘는 조합원이 직접 참석한 가운데 개최되었으며, 주요 안건인 리모델링 분담금 승인과 권리변동계획 승인의 건이 조합원의 전폭적인 지지로 통과되어 사업이 9부 능선을 넘어가고 9월 이내에는 이주가 가능할 수 있는 토대를 만들었다.

　이렇게 권리변동계획 총회가 진행되고 있다는 사실을 독자 분들에게 알려주고자 기술했다.

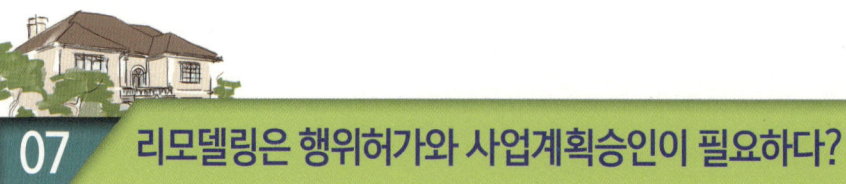

07 리모델링은 행위허가와 사업계획승인이 필요하다?

　현행법은 리모델링 후 증축세대수가 30세대 미만이면 시장·군수·구청장의 리모델링허가(행위허가) 방식으로 추진하면 된다. 즉 세대수의 증가가 없거나 증가세대수가 30세대 미만인 경우에는 사업계획승인은 면제되고 행위허가만 받으면 된다.

　반면에 리모델링 후 증축세대수가 30세대 이상인 경우 행위허가와 별도로 절차와 별도로 '사업계획승인'을 받아서 리모델링 사업을 시행해야 한다.

> **김선생의 핵심체크**
>
> ① 리모델링으로 증가 세대수가 30세대 미만은 건축심의와 안전진단, 행위허가만 받아 사업을 시행하면 된다.
> ② 증축세대가 30세대 이상은 건축심의와 사업계획승인, 안전진단, 행위허가를 받아야 한다.
> ③ 증축세대가 50세대 미만인 경우에는 건축심의만 받으면 되지만, 증축세대수가 50세대 이상인 경우에는 건축심의와 별도로 도시계획심의를 받아야 한다. 즉 50세대 이상은 건축심의와 사업계획승인, 도시계획심의, 안전진단, 행위허가를 받아 사업을 시행하면 된다.

◆ 리모델링 사업 허가신청(행위허가)

입주자·사용자 또는 관리주체의 경우 공사기간, 공사방법 등이 적혀 있는 동의시에 입주자 전체의 동의를 받아야 한다.

리모델링 허가는 주택법 제66조 ① 공동주택의 입주자·사용자 또는 관리주체가 공동주택을 리모델링하려고 하는 경우에는 허가와 관련된 면적, 세대수 또는 입주자 등의 동의 비율에 관하여 대통령령으로 정하는 기준 및 절차 등에 따라 시장·군수·구청장의 허가를 받아야 한다.

② 제1항에도 불구하고 대통령령으로 정하는 경우에는 리모델링주택조합이나 소유자 전원의 동의를 받은 입주자대표회의가 시장·군수·구청장의 허가를 받아 리모델링을 할 수 있다.

> **공동주택 리모델링의 허가기준(제75조 제1항 관련)**
>
> 1. 입주자·사용자 또는 관리주체의 경우 : 공사기간, 공사방법 등이 적혀 있는 동의서에 입주자 전체의 동의를 받아야 한다.
> 2. 리모델링주택조합의 경우 : 다음 사항이 적혀 있는 결의서에 주택단지 전체를 리모델링하는 경우 주택단지 전체 구분소유자 및 의결권의 각 75% 이상 동의와 각 동별 구분소유자 및 의결권의 각 50% 이상 동의를 받아야 하고, 동을 리모델링하는 경우에는 그 동의 구분소유자 및 의결권의 각 75% 이상의 동의를 받아야 한다.
>   ① 리모델링 설계의 개요
>   ② 공사비
>   ③ 조합원의 비용분담 명세

◆ 리모델링의 사업계획 승인

사업계획 승인은 주택법 제15조 ① 대통령령으로 정하는 호수(시행령 제27조 1항 1호 단독주택: 30호, 2호 공동주택: 30세대(리모델링은 증가하는 세대수가 30) 이상의 주택건설사업을 시행하려는 자 또는 대통령령으로 정하는 면적 이상의 대지조성사업을 시행하려는 자는 다음 각 호의 사업계획승인권자에게 사업계획승인을 받아야 한다. 다만, 주택 외의 시설과 주택을 동일 건축물로 건축하는 경우 등 대통령령으로 정하는 경우에는 그러하지 아니하다.

1. 주택건설사업 또는 대지조성사업으로서 해당 대지면적이 10만㎡ 이상인 경우: 특별시장·광역시장·특별자치시장·도지사 또는 특별자치도지사 또는 「지방자치법」 제175조에 따라 서울특별시·광역시 및 특별자치시를 제외한 인구 50만 이상의 대도시)의 시장

2. 주택건설사업 또는 대지조성사업으로서 해당 대지면적이 10만제곱미터 미만인 경우: 특별시장·광역시장·특별자치시장·특별자치도지사 또는 시장·군수

② 제1항에 따라 사업계획승인을 받으려는 자는 사업계획승인신청서에 주택과 그 부대시설 및 복리시설의 배치도, 대지조성공사 설계도서 등 대통령령으로 정하는 서류를 첨부하여 사업계획승인권자에게 제출하여야 한다.

③ 주택건설사업을 시행하려는 자는 대통령령으로 정하는 호수 이상의 주택단지를 공구별로 분할하여 주택을 건설·공급할 수 있다. 이 경우 제2항에 따른 서류와 함께 다음 각 호의 서류를 첨부하여 사업계획승인권자에게 제출하고 사업계획승인을 받아야 한다.
1. 공구별 공사계획서
2. 입주자모집계획서
3. 사용검사계획서

④ 제1항 또는 제3항에 따라 승인받은 사업계획을 변경하려면 사업계획승인권자로부터 변경승인을 받아야 한다. 다만, 국토교통부령으로 정하는 경미한 사항을 변경하는 경우에는 그러하지 아니하다.

◆ 조합의 매도청구권은 행위허가 후에 행사!

주택법에서는 리모델링조합의 경우에 조합설립동의와 그 이후 행위허가동의를 받도록 하고 있다.

주택법 제22조 제2항은 "제11조 제1항에 따라 인가를 받아 설립된 리모델링주택조합은 그 리모델링 결의에 찬성하지 아니하는 자의 주택 및 토지에 대하여 매도청구를 할 수 있다."라고 규정하고 있다.

그렇다면 리모델링주택조합의 매도청구권 발생 시기는 주택법 제11조에 따라 주택조합 설립인가(전체 3분의 2 이상 및 각동 과반수의 동의확보)를 받으면 발생하는 것인지, 아니면 주택법 제66조에 의한 행위허가(전체 75%이상 및 각동 50%이상 동의확보)까지를 받아야 발생하는 것인지가 문제된다.

리모델링주택조합의 매도청구권 행사 요건으로서 리모델링 결의가 유효하려면, …행위허가 요건을 동의를 각각 얻어야 할 것이고, … 설립인가 당시에 4/5 이상의 동의가 있었다고 하여 매도청구권 행사에 필요한 행위허가 동의요건을 충족한 것으로 볼 수는 없다 할 것이다."라고 판시하였다[서울고등법원 2009나19460, 19477 판결, 대법원 2009다103929 판결로 확정되었다(심리불속행기각).

매도청구 시기를 행위허가를 받은 이후에 한꺼번에 하도록 법상 명확히 "행위허가에 부동의 한 자"라고 규정하는 것이 타당하다고 본다. 매도청구는 강제로 소유권을 박탈하는 제도이므로 행위허가를 받지도 않았는데, 매도청구를 허용하는 것은 재산권을 보장하는 헌법에 반할 수 있다. 즉, 행위허가를 받지 못하면 리모델링 공사에 착공할 수 없는데, 단지 조합설립에 미동의를 하였다는 이유만으로 매도청구를 허용하는 것은 소유권에 대한 지나친 제약이다(법무법인 강산 김은유 변호사 칼럼 일부 발췌).

08 조합원 신탁등기와 이주비 대출 후 이주 절차

◆ 이주비와 공사비 지급 후 공사를 마무리 하는 과정

리모델링사업은 앞 장에서와 같이, 리모델링 행위허가와 매도청구절차까지 마치고 ⇨ 이주를 위하여 이주비와 공사비에 대한 대책으로 금융사를 선정하게 되고 ⇨ 금융사가 선정되게 되면 이주비대출에 필요한 관련서류 및 신탁등기 서류를 제출하고 ⇨ 조합원은 사업장 단지내 자기가 소유하고 있는 아파트에 근저당설정과 신탁등기를 동시에 하고, 이주비 대출을 받고 이주를 하게 된다.

공사비는 금융사에 시공사가 단지내 사업장에 대한 시공보증과 조합과 각 조합원간 공사대금 계약을 체결하고 ⇨ 금융사 +시공사 +조합간 집단대출계약 체결로 정해진 납부 기일에 따라 지급될 것을 조건으로 공사비를 납부하게 되며 ⇨ 공사완료 후 사용검사를 받아 입주 시 이주비 및 공사비에 대한 차입에 대한 상환과 미상환시 장기 주택담보 대출인 잔금대출로 갈아타고 입주하는 형식으로 진행된다.

◆ 조합원 신탁등기와 이주 절차를 진행하는 과정

권리변동계획에 따른 분담금계획 확정총회를 거쳐 분담금을 확정시키고 나서, 이주완료까지의 업무내용은 이주관리업체 선정하고, 조합원 신탁등기와 이주비 대출, 감리자 지정하고, 이주절차를 진행하는 순서로 진행한다.

(1) 이주관리업체의 선정과 업무

이주관리업체는 ① 이주가 시작되면 조합원의 이주현황을 파악, ② 조합원 세대별로 이사날짜 및 시간체크 / 공과금 정산 / 쓰레기 처리 등의 업무 협조, ③ 이주 완료세대에 대한 공가(빈집) 관리 및 단지 순찰 등의 업무를 한다. 이주관리업체의 용역비는 이주기간(대략 3~4개월) 동안의 인건비가 대부분이므로, 큰 비용이 들어가지는 않기 때문에, 총회를 거치지 않고 대의원회에서 업체를 선정하는 것이 대부분이다.

(2) 조합원 신탁등기와 이주비를 대출 받고 이주하는 절차

조합은 분담금계획 확정총회가 끝나는 즉시 조합원 신탁등기 및 이주 절차를 진행하게 된다. 이주비 대출을 받을지, 받지 않을 지는 조합원 자유지만, 신탁등기는 모든 조합원이 100% 해야 한다.

조합은 고지한 기간 내에 조합원 신탁등기 및 이주비 대출신청을 해야 한다. 이때, 법무사 직원들과 은행 직원들은 창구를 마련해서 각각 신탁등기 업무와 이주비 대출업무를 처리하고 있다. 조합도 별도 창구를 마련하여 해당업무에 대한 안내와 상담을 하게 된다.

가) 신탁등기를 하지 않는 조합원에 대한 조치

신탁등기를 하지 않는 조합원에 대해서는 신탁등기이행청구소송과 더불어 처분금지가처분, 점유이전금지가처분 등의 법적 조치를 함께 취하게 된다.

나) 미이주자에 대한 조치

이주기간은 대략 3~4개월 정도 주어지는데, 이주계획서를 제출하지 않거나 이주비 대출이 안 나와서 무조건 버티는 조합원, 이주기간 이후에 이주하겠다는 조합원 또는 세입자에 대해서 이주촉구 대책(내용증명 등)을 강구해야 하며,

명도단행 가처분 등의 법률적 조치도 사전에 준비해야 한다. 만약, 조합원이 끝까지 이주하지 않을 경우에는 법적 판단을 받아 강제로 집행할 수밖에 없기 때문이다.

그리고 착공 전까지는 매도청구 세대에 대한 판결이 완료되어 조합으로 소유권이전 되어야 건물을 철거하고 신축하는 착공에 들어 갈수 있다.

다) 이주절차 안내 및 양식

이주절차 안내 및 양식에는 01 이주 및 신탁등기 공고문, 02 이주비 대출금 안내, 03 이주비 지급에 따른 구비서류, 04 이주안내, 05 조합원 계약체결, 06 신탁 등기안내, 07 이주시 관리비정산, 08 이사가는 당일 절차, 09 세입주자 이주관련, 10 기타사항, 11 이주비 신청 및 신탁등기 접수공고, 12 이주비 신청서/주소변경신고, 13 이주(공가)확인서/이주확인증, 14 이주비신청, 조합원 계약체결, 신탁등기 이행최고서, 15 이주금액 조합제출용, 16 이주각서 등이 기재되어 있다.

(3) 신탁등기의 시기와 종료 후의 신탁재산의 귀속

통상적으로 신탁등기의 시기는 ① 조합설립인가 후 주택건설 사업계획승인 신청을 준비하면서 하는 경우와 ② 주택건설 사업승인 후 조합원이 이주를 개시할 때 이주비 근저당권 설정등기와 동시에 하는 경우가 있다.

(4) 신탁종료 후의 신탁재산의 귀속

리모델링조합은 청산절차 단계가 되면 조합원들이 부담하여야 할 건축비용을 납부하거나 또는 청산금을 지급받는 절차를 진행하고, 이 청산절차에서 조합원 앞으로 소유권보존등기 및 소유권이전등기가 경료 되게 되는데, 이때 묵시적인 신탁해지가 이루어지게 된다.

09 조합원의 분양 신청과 건물 철거 후 일반분양

◆ 리모델링 후 조합원의 동·호수 배정

이주가 완료되면 일반분양 전에 조합원의 분양신청에 따라 동·호수 가 결정되며, 분양신청을 하지 않는 자는 현금청산자로 조합의 매도청구대상이다. 매도청구 시기는 행위허가 이후에 진행한다.

일반분양 등이 허용되지 않았던 시기에는 리모델링 사업은 자기가 소유하고 있던 동·호수대로 건축면적만 증가시켜 같은 동호수를 소유하게 되므로, 동·호수 추첨문제가 발생하지 않았다.

그러나 현재와 같이 일반분양 및 수직증축 등이 허용되므로 인해서, 기존 리모델링 계획 및 권리변동 계획 등으로 인해서 종전 소유하고 있던 동·호수와 같은 동호수를 배정 받지 못하는 사례가 발생할 수 있다. 예를 들면 3개층 수직증축으로 새로 생긴 일반분양분을 조합원에게 우선 배정한다면, 리모델링 후 조합원의 구분호수는 기존보다 높은 층의 호수로 변경될 수 있다. 이렇게 수직증축 등으로 새로 생긴 세대와 기존 동건물의 측면에 새로운 라인 신축 등, 소멸세대 등의 유무 및 권리변동 계획에 따라 조합원들의 동·호수 변동은 복잡하게 달라질 수도 있다.

◆ 기존아파트 여러 채 소유하는 경우, 몇 개의 분양권?

리모델링 사업단지 내 기존아파트 여러 채를 소유하고 있었다면, 리모델링 후 몇 채를 받을 수 있을까?

재건축과 재개발사업에서는 조합원이 기존에 여러 채를 소유하고 있더라도 도시정비법에 따라 향후 소유할 수 있는 조합원분양자격이 제한된다는 사실은 이미 앞서 기술한 바 있다.

이에 반해, 주택법에 따른 리모델링 사업은 분양자격에 관한 제한 규정이 없고, 조합규약 등으로 정한다면, 리모델링 사업 후에도 조합원이 기존에 소유하고 있던 아파트 수만큼 다시 분양 받을 수 있다는 것에 대해서 조합원 간에도 논란거리가 되지 않는다.

◆ 기존주택 철거 후 일반분양 절차

조합원 및 세입자의 이주가 완료 후 기존 주택은 철거에 들어가고, 철거가 끝나면 신규 주택의 착공에 들어가며 잔여분에 대해 일반분양을 하게 된다. 다만 조합원에게 공급하고 남은 잔여분이 20세대 이상일 경우에는 일반분양을 하지만, 20세대 미만이면 조합원에게 임의로 공급할 수도 있다.

10 신축아파트 준공 후 입주 및 조합 청산

　건물이 완공되면 사업계획승인 내용대로 건축되었는지 시장이나 군수에게 준공인가증을 교부 받아야 한다. 준공인가를 받기 전이라도 완공된 건축물이 사용하는데 지장이 없다면, 완공 부분에 대해 동별로 사용검사 신청이 가능하며, 사용검사를 받으면 건축법 관련 규정에 의한 사용승인을 받은 것으로 간주한다. 준공인가의 규정에 의해 공사완료 고시로 사업시행이 완료되면 리모델링 사업으로 조성된 대지와 건축물의 소유권을 분양받은 자에게 이전을 하는 이전고시를 하게 된다. 사용승인이 완료되면 입주가 가능하며 조합은 종전에 소유한 토지 또는 건축물의 가격과 분양받은 대지 또는 건축시설의 가격 차이가 있는 경우 이전고시 후 그 차액에 상당하는 금액(청산금)을 징수하거나 지급해 조합을 청산한다. 그리고 조합이 정한 규약에 따라 조합은 해산하는 절차로 리모델링사업이 마무리되는 것이다.

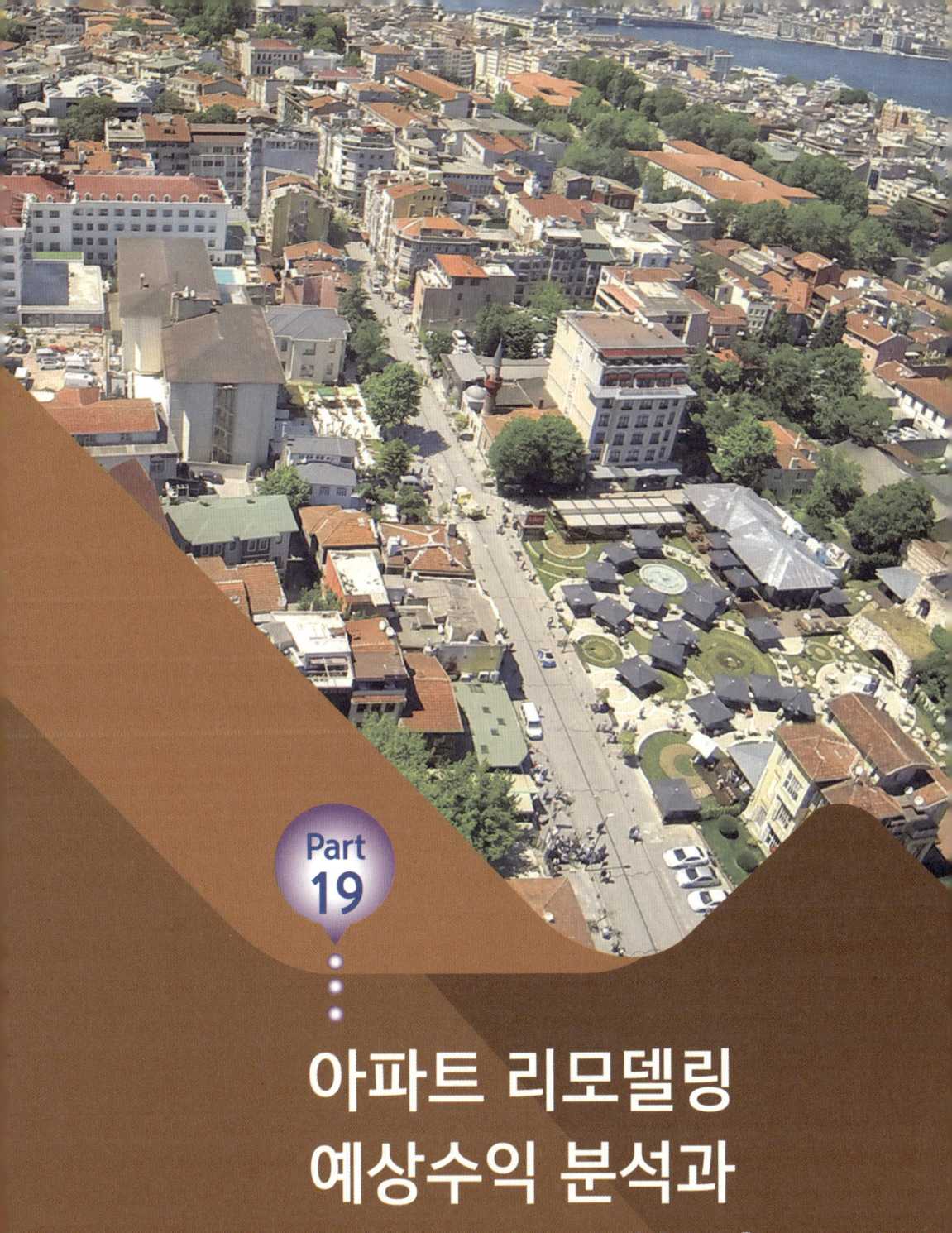

Part
19

아파트 리모델링 예상수익 분석과 실전투자 노하우!

01 리모델링 투자는 재건축 등과 다르게 판단해라!

아파트 리모델링 추진 사업단지에 투자하려면 재건축과 재개발 사업에서 투자하는 방법과 조금 다르게 분석해야 한다.

재건축 등은 노후 건물 등을 완전히 철거하고 새로운 아파트를 건설하는 것이므로, 종전권리가액이 크면 대형평형을 선택하거나 소형평형을 자유롭게 선택할 수 있다.

아파트 리모델링 사업은 건축물의 신축 및 재건축과는 다르게, 기존 건축물의 노후화를 억제하거나 기능향상 등을 위해 대수선하거나 일부 증축하는 행위로, 사용검사일 또는 사용승인일부터 15년 이상 경과한 공동주택을 각 세대의 주거전용면적의 30% 이내(세대의 주거전용면적이 85제곱미터 미만인 경우에는 40% 이내)에서 전유부분을 증축하는 행위이다.

따라서 아파트 리모델링 사업은 기존아파트의 골조를 유지하면서 대수선하거나 일부 증축하는 행위로, 주거전용면적만 증가한다. 다만 증가하는 세대 범위 내에서만 일반분양을 하고 건축비에 충당하는 방식으로, 그만큼 조합원의 추가부담금이 줄어들 뿐이다.

이런 이유로 리모델링 사업에 투자해서 성공하려면 첫째로, 기본적으로 재건축 등과 같이 우량한 지역으로, 높은 분양가를 받을 수 있으면서도 입주 후 높은 프리미엄을 받을 수 있는 아파트를 선택해야 한다. 소비자 등이 선호하는 지역은 분양가를 높이면서, 입주 후 신규아파트 프리미엄이 발생한다. 필자는 이들 중 신규아파트 프리미엄이 높게 발생하는 아파트에 투자해야 성공한다고 본다. 이러한 판단은 주변의 분양가 또는 주변 신규아파트 시세 등으로 분석해서 판단하면 될 것이다.

둘째로, 재건축 등과 다르게 같은 아파트단지 내에서, 같은 동, 같은 구분호수를 리모델링하는 것이므로, 어떤 평형대를 선택해야 하는 가가 문제가 될 수 있다. 기본적으로 리모델링 사업으로 적게는 30%에서 많게는 40%가 증가한다. 따라서 **아파트 리모델링 사업단지가 대형평형대가 높은 가격을 받을 수 있는 지역이냐, 아니면 중소형 아파트가 유리한가를 판단하고**, 중소형평형대가 유리하다면 24평형 이하에 투자하는 것이 유리하다.

왜냐하면 24평형대가 리모델링 사업으로 전용면적이 40% 정도 증가하면 34평형대가 되지만, 34평형을 리모델링하거나 42평형을 리모델링하면 전용면적이 30% 정도 증가하므로, 44평형 또는 54평형 등으로 변하기 때문이다. 이러한 판난을 기본석으로 하면서 다음과 같이 수익분석을 하고 투자해야 성공할 수 있다.

02 조합원 세대별 증가면적과 분양 세대수 산출 방법

◆ 조합원의 건축면적 증가

리모델링은 주택법 제2조 제25호 나목: 15년이 경과된 공동주택을 각 세대의 주거전용면적의 30% 이내(세대의 주거전용면적이 85㎡ 미만인 경우에는 40% 이내)에서 증축하는 행위이다(주택법 2조 제25호 나목).

따라서 종전 주거전용면적 59㎡(전용면적 59㎡+주거공용면적 20.33㎡=24평형) 아파트를 수직증축 리모델링에 의해서 전용면적이 40% 증가하면 최대 주거전용면적 82.6㎡(32평형) 아파트로 증축할 수 있다.

종전 주거전용면적 110㎡(42평형) 아파트를 수직증축 리모델링에 의해서 전용면적이 30% 증가하면 최대 주거전용면적 143㎡(54평형) 아파트로 증축할 수 있다. 따라서 본인의 의도와 다르게 대형평형을 취득하게 되는 사례도 발생할 수 있다.

◆ 세대수 증가형 리모델링

세대수 증가형 리모델링은 각 세대의 증축 가능 면적을 합산한 면적의 범위에서 기존 세대수의 15% 이내에서 세대수를 증가하는 증축행위를 말한다(주택법 2조 제25호 다목).

따라서 총 세대수의 최대 15%내에서 일반분양 가능 세대수가 나오게 된다. 예를 들어 1천세대의 아파트를 수직증축 리모델링 사업에서 시뮬레이션을 돌려 보면 최대 150세대의 일반분양 세대가 나오게 된다.

◈ 아파트 층고에 따라 증축할 수 있는 층수를 계산하라!

수직증축형 리모델링은 최대 3개층 이하로서 대통령령으로 정하는 범위에서 증축할 수 있다(주택법 2조 제25호 다목).

수직증축형 리모델링의 허용 요건(주택법 시행령 제13조)

1. 수직으로 증축하는 행위의 대상이 되는 기존 건축물의 층수가 15층 이상인 경우: 3개 층
2. 수직증축형 리모델링의 대상이 되는 기존 건축물의 층수가 14층 이하인 경우: 2개 층

◈ 리모델링 사업이 용적률에 영향을 받지 않는다는 가정

일반 주거지역의 경우, 자기 종과 용적률 등에 영향을 받지 않고 아파트 리모델링 사업을 추진할 수 있다.

03 리모델링으로 증가 분양 세대수와 분양 총수입 산출!

◆ **주택가격과 입지조건에 의한 검토로 예상분양가 분석**

주택가격과 입지조건에 의한 검토는 주변 시세와 분양가의 가격이 차이가 있다면, 종전아파트의 프리미엄과 입주 후 시세상승 등으로 발생하는 신규아파트의 프리미엄 등을 고려해야 한다.

<u>리모델링대상 아파트에 투자할 때</u> 예상 일반분양가를 분석하는 것은 수익분석에서 중요하다. 왜냐하면 일반분양대금으로 사업비 등에 충당하고, 부족한 금액을 조합원들이 자기 지분비율에 해당하는 금액으로 나누어 추가부담금을 납부하는 형식으로 진행되기 때문이다.

예상되는 일반분양가는 리모델링 사업단지 주변 분양아파트, 또는 주변 신규아파트 시세 등을 참고해서 분석할 수밖에 없다.

이때 핵심체크 포인트는 ① 리모델링 사업단지와 비슷한 세대를 구성하면서 위치조건이나 아파트브랜드 등의 이미지가 비슷한 단지를 가지고 분석하고, 그 주변 시세의 90% 정도를 예상 일반분양가로 정하면 될 것이다. 왜냐하면 일반분양가는 지자체 등의 분양가 상한제 등으로 비슷한 단지 내에서는 분양가를 올리지 못하게 하고, 비슷한 가격으로 권장하고 있다. 그래서 주변에 건축 중인 신규분양권에서는 일반분양가로 그대로 정하면 되고, 주변 신규아파트의 경우에는 다음 ②와 같은 차이에 따라 주변 시세보다 90%~80% 정도 낮춘 가격으로 정하면 된다. 그래서 분양만 받으면 로또라는 말까지 나온다.

② 그러나 ①번과 같이 비교할 수 없을 때, 즉 사업단지보다 우수한 단지가 있거나 열후한 단지 등만 있을 때에는 우수한 단지보다는 80% 이하(기존주변시세 90%에서 10%를 더 낮춘 금액)의 수준으로 책정하고, 열후한 단지 등에서는 반대로 100%(기존주변시세 90%에서 10%를 더 높인 금액)의 수준으로 예상분양가를 책정하고, 분석하면 된다. 이 방법은 리모델링 사업 후의 수지분석을 완전하게 분석할 수 없다고 하더라도, 사업이 시작되기 전에 투자하는 단계에서는 좋은 방법이다.

③ 그리고 리모델링 사업 후 신규아파트 시세를 분석할 때도 이렇게 주변 분양아파트, 또는 주변 신규아파트 시세 등을 참고해서 분석하고, 여기에 추가로 신규아파트 프리미엄(3년~5년 후의 아파트 상승률 등) 등을 고려해서 분석해야 한다.

이러한 이유로 다음부터 수익을 분석할 때 주변 시세의 90%로 예상분양가를 정해서 분석한 것이다.

◆ 리모델링 사업으로 예상 일반분양 세대 수 결정 방법

(1) 리모델링 사업 전 조합원의 평형별 세대수

전용면적 59.96㎡(18평)/계약면적 80.57㎡(25평형)×51세대	총 전용면적의 합 = 3,057.96㎡
전용면적 83.28㎡(25평)/계약면적 110.96㎡(34평)×102세대	총 전용면적의 합 = 8,494.56㎡
전용면적 114.50㎡(35평)/계약면적 142.20㎡(43평)×101세대	총 전용면적의 합 = 11,564.50㎡
※ 계약면적(=공급면적) = 전용면적 + 주거공용면적 + 기타 공용면적(주차장 등)	각 평형별 총 전용면적의 합계 = 23,117.02㎡

(2) 세대수를 증가할 수 있는 범위

아파트 리모델링 사업으로 예상되는 일반분양분은 조합원 아파트 세대수가 254세대 × 0.15 ≒ 최대 38세대 이내에서만 일반분양세대를 증가할 수 있다 (주택법 2조 제25호 다목).

(3) 아파트 층고에 따른 일반분양분 증가 세대

101동	11층	4라인	기존 44세대	2층 증축가능	8세대
102동	15층	4라인	기존 60세대	3층 증축가능	12세대
103동	15층	5라인	기존 75세대	3층 증축가능	15세대
104동	15층	5라인	기존 75세대	3층 증축가능	15세대
최대 50세대					

이렇게 예상 층고분으로 계산하면 최대 50세대까지 일반분양이 가능하지만, 주택법 2조 제25호 다목에 따라 기존 세대수의 15퍼센트 범위 이내서만 증가할 수 있다(앞의 (2)와 (3)번은 필요충분조건이다). 따라서 리모델링으로 증가되는 세대는 최대 38세대이다.

그러므로 일반분양은 101동 6.08(38×8/50)세대, 102동 9.12(38×12/50)세대, 103동 11.4(38×15/50), 104동 11.4(38×15/50)로 101동은 6세대, 102동은 9세대, 103동은 12세대, 104동은 11세대로 일반 분양하기로 결정했다.

◆ 리모델링 사업으로 예상되는 일반분양가 판단

리모델링 대상 주변 신규아파트 시세가 ① 전용면적 25평(계약면적 34평형)은 ⇨ 8억5,000만원 ~ 9억원(평당 대략 2,500만원), ② 전용면적 35평(계약면적 43평형)은 ⇨ 10억4,000만원 ~ 10억5,000만원(평당 대략 2,420만원), ③ 전용면적 45평(계약면적 56평형)은 ⇨ 13억원~13억5,000만원(평당 대략 2,350만원)이므로, 각 평형대별 예상되는 일반분양가를 평당 2,400만원으로 계산하기로 한다.

이 금액에서와 같이 분석한 내용(◆ 주택가격과 입지조건에 의한 검토로 예상분양가)대로 90% 가격을 예상 일반분양가로 정해 본다.

> 예상평당분양가 = (주변아파트 평당분양가 2,400만원×90%) = 2,160만원

따라서 일반분양가는 다음과 같이 예측할 수 있다.

전용면적 25평/계약면적 34평	× 평당 2,160만원	예상 일반분양가 7억3,440만원
전용면적 35평/계약면적 43평		예상 일반분양가 9억2,880만원
전용면적 45평/계약면적 56평		예상 일반분양가 12억960만원
※ 계약면적(=공급면적) = 전용면적+주거공용면적+기타 공용면적(주차장 등)		

◆ 예상되는 일반분양 총수입은 얼마나 되나?

따라서 일반분양은 101동은 6세대, 102동은 9세대, 103동은 12세대, 104동은 11세대로 30세대를 일반분양할 수 있다.

그리고 리모델링은 조합원의 전용면적의 30% 또는 40%를 증가 시키는 사업이기 때문에 일반분양은 전용면적 $59m^2$(25평형) 15세대와 전용면적 $84.98m^2$(34평형) 15세대로 하기로 가정한다.

일반분양수익금액 = 일반분양금액 – 원가(단위면적당 공사비 + 사업비 등)

① 일반분양 계약면적 25평형 신규분양평수 15세대
: [(25평형 × 2,160만원)–평당 사업비 550만원]×15세대 = 80억1,750만원

② 일반분양 계약면적 34평형 신규분양평수 15세대
: [(34평형 × 2,160만원)–평당 사업비 550만원]×15세대 = 109억3,350만원

③ 분양수입 합계 : 189억5,100만원

④ 각 세대별 분양수입 : 189억5,100만원 ÷ 254세대 = 74,610,236.220원

이렇게 총 분양수입금에서 각 세대 수로 나누는 방식은 종전 지분이 적은 사람이 이익을 보고, 종전 지분이 큰 사람이 손해를 본다.

따라서 다음과 같이 종전 조합원이 가지고 있는 전유면적 ㎡당(또는 3.3㎡당) 지분으로 나누어 ㎡당(또는 3.3㎡당) 일반분양수입을 계산해서 각 조합원의 지분에 곱하는 방식으로 계산해야 한다.

① ㎡당 조합원분양수입 = 총 분양수입 189억5,100만 ÷ 조합원 각 평형별 총 전용면적(23,117.02㎡) = 819,785.595원

② 3.3㎡(평)당 조합원분양수입 = 819,785.595원(㎡당 조합원분양수입) ÷ 3.3 = 248,419.877원

이러한 방법으로 계산하면 지분이 작은 조합원에게 분양수익이 적게 돌아가고, 지분이 큰 조합원에게 더 돌아가는 방식으로 합리적이라는 사실을 다음 "조합원이 세대별로 납부해야할 분담금 산출" 방법에서 비교 분석해 놓았으니 참고하기 바란다.

단위면적당 공사비와 사업비 등

1. 단위면적당 공사비는 모든 건물을 철거하는 재건축 달리, 기존의 구조를 기반으로 하는 리모델링의 공사비는 차이가 있으므로, 리모델링 공사비는 450만원을 적용했다.
2. 사업비는 부대비용과 사업비용을 모두 평당 100만원 계산함.
3. 평당 사업비=단위면적당 공사비+사업비 = 550만원 책정함.

03 조합원 건축면적 증가분과 각 세대별 추가부담금 산출

◆ 조합원의 예상 건축면적(전용면적) 증가분

전용면적 18평/계약면적 25평×0.4 ≒전용 7평 증축	리모델링 후 증가하는 면적	전용 25평/계약 34평 예상
전용면적 25평/계약면적 34평×0.4 ≒전용 10평 증축		전용 35평/계약 43평 예상
전용면적 35평/계약면적 43평×0.3 ≒전용 10평 증축		전용 45평/계약 56평 예상

※ 계약면적(=공급면적) = 전용면적+주거공용면적+기타 공용면적(주차장 등)

① 용적률은 256% 3종 일반주거지역으로 용적률과 상관없이 진행이 가능하다.
② 일조권 영향 없이 사업이 가능하다는 전제 조건하에 사업을 시행한다.

◆ 조합원이 각 세대별로 납부할 추가부담금은?

(1) 조합원 세대별 추가부담금 산출 계산 방법

① 세대별 추가부담금 = 계약면적 × 평당 사업비(단위면적당 공사비 + 사업비 등) - 일반분양수익금(세대별 환산 분양수익금)

※ 계약면적(=공급면적) = 전용면적+주거공용면적+기타 공용면적(주차장 등)

② 단위면적당 공사비 산출 방법

단위면적당 공사비 = 계약면적(전용면적+주거공용면적+기타 공용면적 등) × 평당 공사비용(450만원)

단위면적당 공사비와 사업비 등

1. <u>단위면적당 공사비</u>는 기존 구조를 기반으로 리모델링하는 사업이, 모든 건물을 철거하고 재건축하는 것보다 적게 소요되는데, 보통 평당 400만원 ~ 500만원 수준으로 정하고 있어서, 이 책에서 450만원을 평당 공사비용으로 정한 것이다.
2. 사업비 등은 리모델링조합 등이 장기간 사업을 시행하면서 소요되는 비용으로 조합원 세대별로 평당 100만원 정도면 충분할 것이다.
3. <u>평당 사업비</u> = 단위면적당 공사비+사업비=550만원 책정함.

---

(2) 조합원 세대별 추가부담금 확정

가) 세대별 분양수익금 = 총분양수입/총조합원수로 계산한 경우

① 일반분양 계약면적 25평형 신규분양평수 15세대 : [(25평형 × 2,160만원)-평당 사업비 550만원]×15세대 = 80억1,750만원
② 일반분양 계약면적 34평형 신규분양평수 15세대 : [(34평형 × 2,160만원)-평당 사업비 550만원]×15세대 = 109억3,350만원
③ 분양수입 합계 : 189억5,100만원
④ 각 세대별 분양수입 : 189억5,100만원 ÷ 254세대 = 74,610,236,220원

조합원분양수입은 총분양수입금액 189억5,100만원 / 254세대 = 74,610,236,220원으로 조합원지분의 크기와 무관하게 동일하게 74,610,236,220원을 받게 된다는 단점이 발생한다.

이 방법으로 세대별 추가부담금을 계산하면 다음과 같이 조합원 세대별 추가부담금이 확정된다.

- 계약면적 34평형 : 34 × 550만원(단위면적당 공사비 450만원+사업비 등 100만원) − 일반분양수익금 75,259,842원 = 111,740,158원
- 계약면적 43평형 : 43 × 550만원(단위면적당 공사비 450만원+사업비 등 100만원) − 일반분양수익금 75,259,842원 = 161,240,158원
- 계약면적 56평형 : 56 × 550만원(단위면적당 공사비 450만원+사업비 등 100만원) − 일반분양수익금 75,259,842원 = 232,740,158원

나) 세대별 분양수익금 = 총분양수입/총전유면적으로 계산한 경우

종전 조합원이 가지고 있던 전유면적(m^2)을 가지고 총분양수입을 나누어 각 세대별 분양수익금을 계산하는 방법이다.

① m^2당 조합원분양수입 = 총 분양수입 189억5,100만 ÷ 조합원 각 평형별 총 전용면적(23,117.02m^2) = 819,785.595원

② 3.3m^2(평)당 조합원분양수입 = 819,785.595원(m^2당 조합원분양수입) ÷ 3.3 = 248,419.877원

- 계약면적 34평형 : 34 × 550만원(단위면적당 공사비 450만원+사업비 등 100만원) − 조합원별 일반분양수익금 49,154,344,276원(종전 전용면적 59.96㎡×819,785,595원) = 137,845,655,724원

- 계약면적 43평형 : 43 × 550만원(단위면적당 공사비 450만원+사업비 등 100만원) − 조합원별 일반분양수익금 68,271,744,351원(종전 전용면적 83.28㎡×819,785,595원) = 168,228,255,649원

- 계약면적 56평형 : 56 × 550만원(단위면적당 공사비 450만원+사업비 등 100만원) − 일반분양수익금 93,865,450,627원(종전 전용면적 114.50㎡×819,785,595원) = 214,134,549,373원

이 방법으로 계산하면 지분이 작은 조합원에게 분양수익이 적게 돌아가고, 지분이 큰 조합원에게 더 돌아가게 되어 합리적인 방식이다.

(3) 그외 사업성에 영향을 주는 요소 등

① 세대당 주차대수 0.94 ⇒ 사업비 증가

② 내진설계유무 : 준공년월 99년 ⇒ 보통

③ 설계도면 유무 : 有 ⇒ 보통

04 아파트 리모델링 사업 최종 수지분석표

종전아파트 25평형, 34평형, 43평형으로 리모델링 사업을 진행하는 경우 수익분석은 다음과 같이 하면 된다.

종전조합원 소유아파트	25평형(전용면적 59.96㎡)	34평형(전용면적 83.28㎡)	43평형(전용면적 114.50㎡)
매입가격 (소유권이전비포함)	5억1,000만원	6억5,000만원	8억4,000만원
리모델링 평형별 증가비율	40%(국민주택규모 미만)	40%(국민주택규모 미만)	30%(국민주택규모 이상)
리모델링 평형별 증가면적	계약면적 34평형	계약면적 43평형	계약면적 56평형
평당 사업비(3.3㎡)	550만원	550만원	550만원
일반분양가(평당)	2,160만원	2,160만원	2,160만원
일반분양가	7억3,440만원	9억2,880만원	12억960만원
㎡당 분양수입	819,785.595원	819,785.595원	819,785.595원
평형별 일반분양 수입	49,154,344.276원 (34평형)	68,271,744.351원 (43평형)	93,865,450.627원 (56평형)
세대별 추가부담금	137,845,655원 (34평형)	168,228,255원 (43평형)	214,134,549원 (56평형)
보유기간 금융비용 등(대출이자 등)	2,000만원	2,500만원	3,000만원
조합원 총취득금 (매입가격+추가부담금 = 금융비용)	667,845,655원	843,228,255원	1,084,134,549원
리모델링 후 신축아파트 시세	8억5,000만원	11억원	15억원
일반분양권자가 신축 후 매도 시 예상수익	115,600,000원	171,200,000원	290,400,000원
조합원이 신축 후 매도 시 예상수익	182,154,345원	256,771,745	415,865,451원

> ### 리모델링 사업 후 투자수익 계산방법
>
> ① 투자수익 = 매도한 가격 - 총취득금액[매입한 가격+추가부담금+금융비용 등] 으로 계산하면 된다. 금융비용 등은 매입시 소유권이전제비용+보유기간 은행 이자+보유기간동안 기회비용 등을 말하고, 총취득금액은 총부담금으로 표시하기도 한다.
> ② 투자수익 미래예측분석=[현재 주변 비슷한 단지 아파트시세+α(신규아파트 프리미엄+3~4년 후 가격상승 제요인 등)]-[기존아파트 매입가격(조합원권리가액+프리미엄)+추가부담금(▲청산금)+재개발로 건물이 신축 시까지 소요되는 금융비용 등과 소유권이전 제비용 등]

아파트 리모델링 사업으로 투자수익을 계산할 때에는 앞에서와 같은 방법으로 계산하면 되지만, 리모델링 후 신규아파트 시세를 분석할 때에는 이 사업단지 주변 분양아파트, 또는 주변 신규아파트 시세 등을 참고해서 분석하고, 여기에 추가로 신규아파트 프리미엄(3년~5년 후의 아파트 상승률 등) 등을 고려해서 분석하면 된다.

리모델링이나 재건축 등의 아파트에 투자하면 조합원분양권은 일반분양가의 70~80% 정도이고, 일반분양가는 주변 신규아파트 시세보다는 10%~15% 정도 차이가 난다. 그 차이가 나는 부분만큼이 프리미엄이라고 이해하면 된다. 그러니 프리미엄은 재건축 조합원분양권에 대한 프리미엄과 신규아파트 프리미엄으로 나눌 수 있다.

이러한 프리미엄 구조는 리모델링 사업에서도 프리미엄이 비슷하게 발생하게 되므로, 장기적으로 투자하고, 실거주하면서 기다리면 그 어떤 투자보다도 성공할 수 있는 지름길이 될 수 있을 것이다.

왜냐하면 아파트 리모델링 사업이나 재건축 등의 사업은 적게는 7년에서 많게는 10년 동안 소요되는 사업이기 때문이다.

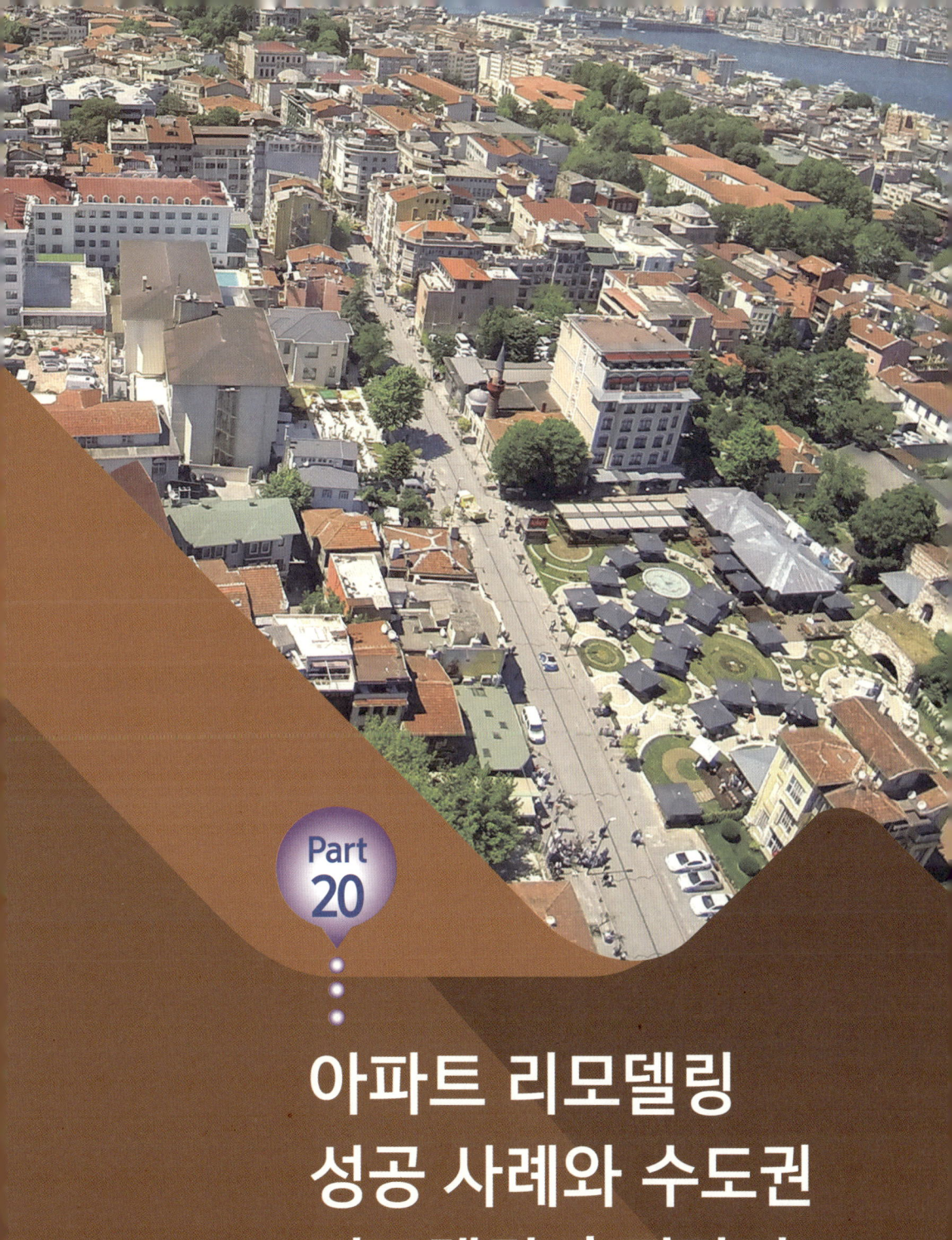

Part 20

아파트 리모델링 성공 사례와 수도권 리모델링 추진단지

01 리모델링 사업으로 분양권은 몇 개나 나오나?

◆ 리모델링 사업 전 조합원의 평형별 세대수와 분양권 몇 개?

전용면적 59.96㎡(18평)/계약면적 80.57㎡(25평형)×51세대	총 전용면적의 합=3,057.96㎡
전용면적 83.28㎡(25평)/계약면적 110.96㎡(34평)×102세대	총 전용면적의 합=8,494.56㎡
전용면적 114.50㎡(35평)/계약면적 142.20㎡(43평)×101세대	총 전용면적의 합=11,564.50㎡
※ 계약면적(=공급면적) = 전용면적 + 주거공용면적 + 기타 공용면적(주차장 등)	각 평형별 총 전용면적의 합계 = 23,117.02㎡

재건축이나 재개발사업에서는 조합원분양권을 종전권리가액에 따라 두 개 이상 또는 1+1으로 분양을 신청할 수 있지만, 리모델링 사업에서는 종전 조합원이 본래부터 가지고 있던 동·호수의 변경 없이, 같은 동·호수의 건축면적 등만 증가할 수 있으므로 재건축 등과 다르게 이해해야 한다.

◆ 일반분양 세대수를 증가할 수 있는 범위는?

아파트 리모델링 사업으로 예상되는 일반분양분은 조합원 아파트 세대수가 254세대 × 0.15 ≒ 최대 38세대 이내에서만 일반분양세대를 증가할 수 있다 (주택법 2조 제25호 다목).

◆ 아파트 층고에 따른 일반분양분 증가 세대

101동	11층	4라인	기존 44세대	2층 증축가능	8세대
102동	15층	4라인	기존 60세대	3층 증축가능	12세대
103동	15층	5라인	기존 75세대	3층 증축가능	15세대
104동	15층	5라인	기존 75세대	3층 증축가능	15세대
최대 50세대					

이렇게 예상 층고분으로 계산하면 최대 50세대까지 일반분양이 가능하지만, 주택법 2조 제25호 다목에 따라 기존 세대수의 15퍼센트 범위 이내서만 증가할 수 있다(이 두 조건은 필요충분조건이다).

따라서 리모델링으로 증가되는 세대는 최대 38세대까지 이다.

알아두면 좋은 내용

① 주택분양신청이란 국민주택 등을 분양 받으려는 자가 일정한 자격을 갖추고 절차에 따라 청약하는 것을 말한다. 국민주택 분양은 일반분양, 특별 분양, 단체분양이 있다.

② 조합원에 공급하고 남는 초과분은 주택공급에 관한 규칙에 따라 분양하되, 20세대 이상일 경우 일반에게 분양해야 하며, 20세대 미만일 경우에는 임의 공급이 가능하다. 일반인에게 분양하는 방법은 입주자 모집공고는 주택건설 지역주민이 널리 볼 수 있는 일간신문 또는 해당 주택 건설지역의 거주자가 쉽게 접할 수 있는 일정한 장소에서 게시. 공고해야 한다.

③ 임의분양은 「주택공급에 관한 규칙」에 따라 일반 분양 가구수가 20가구 미만일 경우 청약자격, 통장가입, 공급절차 등의 제한 없이 실시되는 분양을 말한다.

02 실제 리모델링한 쌍용건설의 수지분석 등을 알아보자!

◆ 궁전아파트를 어떻게 쌍용예가클래식으로 리모델링했나?

궁전아파트는 2004년 1월 조합설립인가 ⇨ 2004년 3월 건축심의완료 ⇨ 2004년 11월 행위허가 완료 ⇨ 2005년 4월 이주개시 ⇨ 2005년 7월 리모델링 착공 ⇨ 2007년 1월 입주개시 절차가 이루어진 사례이다.

1978년 1월 준공된 방배동 궁전아파트(위치 : 방배동 776-3 소재하고 3개동 216가구)를 쌍용건설이 리모델링한 이 아파트는 18개월간의 공사기간을 거쳐서 낙후된 이미지를 떨쳐내는데 성공하였다.

우선 기존 복도식아파트가 계단식아파트로 재탄생했으며, 내부면적이 평균 30%가 늘어났다. 리모델링 전 218.53%였던 용적률이 사업완료 후 271.79%로 높아졌고, 지상주차장 신설과 엘리베이터를 지하주차장까지 연결하는 기술로, 기존 지상주차장 78대에서 리모델링 후 지상 80대분과 지하주차장 127대분을 합해 모두 207대의 주차공간을 확보했다.

◆ 리모델링 후 투자비용과 증가면적 및 평형대 분석

리모델링 후 아파트 이름도 "쌍용예가클래식"으로 변경되었다.

구 분	리모델링 전	리모델링에 투자된 비용	리모델링 총 가구	증가된 면적	증가된 평형
용적률	218.53%				271.79%
주차대수	78대(지상)				지상 80대 + 지하주차장 127세대 = 207대
평형(가구수)	28평형(84가구)	1억원	84가구	7평	35평형
	36평형(60가구)	1억3천만원	60가구	9평	45평형
	42평형(72가구)	1억6천만원	72가구	11평	53평형
부대시설	관리사무실, 놀이터				노인정, 가구별 라커, 회의실

 증축한 부분은 기존건물에 의존하지 않는 자립식 내진 구조체 방식으로 별도 시공한 후 기존골조와 연결해 안전성을 높였다. 기존건물의 기능도 가로 또는 세로로 90도 전환하는 공법을 개발해 최신구조의 효율적인 평면을 탄생시켰다.

◆ 쌍용예가클래식의 리모델링과 재건축에서 경제성 비교

 서울시 방배동 쌍용예가클래식(구 방배동 궁전아파트)의 리모델링과 재건축과 경제성을 비교해 보면(옛 궁전아파트 36평을 기준으로)

(1) 리모델링과 재건축과의 경제성 비교

(단위 : 만원)

구 분		리모델링	재건축(1:1이라 가정시)
공사 후 평형		45평형	36평형
분담금(A)	공사비	13,323	16,029
	사업경비	281	1,848
	이주금융비	1,417	2,430
기존재산가치(B)		59,000	59,000
총투자비용(C)=(A)+(B)		74,021	79,307
예상재산가치(D)		118,000	90,000
손익(D-C)		43,979	10,693

가. 궁전아파트 36평형을 45평으로 리모델링했을 경우

궁전아파트 36평형을 45평으로 리모델링했을 경우 총투자비용은 7억4천21만원이다. 그러나 리모델링 후 2019년 9월 시세는 11억8천만원으로, 단순계산해도 4억3천9백79만원의 수익이 발생한다. 2005년 하반기부터 2006년도는 아파트가격이 전체적으로 상승이 이루어지던 시기로, 리모델링 사업 후 아파트 가격증가 중 일부는 부동산경기 영향도 있었겠지만, 리모델링 후 아파트가치 증가를 가져오게 된 것만은 사실이다. 어쨌든 재건축과 리모델링 사업과의 단순비교 대상으로서는 같은 조건으로 볼 수 있다.

나. 36평형 궁전아파트를 1:1 재건축했을 경우

재건축시(계산평수를 위하여 1:1재건축 가정시)에 같은 평형을 받으려면 총투자비용 7억9천3백7만원으로 5천2백8십6만원이 더 들지만 평수가 적은 관계로 아파트시세는 9억원 선이다. 그래서 수익은 1억6백9십3만원에 그치게 된다. 따라서 이 경우 재건축 대신 리모델링을 선택함으로서 더 적은 비용으로, 더 많은 수익을 올릴 수 있다는 분석이다.

◆ 기존 36평형 ⇨ 리모델링 후 45평형으로 건축한 평면

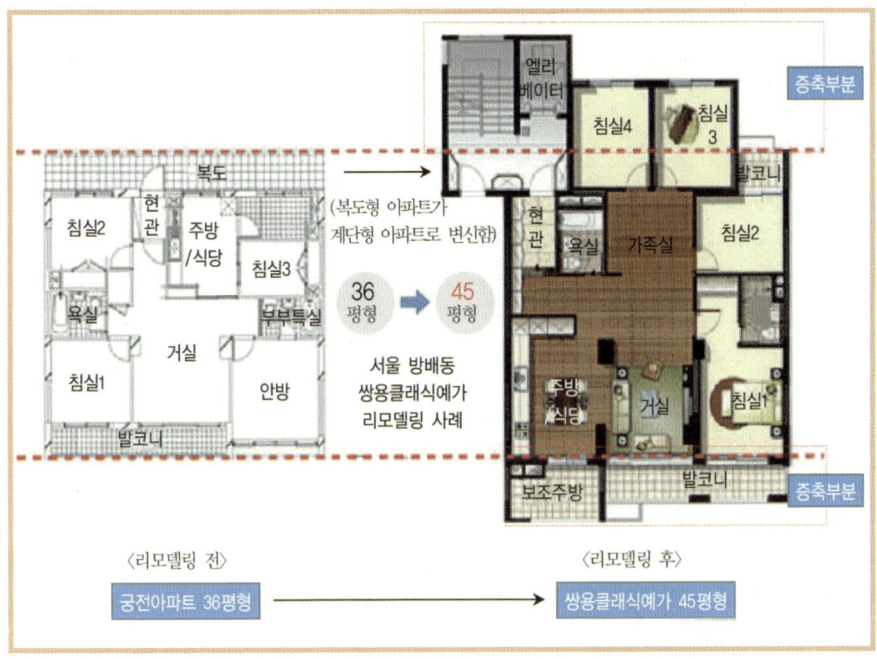

◆ 궁전아파트의 리모델링 후 쌍용예가클래식 아파트 전경

◆ 기존 28평형 ⇨ 35평형으로 리모델링한 후 수익분석은?

사업착수 전 28평형은 3억8,000만원대에 가격이 형성되었으나 사업완료 후 (리모델링 후) 35평형으로 늘어나면서 매매가격이 9억원대를 형성하여 총투자 비용 : (2019년 9월 시세)

3억8천만원+공사비 1억+사업경비 대략 240만원+이주금융비 대략 1,100만원=493,400,000원으로 리모델링 후 아파트 시세와 비교해서 406,600,000원의 이익이 발생한 성공사례이다.

아파트의 시세는 평당 1,300만원~1,800만원대였으나 리모델링 후의 평당 가격은 2,500만원에서 2,800만원으로 가격이 상승하게 되었다. 이러한 이유는 리모델링 사업으로 인하여 신규아파트에 준하는 효율적인 주거공간을 확보하고, 아파트 명칭도 궁전에서 쌍용예가클래식으로 변경하여 명품아파트를 구성하였고, 지하주차장 및 기타 편의시설확보 등으로 인하여 아파트 가치를 증가시킨 것이 요인이 된 사례이다. 앞에서도 설명하였지만, 이 시기에 전체적으로 아파트 가격상승이 이루어지던 시기로 리모델링 후 아파트가치 중 일부는 부동산경기 영향도 있었겠지만, 리모델링으로 인한 아파트 가치증가를 가져오게 된 성공한 리모델링 사업이라 할 수 있다.

◆ 쌍용예가클래식 아파트 2019년 2월 현재 시세조사표

거래	확인일자	매물명	면적(㎡)	동	층	매물가(만원)	연락처
매매	확인매물 19.02.16.	쌍용예가클래식 N 상태 깨끗한 매물, 주인거주, 입주협의	148/121	103동	4/12	150,000 부동산써브	청구공인중개사… 02-599-8800
매매	확인매물 19.02.02.	쌍용예가클래식 N 세끼고 남향 서래초 우수한 학군 상태 깨…	175B/155	101동	저/12	165,000 매경부동산	드림공인중개사사 02-3477-3060
매매	확인매물 19.02.01.	쌍용예가클래식 N 올리모델링해서 상태최상인 아파트 급매	148/121	103동	고/12	154,000 매경부동산	스마일공인중개사 02-534-0406

03 '밤섬 쌍용예가클래식'…국내 첫 수직증축 리모델링 아파트 성공

◆ 국내 첫 수직증축 리모델링 아파트 성공 비결은?

　국내 최초로 전세대를 전·후좌우로 늘리면서 2개층을 수직 증축한 리모델링 아파트가 완공됐다. 쌍용건설은 마포구 현석동 강변북로 인근에 위치한 호수아파트 1개동 90가구를 리모델링한 '밤섬 쌍용예가 클래식'이 최근 입주를 시작했다고 2012년 12월 12일 밝혔다.

　쌍용예가클래식의 가장 큰 특징은 세대 좌우 폭은 유지한 채 전후 증축만 하던 기존 방식에서 진일보, 전세대가 전후좌우로 증축됐다는 것. 이에 따라 건물 좌우 폭은 62.4m에서 97.7m로, 전후는 14.5m에서 17m로 늘어나 기존 2

베이 구조가 3베이로 바뀌고, 증축부 측면 세대에는 3면 개방형 설계도 적용됐다. 또 지상 1~2층 세대는 필로티 구조로 바꾸는 대신 2개 층을 수직증축해 10층에서 12층 아파트로 탈바꿈, 저층부도 한강 조망이 가능해졌다. 증축을 위해서 바닥 마감 두께를 최소화 하고 조적벽체를 경량벽체로 바꿔 건물 하중을 줄이는 공법을 적용했다. 3층 이하 저층부는 기존 벽체에 철근 및 탄소섬유 시트를 보강하고 바닥 기초는 파일을 보강해 구조적인 안전성을 확보했다. 이로써 90년 완공된 이 아파트는 가구당 전용면적 69㎡, 89㎡, 66㎡, 85㎡, 63㎡, 82㎡ 등 19~20㎡ 늘어났다. 또 진도 6.5 ~ 7의 지진을 견딜 수 있는 내진설계가 적용되고, 그린 리모델링 개념을 적극 도입해 에너지 사용량을 줄인 친환경 아파트로 탈바꿈한 게 특징이다.

◆ 마포 호수아파트 리모델링 전·후 비교 분석

구분	리모델링 이전	리모델링 이후
대지면적	2,932㎡	
연면적	8,851㎡	15,628㎡
용적률	249.53%	402.44%
세대수	90세대	90세대
규모	1개동/지하1층, 지상10층	1개동/지하1층, 지상12층
구조	철근콘크리트조	
난방방식	개별난방	
주차대수	34대	99대(확대)

마포 현석동 호수 APT (밤섬 쌍용예가)

2012년 12월 입주
38평~42평, 90세대
1개동, 지하1층~지상12층
전용 63, 66, 69㎡ ⇒ 82, 85, 89㎡
공급 28, 29, 30평 ⇒ 38, 40, 42평

하우징헤럴드 (14. 04. 23)

전용 63㎡(28평) ⇒ 82㎡(38평)
리모델링전 2.45억원
조합원 분담금 + 2억원
= 4.45억원
현재시세 8억원
16년 3월 KB시세기준 수익률 80%

◆ 리모델링 후 밤섬 쌍용예가클래식 아파트 사진과 평면도

리모델링 전 평면도(69㎡)　　　　　리모델링 후 평면도(89㎡)

◆ 쌍용예가클래식 아파트 2019년 2월 현재 시세조사표

[표: 밤섬예가클래식 시세 조사]

04 대치 현대1차 아파트 리모델링 사업

대치 현대1차 아파트는 1990년에 준공한 아파트로 현대산업개발에서 시공하였다.

31평형(현행29평형) 1개동 120세대로 구성되어 있으며 1990년대에 준공한 전형적인 노후 아파트이다.

　소형단지로 용적률이 이미 247%로 재건축이 불가능하고 지하주차장도 없고 노후화가 진행되어 좋은 입지에도 불구하고 주택가격은 상대적으로 저렴한 아파트로 이를 극복하고자 2008년 리모델링 사업을 추진하였다.

　100% 조합설립동의서를 징구하여 2008년 11월 조합 창립총회를 거쳐 현대산업개발을 시공사로 선정하여 인허가를 진행하였으나 글로벌 금융위기와 리모델링 분담금을 모두 조합원이 부담하는 리모델링 사업의 특성으로 사업추진이 보류되었다. 리모델링 설계의 한계로 지적되어 온 앞 뒤 증축안으로 실용적이지 못하다는 평가를 받았다.

2014년 12월 주택법 개정으로 수직증축과 일반분양이 가능하도록 법안이 개정되었으나 기존 설계안으로 사업을 추진하기 보다는 리모델링 설계의 한계를 극복할 수 있는 방안을 고민하였다.

  리모델링 사업은 화재방지를 위하여 계단실을 기본적으로 철거할 수밖에 없기 때문에 이를 활용하여 37평정도로 조합원 아파트 면적을 확보하고 남는 전용면적으로 3개층 수직증축으로 일반분양이 가능한 18세대를 확보하여 분담금을 절감하는 사업계획을 구상하였다.

<현재의 리모델링 사업 계획안>

항목	리모델링 전	리모델링 후	비고
동수	1개동	1개동	
세대수	120	138	18세대 일반분양
조합원 평수	29평형	37평형	
평면설계	2 BAY	3 BAY	
지하주차장	없음	지하 2층	
층수	15층	18층	3개층 수직 증축

  앞으로 대치현대 1차 아파트는 안전진단과 안전성 검토를 거쳐 건축심의, 행위허가 등 인허가 후 2018년 하반기 이주를 목표로 현대산업개발과 함께 빠른 사업추진을 진행할 것이며 그 동안 지적되어온 리모델링의 한계를 성공적으로 극복하는 단지가 될 것이다.

  또한 대치 현대 1차 아파트를 통하여 1990년대에 준공된 노후 고밀도 아파트의 주거환경개선과 자산관리를 위한 수단이 재건축이 아니라 리모델링이 해법이라는 것을 보여줄 수 있을 것이다.

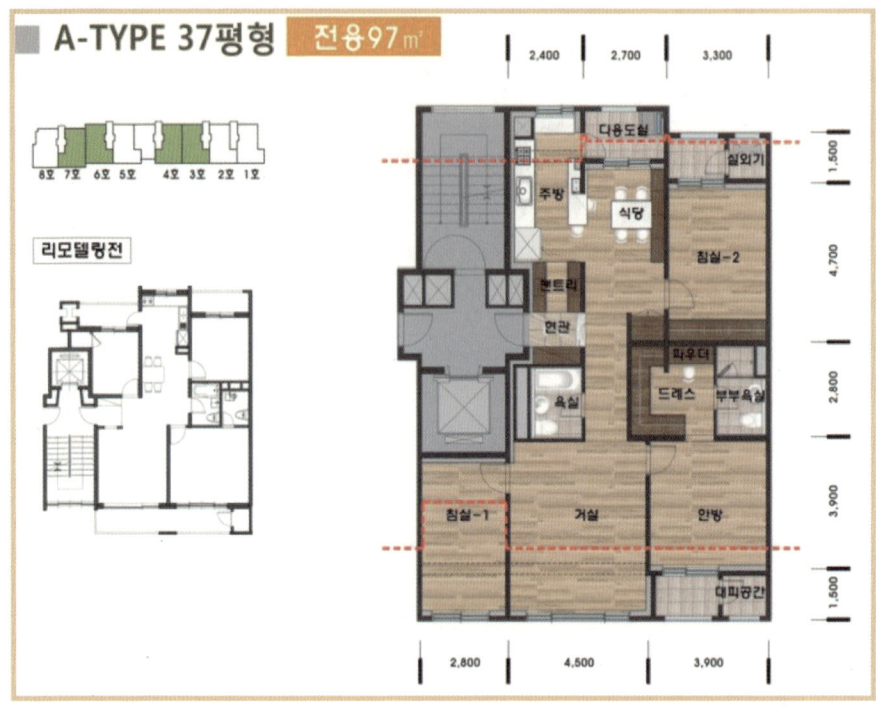

이런 사업계획의 변경 내용을 2017년 4월 8일 대규모 설명회를 통해 조합원에게 알려 드렸으며 설명회 이후 그 동안 변동이 없었던 집값이 급등하기 시작하였다. 설명회 이후 약 3억원 정도의 상승이 있었다. 설명회 이후 사업계획 변경에 대한 조합원의 승인과 조합 정상화를 위하여 2017년 8월 19일 조합임시총회를 개최하였으며 새로운 사업계획과 조합을 구성하게 되었다. 〈이근우 리모델링연구소 글 일부발췌〉

05 세대분리형 아파트와 세대분리형의 장·단점

◆ **세대분리형 아파트란?**

세대분리형 아파트는 주택의 일부를 임대가 가능하도록 출입문과 부엌, 욕실 등을 별도로 두어 한 집을 두 채로 활용 가능한 구조로 지어진 아파트이다.

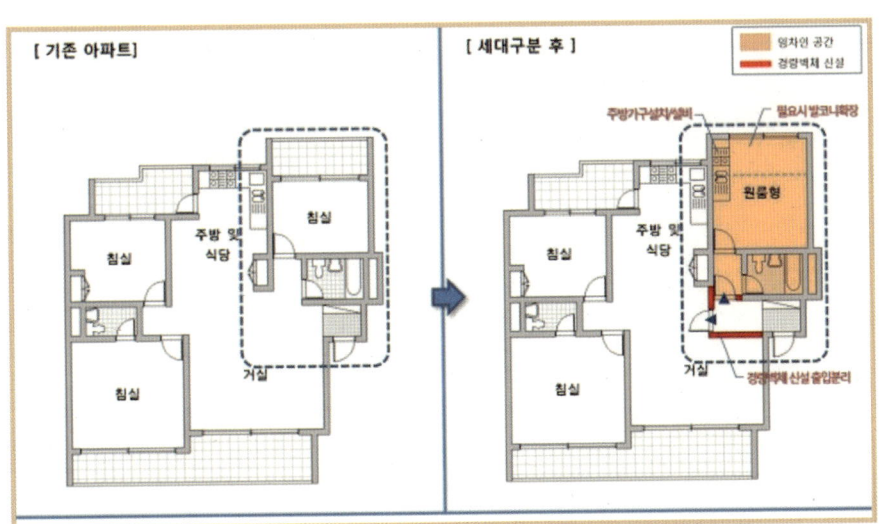

국토교통부가 발표한 '기존 공동주택 세대 구분 설치 가이드라인'에 따르면 기존 주택도 화장실이 2개 이상 있고, 현관 입구에 여유 공간이 있어 출입구가 구분될 수 있도록 설치 가능하다면 부분임대형으로 변경 가능하다고 명시했다. 단, 전체 가구 수 중 10분의 1, 동 별 가구수 중 3분의 1 이내만 부분임대형으로 바꿀 수 있다. 아파트 같은 공동주택을 세대분리형으로 리모델링하려면 해당 동 입주자의 3분의 2이상에게서 동의를 구한 뒤 시·군·구의 지자체장 허가를 받아야 한다.

◆ 세대분리형 아파트의 장점과 단점

(1) 세대분리형 아파트의 장점

임대수익 창출이 가능하고 분리된 구조로 노부모나 성인이 된 자녀의 사생활 보호도 가능하다. 1인 가구 주택의 절세 효과와 세입자는 아파트와 같은 수준의 생활이 가능하다. 임대소득과 양도소득에 대한 비과세 혜택도 받을 수 있다.

(2) 세대분리형 아파트의 단점

고가의 리모델링 비용이 발생할 수 있다. 한 집을 나누어 사용하니 실 평수가 넓지 않다는 점과 내부 벽체는 비교적 두께가 얇아 방음에 취약하다. 집주인과 세입자 간의 관리비 책정 문제나 아파트 내 주차공간이 부족할 수 있다.

세대구분형 공동주택(주택법 시행령 제9조)

① 법 제2조 제19호에서 "대통령령으로 정하는 건설기준, 설치기준, 면적기준 등에 적합한 주택"이란 다음 각 호의 구분에 따른 요건을 충족하는 공동주택을 말한다.

1. 법 제15조에 따른 사업계획의 승인을 받아 건설하는 공동주택의 경우: 다음 각 목의 요건을 모두 충족할 것

   가. 세대별로 구분된 각각의 공간마다 별도의 욕실, 부엌과 현관을 설치할 것

   나. 하나의 세대가 통합하여 사용할 수 있도록 세대 간에 연결문 또는 경량구조의 경계벽 등을 설치할 것

   다. 세대구분형 공동주택의 세대수가 해당 주택단지 안의 공동주택 전체 세대수의 3분의 1을 넘지 않을 것

   라. 세대별로 구분된 각각의 공간의 주거전용면적 합계가 해당 주택단지 전체 주거전용면적 합계의 3분의 1을 넘지 않는 등 국토교통부장관이 정하여 고시하는 주거전용면적의 비율에 관한 기준을 충족할 것

2. 「공동주택관리법」 제35조에 따른 행위의 허가를 받거나 신고를 하고 설치하는 공동주택의 경우: 다음 각 목의 요건을 모두 충족할 것

06 수도권 22개 단지 1만3,331가구 리모델링 사업 추진단지

◆ **재건축 규제 강화로 리모델링이 대안으로 떠오른다!**

최근 초과이익환수제 등 재건축 규제 강화로 리모델링이 대안으로 떠오르고 있다. 강화된 재건축 안전진단 기준에 미치지 못하거나, 용적률이 높아 재건축 사업성이 떨어지는 아파트 단지들이 리모델링에 나서고 있는 것. 특히 용적률 상향이 쉽지 않은 수도권 1기 신도시와 서울에서도 재건축 대신 리모델링을 선택하는 아파트 단지가 늘어나고 있는 추세이다. 아파트 리모델링 사업은 재건축이나 재개발과 같이 전면 철거 대신 기존 아파트 구조를 유지한 채 층수를 올리거나 일부 구조를 변경하는 방식으로 최대 15%까지 가구 수를 늘릴 수 있기 때문이다.

◆ **리모델링 위한 1차 관문 안전진단 잇따라 통과!**

한국리모델링협회에 따르면 현재 서울과 수도권에서 리모델링을 추진하는 단지는 지난 6월말 기준으로 총 22개 단지, 1만3,331가구에 달한다. 이 중 일부는 내년 분양을 목표로 인허가 단계의 마지막 절차를 진행하고 있다. 무엇보다 사업 초기 단계인 안전진단을 잇따라 통과하고 있다는 점이 눈에 띈다. 안전진단은 5개 등급(A~E) 중 B등급 이상을 받으면 기존 아파트 위로 2~3개 층을 더 올리는 수직증축 리모델링이 가능하다. C등급 이상을 받으면 수평증축이 가능하다.

D등급 이하를 받아야 추진할 수 있는 재건축보다는 안전진단 요건이 덜 까다롭다. 게다가 준공연한이 15년으로 재건축보다 짧다. 그동안 개별 가구당 면적이 늘어나는 리모델링은 있었지만, 가구수가 증가하는 리모델링 시공은 단 한 번도 없었다. 수직증축 또는 수평증축을 통한 리모델링 성공 사례가 등장하면, 이미 용적률이 높아 재건축으로는 사업성을 확보하기 어려운 노후 단지들이 리모델링 사업에 더욱 관심을 가지게 될 것으로 보인다.

◆ **수도권에서 가구 수를 늘려 리모델링을 추진하는 단지**

단지명	리모델링 전 세대수	리모델링 후 증가 세대수	진행상황
개포 대청	822세대	902세대	건축심의, 교육영향평가 진행중
양재우성 KBS	150세대	172세대	조합설립
대치 선경3차	54세대	62세대	리모델링허가 진행중
대치 2단지	1,753세대	2,015세대	건축심의, 교육영향평가 진행중
대치 현대1차	120세대	138세대	건축심의 진행중
잠원한신 로얄	208세대	237세대	건축심의 진행중, 경관심의통과
잠원 훼미리	288세대	331세대	조합설립
송파 성지	298세대	340세대	리모델링허가 진행중
이촌 현대	653세대	750세대	리모델링허가 신청예정
오금 아남	299세대	328세대	건축심의통과
옥수 극동	900세대	1,035세대	정밀안전진단 B등급획득
신정 쌍용	270세대	310세대	건축심의통과
등촌 부영	712세대	818세대	정밀안전진단 진행중
둔촌 현대1차	498세대	572세대	정밀안전진단 진행중
둔촌프라자	354세대	407세대	조합설립
분당 느티마을3단지	770세대	877세대	도시계획심의 완료

분당 느티마을4단지	1,006세대	1,154세대	도시계획심의 완료
분당 매화1단지	562세대	646세대	1차 안전진단 완료
분당 무지개4단지	562세대	647세대	도시계획심의 완료
분당 한솔마을5단지	1,156세대	1,255세대	도시계획심의 완료
평촌 목련2차	994세대	1,113세대	1차안전성검토, 건축심의 진행중
평촌 목련3차	902세대	1,037세대	1차안전성검토, 건축심의 진행중
22개 단지	13,331세대	15,146세대	

〈자료제공 = 리모델링협회 수도권 가구 수 늘린 아파트〉

(1) 성동구 옥수극동아파트 리모델링 추진

최근 서울 성동구 옥수극동아파트는 안전진단을 통과해 본격적으로 리모델링사업에 뛰어 들었다. 옥수극동아파트는 2018년 9월 안전진단 B등급을 받아 리모델링이 가능해졌다. 이 단지는 현재 지하 1층~지상 15층 8개동 900가구에 3개 층을 더 올려 지하 5층~지상 18층 8개동 1,035가구로 탈바꿈할 계획이다. 이르면 오는 2020년 이주 및 착공이 시작된다.

(2) 강동구 둔촌현대1차도 안전진단 통과

2018년 9월 서울 강동구 둔촌현대1차도 안전진단에서 B등급을 받았다. 지상 11~14층 5개동 498가구 규모 아파트에 일반분양분 74가구를 더해 총 572가구로 리모델링된다. 앞으로 교통영향평가, 건축심의 등을 진행할 예정이다.

(3) 용산구 이촌동 현대아파트도 안전진단 통과

용산구 이촌동 현대맨숀은 최근 C등급을 받아 서울에서 최초로 수평증축을 통해 일반분양을 추진한다. 수직증축이 기존 건물 위에 2~3층을 쌓아올린다면 현대맨숀은 기존 주거동 옆에 붙여서 새로운 주거동을 쌓아올려 가구수를 늘린다. 리모델링을 마치면 현 653가구 단지가 97가구가 늘어나 750가구로 재탄생한다. 늘어난 97가구는 내년 일반분양을 통해 공급할 예정이다. 연내 사업 시행인가를 받고 내년 이주하는 것이 목표이다.

(4) 개포 우성9차는 리모델링 허가를 받고 이주 준비중!

2018년 3월 리모델링 허가를 받고 이주를 앞두고 있는 강남구 개포우성9차는 지상 15층 아파트 2개동 총 232가구 규모의 단지다.

'1대 1' 리모델링사업을 통해 가구 수는 같지만 각 가구 전용면적이 84㎡에서 111㎡로 넓어진다.

(5) 성남시가 지원하는 공동주택 리모델링 시범단지

성남시가 지원하는 공동주택 리모델링 시범단지인 분당 한솔마을 5단지와 느티마을 3·4단지는 지난해 성남시 건축심의를 통과해 빠르면 내년 착공에 돌입할 것으로 예상된다.

(6) 서울시가 추진하는 '서울형 리모델링 시범단지' 단지

서울시도 지난해부터 본격적으로 리모델링사업에 돌입했다. 지난 4월 자치구로부터 22개 단지를 신청 받아 현장조사를 진행하고, 지난 6월 '서울형 리모델링 시범단지' 7곳을 최종 결정했다. 시범단지는 ▲남산타운 ▲신도림우성1차 ▲신도림우성2차 ▲신도림우성3차 ▲문정시영 ▲문정건영 ▲길동우성2차 등이다. 서울시는 올해 안으로 기본설계와 타당성 검토를 마칠 예정이다.

◆ **내년 3월 내력벽 철거 허용 여부 '변수'**

한편, 리모델링 추진 단지들은 리모델링 내력벽 철거 일부 허용 여부에 관심을 집중하고 있다. 내력벽 철거가 허용되면 세대 구성을 다양화 해 리모델링 아파트의 평면 제약을 해소할 수 있어 사업성을 높일 수 있기 때문이다.

국토교통부는 2016년 1월안전에 문제가 없는 범위 내에서 세대 간 내력벽 일부 철거를 허용하기로 했지만 안전성 시비가 불거지면서 이를 보류했다. 현재 안전성 연구 용역을 진행하고 있으며 내년 3월 발표될 예정이다. 〈한국금융신문 2018. 12. 08. 기사내용 일부발췌〉, 〈아유경제 2018. 10. 10. 기사내용일부 발췌〉

07 리모델링 증가면적과 내력벽철거가 꼭 필요한가?

리모델링 추진 단지들은 리모델링 내력벽 철거 일부 허용 여부에 관심을 집중하고 있다. 내력벽 철거가 허용되면 세대 구성을 다양화 해 리모델링 아파트의 평면 제약을 해소할 수 있어 사업성을 높일 수 있기 때문이다. 국토교통부는 2016년 1월 안전에 문제가 없는 범위 내에서 세대 간 내력벽 일부 철거를 허용하기로 했지만 안전성 시비가 불거지면서 이를 보류했다. 현재 안전성 연구 용역을 진행하고 있으며 내년 3월 발표될 예정이다.

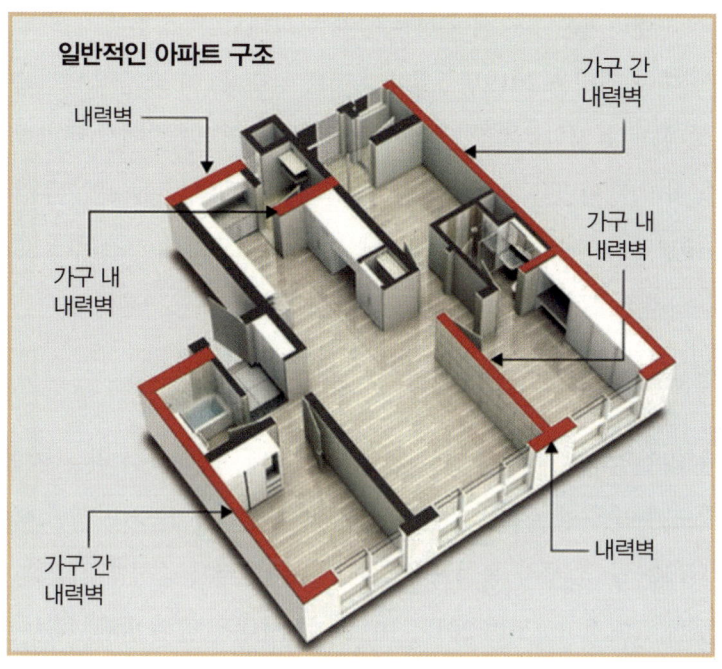

서울·수도권을 중심으로 리모델링 사업이 급물살을 타는 데는 이유가 있다. 재건축 사업과 달리 리모델링 사업은 각종 규제에서 자유로운 편이다. 올해부터 관리처분인가를 신청하는 재건축 추진 단지는 초과이익 분담금을 내야 하지만 리모델링은 초과이익환수제를 적용받지 않는다. 또 서울 등 투기과열지구 내에서는 재건축 단지의 조합원 지위 양도(입주권 전매)가 제한되는 반면 리모델링은 지위 양도에도 제한이 없다. 용적률 완화를 위한 기부채납을 하지 않아도 된다. 물론 리모델링 사업이 반드시 고수익을 보장하는 것은 아니다. 리모델링 사업은 기존 주택 수에서 최대 15% 3개 층(14층 이하는 2개 층, 15층 이상은 3개 층)만 늘릴 수 있다. 일반분양 물량이 적기 때문에 3.3㎡당 일반분양가가 높을수록 조합원 부담이 적어지는 구조다. 또 안전상의 이유로 리모델링을 하더라도 내력벽은 유지해야 하는 규제는 그대로다. 정부는 내력벽 철거 허용 여부에 대한 결정을 2019년 3월까지 미룬 상태다. 이 때문에 당장은 선호도 높은 주택 설계나 지하주차장 건립이 쉽지 않다. 리모델링에서 내력벽 철거가 허용되면 아파트 평면을 효율적으로 설계할 수 있기 때문에 사업 추진 단지에서는 2019년 3월 국토교통부의 결정에 관심을 집중하는 모습이다. 그럼에도 리모델링을 추진하는 이유는 아파트가 낡은 데다 단지 용적률이 높아 재건축을 할 수 없기 때문에 불가피한 측면이 있기 때문이다.

김광석 리얼투데이 이사는 "일반분양가를 높게 책정할 수 있는 지역에서는 리모델링도 수익을 낼 수 있다"면서도 "내력벽 철거가 안 되면 수익성이 기대에 못 미칠 수 있다. 투자 목적보다 실거주 측면에서 신중하게 접근해야 한다"고 조언했다. 〈매경이코노미 2018. 10. 08. 기사내용 일부 발췌〉

Part 21

조합원입주권과
분양권 양도시
세금절세 비법

01 8·2대책 후 양도소득 세율과 장특공제 핵심정리

◆ 부동산 양도 시에 부담하게 되는 양도소득세 핵심정리

(1) 주택은 1년 미만 단기 양도시 40%의 양도세율
(2) 주택 이외 일반부동산은 1년 미만은 50%, 1년 이상~2년 미만은 40%의 양도세율

	과세구간(2018. 1. 1 시행)	변경세율	누진공제
(3) 주택은 1년이상 보유 후 양도 시 세율 6~42%를 적용함 일반부동산은 세율 6~42%를 적용함	1,200만원 이하	6%	0
	1,200만원 초과~4,600만원 이하	15%	108만원
	4,600만원 초과~8,800만원 이하	24%	522만원
	8,800만원 초과~1억 5,000만원 이하	35%	1,490만원
	1억 5,000만원 초과~3억원 이하	38%	1,940만원
	3억 초과~5억원 이하	40%	2,540만원
	5억원 초과	42%	3,540만원
(4) 주택 양도세 비과세 혜택(조정대상지역 2년 거주)	1가구 1주택자가 2년 이상 보유 후 양도시 9억까지 비과세(조정대상지역을 제외하고는 거주 요건 폐지)		
(5) 다주택자 양도세 중과제도(조정대상지역 내에서만) ※ 조정대상지역 밖에서는 2주택자, 3주택자라도 중과되지 않는다.	① 조정대상지역 내에서 1주택자가 2년 보유와 거주요건을 모두 갖추고 있어야 비과세 혜택을 볼 수 있다(2017년 8월 3일 취득분부터 시행). ② 1가구 2주택자(일시적2주택자 제외)는 기본세율(1년 미만 40%, 1년 이상은 6~42%)에 추가세율 10%의 중과와 장기보유특별공제가 배제된다(2018년 4월부터 시행). ③ 1가구 3주택 이상 소유자는 기본세율에 추가세율 20%의 중과와 장기보유특별공제가 배제된다(2018년 4월부터 시행). ④ 조정대상지역에서 분양권 전매시 보유기간과 관계없이 양도소득세율 50% 적용 – 2018년 1월 1일 양도하는 분양권부터 시행		

가. 투기지역 – 서울시(강남구, 서초구, 송파구, 강동구, 용산구, 성동구, 노원구, 마포구, 양천구, 영등포구, 강서구, 종로구, 중구, 동대문구, 동작구). + 세종시가 해당된다.
나. 투기과열지구 – 서울시 전체지역과 과천시, 성남시 분당구, 광명시, 하남시, 대구 수성구, 세종시, 이렇게 투기지역은 투기과열지구에 중복해서 포함된다.
다. 조정대상지역 – 경기도 13개지역(과천시, 성남시, 하남시, 고양시, 남양주시, 동탄2, 광명시, 구리시 안양 동안구, 광교지구, 수원 팔달구, 용인 수지구, 용인 기흥구, 세종시, 부산시(해운대구, 동래구, 수영구). 이렇게 투기지역과 투기과열지구는 조정대상지역에 중복해서 포함된다.

※ 양도세 예정신고 세액공제 제도는 2011년부터 폐지되어 시행하지 않는다.

◆ 장기보유 특별공제 조견표

보유기간	1세대 1주택(고가주택)	1세대 1주택을 제외한 주택 또는 자산
3년 이상 4년 미만	24%	6%
4년 이상 5년 미만	32%	8%
5년 이상 6년 미만	40%	10%
6년 이상 7년 미만	48%	12%
7년 이상 8년 미만	56%	14%
8년 이상 9년 미만	68%	16%
9년 이상 10년 미만	72%	18%
10년 이상 11년 미만	80%	20%
11년 이상 12년 미만		22%
12년 이상 13년 미만		24%
13년 이상 14년 미만		26%
14년 이상 15년 미만		28%
15년 이상		30%
	〈3년 이상 보유시 연 8%씩, 10년 이상 보유시 최대 80%까지 공제〉	〈3년 이상 보유시 연 2%씩 15년 이상 보유시 최대 30%까지 공제〉

02 도시정비법상 조합원입주권과 양도세와의 관계

◆ 재건축대상 아파트를 주택과 입주권으로 구분하는 시기

① 조합원입주권의 정의는 소득세법 제89조 2항에 규정되어 있으며, "재개발·재건축구역에서 관리처분인가로 인하여 취득한 입주자로 선정된 지위"를 말한다. 즉, "관리처분인가 후부터 준공 전까지의 기간 동안 향후 준공될 아파트에 입주할 (재개발·재건축 조합원의) 권리"로 주택이 아닌 입주권이다.

② 재건축과 재개발의 관리처분계획인가일 전에는 세법상 주택으로 보다가, 관리처분계획인가일 이후부터 멸실 일까지는 법률에서 특히 정하고 있지 않고 있어서 국세청에서도 주택으로 보았다가 입주권(=조합원분양권)으로 보기도 한다. 즉, 관리처분계획인가일 이후부터 재건축과 재개발대상 주택을 매도할 때의 양도세 계산 시 조합원입주권으로 판단한다. 그러나 재건축과 재개발대상 주택 이외의 일반주택을 매도할 때는 멸실 전까지 주택으로 보고, 멸실 후부터는 입주권으로 보는 2중 잣대로 처리하고 있다.

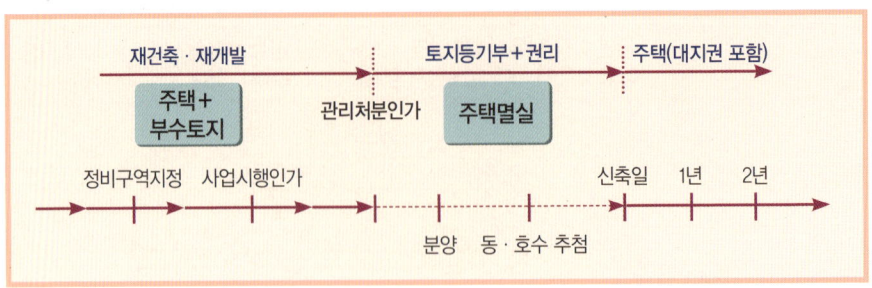

◆ 도시환경정비법과 양도소득세와의 관계

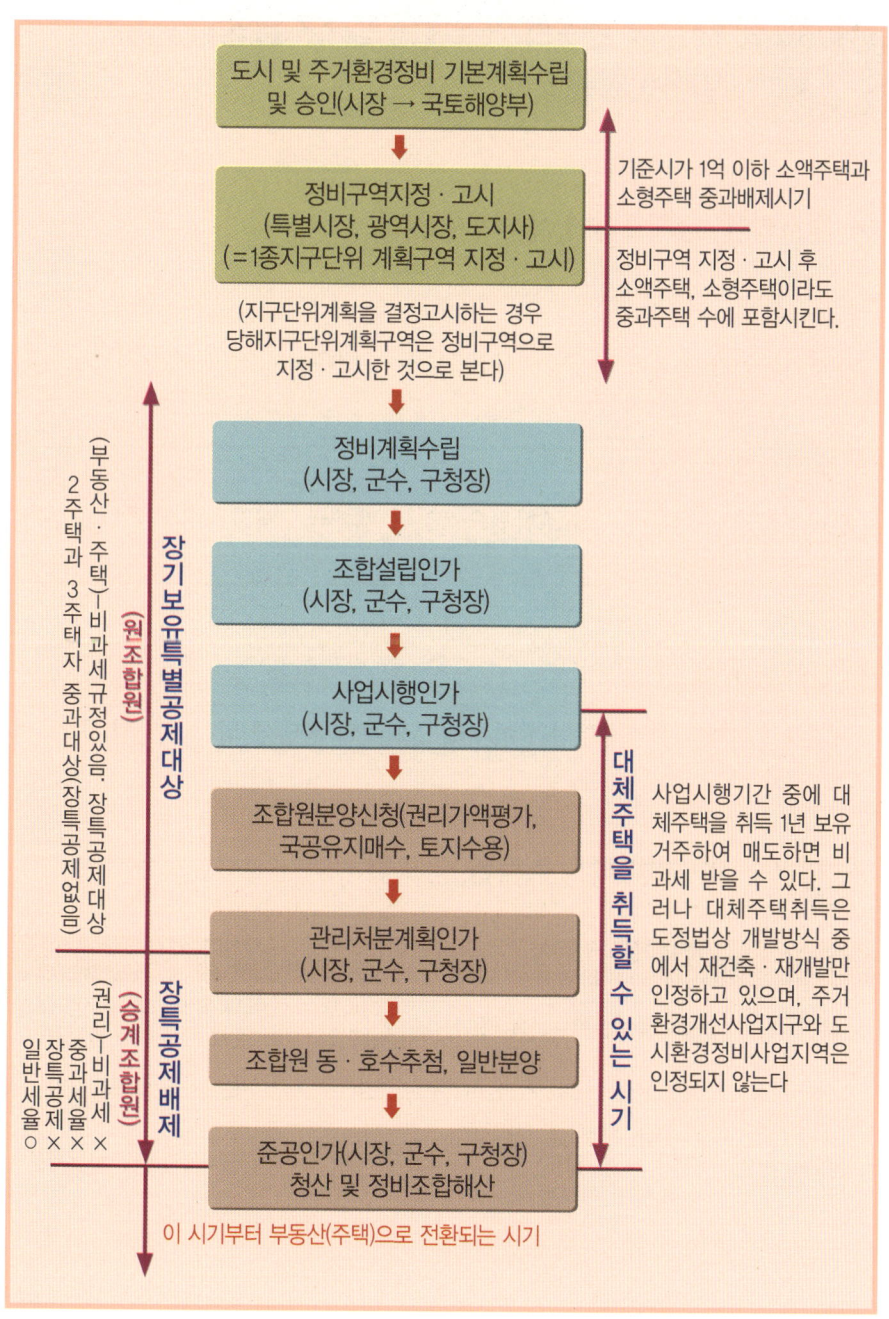

03 재건축 등에서 취득양도일과 조합원입주권, 일반분양권

◆ 원조합원, 승계조합원, 일반분양권자

(1) 원조합원

관리처분인가 전부터 재개발·재건축대상 주택을 소유하고 있는 자

(2) 승계조합원

관리처분인가 이후에 당초조합원으로부터 재개발·재건축대상 주택을 매입한 자

(3) 일반분양권자

재건축·재개발 관리처분인가 이후에 일반분양 청약에 의하여 당첨 받은 자

◆ 재건축·재개발아파트 취득일, 양도일

구 분	원조합원	승계조합원	일반분양자
취 득 일	종전 멸실된 부동산취득일	신축아파트 사용승인일	잔금지급일(완공 전 잔금지급 완료 됐을 때는 완공일)
취득 가격	종전부동산 취득가 + 추가부담금(청산금)		분양가액 ± 프리미엄
양도세 계산	종전주택보유기간 +공사기간 +신축주택보유기간	사용승인일 이후 보유기간	잔금지급일 이후 보유기간

◆ 입주권과 분양권의 차이

(1) 입주권

① 재건축·재개발 입주권은 기존주택보유자가 재건축·재개발 사업 시행으로 인하여 기존주택에 갈음하여 신축되는 주택의 입주권을 갖게 되는 것을 말한다.

② 재건축·재개발 입주권은 물권(토지지분)과 채권(완성된 아파트를 받을 권리)이 결합되어 있다. 재건축·재개발이 진행되어 건물이 철거되어 있는 기간에도 기존주택의 토지분에 대한 소유권을 계속 소유하고, 재산세도 내야 한다.

③ 이러한 조합원입주권을 제3자에게 양도하려면 토지등기부가 먼저 이전되어 있어야만 조합에서 입주권 명의변경을 해주는데, 이를 위해서 잔금지급 전에 토지소유권이 먼저 이전되는 경우가 있을 수도 있다. 이 경우 기존 토지 소유권등기이전일이 양도일이 되며 양도세 예정신고도 소유권이전등기일을 기준으로 익월부터 2월 이내에 신고해야 한다.

④ 그리고 조합원입주권은 주택 수에 간주되는(포함되는) 권리로 A일반주택과 B조합원입주권을 1세대가 각각 소유하고 있는 경우
　A일반주택을 먼저 매도시 ⇨ 2주택자로 중과세율과 장특공제 배제
　B입주권을 먼저 매도시 ⇨ 일반세율, 장특공제 배제(주택이 아닌 권리이므로 배제)

(2) 일반분양권

① 일반분양권은 사업시행지역의 기존주택을 보유하지 않고 일반청약에 의하여 당첨되는 경우 갖게 되는 권리이다.

② 일반분양권은 채권(완성된 아파트를 받을 권리)의 권리에 지나지 않는다.

③ 일반분양권은 잔금 청산과 동시에 분양계약서의 명의가 이전되는데 이러한 분양계약서 명의변경일 익월부터 60일 이내에 양도세 예정신고를 하게 된다.

04 조합원 입주권에 대한 양도세 계산

◆ 조합원이 추가부담금을 납부한 경우

입주권의 양도차익 = 입주권부분 양도차익(=양도가액-기존건물과 그 부수토지 평가액-납부한 추가부담금-기타 필요경비) + 부동산부분 양도차익(=기존건물과 그 부수토지평가액-기존건물과 부수토지 취득가액-기타 필요경비)

예를 들어, 갑이 재건축대상 주택을 2014년 1월 10일 2억원에 사고, 취득비용으로 300만원이 들었다. 이것을 2019년 5월 31일에 5억원에 팔았다. 이 경우 갑의 재건축대상 주택 조합원지분평가액 2억8,000만원이고, 추가부담금이 6,000만원이고, 관리처분계획인가일이 2018년 2월 1일이었고, 관리처분계획인가일 이후 양도비용 등이 500만원이 소요되었을 경우에 양도소득세 계산을 하면 다음과 같다.

(1) 조정대상 밖 1가구 1주택 1입주권으로 중과대상이 아닌 경우

입주권부분 양도차액 15,500만원(5억-2억8,000만-6,000만-500만) + 부동산부분 양도차익 7,700만원(2억8,000만-2억-300만) = 2억3,200만원 - 장기보유특별공제 8,640,000원(취득시로부터 매도일까지 기간산정이 아니고, 취득시부터 관리처분계획인가일까지만 계산한다. 따라서 4년 1개월이 되므로 12%로 계산, 이때 주의할 점은 입주권 부분의 양도차익은 장기보유특별공제대상이 아니라는 것이다. 따라서 부동산부분의 양도차익 7,700만×12%=924만원이다) = 2억2,276만원이 된다.

양도소득금액(2억2,276만원) - 기본공제(250만) = 과세표준 2억2,026만원 × 세율 38% - 누진공제 1,940만원 = 64,298,800원(자진납부 양도소득세액) + 지방소득세 10%(6,429,880원)을 납부해야 한다.

(2) 조정대상 내 1가구 1주택 1입주권으로 중과대상인 경우

입주권부분 양도차액 15,500만원(5억-2억8,000만-6,000만-500만) + 부동산부분 양도차익 7,700만원(2억8,000만-2억-300만) = 2억3,200만원 - 장기보유특별공제 0원(중과대상은 장특공제 배제됨) = 양도소득금액(2억3,200만원) - 기본공제(250만) = 과세표준 2억2,750만원 × 세율 48%(38%+조정대상 내 2주택자 중과세율 10%) - 누진공제 1,940만원 = 89,800,000원(자진납부 양도소득세액) + 지방소득세 10%(8,980,000원)을 납부해야 한다.

◆ 조합원이 청산금을 받은 경우

입주권의 양도차익 = 입주권부분 양도차익[=양도가액-기존건물과 그 부수토지평가액+지급받은 청산금-기타 필요경비] + 부동산부분 양도차익[(=

$$[기존건물과 \ 그 \ 부수토지평가액 - 기존건물과 \ 그 \ 부수토지취득가액 - 기타필요경비) \times$$
$$\times \frac{(기존건물과그부수토지평가액 - 지급받은청산금)}{기존건물과그부수토지평가액}]$$

앞의 사례에서 추가부담금을 납부한 것이 아니고, 6,000만원을 청산금으로 받은 경우라면 양도소득세 계산은 다음과 같이 하면 된다.

(1) 조정대상 내 1가구 1주택 1입주권으로 중과대상인 경우

입주권부분 양도차액 2억7,500만원(5억-2억8,000만+6,000만-500만) + 부동산부분 양도차익 6,050만원[(2억8,000만-2억-300만)7,700만×] = 3억3,550만원

따라서 양도차익 3억3,550만원-장기보유특별공제 0원(중과대상은 장특공제 배제됨) = 양도소득금액(3억3,550만원) - 기본공제(250만) = 과세표준 3억3,300만원×세율 48%(38%+조정대상 내 2주택자 중과세율 10%) - 누진공제 1,940만원= 140,440,000원(자진납부 양도소득세액)+지방소득세 10%(14,044,000원)을 납부해야 한다.

◆ 재건축 등에서 취득실가를 모를 때 취득실가 계산방법

취득실가 = 양도실가 × $\frac{취득시점의 \ 기준시가}{양도시점의기준시가}$ (양도실가 5억원이고, 양도시점의 기준시가가 3억원, 취득시점의 기준시가가 1억원인 경우) = 5억 × $\frac{1억}{3억}$ = 166,666,667원이 된다.

05 재건축 등이 완성되고 양도소득세 계산

재건축·재개발 완성일(=신축일) 이후에 매도하는 경우로 양도세 비과세를 받을 수 없는 경우 양도세를 계산하게 되는데 이때 계산방법은 일반주택의 양도세 계산과는 차이가 있다. 그리고 당초 조합원과 승계 조합원 간에도 양도세 계산에 차이가 있다.

◆ 추가부담금을 납부한 경우 양도세 계산

양도차익 = 추가부담부분 양도차익(관리처분계획인가 후 양도차익 × $\dfrac{\text{납부한청산금}}{\text{기존건물과그부수토지평가액+납부한청산금}}$) + 기존건물분양도차익(관리처분계획 인가 후 양도차익 × $\dfrac{\text{기존건물과그부수토지평가액}}{\text{기존건물과그부수토지평가액+납부한청산금}}$ + 관리처분계획인가전양도차익)

여기서 장기보유특별공제 계산은 ① 추가부담부분 양도차익에 대한 장기보유특별공제는 관리처분계획인가일로부터 양도일까지의 기간을, ② 기존건물분 양도차익에 대한 장기보유특별공제는 기존건물취득일로부터 양도일까지의 기간을 보유기간으로 장기보유특별공제를 한다.

◆ 청산금을 받은 경우 양도세 계산

양도차익 = 관리처분계획인가 후 양도차익[양도가액 − (기존건물과 그 부수토지평가액 − 받은 청산금) − 기타 필요경비] + 관리처분계획인가 전 양도차익

[(기존건물과 그 부수토지평가액-기존건물과 그 부수토지취득가액-기타필요경비]

$\times \dfrac{(기존건물과그부수토지평가액-지급받은청산금)}{기존건물과그부수토지평가액}$]

여기서 장기보유특별공제계산은 기존건물취득일로부터 양도일까지의 기간을 보유기간으로 하여 장기보유특별공제대상이 된다.

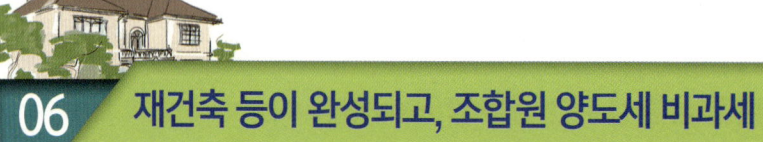

06 재건축 등이 완성되고, 조합원 양도세 비과세

소득세법상 조합원입주권이 주택과 같은 점은 세율과 보유기간 충족시에 비과세가 가능하다는 점이다. 다른 점은 주택수에는 포함되나 조정대상지역 주택 매도시 발생하는 양도세 중과에는 해당되지 않고, 입주권으로 전환된 다음은 장기보유특별공제를 받을 수 없고, 주택이 완성되고 나서 받을 수 있다는 것이다.

조합원입주권이 주택과 같이 비과세를 받으려면 다음과 같이 일정한 요건을 갖추고 있어야 한다.

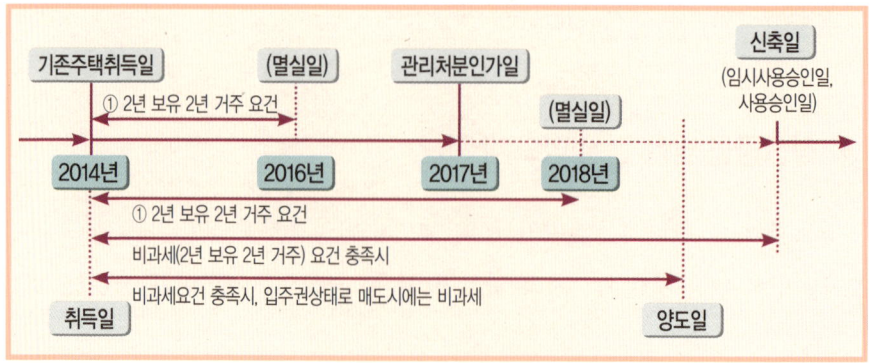

◆ 1세대 1주택 비과세 보유기간 요건

 조합원입주권 비과세 보유기간의 원칙[소득세법 제89조 ①항 3호 가목, 동법 동조 4호, 시행령 154조 ①항]은 관리처분계획인가일 현재 해당 주택 보유기간 2년(조정대상지역 거주기간 2년)이다. 다만, 조세심판원결정문[국심 2004서0362 및 조심 2018서4630]에 따라 주택으로 실지 거주한 기간(집주인 및 세입자 퇴거일)까지는 주택 보유기간으로 인정해 준다.
 즉 관리처분계획인가일(또는 멸실일) 전에 2년 이상 보유(조정대상지역은 2년 이상 거주요건 포함)로 1세대 1주택 비과세요건을 충족한 경우를 말한다.

◆ 1세대 1조합원입주권을 보유한 경우 비과세

 1세대가 1조합원입주권을 보유한 경우 ① 관리처분계획인가 전에 조합원 주택이고, ② 조합원입주권으로 전환되기 전까지 주택으로서 보유기간 2년(조정대상지역은 거주 기간 2년)을 충족하고, ③ 조합원입주권 양도시 다른 주택이 없어야 한다. 다만, 관리처분인가일 이후라도 실제 주택으로 사용한 기간(퇴거일)까지는 주택 보유기간으로 인정한다(소득세법 제89조 ①항 4호 가목).

◆ 1세대 1입주권 + 1주택으로 비과세(일시적 1세대 2주택)

 1세대가 1조합원입주권과 1주택을 보유한 경우 ① 관리처분계획인가 전에 주택이고, ② 조합원입주권으로 전환되기 전까지 주택으로서 보유기간 2년(거주기간이 있는 경우 거주 기간)을 충족하고, ③ 대체 주택을 취득한지 3년 이내에 조합원입주권을 양도해야 한다(소득세법 제89조 ②항 4호 나목)

◆ 조합원입주권자의 다른 주택 양도시 비과세 특례

(1) 1세대 1주택자가 조합원입주권을 취득 후 3년 내에 일반주택을 매도한 경우

일반주택을 보유한 1세대 1주택자가 조합원입주권을 취득 후, 일반주택 양도시 비과세가 되기 위해서는 ① 일반주택을 1년 이상 보유한 후에 조합원입주권 취득(관리처분인가 후 취득)하고, ② 그 조합원입주권을 취득한 날부터 3년 이내에 일반주택을 양도해야 한다(소득세법시행령 제154조의2 ③항).

(2) 1세대 1주택자가 조합원입주권을 취득 후 3년 지나서 일반주택을 매도한 경우

일반주택을 보유한 1세대 1주택자가 조합원입주권을 취득(관리처분인가 후에 취득)하고 3년이 지나 일반주택을 양도시 비과세가 되기 위해서는 ① 재개발·재건축 아파트가 완성되기 전 또는 완성된 후 2년 이내에 일반 주택을 양도하고, ② 재개발·재건축 아파트가 완성된 후 2년 이내에 세대원 전원이 이사하여 1년 이상 계속 거주해야 한다(소득세법 시행령 제156조의2 ④항).

(3) 조합원이 사업기간 중에 대체주택을 취득하고 대체주택을 양도한 경우

재개발·재건축구역 내 1주택을 보유한 조합원이 해당 재개발·재건축 사업기간동안 거주하기 위한 대체주택을 취득한 경우, 대체주택 양도시 비과세가 되기 위해서는 ① 사업시행인가 이후 대체주택을 취득하여 1년 이상 거주하고, ② 완성되기 전 또는 완성된 후 2년 이내에 대체주택을 양도하고, ③ 재개발·재건축 아파트가 완성된 후 2년 이내에 세대원 전원이 이사하여 1년 이상 계속 거주해야 한다(소득세법 시행령 제156조의2 ⑤항).

◆ 상속주택 또는 상속받은 조합원 입주권이 있는 경우

① 1세대 1주택자가 재건축·재개발 입주권을 상속받은 후 일반주택을 양도하는 경우 입주권 없이 1주택을 매도하는 것으로 보아 1세대 1주택 비과세요건 성립시 비과세된다(기존주택을 먼저 양도시 기간에 상관없이 기존주택이 비과세요건 충족시 비과세, 미충족시 일반세율 적용된다).

② 상속주택(또는 상속입주권)과 일반주택 및 재개발·재건축입주권 등을 각각 1개씩 보유시에 일반주택을 먼저 양도하는 경우 일반주택과 재개발·재건축 입주권만을 소유하는 것으로 하여 1세대1주택 비과세여부가 적용된다.

◆ 동거·봉양 또는 혼인으로 인한 경우

1주택 또는 1입주권을 소유한 1세대가 각각 1입주권 또는 1주택을 소유한 직계존속을 동거·봉양으로 인한 합가일 또는 혼인일로부터 5년 이내에 주택을 양도시 1세대가 1주택을 보유한 것으로 보아서 양도주택이 비과세요건 충족시 1세대 1주택의 비과세적용을 받는다.

07 분양권에 관한 설명 및 양도세 계산

◆ 일반분양권에 관한 설명

분양권은 분양 계약시부터 입주 잔금을 지급하기 전까지의 세법상 권리를 말한다. 분양권은 투기과열지구 내에서 전매시 불법으로 처벌되므로, 당첨이 되고난 후 아파트가 완성되어 등기를 하기 전까지 전매할 수 없다. 그러나 그 이외의 지역은 전매가 가능하다.

이 경우에 양도자는 양도차익에 대하여 양도세를 내야 하는데 매수자로서는 매입 이후의 분양대금을 납부하고 취·등록세 등을 납부하여 소유권이전등기를 하면 된다. 분양권을 증여하는 경우 수증자는 증여세를 내야하고 증여일 이후 분양대금을 납부하고 취·등록세 등을 납부하여 소유권이전등기를 하면 된다.

분양권의 경우 주택 등의 부동산 양도세계산과는 달리 비과세가 없으며 양도차익계산에서도 실제거래가액에 대한 양도차익으로 계산하여야 하고 중과세율이 적용되지 아니하지만 3년 이상 보유했더라도 장기특별공제를 적용받을 수 없다. 그 이외의 신고와 납부기한 등은 주택과 동일하다.

이와 같이 일반분양권은 주택수에 해당되지 아니하여 중과세율이 적용되지 아니하고 일반세율이 적용된다.

◆ 분양권 매도시 양도세 계산

양도차익계산 = 매도가액 - 취득가액 - 필요경비 = 매도 3억 - 취득 2억 - 필요경비 200만원 = 9,800만원 - 기본공제 250만원 = [과세표준

95,500,000원 × 기본세율 35%](주택 1년 미만은 40%, 1년 이상은 6~42% 차등 적용) - 누진공제 1,490만원 = 양도소득세 18,525,000원이다. 이 금액에 10%에 해당하는 지방소득세를 추가로 납부해야 한다.

여기서 유의할 점은 주택·상가·토지 등은 3년 이상 보유시 장기보유특별공제를 받지만 일반 분양권은 적용 받지 못한다.

① 분양권만 소유시 ⇨ 입주 후 시세상승이 예상될 경우 주택 비과세요건 충족 후 매도(조정대상지역은 입주 후 2년 보유와 2년 거주요건 충족시), 입주 후 시세 변동이 없을 것 같으면 분양권 상태로 매도

② 분양권+1주택 소유시 ⇨ 입주 잔금 지급일로부터 2년 이내에 기존주택을 매도시 ⇨ 비과세 대상이면 비과세되고, 비과세 대상이 아닌 경우는 일반세율 적용, 이 경우에도 2주택으로서 중과세대상이 되는 경우는 반드시 입주 잔금 지급일로부터 2년 이내에 매도해야만 비과세 받거나 중과세대상에서 제외된다. 그러나 2주택으로서 중과세대상에 해당되지 아니하면 입주 잔금 지급일로부터 2년 후 매도해도 된다.

③ 분양권+3주택 이상 소유시 ⇨ 입주 잔금지급 전에 분양권 또는 기존주택을 매도해야 한다. 만일 입주를 앞둔 분양권이 투자목적이라면, 입주 잔금지급 전에 매도해야 한다. 이와 같이 3주택 자가 분양권을 소유하고 있다면, 분양권을 입주 잔금지급 전에 매도하는 것이 절세에 좋은 방법이다. 3주택 중과세대상이 아닌 경우에는 기존주택을 매도 또는 분양권을 입주 잔금지급일로부터 2년 후 매도하는 것이 양도세가 절세된다.

MEMO

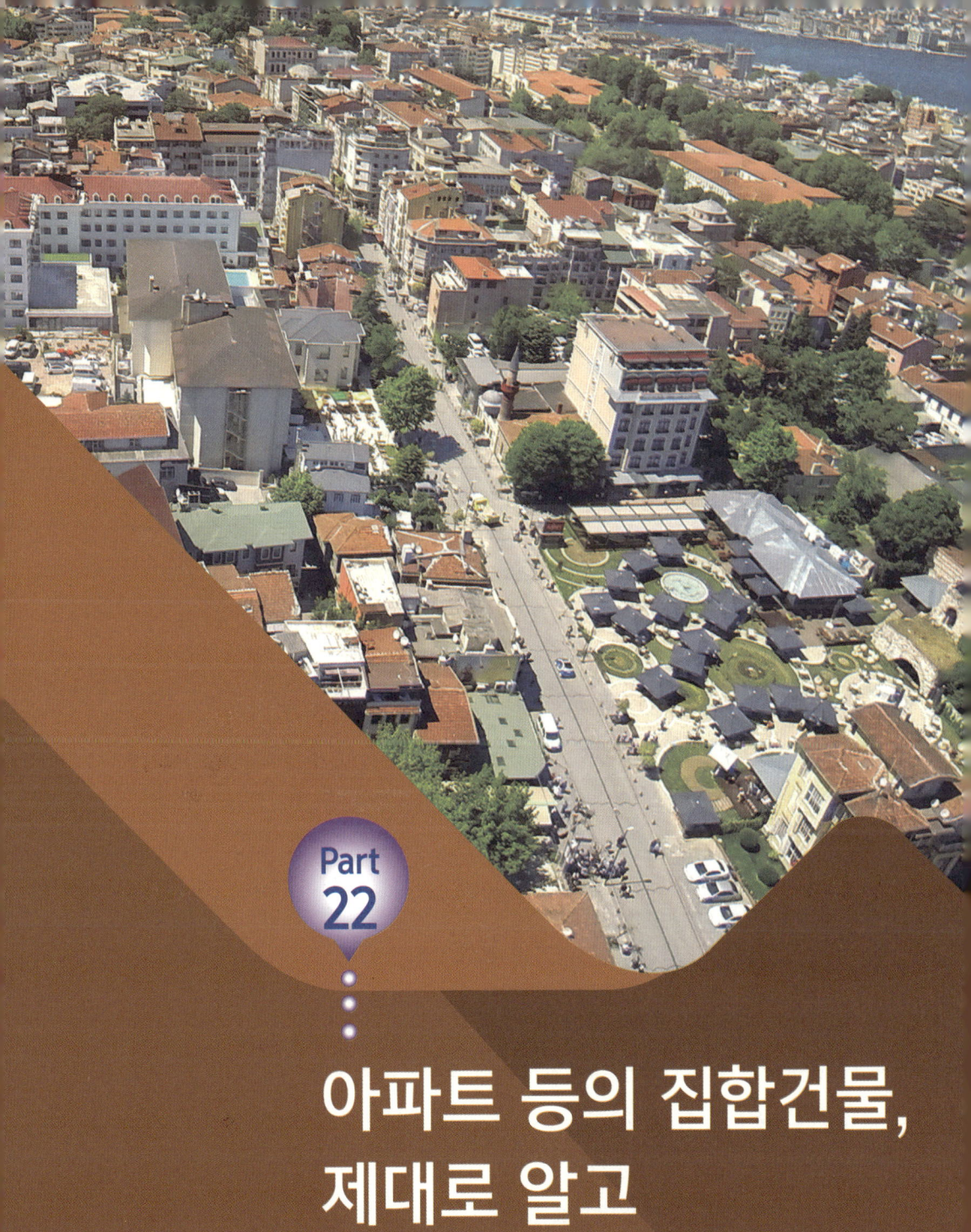

Part 22

아파트 등의 집합건물,
제대로 알고
투자해라!

01 집합건물의 종류와 핵심용어 정리

◆ 집합건물의 의미와 종류

집합건물은 1동의 건물 중 구조상 구분된 여러 개의 부분이 독립한 건물로서 사용될 수 있을 때에는 그 각 부분은 이 법에서 정하는 바에 따라 각각 소유권의 목적으로 할 수 있다(집합건물법 제1조).

공동주택은 주택의 분류를 위한 개념이고, 집합건물은 건물의 권리관계 공시(등기)를 위한 개념이다.

따라서 공동주택은 구분소유관계를 전제로 하기 때문에 당연히 집합건물에 속하지만(아파트, 연립, 다세대주택 등이 포함되며, 건축법에서는 학교 또는 공장 등의 학생 또는 종업원 등을 위하여 사용되는 기숙사도 공동주택에 포함), 집합건물에는 공동주택뿐만 아니라 상가나 오피스텔, 아파트형공장 등 다양한 건물이 포함되어 있다.

◆ 집합건물에서 구분소유권과 용어정리

(1) 집합건물에서 구분소유권이란?

1동의 건물 중 구조상 구분된 수개의 부분이 독립된 건물로 사용될 수 있을 때 각 건물 부분을 목적으로 하는 소유권이다(집합건물의 소유 및 관리에 관한 법률 제1조, 제2조 1호). 집합건물에 속한 독립된 각 가구의 구분된 공간에 대한 소유권이다. 구분소유자란 구분소유권의 소유자를 말한다.

(2) 집합건물의 전유부분이란?

구분소유권의 전용부분으로 등기부상 표시하는 내용이고 일반적으로 건축물대장이나 분양에서는 전용면적이라 부른다.

(3) 집합건물 용어정리

① 전용면적

현관안쪽의 실제사용면적으로 방, 거실, 주방, 화장실, 다용도실 넓이가 모두 포함된다(베란다 즉 발코니는 제외된다). 세대별로 독립적으로 이용되는 공간으로 실제 사용하는 면적을 말하며 공동주택의 구분소유권등기에 기재되는 등기면적이다. 동일한 평형대라도 주거전용면적이 차이가 있을 수 있고 주거전용면적이 큰 곳이 더 넓은 공간에서 산다고 볼 수 있다[주거전용면적비율=주거전용면적／공급면적(주거전용＋주거공용면적)].

② 주거공용면적

아파트건물 내에서 다른 세대와 공동으로 사용하는 공간을 뜻한다. 계단, 엘리베이터실, 1층 현관, 복도 등이 이에 해당된다. 아파트공급면적은 전용면적＋주거공용면적을 말한다.

③ 기타공용면적

주거공용면적을 제외한 전체단지에서 공동으로 사용하는 관리사무소, 노인정, 기계실, 경비실, 지하층면적 등을 말한다. 아파트 구입 시 계약면적은 전용면적＋주거공용면적＋기타공용면적이 포함된다.

④ 서비스면적

발코니 즉 베란다면적을 말한다.

◆ 집합건물에서 대지사용권이란?

(1) 대지사용권이란?

대지사용권은 건물(아파트 등의 집합건물)의 구분소유자가 전유부분을 소유하기 위하여 건물의 대지에 대하여 가지는 권리이다(집합건물의 소유 및 관리에 관한 법률 제2조 6호).

(2) 대지사용권의 종류

대지권의 종류에는 소유권이 대지권인 경우와 소유권 이외의 권리 중 지상권, 전세권, 임차권, 법정지상권, 관습법상 법정지상권, 무상사용권(시영아파트), 유상사용권(건물만 분양하고 토지사용료를 일정 기간 동안 분양가에 포함한 경우) 등이 있다. 이러한 대지권은 집합건물등기부의 두 번째 표제부(전유부분 표제부) 하단에 지분으로 대지권의 표시(대지권의 종류, 대지권의 비율 등)가 등기되며 이를 대지권 등기라 한다.

(3) 구분소유자가 대지사용권이 없는 경우

구분소유자가 대지사용권이 없는 경우 그 전유부분의 철거를 주장할 수 있는 권리를 가진 자, 즉 집합건물에서 법정지상권이 성립되지 않아서 전유부분의 철거를 요구할 수 있는 권리를 가진 자는 구분소유자에게 구분소유권을 시가로 매도할 것을 청구할 수 있다(집합건물의 소유 및 관리에 관한 법률 제7조, 구분소유권 매도청구권).

02 아파트 분양할 때 계약면적을 계산하는 방법

등기부에서는 전유면적(=전용면적)만 등기되고, 공용면적은 등기되어 있지 않다. 건축물대장에서만 **전용면적 + 주거공용면적 + 기타 공용면적 등이 기재** 되어 있는데, 이 면적들의 합계가 분양할 때 계약면적이다.

◆ 아파트 등의 집합건물 평형을 계산하는 방법

아파트 평형에 대해 헷갈리는 분들이 많은데, 이번 기회에 확실하게 알고 넘어가자! 건축물대장에서 전용면적과 주거용 공용면적(전용부분을 사용하기 위해서 직접적으로 공유하는 복도와 계단 및 엘리베이터 등의 면적)을 구해서 0.3025를 곱하면 우리가 흔히 말하는 아파트 평형이다. 이때 주거공용면적은 등기부에 표시되지 않고, 건축물대장에서만 확인할 수 있다. 즉 아파트 등의 평형을 제곱미터로 환산하는 방법은 전용면적 + 주거공용면적(계단, 복도 등의 면적) = 합계 00㎡ 즉 전용면적 84.98㎡ + 주거용 공용면적 24.02㎡ = 109㎡ × 0.3025 = 33평형(32.97)이다.

◆ 아파트와 다세대주택, 상가건물에서 약식으로 평형 계산방법

집합건물에서 평형 계산방법은 앞에서 계산한바와 같이 계산해야 정확한 면적을 확인할 수 있다. 하지만 집합건물의 전용면적을 알고 있을 때 건축물대장을 확인하지 않고, 약식으로 계산하는 방법은 ① 아파트는 전용면적 84.98㎡ ×0.3025×1.3(주거공용면적이 전용면적의 30% 수준임)=33.41로 34평형, ② 다세대주택이나 연립주택은 전용면적 $59.78㎡ \times 0.3025 \times 1.2$(주거공용면적이 전용면적의 20% 수준임)=21.70으로 22평형, ③ 상가나 오피스텔 등은 전용면적 $48.54㎡ \times 0.3025 \times 2$(상가 등은 전용면적이 51%, 공용면적이 49%이기 때문)= 29.36으로 30평형으로 판단하면 된다. 그러나 이 계산 방법은 부동산을 현장 조사하는 과정에서 전용면적만 알고 있을 때 약식으로 면적을 계산하는 것이지 정확한 계산방법은 앞의 가와 같이 건축물대장을 보고 계산해야 한다.

◈ 각종 아파트 면적을 구분하는 요령

03 집합건물에서 구분소유권과 대지사용권의 성립 시점

◆ 구분행위와 구조상 이용상 독립성

대법 2010다71578 판결에서는 1동의 건물에 대하여 구분소유(=구분소유권)가 성립하기 위해서는 ① **객관적 · 물리적인 측면에서 1동의 건물이 존재하고 구분된 건물부분이 구조상 · 이용상 독립성을 갖추어야 할 뿐 아니라, ② 1동의 건물중 물리적으로 구획된 건물부분을 각각 구분소유권의 객체로 하려는 구분행위가 있어야 한다**(대법 98다35020 참조). 여기서 구분행위는 건물의 물리적 형질에 변경을 가함이 없이 법률관념상 그 건물의 특정 부분을 구분하여 별개의 소유권의 객체로 하려는 일종의 법률행위로서, 그 시기나 방식에 특별한 제한이 있는 것은 아니고 처분권자의 구분의사가 객관적으로 외부에 표시되면 인정된다.

따라서 구분건물이 물리적으로 완성되기 전에도 건축허가신청이나 분양계약 등을 통하여 장래 신축되는 건물을 구분건물로 하겠다는 구분의사가 객관적으로 표시되면 구분행위의 존재를 인정할 수 있고, 이후 1동의 건물 및 그 구분행위에 상응하는 구분건물이 객관적 · 물리적으로 완성되면 아직 그 건물이 집합건축물대장에 등록되거나 구분건물로서 등기부에 등기되지 않았더라도 그 시점에서 구분소유가 성립한다(대법 2004다742 참조).

◈ 구조상, 이용상 독립성과 건축공정의 완성도에 대한 판단

대법 2010다71578 판결에서 구분건물의 대지사용권의 성립시점을 구분의사가 객관적으로 표시되면 구분행위의 존재를 인정할 수 있고, 이후 1동의 건물 및 그 구분행위에 상응하는 구분건물이 객관적·물리적으로 완성되는 단계인 기본골조의 완성시점으로 판단하고 있다.

결론적으로 집합건물의 원시취득이나 구분소유권성립시점, 대지사용권성립시점은 똑같이 같은 시각에 동일하게 발생하는 것으로, 어쩌면 같은 의미에 불과한 것인데, 바라보는 입장에서 표현이 다른 것에 불과하다.

집합건물에서 구분소유권과 대지사용권의 성립시점, 또는 집합건물이 원시적으로 취득하는 시점은 두 가지요건을 구비해야 한다.

① 구분행위(분양계약 체결 또는 건축허가)와 ② 구분건물이 객관적·물리적으로 완성되는 단계(건축허가대로 층수가 올라가야하고, 각 구분소유자별로 기둥과 주벽 지붕 등이 완성된 시점으로, 현장방문해서 보면 구분호수별로 벽체가 나누어져 있으나 구분호수 안의 방벽이나 창문, 화장실 등의 시설이 갖추어지지 않은 상태로 학교 강당과 같은 상태로 이해하면 된다)이면 족한 것이다.

집합건물이 완성되고 나서도 완공 후 건축물대장이 만들어지고, 아파트보존등기까지는 적게는 6월에서 1년 동안의 공사 시일이 소요된다.

04 집합건물을 신축하거나 재건축, 재개발하는 방법

◆ 건축법 및 주택법에 따라 신축, 재건축 등을 하는 경우

건축허가 등을 받아 건물을 착공하고, 그에 따라 건물이 완공되면 사용승인을 신청하게 된다. 각 구청에서 건축허가 신청 시의 설계대로 건축이 완공되었는지를 확인하고, 이상이 없을 경우 사용승인을 하고, 그 사용승인 후 2~3일 이내에 건축물대장을 만든다.

이 대장을 가지고 건축주 또는 조합 등이 등기소에 소유권보존등기를 신청하면 된다. 이때 토지등기부에서 대지지분이 정리되어 있으면 대지사용권도 집합건물보존등기 시 대지권으로 표제부 전유면적의 대지권(등기부에서 두 번째 표제부)으로 기재하게 된다.

그러나 토지등기부에서 대지 지분정리의 지연 등으로 집합건물만 먼저 보존등기하게 되면 집합건물등기부에서 대지권 표시가 없는 대지권미등기로 남게 된다.

그렇지만 대지 지분이 모두 정리되면 즉 토지등기부에서 각 구분소유권의 전유면적비율에 따라 안분하여 대지 지분이 나누어지면, 집합건물등기부의 두 번째 표제부에 대지권으로 등기하게 된다.

따라서 특별한 사정이 없는 한 집합건물의 구분소유자는 대지사용권이 성립되고 나서 그가 가지는 전유부분과 분리하여 대지사용권을 처분할 수 없으므로 집합건물만 등기되고 대지권이 미등기인 경우도 집합건물의 구분소유자는 대지사용권을 취득하게 되므로 대지 지분이 정리되고 나면 당연히 대지권등기를 할 수 있고, 이러한 법리는 집합건물만에 설정된 저당권에 기한 매각절차로 집합건물만 낙찰 받은 경우도 마찬가지로 대지지분이 정리되고 나면 대지권등기를 할 수 있다.

◆ 도시 및 주거환경정비법의 이전고시를 통한 재건축 등

도시 및 주거환경정비법(=도정법)에 의한 재건축이나 재개발은 종전 건물과 대지에 대한 관리처분계획인가를 받아 이주공고 후 종전 건물 멸실 및 착공신고를 하고 공사를 시작하게 되는데 ① 재건축은 대지 합필절차와 신탁등기 후 진행하는데 반해서, ② 재개발은 합필과정과 신탁등기 없이 진행하게 된다. 어쨌든 이들 모두 공사가 완료되면 사용승인을 받고, 관리처분계획변경인가 신청을 하고, 인가가 나면 조합의 이전고시 신청에 의해 이전고시가 되고, 그 이전고시에 따라 건축물대장이 만들어 지고, 그 건축물대장에 의해 집합건물을 보존등기하는 과정으로 마무리가 된다.

그리고 유의할 점은 재건축에서는 대지를 합필하고 신탁등기를 하게 되므로 신탁등기 이후에 건물과 토지가 분리될 수 없고, 다만 신탁등기 이전에 등기된 채권(토지별도등기)에 의해서만 분리가 가능하다. 하지만 재개발의 경우에는 대지를 합필하는 과정과 신탁등기 없이 진행되므로, 이전고시 또는 대지권이 성립되기 전까지 분리하여 매각하는 것이 가능하다.

여기서 유의할 점은 건물에 대한 분양처분고시(=이전고시)가 먼저 있고 나중에 대지에 대한 분양처분고시(=이전고시)가 따로 있는 경우 재개발사업에 토지를 제공한 조합원의 그 토지에 대한 소유권은 건물에 대한 분양처분고시(=이전고시)가 있을 때 곧바로 소멸한다(서울북부지방법원 2006가합8584 참조).

05 대지사용권과 공용부분은 전유부분의 처분에 따른다!

단독주택(다가구), 일반건물 등은 토지와 건물이 별개이므로 개별적인 거래 대상이 된다. 그러나 집합건물의 경우에는 특별한 경우(대지권 등기가 없는 건물, 대지권만 분리 처분한다는 특약) 외에는 대지권을 전유부분과 분리하지 않고 일체로 거래 대상이 된다.

구분소유자의 대지사용권은 그가 가지는 전유부분 처분에 따르며, 구분소유자는 그가 가지는 전유부분과 분리하여 대지 사용권을 처분할 수 없다(집합법 제20조 제1항). 다만 규약에 달리 정한 때에는 그러하지 아니한다(동법 제20조제2항).

◈ 집합건물의 대지권은 전유부분과 분리처분 불가(집합법 제20조)

① 구분소유자의 대지사용권은 그가 가지는 전유부분의 처분에 따른다.

② 구분소유자는 그가 가지는 전유부분과 분리하여 대지사용권을 처분할 수 없다. 다만, 규약으로써 달리 정한 경우에는 그러하지 아니하다.

③ 제2항 본문의 분리처분금지는 그 취지를 등기하지 아니하면 선의로 물권을 취득한 제3자에게 대항하지 못한다.

④ 제2항 단서의 경우에는 제3조 제3항을 준용한다.

◆ 집합건물의 공용부분은 전유부분과 분리해 처분할 수 없다!

집합건물의 어느 부분이 전유부분인지 공용부분인지를 판단하는 기준 시점(=구분소유 성립 시점) 및 그 후 건물 개조나 이용상황 변화 등이 위 판단에 영향을 미치는지 여부(소극)(대법 2010다96945 판결)

◆ 부동산 주물의 권리는 종물과 부합물에 미친다!

부동산 주물에 설정된 소유권, 저당권, 전세권, 지상권, 가등기, 가처분, 가압류, 압류 등의 권리는 그 종물내지 부합물에도 그 효력이 미친다. 우리가 현재 공부하고 있는 집합건물도 주물로 구분소유권과 공용부분이 있고, 종물로 대지사용권이 있다. 그러한 이유로 구분소유권이 성립되고 나서 구분소유권에 설정된 권리에 대해서 그 종물내지 종된 권리 등에 설정된 권리는 대항할 수 없어서 무효가 된다는 것을 집합건물법 제20조에 규정하고 있다.

① 아파트 등 집합건물의 경우 대지의 분·합필 및 환지 절차의 지연 그리고 각 세대당 지분비율 결정의 지연 등으로 구분건물의 전유부분만 소유권이전이 먼저 되고 대지지분에 대한 소유권 이전등기가 되기 전에 전유부분에 설정된 저당권의 효력은 종된 권리인 대지권에도 그 효력이 미친다(대법 2001다22604 판결).

② 전유부분에 설정된 전세권의 효력 역시 종된 권리인 대지권에도 미쳐 배당 시 토지 및 건물매각대금 전부에 대하여서도 우선변제권을 주장할 수 있다(대법 2001다68389 판결).

06 재건축으로 집합건물이 소멸되면 분리처분이 가능하다!

(1) 쟁점사항은 피고 조합이 이 사건 경매를 통하여 이 사건 부동산의 소유권을 취득한 것이 ① 집합건물의 전유부분과 대지사용권의 분리처분금지를 규정한 집합건물법 제20조에 위배되어 무효인지 여부, ② 신탁재산에 대한 강제집행 또는 경매를 금지한 신탁법 제21조에 위배되어 무효인지 여부이다.

(2) 법원의 판단은 이 사건 아파트는 이 사건 경매절차가 개시되기 전인 2006. 11. 27.경 이미 철거되어 구분소유권의 대상이 되는 전유부분이 존재하지 않게 되었고, 삼익아파트의 부지로서 이 사건 부동산이 포함된 안양시 동안구 00동 572, 573, 574에 관하여 2006. 12. 19. 대지권의 취지인 등기도 말소되었으므로, 이 사건 경매로 인하여 집합건물의 전유부분과 대지사용권의 분리 문제는 발생할 여지가 없다(이 사건 부동산을 그 지상에 신축 중인 아파트에 대한 대지권이라고 볼 수 없는 이상 그 지상에 아파트가 신축 중인 사정만으로는 위 결론을 좌우하지 못한다). 따라서 집합건물법 제20조 위반을 이유로 이 사건 소유권 이전등기의 말소를 구하는 원고의 주장은 이유 없다(수원지방법원 2010나31959 판결).

MEMO

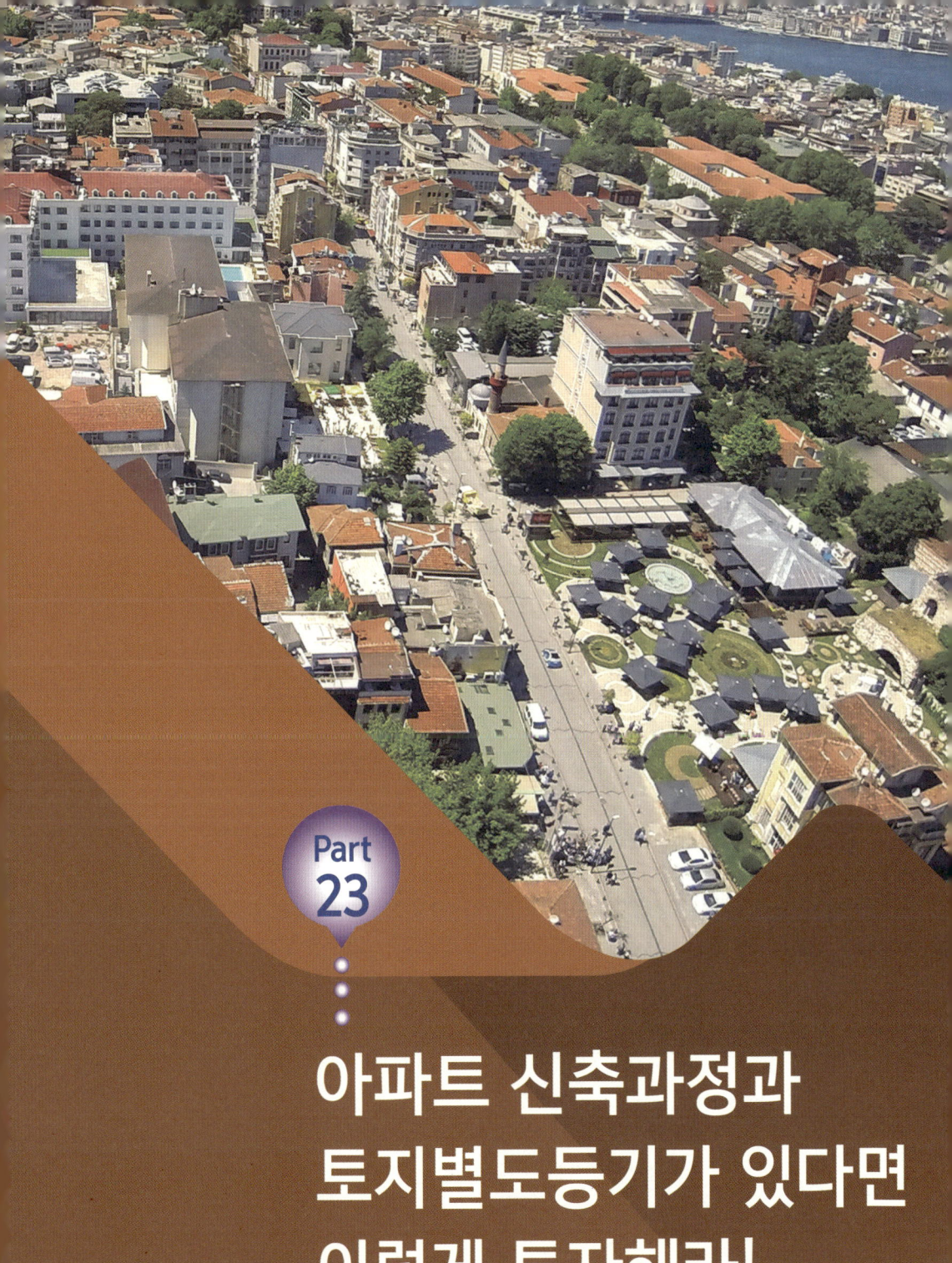

Part
23

아파트 신축과정과 토지별도등기가 있다면 이렇게 투자해라!

01 아파트 신축과정에서 토지별도등기가 발생하는 과정

◈ 아파트 재건축과 재개발에서 대지권 정리와 토지별도등기

　나대지(건물이 없는 빈땅) 3,000㎡에, 또는 종전아파트를 철거한 후 빈땅 3,000㎡에 재건축하는 과정에서 토지별도등기가 발생한다.

　① 빈땅에 근저당권을 설정하고 아파트 등을 신축한 경우에는 구분소유자들의 전유면적비율에 따라 공동책임 지는 유사공동저당권이 된다.

　② 재건축과 재개발사업 등으로 종전아파트가 철거되기 전에 조합원 등이 각자 자기지분에 근저당권을 설정하고, 무상이주비와 유상이주비 등으로 대출을 받은 경우에도, 건물을 철거하면 조합원 각자 빈땅 지분에 설정된 단독저당권만 남는다.

　이렇게 빈땅에 3,000㎡에 국민은행이 채권최고액 24억원의 근저당권을 설정하고 20억원을 대출 받아서 아파트를 신축하는 경우를 살펴보자! 이 자금을 이용해 아파트 100가구를 신축하고 분양해서 그 분양대금으로 이 채무금액을 상환하면서 아파트 신축공사를 마무리하게 된다

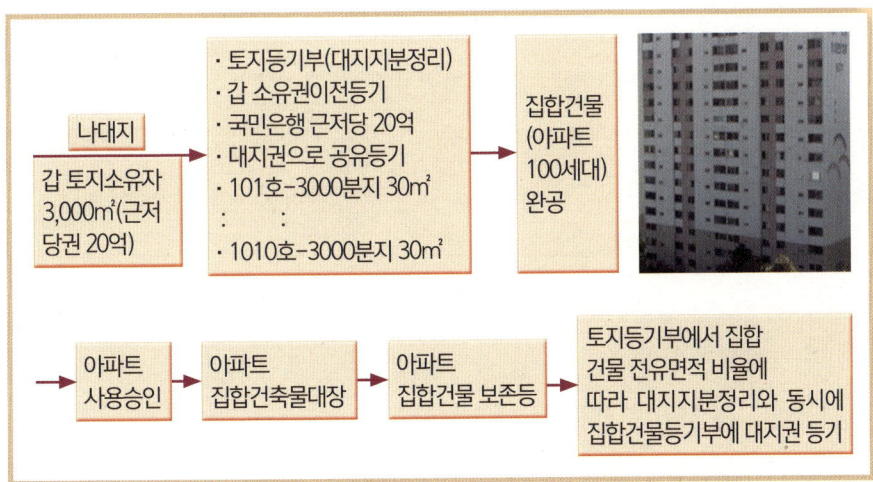

아파트 건립계획에 따라 건립세대 수와 건립세대별 전유면적이 결정이 되고 그 전유면적에 따라 안분된 대지 면적이 토지등기사항전부증명서에서 대지에 대한 소유권 및 소유지분 등으로 공유등기 되고 나면 그 이후의 모든 권리관계는 집합건물등기사항전부증명서의 전유부분 표제부에 대지권으로 표시되고 건물과 일체가 되어 거래하게 되므로 토지만 별도로 거래할 수 없다.

그러나 건물을 짓기 전(집합건물의 대지사용권으로 성립되기 전)에 조합원 등이 각자 자기지분에 근저당권을 설정하고, 무상이주비와 유상이주비 등으로 근저당권을 설정했거나 토지등기사항전부증명서에 소유권 제한에 관한 권리 및 채권(가처분, 예고등기, 가등기, 가압류 등) 또는 소유권 이외의 제한물권(저당권 등) 등이 있는 경우, 토지와 건물의 권리관계가 일치하지 않으므로 이러한 사실 등을 표시하기 위하여 집합건물등기사항전부증명서의 표제부 대지권의 표시 오른편에 '토지별도등기 있음'을 등기하게 된다.

이 토지별도등기 채권자 등은 대지권으로 공유등기되기 전(대지사용권이 성립하기 전)에 등기된 채권이므로, 각 대지권자에 대해서 공동저당권과 유사한 지위에 놓이게 된다. 실무에서는 토지별도 등기된 집합건물이 경매로 매각되는 경우, 토지별도등기 채권자로 하여금 대지권에 해당하는 비율만큼 배당요구 하도록 하고, 이 경우 배당 받고 소멸한다.

설령 토지채권자가 배당요구를 하지 않았더라도 인수조건으로 매각하지 않는 한 소멸되는 것이 원칙이다.
그래서 전유부분이 경매 등으로 먼저 경매되면, 종물인 대지사용권에 설정된 저당권 등은 함께 소멸하므로, 매수인의 부담으로 남지 않는다.
그러나 토지별도등기가 있는 아파트가 일반 매매 또는 경매절차에서 인수조건으로 매각했다면 소멸되지 않을 수도 있다.
그리고 토지별도등기 채권자에 의해서 대지가 전유부분보다 먼저 경매되는 경우에는 나대지 또는 구분소유권이 성립되기 전에 등기된 채권이므로 집합건물법 제20조에 따른 전유부분과 대지사용권 분리처분 금지규정을 적용 받지 않고, 분리처분이 가능하다.

이때 토지 낙찰자가 토지소유자가 되고, 집합건물의 구분소유자는 대지사용권이 없어서 대지권미등기 상태가 되고 법정지상권도 갖지 못하게 된다. 이렇게 법정지상권이 성립되지 못하면 건물이 철거 대상이지만, 집합건물 전체가 아닌 일부만 대지사용권이 없는 경우에는 건물 전체를 철거할 수 없다.
이러한 문제점을 해결하기 위해서 '대지사용권을 가지지 않은 구분소유자가 있을 때, 그 전유부분의 철거를 청구할 권리를 가진 자는 그 구분소유자에 대하여 구분소유권을 시가(時價)로 매도할 것을 청구할 수 있다(집합법 제7조, 구분소유권매도청구권).'의 규정을 두고 있다.

◆ 토지별도등기란 어떠한 의미인가?

토지별도등기는 토지와 건물에 설정된 권리가 서로 다르다는 의미다. 이는 아파트나 연립, 다세대 등의 집합건물인 경우에서 대부분 발생하고 있으나 간혹 단독, 다가구주택인 경우에도 법원이나 공매집행기관 등은 토지와 건물 설정 내용이 다른 경우 토지와 건물 설정내용이 다르다는 표시로 "토지별도등기 있음"으로 표시하고 있다.

◆ 재건축 전 대지와 건물의 권리가 신축아파트에 그대로 이전된다!

도시정비법 제87조(대지 및 건축물에 대한 권리의 확정)

① 대지 또는 건축물을 분양받을 자에게 제86조 제2항에 따라 소유권을 이전한 경우 종전의 토지 또는 건축물에 설정된 지상권·전세권·저당권·임차권·가등기담보권·가압류 등 등기된 권리 및 「주택임대차보호법」 제3조 제1항의 요건을 갖춘 임차권은 **소유권을 이전받은 대지 또는 건축물에 설정된 것으로 본다.**

② 제1항에 따라 취득하는 대지 또는 건축물 중 토지등소유자에게 분양하는 대지 또는 건축물은 「도시개발법」 제40조에 따라 행하여진 환지로 본다.

③ 제79조 제4항에 따른 보류지와 일반에게 분양하는 대지 또는 건축물은 「도시개발법」 제34조에 따른 보류지 또는 체비지로 본다.

02 경매절차에서 토지별도등기가 소멸, 또는 인수여부?

◆ 토지별도등기는 경매로 소멸되는 것이 원칙이다

아파트 등의 집합건물이 경매로 매각될 때 매각물건명세서에서 특별매각조건으로 토지별도등기를 인수조건 없이 매각했다면 배당요구와 무관하게 토지별도등기 채권금액에 해당하는 금액을 공탁하고 말소 시키는 것이 원칙이다. 그러나 돌다리도 두드려 가라는 선인의 말씀처럼 토지등기부를 확인해서 토지별도 등기된 채권자가 배당요구로 소멸되는 채권인지 확인해야 한다. 확인방법으로는 매각물건명세서에 토지별도등기채권자가 최선순위 설정일자에 기재되어 있고, 법원 경매사이트에서 문건/송달내역을 확인해서 토지별도등기채권자가 배당요구 했으면 소멸되는 것이 원칙이다.

이것으로 확인이 안 되거나 쉽게 찾고자 한다면 경매법원 담당공무원에게 확인하는 방법도 있다. 어쨌든 다음 〈김선생의 알아두면 좋은 내용〉처럼 특별매각조건으로 인수조건 없이 매각되었다면 토지별도등기는 소멸되는 것이 원칙이고, 이 판례 등의 등장으로 최근 들어 토지별도등기를 매수인의 부담으로 매각하는 경우는 거의 없다고 판단하면 될 것이다.

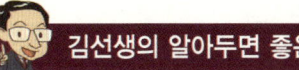
김선생의 알아두면 좋은 내용

대지권 평가 없이 전유부분만 돼도 대지권등기와 토지별도등기를 말소할 수도 있다.

전유부분에 설정된 저당권으로 경매가 진행돼 전유부분을 매수한 매수인은 대지지분에 대한 소유권을 함께 취득하고, 그 경매절차에서 대지에 관한 저당권을 존속시켜 매수인이 인수하게 한다는 특별매각조건이 정하여져 있지 않았던 이상 설사 대지사용권의 성립 이전에 대지에 관하여 설정된 저당권이라고 하더라도 대지지분의 범위에서는 소멸하는 것이며, 전유부분에 관한 경매절차에서 대지지분에 대한 평가액이 반영되지 않았다거나 대지의 저당권자가 배당받지 못하였다고 하더라도 달리 볼 것은 아니다(대법원 2013. 11. 28. 선고 2012다103325 판결).

◆ 토지별도등기를 인수조건으로 매각하면 매수인이 부담

집합건물에 토지별도등기가 있어서 그 원인을 찾기 위해 토지등기사항전부증명서를 확인해 보니 ① 소유권을 제한하는 선순위가등기·선순위가처분·예고등기와 용익물권[지상권(구분지상권), 전세권 등] 등이 있는 경우 법원은 특별매각조건으로 매수인이 인수하는 조건으로 매각하게 된다. 그러나 토지별도등기가 ② 근저당권 및 조세·공과금채권자·일반채권자(가압류 및 강제경매신청자 등)가 배당요구한 경우와 하지 않았더라도 배당하고 소멸하는 것이 원칙이지만 간혹 특별매각조건으로 토지별도등기를 매수인의 부담으로 매각했다면 그 토지저당권자는 말소되지 않고, 다음 사례와 같이 낙찰자에게 인수가 될 수 있으나 최근 들어 인수조건으로 매각하는 사례는 찾아보기 어렵다.

03 토지별도등기가 있는 물건에 대한 권리분석과 대응전략

◆ 토지별도등기된 경매물건 분석표

주 소	면 적	경매가 진행과정	1) 임차인조사내역 2) 기타청구	등기부 상의 권리관계
서울특별시 강남구 논현동 ○○○번지 삼성빌라 4층 401호	대지 358분의 35.8 건물 전용면적 75.4㎡	감정가 320,000,000원 대지 165,000,000원 (51.5625%) (토지별도등기 있음) 건물 155,000,000원 (48.4375%) 최저가 1차 320,000,000원 유찰 2차 256,000,000원 낙찰 285,000,000원 낙찰자 이재명 〈04.9.15.〉 소유권이전 04.10.23.	1) 임차인 ① 송철우 전입 03.2.9. 확정 03.4.1. 배당 04.6.10. 보증 70,000,000원 (401호 점유) ② 이기자 전입 03.9.10. 확정 03.9.10. 배당 04.6.15. 보증 10,000,000원 (옥탑방 1개) 2) 기타청구 ① 압류 강남구청 취득세 (법정 03.7.31.) 3,250,000원 ② 교부청구 서초세무서 부가세 (법정 03.4.25.) 350만원	소유자 김숙경 2003.2.10. 근저당 기업은행 2003.2.10. 1억 2,000만원 가압류 이승민 2003.5.10. 75,000,000원 근저당 유시민 2003.10.1. 30,000,000원 압류 서울시 강남구청 2003.10.10. 임의경매 기업은행 청구금액 115,400,000원 〈2004.2.10.〉 (집합건물등기부) 근저당 외환은행 1989.10.10. 36,000,000원 근저당 외환은행 1995.2.17. 48,000,000원 근저당 이철승 2000.5.10. 150,000,000원 (토지등기부)

◆ 토지별도 등기된 경매물건에 대한 권리분석

이 경매사건은 경매기록에 토지별도등기가 있어서 집합건물등기사항전부증명서와 토지등기사항전부증명서를 열람해서 분석한 결과 소유자 김숙경이 소유하고 있던 토지에 근저당권을 설정하고 다세대주택을 건립해서 대지권으로 분할한 사례이다. 김숙경이 토지를 소유하고 있을 당시 근저당권 채무액과 건물 신축비용 등의 근저당 채무액이 상환되지 않고 그대로 남아 있어서, 집합건축물을 보존등기할 때 표제부에 토지별도등기가 있음이 표시한 것이다. 이러한 사항을 정확히 이해하기 위해서는 집합건물등기사항전부증명서와 토지등기사항전부증명서를 발급 받아서 다음과 같이 분석해야 한다.

(1) 집합건물등기사항전부증명서(두 번째 표제부)

집합건물 표제부에서 첫 번째 표제부(1동의 건물표시)는 생략하고 두 번째 표제부만 기술했다.

【 표 제 부 】 (전유부분의 건물의 표시)				
표시번호	접수번호	건물번호	건물내역	등기원인 및 기타사항
1	2003년 2월 10일	제4층 401호	철근콘크리트조 75.4㎡	도면 편철장 제3책 48장
(대지권의 표시)				
표시번호	대지권의 종류	대지권의 비율	등기원인 및 기타사항	
1	소유권 대지권	358분의 35.8	2003년 1월 31일 대지권 2003년 2월 10일	
2			별도등기 있음 1토지(을구 1내지 3 근저당권 설정) 2003년 2월 10일	

【 갑 구 】(소유권에 관한 사항)				
순위번호	등기목적	접 수	등기원인	권리 및 기타사항
1 :	소유권 보존	2003년 2월 10일		소유자 김숙경 481125-2 ×××××× 서울시 강남구 논현동 ○○○번지
10 : :	가압류	2003년 5월 10일 제41145호	2003년 5월 8일 서울중앙지법가압류 (2003카단 21141)	청구금액 금 75,000,000원 채권자 이승민
13 :	압류	2003년 10월 10일 제643211호	2003년 10월 7일 압류(세무과-5114)	권리자 서울시 강남구청
15 15 15	임의경매 개시결정	2004년 2월 10일 제644701호	2004년 3월 26일 서울중앙지법경매개시 (2004타경 ○○○호)	채권자 기업은행 서울시 강남구 논현동 ○○○

【 을 구 】(소유권 이외의 권리에 관한 사항)				
순위번호	등기목적	접 수	등기원인	권리자 및 기타사항
1	근저당설정	2003년 2월 10일 제11451호	2003년 2월 9일 설정계약	채권최고액 금 1억2,000만원 채무자 김숙경 서울시 강남구 논현동 ○○○번지 근저당권자 기업은행 서울시 강남구 논현동 ○○○
2	근저당설정	2003년 10월 1일 제64321호	2003년 9월 30일 설정계약	채권최고액 금 30,000,000원 채무자 김숙경 서울시 강남구 논현동 ○○○번지 삼성빌라 4층 401호 근저당권자 유시민 서울시 강남구 논현동 ○○○

 이와 같이 집합건물에 별도등기가 있는 경우 이러한 내용을 정확히 분석하기 위해서는 토지등기부를 열람해서 매수인이 인수해야할 권리 등이 있는가를 확인하고, 이상이 없을 때에만 입찰에 참여해야 한다. 따라서 토지등기부를 열람해 보면, 다음과 같은 사항을 확인할 수 있다.

(2) 토지등기사항전부증명서 열람(표제부 생략)

【 갑 구 】 (소유권에 관한 사항)			
순위번호	등기목적	접 수	등기원인	권리 및 기타사항
1	소유권이전	1989년 10월 10일 제44879호	1989년 9월 11일 매매	소유자 김숙경 서울시 강남구 논현동 ○○○
2	가압류	1996년 3월 11일 제34336호	1996년 3월 7일 서울중앙지법 가압류 (1996카단11456)	청구금액 금18,700,000원 채권자 김국기
3 3 3	소유권 대지권			건물의 표시 서울특별시 강남구 논현동 ○○○번지 4층 다세대주택 2003년 2월 10일 등기
4	2번가압류 등기말소	2003년 2월 10일 제2114호	2003년 2월 10일 해제	

【 을 구 】 (소유권 이외의 권리에 관한 사항)			
순위번호	등기목적	접 수	등기원인	권리자 및 기타사항
1	근저당권설정	1989년 10월 10일 제65479호	1989년 10월 7일 설정계약	채권최고액 금 36,000,000원 채무자 김숙경 근저당권자 외환은행
2	근저당권설정	1995년 2월 17일 제11479호	1995년 2월 14일 설정계약	채권최고액 금 48,000,000원 채무자 김숙경 근저당권자 외환은행
3	근저당권설정	2002년 5월 10일 제32479호	2002년 5월 9일 설정계약	채권최고액 금 1억5,000만원 채무자 김숙경 근저당권자 이철승

이 경매사건에서 법원기록을 확인한 결과 토지저당권자 모두가 배당을 신청하여 배당받고 소멸될 수 있고, 임차인 송철우는 대항력이 있어서 배당받지 못한다면 낙찰자가 인수해야 한다. 이때 임차인의 대항력 발생기준은 토지가 아니라 건물의 말소기준권리를 가지고 판단해야 한다.

◆ 토지별도 등기된 저당권자 등이 배당요구 시 배당표 작성

① 토지저당권자 모두가 자신의 채권액 전액을 배당요구한 것이 아니고, 토지전체 저당채권액에서 경매대상 전유부분의 대지권 지분비율만큼(10분의 1) 배당요구하고, 그 지분만큼은 근저당권을 일부 포기하기로 가정하고 예상배당표를 작성하면, 배당금액이(2억8,500만원−집행비용 250만원) = 2억8,250만원이므로 다음과 같이 배당된다.

여기서 중요한 점은 토지와 건물의 저당권자가 다른 경우의 배당절차이므로 1차적으로 토지와 건물 감정가액 비율을 계산하고 이를 배당금액에 곱하여 배당액을 토지와 건물로 나눈다. 나누어진 금액을 가지고 토지상 선순위 채권자들에게 먼저 배당하고 난 후 토지 배당잔여금과 건물배당금을 합하여 다시 비율을 정하여 후순위 임차인, 저당권자들에게 순위에 따라서 건물과 토지 비율에 근거하여 다음과 같이 배당한다.

감정가액이 3억2,000만원, 토지 1억6,500만원(51.5625%)이고 건물 1억5,500만원(48.4375%)이다.

순위	채권자 및 배당금액		건물배당액 136,835,938 (48.4375%)	토지배당액 145,664,062 (51.5625%)
1	외환은행	3,600,000원 4,800,000원	0 0	3,600,000원 4,800,000원
2	이철승	15,000,000원 (1, 2는 대지권비율만큼만 배당요구한 경우)	0	15,000,000원
배당잔여금		259,100,000원	136,835,938(52.^{8120180}%)	122,264,062(47.^{187982}%)
3 4 5	이기자(최우선변제금) 기업은행 송철우	10,000,000원 115,400,000원 70,000,000원	5,271,202원 60,945,069원 36,968,413원	4,718,798원 54,454,931원 33,031,587원

6	강남구청 3,250,000원		1,716,391원	1,533,609원
		조세채권은 일반채권에 항상 우선하고, 압류된 조세채권은 교부된 조세에 우선한다(즉 서초세무서보다 우선, 압류선착주의가 적용된 사례임).		
7	서초세무서 3,500,000원		1,848,421원	1,651,579원
8	① 가압류 이승민 7,500만원 = ② 근저당 유시민 3,000만원이 동순위로 안분배당한다. ① 배당잔여금이 건물 30,076,442원 + 토지 26,873,558 = 56,950,000원이다. ① 가압류 이승민 = 56,950,000원 × 7,500만원/10,500원 = 40,678,571[42] = 40,678,571원 ② 유시민 = 56,950,000원 × 3,000만원/10,500만원 = 16,271,428[57] = 16,271,429원			
	따라서 ① 이승민 40,678,571원 ② 유시민 16,271,429원		21,483,174원 8,593,270원	19,195,397원 7,678,159원

 이와 같이 배당이 종결되고 대항력 있는 임차인 송철우가 전액 배당받고 토지 채권자들이 배당 요구함으로 인하여 모두가 소멸 대상이다. 따라서 낙찰자는 토지·건물 모두의 소유권을 완전하게 획득하게 된다.

> 알아두면 좋은 내용

토지와 건물의 설정된 권리가 다를 때 임차인의 대항력과 배당

① 토지와 건물의 권리가 다른 경우 임차인의 대항력은 건물말소기준권리를 가지고 한다.
② 토지별도등기가 있는 경우 토지저당권자가 배당신청 시 토지와 건물의 설정된 권리가 다를 때 배당방법으로 토지·건물 감정가액 비율로 배당금액을 환산하고 이 비율대로 토지저당권자는 토지에서만, 건물저당권자는 건물에서만 배당받는데 공동저당권자(토지와 건물 모두에서 배당받을 수 있는 권리를 가진 채권자는 토지와 건물에 공동저당권을 설정한 것과 유사한 지위에 있다)는 토지·건물 모두에 대하여 배당받는다.
③ 이때 임차인이 있는 경우 배당방법은?
   ㉠ 토지저당권설정 당시 건물이 존재하지 않았다면, 토지배당금에서 1순위 : 저당권 ㅇㅇㅇ원, 2순위 : 임차인 ㅇㅇㅇ원(최우선변제금 → 확정일자 우선변제금) 순으로 배당된다.
   ㉡ 토지저당권설정 당시 건물(등기된 건물, 미등기건물, 무허가건물, 건축 중인 건물 등) 등이 있는 경우, 또는 토지저당권설정 당시 건물이 존재했으나 이를 멸실하고 구 건물에 해당하는 건물이 신축된 경우 배당방법은 토지배당금에서 1순위 : 임차인 ㅇㅇㅇ원(최우선변제금), 2순위 : 토지저당권자 ㅇㅇㅇ원, 3순위 : 임차인 ㅇㅇㅇ원(확정일자 우선변제금) 순으로 배당된다.

이렇게 배당하는 이유는 근저당권이 설정당시에 건물이 없을 경우 소액임차인을 예상하지 못했기 때문에, 예측하지 못한 손실을 보지 않게 함이다. 그러나 건물을 신축하는 과정 또는 지상에 건물 등이 있는 경우라면 근저당권자가 소액임차인을 예측했기 때문이 소액임차인을 먼저 배당하고 있다.

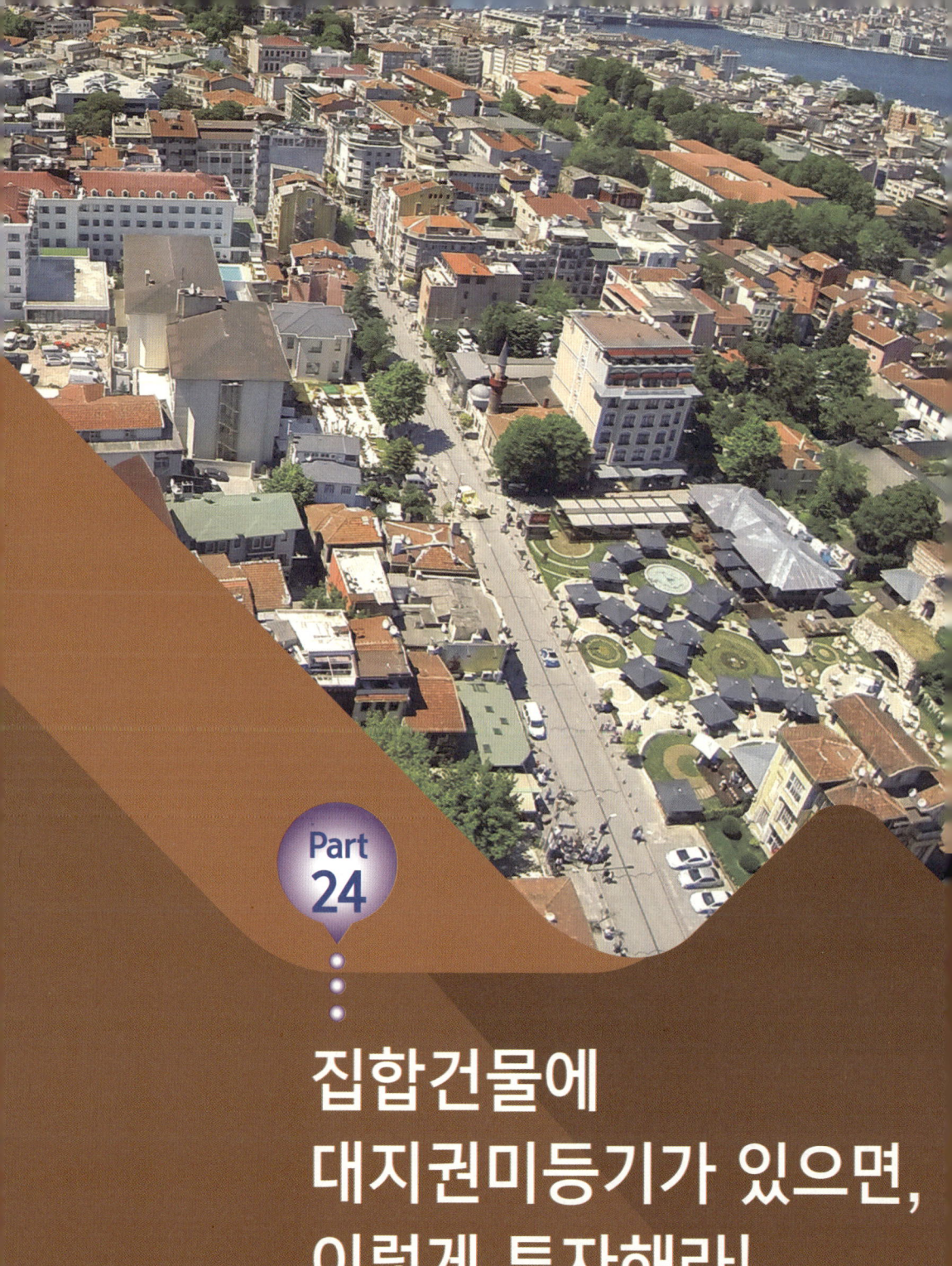

Part 24

집합건물에
대지권미등기가 있으면,
이렇게 투자해라!

01 왜 대지권미등기가 발생하고 언제 등기가 되나?

보통 아파트를 신축하거나 재건축 등을 하면서 수 필지를 합필하거나 분필하는 과정에서 기존 지번을 말소하고 새 아파트의 지번을 부여하면서 함께 환지작업을 하고 각 호수별로 대지권을 구분하게 된다. 그러나 이러한 작업에 많은 시간이 소요되는데 특히 대단위의 아파트인 경우에는 1~2년 이상이 소요되는 경우도 있다. 이런 작업이 늦어지게 되면 집합건물이 먼저 보존등기 되고 대지권은 집합건물등기사항전부증명서 상에서 남게 된다. 나중에 지분정리가 모두 이루어지면 비로소 대지권이 집합건축물대장과 집합건물등기사항전부증명서에 대지권으로서 표시되게 되고, 이 기간 동안 대지권은 미등기 상태로 남는다.

① 대지권의 지분정리가 모두 이루어지면 - 토지등기사항전부증명서의 갑구 소유권에 관한 사항란에 "소유권대지권"이 공유등기 된다. 이 등기가 완료되면 토지등기사항전부증명서에서 더 이상 소유권이전등기를 할 수 없다.

② 집합건물등기사항전부증명서의 표제부에 대지권 표시 - 집합건물등기사항전부증명서의 첫 번째 표제부(1동의 건물의 표시)에는 대지권의 목적인 토지의 소재 지번과 건물의 명칭 및 번호가 표시되고 건물내역 등이 표시되어 있다. 두 번째 표제부(전유부분의 건물의 표시)에는 그 전유부분에 속하는 건물번호와 건물내역 그리고 그 하단에 대지권의 표시가 이루어지는데 대지권의 종류와 대지권의 비율 등이 표시된다.

02 집합건물을 분양받았으나 대지권미등기인 경우

◆ 대지지분까지 분양 받았거나 대지권미등기인 사례

　대지의 분·합필 및 환지절차의 지연, 각 세대당 지분비율 결정의 지연 등의 사정이 없었다면 당연히 전유부분의 등기와 동시에 대지지분의 등기가 이루어졌을 경우, 전유부분에 대하여만 소유권이전등기를 경료 받았으나 매수인의 지위에서 대지에 대하여 가지는 점유·사용권에 터 잡아 대지를 점유하고 있는 수분양자는 대지지분에 대한 소유권이전등기를 받기 전에 대지에 대하여 가지는 점유·사용권인 대지사용권을 전유부분과 분리 처분하지 못할 뿐만 아니라, 전유부분 및 장래 취득할 대지지분을 다른 사람에게 양도한 후 그 중 전유부분에 대한 소유권이전등기를 경료해 준 다음 사후에 취득한 대지지분도 전유부분의 소유권을 취득한 양수인이 아닌 제3자에게 분리 처분하지 못한다 할 것이고, 이를 위반한 대지지분의 처분행위는 그 효력이 없다(대법 98다45652 판결).

◆ 대지지분이 정리되고도 분양대금이나 등록비용을 미납 시

　① 지분정리가 모두 이루어졌더라도 등록비용을 미납한 경우
　전유부분이 보존등기가 되고 지분정리가 모두 이루어졌는데 등록비용을 납부하지 않아서 미등기 상태로 남아 있는 경우라면 낙찰자가 등록비용을 지급하고 전유부분과 대지권 모두의 소유권을 취득할 수 있다.

　② 일반분양권자가 분양대금을, 조합원이 추가부담금을 미납한 경우
　이러한 경우 조합이 분양대금 및 추가부담금을 납부할 때 까지 집합건물 전

유부분의 보존등기를 해주지 않으니 집합건물등기부에서 대지권 미등기 문제는 발생하지 않는다. 뿐만 아니라 조합은 이 분양대금 등을 완납할 때까지 아파트를 인도하지 않고 점유하면서 유치권 행사를 하게 된다. 그런데 간혹 채권자들에 의해 집합건물 전유부분만 촉탁으로 보존등기 하는 경우에도 대지권미등기가 될 수 있는데 이때 유의할 점은 분양대금을 완납할 때까지 조합이나 시공사 등이 대지권등기에 대해서 동시이행 항변을 주장할 수 있다는 사실이다. (이 내용은 다음 사례를 참고하면 된다).

◆ 대지권미등기인 아파트를 낙찰 받았는데 수분양자가 분양대금을 미납했다면

수분양자가 그 분양대금을 완납하지 못한 경우에 그 양수인은 대지사용권 취득의 효과로서 분양자와 수분양자를 상대로 분양자로부터 수분양자를 거쳐 순차로 대지지분에 대한 소유권이전등기절차를 마쳐줄 것을 구하거나 분양자를 상대로 대지권변경등기절차를 마쳐줄 것을 구할 수 있다고 할 것이고, **분양자는 이에 대하여 수분양자의 분양대금 미지급을 이유로 한 동시이행항변을 할 수 있을 뿐이다**(대법 2004다58611 참조)(대법 2008다60742).

① 위 1심 2003가단5404 판결에서 피고 성남시는 피고 회사도 취득하지 못한 대지권을 원고가 경락받는다는 것은 있을 수 없는 일이며, 위 분양대금 중 미납된 39,505,200원(=13,168,400원-92,178,800원) 및 그 약정이자 5,705,000원을 지급받기 전에는 위 등기절차에 협력할 수 없다고 주장했다.

② 2심 법원의 판단도, 원고는 위 대지권을 낙찰 받지 못하였다고 판단했다.

③ 그러나 대법원에서는 1심과 2심 내용이 잘못됨을 지적하면서 대지권미등기인 상태에서 아파트의 전유부분의 소유권을 취득하게 되면 대지사용권이 전유부분과 분리 처분할 수 없으므로 대지사용권도 취득하게 된다고 판단했고, **이는 수분양자가 그 분양대금을 완납하지 못한 경우에도 마찬가지다**. 다만 **분양자는 이에 대하여 수분양자의 분양대금 미지급을 이유로 한 동시이행항변을 할 수 있을 뿐이다**. 라고 판결하면서 파기 환송했고 그 파기환송심에서 조정이 이루어진 사건이다.

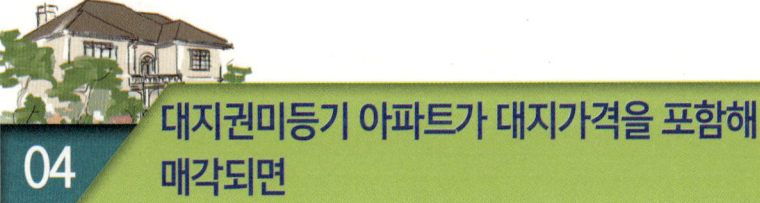

04 대지권미등기 아파트가 대지가격을 포함해 매각되면

◆ 대지권미등기 아파트도 대지가격이 감정 평가돼 매각되면

대지권이 미등기된 상태이더라도 감정평가서 상에 대지권에 대한 평가가 이루어졌다면 그 대지권도 매각으로 취득할 수 있다고 볼 수 있지만, 정확한 판단을 위해 토지등기사항전부증명서를 열람해서 대지지분이 있는지를 확인하고 입찰하면 안전하다. 간혹 대지권이 평가되어 있었는데도 불구하고 대지권이 제3자 소유이기 때문에(구분소유권이 성립되기 전에 분리 또는 구분소유권이 성립되기 전의 저당권에 의해 분리된 경우) 대지권등기를 할 수 없는 경우도 발생하기 때문이다.

◆ **전유부분만 경매로 낙찰 받아도 대지권등기를 할 수 있다**

분양자가 전유부분의 소유자인 경락인을 위하여 하는 부동산등기법시행규칙 제60조의2에 의한 대지권변경등기는 그 형식은 건물의 표시변경등기이나 실질은 당해 전유부분의 최종 소유자가 그 등기에 의하여 분양자로부터 바로 대지권을 취득하게 되는 것이어서, 분양자로부터 전유부분의 현재의 최종 소유명의인에게 하는 토지에 관한 공유지분 이전등기에 해당되고, 그 의사표시의 진술만 있으면 분양자와 중간소유자의 적극적인 협력이나 계속적인 행위가 없더라도 그 목적을 달성할 수 있으므로, 전유부분의 소유권자는 분양자로부터 직접 대지권을 이전받기 위하여 분양자를 상대로 대지권변경등기절차의 이행을 소구할 수 있다(대법 2002다40210 참조)(대법 2004다25338 판결).

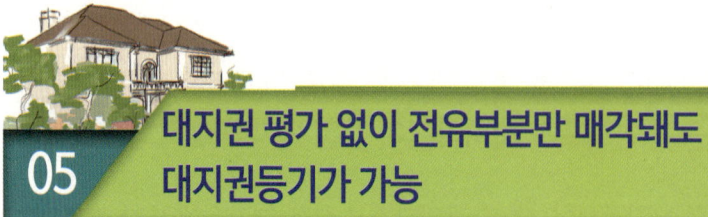

05 대지권 평가 없이 전유부분만 매각돼도 대지권등기가 가능

◆ **전유부분만 매수해서 대지권등기와 토지별도등기를 말소한 사례**

집합건물에 있어서 구분소유자의 대지사용권은 전유부분과 분리처분이 가능하도록 규약으로 정하였다는 등의 특별한 사정이 없는 한 전유부분과 종속적 일체불가분성이 인정되므로(집합건물법 제20조 제1항, 제2항), 구분건물의 전유부분에 대한 저당권 또는 경매개시결정과 압류의 효력은 당연히 종물 내지 종된 권리인 대지사용권에까지 미치고, 그에 터 잡아 진행된 경매절차에서 전유부분을 경락받은 자는 그 대지사용권도 함께 취득한다(대법 94다12722, 대법 97마814 참조). 그리고 구 민사소송법 제608조 제2항 및 현행 민사집행법 제91조 제2항에 의하면 매각부동산 위의 모든 저당권은 경락으로 인하여 소멸한다고 규정되어 있으므로, 위와 같은 이유로 전유부분과 함께 그 대지사용권인 토지공유지분이 일체로서 경락되고 그 대금이 완납되면, **설사 대지권 성립 전부터 토지만에 관하여 설정되어 있던 별도등기로서의 근저당권이라 할지라도 경매과정에서 이를 존속시켜 경락인이 인수하게 한다는 취지의 특별매각조건이 정하여져 있지 않았던 이상 위 토지공유지분에 대한 범위에서는 매각부동산 위의 저당권에 해당하여 소멸**하게 되는 것이라 할 것이다(대법 2005다15048 판결).

◆ 대지권 평가 없이 전유부분만 매각돼도 대지권등기가 가능

구분건물의 전유부분에 대한 소유권이전등기만 경료되고 대지지분에 대한 소유권이전등기가 경료되기 전에 **전유부분만에 관하여 설정된 근저당권에 터 잡아 임의경매절차가 개시되었고, 집행법원이 구분건물에 대한 입찰명령을 함에 있어 대지지분에 관한 감정평가액을 반영하지 않은 상태에서 경매절차를 진행하였다고 하더라도,** 전유부분에 대한 대지사용권을 분리 처분할 수 있도록 정한 규약이 존재한다는 등의 특별한 사정이 없는 한 낙찰인은 경매목적물인 전유부분을 낙찰 받음에 따라 종물 내지 종된 권리인 그 대지사용권에까지 그 효력이 미친다(대지지분도 함께 취득한다)(대법 94다12722, 대법 97마814 참조).

06 대지권이 본래부터 없는 경우 (아파트, 다세대, 연립 등)

　대지권이 본래부터 없는 경우에는 건물만 매각하는 것이므로, 낙찰자는 대지권의 소유권을 취득할 수 없다. 대지권 없는 아파트를 낙찰 받았을 경우도 토지사용권원이 있는 경우(토지가 전세권, 임차권 등)와 토지사용권원이 없는 경우로 나누어 볼 수 있다. 토지사용권원이 있다면 토지사용료만 부담하면 되겠지만, 토지사용권원이 없다면 토지소유자가 집합건물의 구분소유권에 대해서 매도청구권을 행사하면 낙찰자는 건물의 소유권을 잃을 수 있다. 토지소유자가 구분소유권 매도청구까지 하지 않더라도 토지사용에 대한 대가 즉 토지사용료인 지료를 지급해야 한다. 이는 대지권이 없는 아파트 소유자가 아파트 부지를 불법 점유하는 것인지 여부(적극) 및 그 불법점유로 인한 부당이득의 범위는 아파트의 대지권으로 등기되어야 할 지분에 상응하는 면적에 대한 임료 상당의 부당이득을 얻고 있기 때문이다(대법원 91다40177 판결).

07 전유부분만 매수하고, 대지권등기와 토지별도등기를 말소한 사례

◆ **전유부분만 낙찰 받아도 대지권 성립 전의 저당권까지 소멸된다!**

경매절차에서 대지에 관한 저당권을 존속시켜 매수인이 인수하게 한다는 특별매각조건이 정하여져 있지 않았던 이상 설사 대지사용권의 성립 이전에 대지에 관하여 설정된 저당권이라고 하더라도 대지지분의 범위에서는 민사집행법 제91조 제2항이 정한 '매각부동산 위의 저당권'에 해당하여 매각으로 소멸하는 것이며, 이러한 대지지분에 대한 소유권의 취득이나 대지에 설정된 저당권의 소멸은 전유부분에 관한 경매절차에서 대지지분에 대한 평가액이 반영되지 않았다거나 대지의 저당권자가 배당 받지 못하였다고 하더라도 달리 볼 것은 아니다(대법 2005다15048 판결 참조).

◆ **이 사건에 대한 기본적인 사실**

근저당권자인 국민은행의 신청에 따라 이 사건 전유부분에 관하여 진행된 임의경매절차에서 주식회사 제이투시스템이 2009. 5. 20. 이 사건 전유부분을 매수하였는데, 위 임의경매절차에서는 대지지분을 제외한 채 이 사건 전유부분에 관하여만 감정평가가 실시되었고, 최저매각가격에도 대지지분의 평가액은 반영되지 아니하였으며, 매각허가결정의 부동산 표시에도 전유부분만 표시되었다.

◆ 제이투가 405호 아파트 전유부분만(대지권 매각제외) 낙찰받았다!

① 제이투시스템이 낙찰 받았던 아파트 405호 물건현황

② 박소령(피고)은 제이투시스템으로 부터 이 사건 전유부분을 매수하여 2010. 2. 12. 전유부분만 소유권이전등기를 하고 대지권등기는 미등기로 남아 있었다.

◆ 대지지분만 별도 경매가 진행돼 최선수가 낙찰 받았다!

① 최선수가 낙찰 받은 대지지분 물건현황

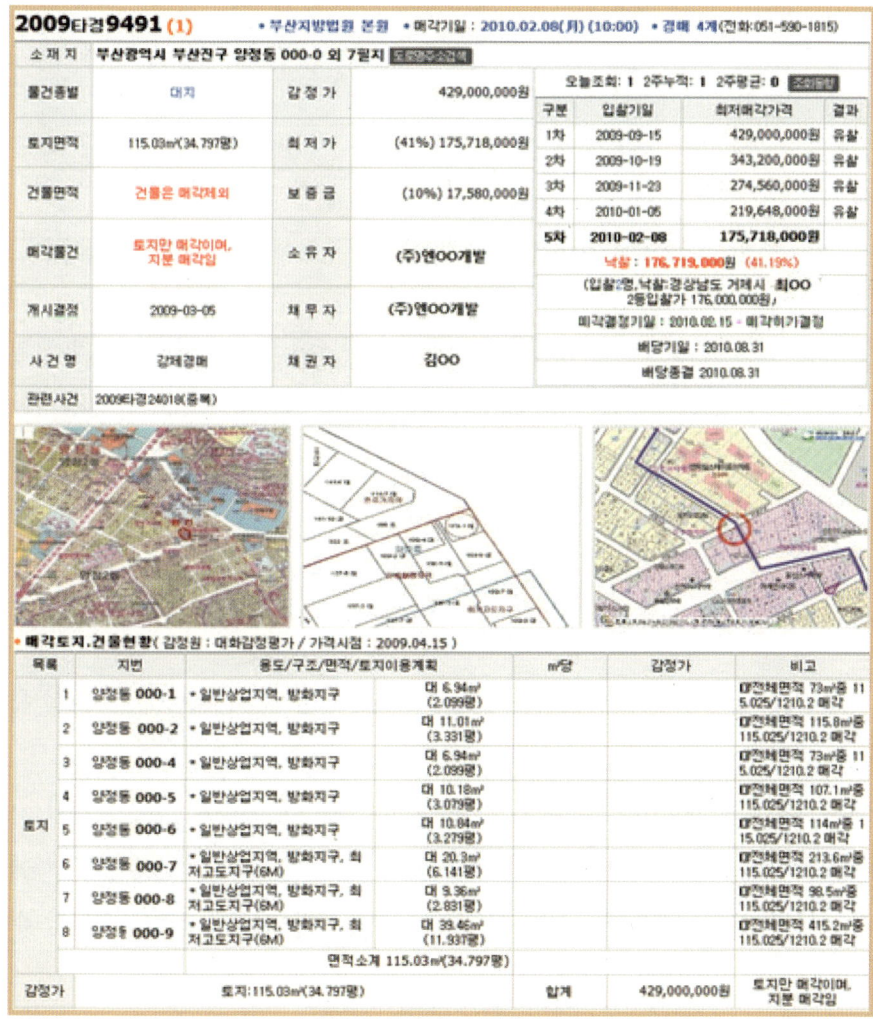

● 토지등기부 (채권액합계 : 8,184,910,832원)

No	접수	권리종류	권리자	채권금액	비고	소멸여부
1	2002.11.26	소유권이전(매매)	(주)OO개발			
2	2003.08.13	근저당	국민은행 (해운대기업금융팀)	2,080,000,000원	말소기준등기	소멸
3	2004.08.23	소유권이전 청구권가등기	김OO		매매예약	소멸
4	2004.08.23	근저당	김OO	600,000,000원		소멸
5	2005.08.02	근저당	이OO	2,500,000,000원		소멸
6	2005.08.05	압류	국민건강보험공단			소멸
7	2005.08.24	압류	동래세무서			소멸
8	2005.10.20	가압류	김OO	443,844,000원		소멸
9	2005.10.26	가압류	우OO	50,000,000원		소멸
10	2005.11.22	압류	부산광역시부산진구		구세과14440	소멸
11	2005.12.21	압류	부산광역시연제구		세무과15815	소멸
12	2006.01.19	가압류	윤OO	101,459,198원		소멸
13	2006.01.23	압류	국민연금관리공단			소멸
14	2006.05.01	가압류	이OO	131,106,440원		소멸
15	2007.04.13	가압류	한국주택금융공사	2,215,317,348원		소멸
16	2007.06.08	압류	부산광역시부산진구			소멸
17	2008.12.11	가압류	한국주택금융공사	63,183,846원		소멸
18	2009.03.06	강제경매	김OO	청구금액: 3,000,000,000원	2009타경9491	소멸
19	2009.06.01	임의경매	국민은행 (부산여신관리센터)	청구금액: 2,080,000,000원	2009타경24018	소멸

등기부 분석 : ❶토지만 매각주의(건물은 매각제외) / ❷토지8) 전체면적 415.2㎡중 115.025/1210.2 매각주의 / ❸양정동 109-9 토지등기부 상

② 대지권 성립이전부터 등기되어 있던 근저당권에 의해 토지만 경매가 진행돼 최선수가 낙찰 받았고, 이소령은 최선수로 부터 그 지분을 매수하여 등기를 맞추었다.

◆ 이소령의 지료청구 및 부당이득반환청구소송

① <u>한편 이 사건 대지에 관하여 진행된 강제경매는</u> 이 사건 대지지분의 소유권이 강감찬(405호 전유부분 수분양자)에게 이전된(대지권이 성립되고 나서이므로, 미등기라도 대지사용권을 취득했다) 후 집행채무자를 OO개발로 하여 개시된 것으로서 타인 소유의 물건에 대한 강제집행에 해당하므로, 그 강제경매절차에서의 매수인인 최선수(소외 2)는 <u>이 사건 대지지분에 대한 소유권을 취득할 수 없다.</u>

나아가 이 사건 대지에 관하여는 후행경매로서 근저당권자 국민은행에 의한 임의경매개시결정도 있었으나, 그에 앞서 진행되었던 **이 사건 전유부분에 관한 경매절차에서 이 사건 대지에 대한 국민은행의 근저당권을 존속시켜 매수인이 인수하게 한다는 특별매각조건이 없었던 이상 제이투시스템(405호 전유부분 낙찰자)이 매각대금을 완납함으로써 국민은행의 위 근저당권은 이 사건 대지지분의 범위에서는 소멸하였다**고 할 것이고, 소멸한 근저당권에 기한 경매절차에서는 매수인이 소유권을 취득할 수 없으므로, 최선수는 임의경매절차에서의 매수인으로서도 이 사건 대지지분에 대한 소유권을 취득할 수 없다(대법 2005다15048 판결).

결론적으로 구분소유권이 성립되고 나서 채권가압류에 기한 본압류로 강제경매를 신청했으므로, 경매자체가 무효라고 판단했다. 그리고 구분소유권이 성립되기 전에 설정되어 있던 국민은행 근저당권 역시 선행된 전유부분 경매절차에서 종물에 불과한 대지지분에 설정되어 있었고, 전유부분 처분에 종물도 함께 매각된 것이고, 설령 배당에 참여하지 않았다고 달라지는 것은 아니다. 따라서 그 종물에 설정된 근저당권은 건물만 매각된 선행경매에서 소멸된 것으로 대지지분의 후행경매는 무효라고 법원이 판단했다.

08 대지권미등기와 토지별도등기가 있는 아파트 2/3지분을 낙찰 받은 사례

 김선생의 알아두면 좋은 내용

아파트 3분의 2지분을 낙찰 받아 아파트에 거주하고 있던 임차인에 대해서 인도명령을 신청해서 결정문이 나왔는데, 임차인이 이의를 제기해서 ⇨ 항고와 재항고 절차를 거쳐 대법원 판결까지 나온 사례. 3분의 2지분에선 가압류로 인해 대항력이 없었지만, 3분의 1에선 대항력이 있어서 그 판단을 가지고 다투었던 사례로 경매 실전에 좋은 사례이다.

◆ 경매 물건 현황과 매각결과

매각물건현황 (감정원 : 현진감정평가 / 가격시점 : 2013.01.11 / 보존등기일 : 2010.06.15)						
목록	구분	사용승인	면적	이용상태	감정가격	기타
건1	덕풍동 000-0 (9층중1층)	10.03.05	50.2497㎡ (15.2평)	방3,거실,주방/식당 등	126,000,000원	☞ 전체면적 81.6㎡중 서OO 지분 26.96/43.78 매각 • 개별난방
토1	대지권		• 대지권미등기이나 감정가격에 포함 평가됨		24,000,000원	

참고사항
▶본건낙찰 2013.08.26 / 낙찰가 120,000,000원 / 남양주시 퇴계원읍 김OO / 1명 입찰 / 대금미납
•대지권 취득여부는 알 수 없고, 관리처분계획서상 본건 전유부분 81.6㎡에 해당하는 대지지분은 43.78이고 그 중 26.96이 채무자 겸 소유자 서OO 의 지분임.

임차인현황 (말소기준권리 : 2010.07.01 / 배당요구종기일 : 2013.03.11)						
임차인	점유부분	전입/확정/배당	보증금/차임	대항력	배당예상금액	기타
김OO	주거용 103호	전 입 일: 2012.09.12 확 정 일: 2012.09.18 배당요구일: 2013.03.04	보100,000,000원	없음	배당순위있음	
기타사항	☞거주자가 폐문부재하여 동사무소에서 전입세대 열람내역서 및 주민등록등본을 발급					

등기부현황 (채권액합계 : 3,166,551,674원)					
No	접수	권리종류	권리자	채권금액	비고	소멸여부
1	2010.06.15	소유권보존	서OO 외2명		지OO 지분 15.07/43.78, 서OO 지분 26.96/43.78, 김OO 지분 1.75/43.78	
2	2010.07.01	서OO,김OO 지분가압류	장OO 외2명	1,450,000,000원	말소기준등기	소멸
3	2010.07.01	서OO 지분가압류	송도재건축주택조합	1,716,551,674원		소멸
4	2013.01.03	서OO 지분강제경매	장OO 외2명	청구금액: 176,432,143원	2012타경31293	소멸

주의사항
☞공유자우선매수권의 행사는 1회에 한함.
▶현재 대지권의 목적인 토지가 경매진행 중이고 가압류, 압류 등이 경합되어 대지권등기를 경료할 수 없다는 신청채권자의 보정서 제출됨.
▶대지권등기와 관련한 사항은 매수인이 부담함

◆ 위 경매물건에 대한 권리분석

이 물건에서 유의해서 살펴볼 점은 ① 아파트 전체가 매각되는 것이 아니라 서OO 61.58% 지분만 매각되므로 공유물의 관리행위와 보존행위에서 협의가 안 되고 다툼이 발생하면 소송으로 해결해야 한다는 사실.

② 대지 지분이 감정평가돼 매각되었지만, 대지권등기는 매수인 책임으로 매각하는 조건이므로 낙찰 받고 나서 별도로 대지권등기청구소송을 해야 한다는 사실.

③ 토지등기부를 확인해보니 토지별도등기인 가압류와 가처분이 있었다. 그렇다면 낙찰자가 대지권등기와 이 토지별도등기를 말소할 수 있는가가 문제가 될 수 있다. 만일 말소시키지 못하게 되면 대지 지분에 대한 권리를 잃게 될 수도 있기 때문이다.

어쨌든 이 물건은 대지권등기와 토지별도등기만 말소할 수 있다면 성공적인 투자가 될 수 있다. 왜냐하면 시세가 2억6,000만원으로 3분의 2지분으로 환산하면 1억7,300만원 정도로 투자 이익이 높기 때문이다. 그러나 대지권등기를 할 수 없다면 손실이 예상되는 물건이다.

◆ 매수 이후 대응 방안

① 점유자에 대한 명도문제는 어떻게 할 수 있을까?

과반수 이상(2/3)의 지분을 매수해서 민법 제265조에 따라 관리행위로 대항력 없는 임차인에 대해 인도명령을 신청할 수 있다.

② 대지권등기청구와 가압류, 가처분 등의 토지별도등기 말소청구소송

3분의 2지분만 낙찰 받아도 3분의 2지분만이 아닌 전체 대지권등기를 신청할 수 있고, 매수한 3분의 2지분만에 등기 되어 있는 토지별도등기 즉 가압류와 가처분 등을 다음 〈김선생 도움말〉처럼 말소를 구할 수 있다. 이때 두 개 소송을 동시에 하는 것이 원칙이지만 지분을 낙찰 받아 두 개의 소송을 진행할 때 소송이 복잡한 관계로 지연될 수도 있기 때문에 분리해서 대지권등기청구소송(전체 대지 지분)과 매수한 3분의 2지분만에 등기 되어 있는 토지별도등기 말소청구소송을 진행했다. 토지별도등기말소청구 소송에서 전유부분의 매각으로 그 종된 권리인 대지 지분까지 취득하게 되므로 그 대지 지분에 등기된 토지별도등기가 말소돼야 한다는 점과 가압류, 가처분이 3년의 제소기간이 지났으므

로 매수인이 취소를 구할 수 있다는 내용으로 말소를 구한 사건이다. 법원에서 이 모든 사실이 받아 들여져 토지별도등기가 말소되고, 대지권등기까지 하였고, 이제 협의해서 관리하거나 매각하는 방법, 협의가 안 될 때 공유물분할청구소송을 하는 절차만 남아 있다.

③ 토지별도등기 말소청구소송에서는 가압류나 가처분 등이 집합건물의 구분소유권이 성립되기 전에 등기된 권리라 거론하지는 않았지만, 일반적인 물건에서 위와 같은 상황이 발생하면 구분소유권성립 이전이냐! 이후냐! 로 구분해서 이후에 등기되어 있다면 집합건물법 제20조 위반으로 무효를 주장해서 간단하게 말소시킬 수도 있다.

김선생의 도움말

토지별도등기도 아파트가 경매로 매각 시 소멸되는 것이 원칙

집합건물의 전유부분과 함께 그 대지사용권인 토지공유지분이 일체로서 경락되고 그 대금이 완납되면, 설사 대지권 성립 전부터 토지만에 관하여 별도등기로 설정되어 있던 근저당권이라 할지라도 경매과정에서 이를 존속시켜 경락인이 인수하게 한다는 취지의 특별매각조건이 정하여져 있지 않았던 이상 위 토지공유지분에 대한 범위에서는 매각부동산 위의 저당권에 해당하여 소멸한다[대법 2005다15048].

만일 이러한 조건 없이 매각되었는데 소멸되지 않는 토지별도등기채권이 있다면 그 원인으로 매각결정을 취소 신청할 수 있다.

◆ 매수 이후 임차인 명도로 대법원 판례를 만들다!

이 사례에서 과반수 이상(61.58%)의 지분을 매수해서 민법 제265조에 따라 관리행위로 대항력 없는 임차인(말소기준권리인 가압류등기 이후에 임대차계약 후 대항요건을 갖추었기 때문에 가압류의 처분금지 효력이 미치는 한도 내에서는 임대차계약이 무효가 되기 때문)에 대해 인도명령을 신청할 수 있다. 경매법원도 이런 판단으로 인도명령 결정을 내렸다. 임차인 김ㅇㅇ가 인도명령결정에 대한 이의가 있어 그에 대한 재판을 진행하게 되었는데 1심에서도 똑같은 판단으로 매수인이 승소했다. 그러나 임차인 김ㅇㅇ가 승복하지 않고 항고를 했는데 2심인 고등법원에서는 임차인이 대항력이 있다고 원고 승소 판결을 내렸다. 그래서 필자가 지인을 도와서 대법원에 재항고 했고, 그 결과가 재항고를 한 날로부터 2년이 지나서 다음과 같은 대법원 판결을 얻을 수 있었다.

대 법 원
제3부 결 정

사 건 : 2014마546 부동산인도명령
신청인, 재항고인 : 강○○(600000-1000000)
피신청인, 상대방 김○○(800000-1000000)
원 심 결 정 수원지방법원 2014. 3.18.자 2014라273 결정

주 문(이하 본문 생략)
이 유(이하본문 1~3항 생략)

3. 위 인정사실을 앞서 본 법리에 비추어 살펴보면, 서○○과 김○○의 채권자들인 장○○ 등은 김○○의 임대차계약이 체결되기 전인 2010. 6. 30. 이 사건 건물 중 ①, ③지분에 관하여 가압류등기를 마쳤고, 재항고인은 위 가압류사건의 본안판결의 집행으로 이 사건 건물 중 ①지분을 취득하였으므로, 임차인 김○○은 가압류의 처분 금지의 효력으로 인해 ①, ③지분에 대하여만 그 대항력을 주장할 수 있게 되었다. 그렇다면 임차인 김○○은 이 사건 경매절차에서 과반수의 지분을 취득한 재항고인의 인도명령을 거부할 수 없다. 그런데도 원심은 그 판시와 같은 이유를 들어 임차인이 재항고인에 대하여 이 사건 건물의 인도를 거부할 수 있는 정당한 권원이 있다고 보아 부동산인도명령신청 을 배척하고 말았으니, 이러한 원심결정에는 가압류의 처분금지의 효력과 주택임차인의 대항력에 관한 법리를 오해하여 재판에 영향을 미친 잘못이 있다.

4. 그러므로 원심결정을 파기하고, 사건을 다시 심리판단하게 하기 위하여 원심법원에 환송하기로 하여 관여 대법관의 일치된 의견으로 주문과 같이 결정한다

2016. 2. 25.

재판장 대법관 박병대, 대법관 박보영
주 심 대법관 김 신, 대법관 권순일

MEMO

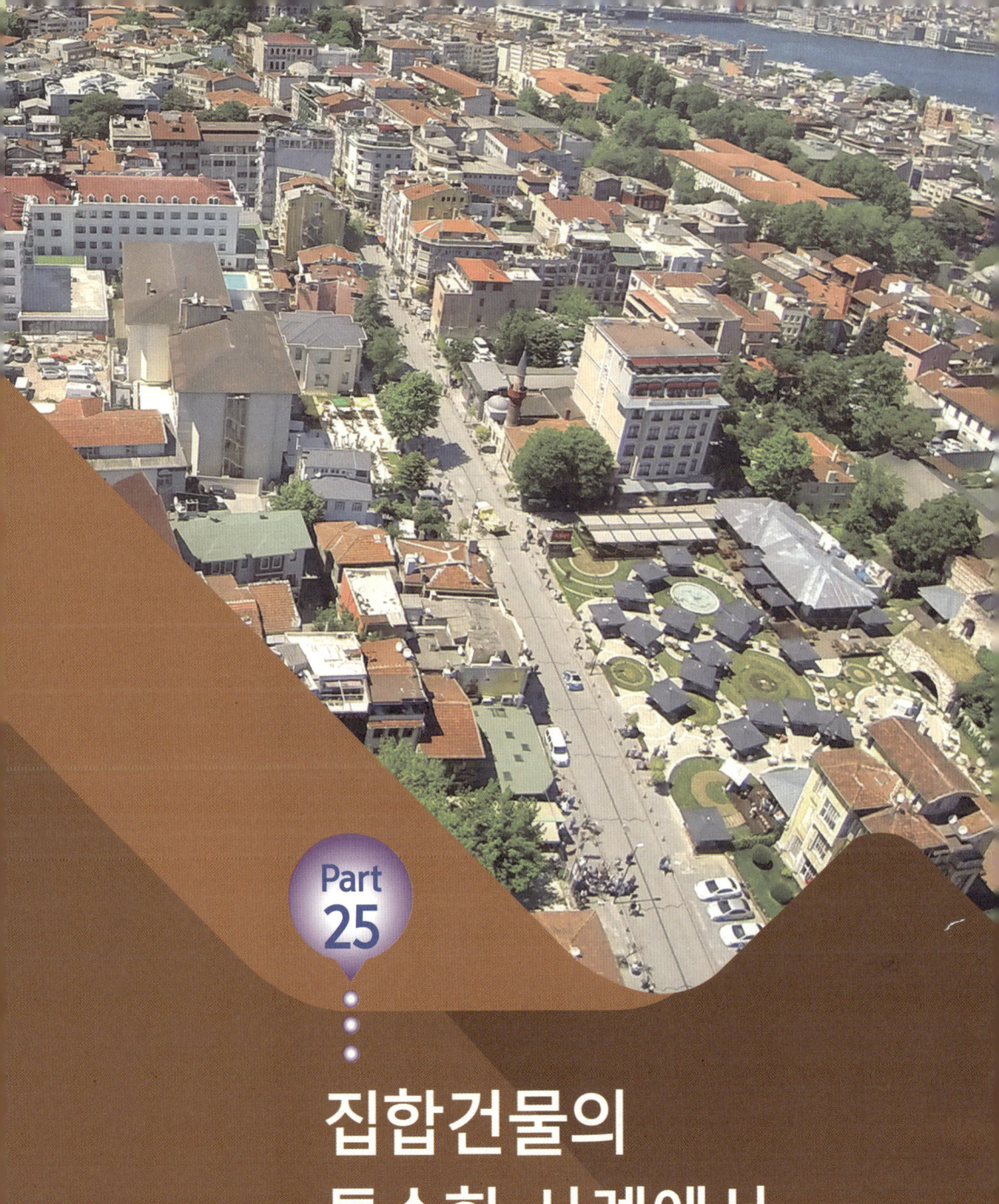

Part 25

집합건물의
특수한 사례에서
실전 투자 노하우!

01 대지 지분이 경매나 공매로 매각될 때 투자 비법

(1) 기본적으로 구분소유권이 성립되고 나서 분리되면 집합건물법 제20조에 따라 무효가 되므로 ① 집합건물법이 시행되기 전에 분리되어 있었는지, ② 집합건물의 구분소유권이 성립되기 전에 분리되어 있었는지, ③ 구분소유권이 성립되기 전에 설정된 저당권 등으로 구분소유권이 성립되고 나서 소유자가 분리 되었는가를 분석해서 위 사례들에 해당하면, 집합건물법 제20조를 적용받지 않아서 분리처분이 가능하다. 간혹 이러한 점을 간과해서 낙찰 받고 나서 무효가 되는 사례가 발생하니 주의해야 한다. 무효가 되면 배당받은 채권자를 상대로 부당이득반환 청구해야 하는데 배당받은 채권자가 자력자인 경우 즉 금융기관이나 세무서 등과 같은 대기업이나 정부기관이면 안전하지만, 그렇지 못한 개인들인 경우 손실이 예상된다.

(2) 분리가 가능하다는 전제 하에 대지 지분에 입찰하기 전에 반드시 그 대지 지분에 해당되는 구분소유자(구분호수)를 먼저 파악해라.

(3) 그리고 대지지분이 없거나 적게 가지고 있는 구분소유자를 상대로 부당이득을 청구하면 된다. 그런데 구분소유자가 무자력자가 되면 즉 그 건물에서 대항력이 있는 임차인 등이 거주한다거나 선순위 채권이 과다하면 토지 사용료로 강제경매를 신청해도 무잉여로 경매가 취소가 될 수 있으니 건물에 누가 거주하고, 임차인 등이 대항력이 있는 가를 사전에 조사하고 입찰하는 지혜가 필요하다.

이밖에도 대지권이 없는 구분소유자를 대상으로 집합건물법 제7조에 따라 구분소유권매도청구권을 행사할 수 있는데, 그 구분소유권을 감정평가를 통해 매수해야 되므로 싸게 살 수 없다는 단점으로, 실무에서는 많이 활용되지는 못하고 있다.

02 구분소유자가 아닌 대지 지분권자는 부당이득 청구가 가능!

 구분소유자가 아닌 토지 공유지분권 즉 구분소유권과 무관한 대지 지분(구분소유자들의 대지권등기가 되지 않고 남겨둔 대지 공유지분)을 취득한 제3자가 건물 전체에 대해서 부당이득을 청구하는 것도 이견이 없다(적정 대지 지분 또는 초과한 대지 지분을 보유한 사람도 포함된다).

 (1) 일부 공유자가 배타적으로 점유·사용하는 공유 토지의 특정된 한 부분이 그 지분 비율에 상당하는 면적의 범위 내라고 할지라도, 공유 토지를 전혀 사용·수익하지 않고 있는 다른 공유자에 대하여 그 지분에 상응하는 부당이득 반환의무가 있다(대법 2000다13948, 대법 92누2202 판결).

 (2) 여러 사람이 공동으로 법률상 원인 없이 타인의 재산을 사용한 경우의 부당이득의 반환채무는 특별한 사정이 없는 한 불가분적 이득의 반환으로서 불가분채무이고, 불가분채무는 각 채무자가 채무 전부를 이행할 의무가 있으며, 1인의 채무이행으로 다른 채무자도 그 의무를 면하게 된다(대법 2000다13948 판결).

(3) 구분소유자가 아닌 토지 공유지분권의 침해로 인한 부당이득

이 사례는 대지 지분비율을 적법하게 가지고 있어도 구분소유자가 아닌 즉 지분은 있으나 사용·수익은 전혀 하지 않고 있는 지분권자는 부당이득을 청구할 수 있다는 사례

공유토지에 관하여 과반수지분권을 가진 자가 그 공유토지의 특정된 한 부분을 배타적으로 사용·수익할 것을 정하는 것은 공유물의 관리방법으로서 적법하다고 할 것이지만, 이 경우에 **비록 그 특정한 부분이 자기의 지분비율에 상당하는 면적의 범위 내라 할지라도 다른 공유자들 중 지분은 있으나 사용·수익은 전혀 하고 있지 아니함으로써 손해를 입고 있는 자에 대하여는 과반수 지분권자를 포함한 모든 사용·수익을 하고 있는 공유자가 그 자의 지분에 상응하는 부당이득을 하고 있다**고 보아야 한다. 왜냐하면 모든 공유자는 공유물 전부를 지분의 비율로 사용 수익할 수 있기 때문이다(대법 88다카33855, 대법 2000다17803 판결 참조).

03 구분소유자 간에 대지 지분 비율이 다를 때 투자방법

◆ **서울 청량리에 위치한 다세대주택의 현황은 다음과 같다**

① 허정수는 2006. 5. 10. 서울 동대문구 청량리동 000-000 대 512㎡(이하 '이 사건 대지'라 한다)와 그 지상 연와조 슬래브지붕 2층 다세대주택(이하 '이 사건 다세대주택'이라 한다)에 관하여 2005. 4. 28. 매매를 원인으로 한 소유권이전등기를 마쳤다.

② 그 후 허정수는 2006. 9. 26. 이 사건 다세대주택을 일반건축물에서 아래 [표1]와 같은 6세대의 집합건물로 전환시킨 다음, 같은 해 12. 5. 이 사건 대지를 대지권의 목적인 토지로, 이 사건 다세대주택 중 제지층 제01호에 대하여는 소유권 512분의 495 지분을 대지권으로, 나머지 5세대에 대하여는 각 소유권 512분의 3.4 지분을 대지권으로 하여 각 대지권의 등기를 마쳤다.

[표] 구분	전유부분 내역	대지권의 표시	비고
제지층 제01호	34.31㎡	소유권대지권 512분의 495	원고
101호	66.87㎡	〃 512분의 3.4	피고 박○○
102호	61.5㎡	〃 512분의 3.4	피고 우○○
103호	49.2㎡	〃 512분의 3.4	피고 ○○주식회사
201호	52㎡	〃 512분의 3.4	피고 황○○
202호	60.72㎡	〃 512분의 3.4	피고 정○○

◆ 위 다세대주택이 경매로 다음과 같이 매각되었다

허정수는 위 다세대주택을 대지권 등기 이후에 각기 다른 사람들에게 매도하였는데, 원고(제지층 01호)와 피고들(101호, 102호, 103호, 201호, 202호 소유자)은 이 사건 대지 및 다세대주택에 대한 근저당권자인 김철민의 신청에 의한 서울북부지방법원 2009타경0000호 부동산임의경매 절차에서 위 [표1]의 비고란 기재와 같이 각 해당 세대를 매수한 다음 그 대금을 납부함으로써 각 소유권을 취득하였다. 그 경매물건에서 매각결과는 다음과 같다.

(1) 다세대주택 지층 01호 매각결과

2009타경0000호 (1)	• 서울북부지방법원 본원	• 매각기일 : 2010.07.19(月) (10:00)	• 경매 2계 (전화:02-910-3672)				
소재지	서울특별시 동대문구 청량리동 000-000 다세대주택 지층 01호			도로명주소검색			
물건종별	다세대(빌라)	감정가	1,796,000,000원	오늘조회: 2 2주누적: 5 2주평균: 0 조회동향			
				구분	입찰기일	최저매각가격	결과
대지권	495㎡(149.737평)	최저가	(41%) 735,642,000원	1차	2010-03-15	1,796,000,000원	유찰
				2차	2010-04-12	1,436,800,000원	유찰
건물면적	34.31㎡(10.379평)	보증금	(10%) 73,570,000원	3차	2010-05-17	1,149,440,000원	유찰
				4차	2010-06-21	919,552,000원	유찰
매각물건	토지 건물 일괄매각	소유자	허정수	5차	2010-07-19	735,642,000원	
				낙찰: 809,990,000원 (45.1%)			
				(입찰 1명, 낙찰: 황OO)			
개시결정	2009-02-13	채무자	허정수	매각결정기일 : 2010.07.26 - 매각허가결정			
				대금지급기한 : 2010.09.01 - 기한후납부			
사건명	임의경매	채권자	김철민	배당기일 : 2010.10.12			
				배당종결 2010.10.12			
• 매각물건현황 (감정원 : 한울감정평가 / 가격시점 : 2009.06.29)							
목록	구분	사용승인	면적	이용상태	감정가격	기타	
건물	2층중 지하	89.12.31	34.31㎡ (10.39평)	주거용	53,880,000원	• 총6세대	
토지	대지권		512㎡ 중 495㎡ 토지별도등기있음		1,742,120,000원	• 도시가스 개별난방	

■ 등기부현황 (채권액합계 : 2,232,935,343원)

No	접수	권리종류	권리자	채권금액	비고	소멸여부
1	2004.10.07	소유권이전(상속)	이OO		협의분할에 의한 상속	
2	2005.04.08	근저당	한국자산관리공사	910,000,000원	말소기준등기	소멸
3	2005.07.25	가압류	국민은행	103,935,343원		소멸
4	2006.05.08	소유권일부(15분의2)가처분	조OO		협의분할로 인한 상속을 원인으로 양수한 범위의 취소권 서울북부지법 2006가단3264 가처분 내역보기	소멸
5	2006.05.10	소유권이전(매매)	허정수			
6	2006.09.22	근저당	김철민	260,000,000원		소멸
7	2006.12.20	압류	서울특별시동대문구		세무1과-19318	소멸
8	2008.11.20	근저당	마OO	400,000,000원		소멸
9	2008.12.10	근저당	정OO	191,100,000원		소멸
10	2008.12.10	근저당	윤OO	182,000,000원		소멸
11	2008.12.10	근저당	권OO	185,900,000원		소멸
12	2009.02.13	임의경매	김철민	청구금액: 238,268,493원		소멸

(2) 다세대주택 1층 101호 매각결과

2009타경0000호 (2) • 서울북부지방법원 본원 • 매각기일 : 2010.03.15(月) (10:00) • 경매 2계 (전화:02-910-3672)

소재지	서울특별시 동대문구 청량리동 000-000 다세대주택 1층 101호 도로명주소검색					
물건종별	다세대(빌라)	감정가	90,000,000원	오늘조회: 1 2주누적: 2 2주평균: 0 조회동향		
대지권	3.4㎡(1.029평)	최저가	(100%) 90,000,000원	구분	입찰기일	최저매각가격	결과
건물면적	66.87㎡(20.228평)	보증금	(10%) 9,000,000원	1차	2010-03-15	90,000,000원	
매각물건	토지·건물 일괄매각	소유자	김인문	낙찰: 93,999,990원 (104.44%)		
개시결정	2009-02-13	채무자	허정수	(입찰 6명, 낙찰 박OO) 매각결정기일 : 2010.03.22 - 매각허가결정		
사건명	임의경매	채권자	김철민	대금납부 2010.04.28 / 배당기일 2010.10.12 배당종결 2010.10.12		

■ 매각물건현황 (감정원 : 한울감정평가 / 가격시점 : 2009.06.29)

목록	구분	사용승인	면적	이용상태	감정가격	기타
건물	2층중 1층	93.12.31	66.87㎡ (20.23평)	방2, 주방, 화장실 등	63,000,000원	• 총6세대 • 도시가스 개별난방
토지	대지권		512㎡ 중 3.4㎡ • 토지별도등기있음		27,000,000원	

(3) 다세대주택 1층 102호 매각결과

2009타경0000호 (3)	• 서울북부지방법원 본원 • 매각기일 : 2010.03.15(月) (10:00) • 경매 2계(전화:02-910-3672)						
소재지	서울특별시 동대문구 청량리동 000-000 다세대주택 1층 102호 [도로명주소검색]						
물건종별	다세대(빌라)	감정가	84,000,000원	오늘조회: 1 2주누적: 2 2주평균: 0 [조회동향]			
대지권	3.4㎡(1.029평)	최저가	(100%) 84,000,000원	구분	입찰기일	최저매각가격	결과
건물면적	61.5㎡(18.604평)	보증금	(10%) 8,400,000원	1차	2010-03-15	84,000,000원	
매각물건	토지·건물 일괄매각	소유자	권수영	낙찰: 88,000,000원 (104.76%)			
개시결정	2009-02-13	채무자	허정수	(입찰 7명, 낙찰: 우OO)			
사건명	임의경매	채권자	김철민	매각결정기일 : 2010.03.22 - 매각허가결정			
				대금납부 2010.04.21 / 배당기일 2010.10.12			
				배당종결 2010.10.12			

• 매각물건현황(감정원 : 한울감정평가 / 가격시점 : 2009.06.29)

목록	구분	사용승인	면적	이용상태	감정가격	기타
건물	2층중 1층	69.12.31	61.5㎡ (18.6평)	주거용	58,800,000원	• 총6세대
토지	대지권		512㎡ 중 3.4㎡ • 토지별도등기있음		25,200,000원	• 도시가스 개별난방

(4) 다세대주택 1층 103호 매각결과

2009타경0000호 (4)	• 서울북부지방법원 본원 • 매각기일 : 2010.03.15(月) (10:00) • 경매 2계(전화:02-910-3672)						
소재지	서울특별시 동대문구 청량리동 000-000 다세대주택 1층 103호 [도로명주소검색]						
물건종별	다세대(빌라)	감정가	67,000,000원	오늘조회: 1 2주누적: 2 2주평균: 0 [조회동향]			
대지권	3.4㎡(1.029평)	최저가	(100%) 67,000,000원	구분	입찰기일	최저매각가격	결과
건물면적	49.2㎡(14.883평)	보증금	(10%) 6,700,000원	1차	2010-03-15	67,000,000원	
매각물건	토지·건물 일괄매각	소유자	전기수	낙찰: 72,880,000원 (108.78%)			
개시결정	2009-02-13	채무자	허정수	(입찰 6명, 낙찰: (주)OOO)			
사건명	임의경매	채권자	김철민	매각결정기일 : 2010.03.22 - 매각허가결정			
				대금납부 2010.04.02 / 배당기일 2010.10.12			
				배당종결 2010.10.12			

• 매각물건현황(감정원 : 한울감정평가 / 가격시점 : 2009.06.29)

목록	구분	사용승인	면적	이용상태	감정가격	기타
건물	2층중 1층	69.12.31	49.2㎡ (14.88평)	방,주방,거실,화장실 등	46,900,000원	• 총6세대
토지	대지권		512㎡ 중 3.4㎡ • 토지별도등기있음		20,100,000원	• 도시가스 개별난방

(5) 다세대주택 2층 201호 매각결과

2009타경0000호 (5)	• 서울북부지방법원 본원 • 매각기일 : 2010.03.15(月) (10:00) • 경매 2계(전화:02-910-3672)				
소재지	서울특별시 동대문구 청량리동 000-000 다세대주택 2층 201호 (도로명주소검색)				
물건종별	다세대(빌라)	감정가	70,000,000원	오늘조회: 1 2주누적: 0 2주평균: 0 (조회동향)	
대지권	3.4㎡(1.029평)	최저가	(100%) 70,000,000원	구분	입찰기일	최저매각가격	결과
건물면적	52㎡(15.73평)	보증금	(10%) 7,000,000원	1차	2010-03-15	70,000,000원	
매각물건	토지·건물 일괄매각	소유자	강영미	낙찰: 81,880,000원 (116.97%)		
개시결정	2009-02-13	채무자	허정수	(입찰 6명, 낙찰:황OO) 매각결정기일 : 2010.03.22 - 매각허가결정 대금납부 2010.04.21 / 배당기일 2010.10.12		
사건명	임의경매	채권자	김철민	배당종결 2010.10.12		

■ 매각물건현황(감정원 : 한울감정평가 / 가격시점 : 2009.06.29)						
목록	구분	사용승인	면적	이용상태	감정가격	기타
건물	2층중 2층	69.12.31	52㎡ (15.73평)	주거용	49,000,000원	• 총6세대 • 도시가스 개별난방
토지	대지권		512㎡ 중 3.4㎡ • 토지별도등기있음		21,000,000원	

(6) 다세대주택 2층 202호 매각결과

2009타경0000호 (6)	• 서울북부지방법원 본원 • 매각기일 : 2010.03.15(月) (10:00) • 경매 2계(전화:02-910-3672)				
소재지	서울특별시 동대문구 청량리동 000-000 다세대주택 2층 202호 (도로명주소검색)				
물건종별	다세대(빌라)	감정가	84,000,000원	오늘조회: 1 2주누적: 0 2주평균: 0 (조회동향)	
대지권	3.4㎡(1.029평)	최저가	(100%) 84,000,000원	구분	입찰기일	최저매각가격	결과
건물면적	60.72㎡(18.368평)	보증금	(10%) 8,400,000원	1차	2010-03-15	84,000,000원	
매각물건	토지·건물 일괄매각	소유자	이영수	낙찰: 87,393,990원 (104.05%)		
개시결정	2009-02-13	채무자	허정수	(입찰 5명, 낙찰:정OO) 매각결정기일 : 2010.03.22 - 매각허가결정 대금납부 2010.04.28 / 배당기일 2010.10.12		
사건명	임의경매	채권자	김철민	배당종결 2010.10.12		

■ 매각물건현황(감정원 : 한울감정평가 / 가격시점 : 2009.06.29)						
목록	구분	사용승인	면적	이용상태	감정가격	기타
건물	2층중 2층	69.12.31	60.72㎡ (18.37평)	주거용	58,800,000원	• 총6세대 • 도시가스 개별난방
토지	대지권		512㎡ 중 3.4㎡ • 토지별도등기있음		25,200,000원	

(7) 앞의 경매물건 낙찰자 중에서 누가 성공하고, 실패했을까?

앞의 경매물건에서 특이한 현상을 발견할 수 있다. (1)번 경매물건 제지층 01호는 전유면적은 $34.31m^2$인데 대지지분은 $495m^2$이고 감정가 1,796,000,000원 인데 809,990,000원으로 낮은 금액에 매각되었다. 이에 반해서 (2)~(6)번 물건은 1차에서 높은 금액으로 매각되었다.

이 차이점에 대해서 알고 넘어가야 한다.

(1)번 경매물건 낙찰자는 토지가 다른 지분권자에 비해 많이 가지고 있으므로 전체 토지를 가지고 전유면적 비율보다 적게 가지는 구분호수에 대해서 토지 사용료를 부당이득금으로 청구할 계산으로 낙찰 받았다. 반면에 (2)~(6)번 경매물건 낙찰자들은 부당이득으로 보지 않는다는 사실을 알고, 낙찰 받았을지도 모른다. 알고 했든, 모르고 했든, 법리 싸움에서 (2)~(6)번 낙찰자들이 그 건물이 재건축할 때까지는 일단 성공한 것이다. 전유부분에 비해 적게 가지고 있는 토지에 대해서 토지사용료를 부담하지 않아도 된다는 판결을 앞에서 거론했고 다음과 같이 이 다세대주택에서 부당이득금반환청구소송에서도 (1)번 경매물건 낙찰자가 패소하고 말았다.

◆ 지층 01호 매수인 황OO의 부당이득금 반환청구 소송

(1) 서울북부지방법원 2010가단47954 방해배제 및 부당이득금

1동의 건물의 구분소유자들이 그 건물의 대지를 공유하고 있는 경우, 각 구분소유자는 별도의 규약이 존재하는 등의 특별한 사정이 없는 한 그 대지에 대하여 가지는 공유지분의 비율에 관계없이 그 건물의 대지 전부를 용도에 따라 사용할 수 있는 적법한 권원을 가지는 것인바(대법 93다60144 참조), 비록 원고의 주장대로 피고들이 각 해당 전유부분의 면적 비율보다 현저히 낮은 대지에 대한 공유지분을 소유하고 있다고 하더라도 그러한 사정만으로 피고들이 이 사건 대지 중 원고 소유의 지분을 적법한 권원 없이 점유하고 있다거나 이로 인하여 원고의 지분권을 침해하고 있다고 보기 어려우므로, 이를 전제로 한 원고의 주장은 더 나아가 살필 필요 없이 이유 없다.

(2) 항소판결 서울북부지원 2011나5538 방해배제 및 부당이득금

(1심과 중복부분 생략) ~피고들이 이 사건 대지 중 원고 소유의 지분을 적법한 권원 없이 점유하고 있다거나 원고의 지분권을 침해하고 있다고 보기 어려우므로, 원고가 이 사건 대지 중 512분의 495 지분의 소유권자들이라고 하더라도 **이 사건 건물의 구분소유자들인 피고들에게 그 지분비율의 차이에 해당하는 만큼의 부당이득반환을 청구할 권리는 가지고 있지 않다.**

◆ 이러한 이유로 제지층 01호가 또 다시 경매가 진행되고 있다

이 물건에 대해서 앞에서와 같이 소송에서 패소한 제지층 01호는 더 이상 선택의 여지가 없었을 것이고, 그로 인해 경매가 들어가는 것을 막을 수도 없었다. 낙찰자야 그렇다고 하더라도 그와 비슷한 경험을 함께 나누는 친구 즉 이 물건을 담보로 873,600,000원(채권최고액)을 대출한 금융기관이 경매를 신청할 수밖에 없었는데 그의 심정은 어땠을 까?

2013타경0000호

• 서울북부지방법원 본원　• 매각기일 : 2014.03.03(月) (10:00)　• 경매 2계(전화:02-910-3672)

소재지	서울특별시 동대문구 성양리동 000-000 공동주택 지층 01호 도로명주소검색							
물건종별	다세대(빌라)	감정가	1,200,000,000원	오늘조회: 2 2주누적: 90 2주평균: 6 조회동향				
대지권	495㎡(149.737평)	최저가	(41%) 491,520,000원	구분	입찰기일	최저매각가격		결과
건물면적	34.31㎡(10.379평)	보증금	(10%) 49,160,000원	1차	2013-09-26	1,200,000,000원		유찰
매각물건	토지·건물 일괄매각	소유자	박OO, 홍OO	2차	2013-09-30	960,000,000원		유찰
개시결정	2013-03-11	채무자	홍OO	3차	2013-11-04	768,000,000원		유찰
사건명	임의경매	채권자	수협중앙회의양수인우리에프 엔아이제35차유동화전문유한 회사		2013-12-09	614,400,000원		변경
				4차	2014-01-06	614,400,000원		유찰
					2014-03-03	491,520,000원		변경
				본사건은 변경 되었으며 현재 매각기일이 지정되지 않았습니다.				

• 매각물건현황(감정원 : 가인감정평가 / 가격시점 : 2013.05.08)

목록	구분	사용승인	면적	이용상태	감정가격	기타
건물	2층중 지하	69.12.31	34.31㎡ (10.38평)	방1,주방/거실등	36,000,000원	
토지	대지권		512㎡ 중 495㎡		1,164,000,000원	

• 임차인현황 (말소기준권리 : 2010.09.08 / 배당요구종기일 : 2013.05.21)

===== 조사된 임차내역 없음 =====

기타사항	☞본 건 현황조사를 위하여 현장을 방문, 출입구 폐문되어 지층으로 접근불가하여 점유자들을 만나지 못하여 점유자 확인 불능임

• 등기부현황 (채권액합계 : 993,600,000원)

No	접수	권리종류	권리자	채권금액	비고	소멸여부
1	2010.09.08	소유권이전(매각)	황OO, 홍OO			
2	2010.09.08	근저당	수협중앙회 (시흥지점)	873,600,000원	말소기준등기	소멸
3	2010.10.27	황OO지분전부이전	박OO,		매매, 지분1/2	
4	2011.06.07	근저당	서울신용보증재단	120,000,000원		소멸
5	2013.03.12	임의경매	수협중앙회 (수도권여신관리센터)	청구금액: 762,170,922원		소멸
6	2013.03.19	홍OO지분압류	국민건강보험공단			소멸
7	2013.05.01	홍OO지분압류	서울특별시동대문구			소멸

◆ 이 사례와 대법 2009다76522 판결에서 알게 된 진실

1동의 건물의 구분소유자들이 그 건물의 대지를 공유하고 있는 경우, 각 구분소유자는 별도의 규약이 존재하는 등의 특별한 사정이 없는 한 그 대지에 대하여 가지는 공유지분의 비율에 관계없이 즉 전유면적 비율에 비해 대지지분을 적게 가지고 있다고 하더라도, 그 건물의 대지 전부를 용도에 따라 사용할 수 있는 적법한 권원을 가지는 것인바(대법 93다60144, 대법 2009다76522 판결 참조), 전유면적 비율보다 많이 가지고 있는 구분소유자가 그러한 사정만 가지고 적게 가지고 있는 구분소유자들에게 토지사용료로 부당이득금반환을 청구 할 수 없다는 진실을 알게 한 사례다.

따라서 대지지분이 전혀 없거나 적정지분에 비해 부족한 지분을 가진 구분소유자라도 전체 대지를 적법하게 사용할 권한이 있어 대지 지분권자에게 부당이득반환의 의무가 없는 것처럼 보인다.

그러나 대법원은 구분소유자들 상호 간에는 그 건물을 분양받을 당시의 대지 공유지분 비율대로 공유하고 있는 경우 공유지분의 비율에 관계없이 그 건물의 대지 전부를 용도에 따라 사용할 적법한 권원이 있으므로 그 구분소유자들 상호간에는 대지 공유지분 비율의 차이를 이유로 부당이득반환을 구할 수 없으나, 건물의 구분소유자 아닌 자가 경매절차 등에서 그 대지의 공유지분만을 취득하게 되어 대지에 대한 공유지분은 있으나 대지를 전혀 사용·수익하지 못하고 있는 경우에는 다른 특별한 사정이 없는 한 대지 공유지분권에 기한 부당이득반환청구를 할 수 있다고 판단하고 있다.

04 지상에 다세대주택이 있는 대지만 매각되는 사례

◆ 입찰대상물건 정보내역과 매각결과

2011타경 ○○○○	· 서울북부지방법원 본원 · 매각기일 : 2012.10.15(月) (10:00) · 경매 7계 (전화:02-910-3677)				
소재지	서울특별시 노원구 상계동 ○○○ 도로명주소검색				
물건종별	대지	감정가	355,020,000원	기일입찰 [입찰진행내용]	
토지면적	97㎡(29.343평)	최저가	(51%) 181,770,000원	구분 입찰기일 최저매각가격 결과	
건물면적	건물은 매각제외	보증금	(10%) 18,180,000원	1차 2012-07-02 355,020,000원 유찰	
매각물건	토지만 매각	소유자	박인자	2차 2012-08-07 284,016,000원 유찰	
사건접수	2011-12-16	채무자	박인자	3차 2012-09-10 227,213,000원 유찰	
사건명	임의경매	채권자	조미자	4차 2012-10-15 181,770,000원 낙찰: 193,000,000원 (54.36%) (입찰2명,낙찰:도곡동 2등입찰가 191,390,000원) 매각결정기일 : 2012.10.22	

매각토지.건물현황 (감정원 : 서초감정평가 / 가격시점 : 2012.01.11)

목록	지번	용도/구조/면적/토지이용계획	㎡당	감정가	비고
토지	상계동 389-553	제2종일반주거지역(7층이하), 도로(접함), 가축사육제한구역<가축분뇨의 관리 및 이용에 관한법률>, 대공방어협조구역(위탁고도:77~257m)<군사기지 및 군사시설 보호법>, 과밀억제권역<수도권정비계획법>, 학교환경위생 정화구역(최종확인은 관할교육청에반드시확인)<학교보건법> 대 97㎡(29.343평)	3,660,000원	355,020,000원	표준지공시지가: (㎡당)2,200,000원 ▶ 법정지상권 감안 평가시: 97㎡× @ 2,562,000 =₩248,514,000.-
감정가	토지:97㎡(29.343평)		합계	355,020,000원	토지만 매각
현황 위치	· "상계초등교" 남동측 인근에 소재함, 부근은 공동주택 및 단독주택, 주사용건물, 교육기관 등이 혼재되어 형성된 지역으로서 주위환경은 보통임. · 대중교통수단인 버스정류장까지 도보로 약 3~4분정도 소요되므로 대중교통이용편의도는 보통임. · 가장형 토지이며, 다세대주택(통칭: 소망빌라) 건부지로 이용중임. · 남서측으로 노폭 약 8m, 남동측으로 노폭 약 3.5~4m의 포장도로와 각각 접함.					
참고사항	· 매지상에 2층 주택(소망빌라)이 있음 · 지상에 타인소유의 다세대주택(지하1층,지상2층의 1개동 3세대,건축면적 57.75㎡,연면적 160.59㎡, 사용승인일자 1998.1.16.)이 존재함					

임차인현황	(배당요구종기일 : 2012.03.09)						
임차인	점유부분	전입/확정/배당	보증금/차임	대항력	배당예상금액	기타	
신수철	주거용 지하 전체 (방3칸)	전 입 일: 2005.08.03 확 정 일: 없음 배당요구일: 2012.03.05	보20,000,000원				
우미란	주거용 2층 전부 (방3칸)	전 입 일: 2005.05.27 확 정 일: 2005.06.14 배당요구일: 2012.02.06	보40,000,000원				
원정민	주거용 1층 전체 (방3칸)	전 입 일: 2006.04.05 확 정 일: 2007.01.19 배당요구일: 2012.02.29	보40,000,000원				
기타참고	임차인수: 3명, 임차보증금합계: 100,000,000원 ☞우정희: 황현우와 부부관계임, 현황조사서에는 임차인이 황현우로 조사되어 있음						

- 토지등기부 (채권액합계 : 130,000,000원)

No	접수	권리종류	권리자	채권금액	비고	소멸여부
1	2005.05.26	소유권이전(매매)	박인자			
2	2005.05.26	근저당	조미자	130,000,000원	말소기준등기	소멸
3	2011.12.29	임의경매	조미자	청구금액: 130,000,000원	2011타경 OOOO	소멸

◆ 경매 물건에 대한 권리분석과 배당표 작성

이 경매사건에서는 토지만 경매로 매각되는 것으로 지상에 다세대주택은 매각대상이 아니다.

지상의 다세대주택은 사용승인 일자가 1998. 01. 16. 인 다가구주택에서, 2005. 05. 30. 집합건물로 전환된 분할 다세대주택으로 지하 1층 비01호 전유면적 50.04㎡, 지상 1층 101호 전유면적 47.16㎡, 지상 2층 201호 전유면적 44.28㎡ 총 건물 전유면적은 141.48㎡이다.

주변 부동산중개업소에 따르면 상계 재개발구역내 포함될 것이라는 소문으로 이 다가구주택을 다세대주택으로 전환해서 분양자격을 얻고자 했다고 한다.

그러나 이 구역은 상계재개발구역에 포함되지 않았다.

분할 다세대주택에서 대지는 집합건물의 대지사용권으로 되어야 하므로 **집합건물로 구분등기되기 전의 근저당권에 의해서 경매로 매각 시에는 분리매각이 가능하지만, 만일 구분등기 되고 나서 설정된 근저당권에 의해서 경매로 매각되었다면 구분소유권과 분리 매각되는 것이 무효**가 된다.

집합건물로 구분등기되기 전 즉 다가구주택인 상태에서 박인자의 토지는 2005년 5월 26일, 건물은 2005년 4월 19일 소유권을 취득해서 토지만 2005년 5월 26일 조미자 근저당권 채권최고액 1억3천만원으로 설정하고 나서 집합건물인 다세대주택으로 2005년 6월 2일 구분등기가 이루어졌으므로 대지권이 성립되기 전 근저당권이 설정되었고, 이 근저당권에 의해서 매각되는 것이므로 구분소유자들은 대지사용권을 상실하게 된다.

그러나 문제는 **다가구주택 당시 근저당권이 설정되었고 설정당시 주택이 존재했으므로 법정지상권은 성립**한다.

이렇게 토지만 매각되는 경우 임차인의 대항력 유무는 건물의 말소기준권리를 가지고 판단하게 되지만 낙찰자는 토지만 매수하게 되므로 건물에서 대항력이 있어도 인수사항은 아니다.

임차인은 건물에서 대항력과 우선변제권을 가지고, 대지에서는 우선변제권만 가지게 되므로 이 사례와 같이 대지만 매각되는 경우 그 지상의 다세대주택의 임차인들은 우선변제권으로 배당요구해서 최우선변제금과 확정일자부 우선변제권에 기해서 우선변제 받을 권리를 갖게 된다. 왜냐하면 근저당권 설정당시 건물이 존재했으므로 근저당권을 기준으로 소액임차인에 해당하면 최우선변제금이 우선해서 배당받고 2순위로 근저당권자가 배당받게 된다.

따라서 배당순위는 다음과 같다.

매각대금이 193,000,000원이고 경매비용이 300만원이면 실제 배당금은

190,000,000원이 되므로 1순위 ; ① 신수철 1,600만원 + ② 우미란 1,600만원 + ③ 원정민 1,600만원(최우선변제금 1)

2순위 : 조미자 1억3,000만원(근저당권우선변제 1)

3순위 : 우미란 1,200만원(확정일자부 우선변제금 2)으로 종결된다.

이렇게 배당되는 이유는 근저당권 설정당시 다가구주택이 존재했고 다가구주택에서 다세대주택으로 분할등기된 소유자와 임대차계약서를 작성한 경우도 근저당권자는 주택에서 소액임차인이 발생할 것이라는 것을 예측할 수 있었으므로, 이렇게 배당하더라도 근저당권자가 예측하지 못한 손실이 발생하지 않고 열악한 임차인을 보호한다는 취지에도 맞기 때문에 판례에서는 소액임차인이 최우선변제금을 우선하여 변제받아야 한다고 판단하고 있다.

◆ 낙찰 받고 난 다음 대응방법

(1) 이 다세대주택은 법정지상권이 성립되므로 각 구분소유자에게 대지사용부분에 해당하는 지료를 청구할 수 있는데, 각 구분소유자의 전유면적 비율로 안분해서 지료를 산정하면 된다.

지료는 나대지 상태에서 계산하게 되므로, 경매감정보다 높게 평가될 수 있다. 왜냐하면 경매 감정평가는 건물이 존재하는 사유를 감안해 저감해서 평가하기 때문이다.

어쨌든 경매감정가 355,020,000원을 기준으로 지료 청구소송에서 5%의 지료를 청구하면 예상 지료

① 비01호 = 355,020,000원 × 50.04/141.48 = 125,566,070원 × 5/100
= 6,278,303원(연간)

② 101호 = 355,020,000원 × 47.16/141.48 = 118,340,000원 × 5/100 = 5,591,000원(연간)

③ 201호 = 355,020,000원 × 44.28/141.48 = 111,113,130원 × 5/100 = 5,555,656원(연간)을 각 세대별로 청구할 수 있을 것으로 예상되고, 지료는 1년 단위 후불로 청구하는 것이 원칙이지만, 주택을 사용하기 위한 대지권이므로 납부자의 부담을 덜어주기 위해서 지료청구 소장 작성당시 월별로 분할납부 하도록 청구취지와 청구원인을 작성하여 판결을 받아두면 월별로 받을 수 있다.

이 물건은 2억원을 투자해서 17,424,959원의 지료를 받게 되므로 연간 8.7%의 높은 투자수익이 발생한다.

(2) 앞의 방법으로 계산된 지료를 지급하지 않으면 지료 청구소송으로 득한 집행권원으로 강제경매를 신청할 수 있다.

이를 위해서 매수인이 잔금납부 즉시 지료 청구소송을 제기해서 판결문을 받아 두어야 한다.

(3) 구분소유자들에게 대지권이 없으므로 (1)에서 대지를 분할한 면적비율에 따라 매각하는 방법도 예상된다.

① 비01호 = 97㎡ × 50.04/141.48 = 34.30㎡=10.37평×1,200만원(시세)=124,440,000원

② 101호 = 97㎡ × 47.16/141.48 = 32.34㎡=9.78평×1,200만원(시세)=117,360,000원

③ 201호 = 97㎡ × 44.28/141.48 = 30.36㎡=9.18평×1,200만원(시세)=110,160,000원

따라서 양도가격은 351,960,000원으로 취득가격을 2억으로 본다면 양도차익은 151,960,000원이 되므로 높은 투자이익이 발생하게 한다.

이 방법이 가장 쉽게 투자금을 회수하는 방법이면서 높은 수익을 낼 수 있다. 이런 생각을 해 봐라! 개발할 넓은 땅을 싸게 사서 분할해서 높은 가격으로 판다면, 적지 않은 금액이 될 것이다.

(4) 구분소유자들이 구분소유권을 대지소유자에게 매각하게 된다면 적정한 가격으로 등기한 후 완전한 다세대주택으로 매각하여 투자수익을 높이는 방법도 있다.

어쨌든 이 사례는 구분소유자들이 매수를 신청하고, 본인들이 잔금을 내고 복등기하는 방법으로 소유권을 가져가는 바람에 입찰보증금만 가지고 높은 수익을 얻을 수 있었던 사례이다.

05 조합이 분양대금을 대납하고 유치권행사와 경매를 신청한 사례

◆ 조합이 강제경매신청 후 미배당금에 대해서 유치권 행사

(1) 청구 이유에 대한 기초사실

① 망 소외 3은 ㉠ 아파트의 징수금 중 2차 중도금 이후 합계 48,801,942원, ㉡ 시공사 또는 관할구청에 납부하여야 할 시유지 계약금 및 불하대금, 시유지 균등 배분금 및 토지, 건물 등록세, 교육세 등의 세금과 이주비 합계 167,399,846원을 납부하지 아니하여 원고(주택개량재개발조합)가 망 소외 3을 대신하여 납부, 위 금원에 대한 2003. 12. 18.까지의 지연손해금은 60,585,405원이다.

② 원고(조합)는 위 ○○아파트가 완공되자, 망 소외 3의 명의로 소유권보존등기를 마치는 한편, 망 소외 3에 대한 징수금 등 원리금채권을 담보하기 위해 이 사건 아파트의 인도를 거절하고 그 출입문을 시정하고 열쇠를 보관하고, 원고는 위 화해권고결정에 기하여 이 사건 아파트에 대하여 서울중앙지방법원에 강제경매(2008타경9472호)를 신청했다.

2008타경9472		서울중앙지방법원 본원		매각기일 : 2009.02.19(木) (10:00)	경매 7계 (전화:02-530-1819)		
소재지	서울특별시 관악구 봉천동 1712, 관악드림타운 128동 13층 0000호				도로명주소검색		
물건종별	아파트(42평형)	감정가	620,000,000원	오늘조회: 1 2주누적: 1 2주평균: 0 조회동향			
				구분	입찰기일	최저매각가격	결과
대지권	48.36㎡(14.629평)	최저가	(51%) 317,440,000원	1차	2008-08-28	620,000,000원	유찰
				2차	2008-10-02	496,000,000원	유찰
				3차	2008-11-06	396,800,000원	낙찰
건물면적	114.75㎡(34.712평)	보증금	(10%) 31,750,000원	낙찰 400,111,000원(64.53%) / 1명 / 불허가			
				4차	2009-01-15	396,800,000원	유찰
매각물건	토지·건물 일괄매각	소유자	신○○, 박○○	5차	2009-02-19	317,440,000원	
				낙찰 : 380,001,000원 (61.29%)			
개시결정	2008-04-02	채무자	신○○, 박○○	(입찰6명,낙찰:차○○ 외2인)			
				매각결정기일 : 2009.02.26 - 매각허가결정			
사건명	강제경매	채권자	동양파이낸셜(주)외2	대금납부 2009.03.10 / 배당기일 2009.04.30			
				배당종결 2009.04.30			
관련사건	2008타경9755(중복), 2008타경10311(중복)						

● 매각물건현황 (감정원 : 삼창감정평가 / 가격시점 : 2008.04.11 / 보존등기일 : 2003.09.20)

목록	구분	사용승인	면적	이용상태	감정가격	기타
건물	27층중 13층	03.09.06	114.75㎡ (34.71평) (42평형)	방4,욕실2등	434,000,000원	
토지	대지권		138186.8㎡ 중 48.36㎡		186,000,000원	
현황 위치	• 현대시장 북동측 인근에 위치, 주위는 단독,다세대주택, 근린시설등 소재 • 외곽 공도와 단지내 도로가 연계하고 있으며 제반차량의 소통은 원활한 편임					
참고사항	▶본건낙찰 2008.11.06 / 낙찰가 400,111,000원 / / 1명 입찰 / 최고가매각불허가결정					

● 임차인현황 (말소기준권리 : 2003.11.12 / 배당요구종기일 : 2008.06.03)

===== 임차인이 없으며 전부를 소유자가 점유 사용합니다. =====

기타사항	▶봉천제3구역 재개발조합에서 유치권행사로 점유중인 부동산이라는 표지판이 부착되어 있음 / ▶전입세대 없고 공실인 상태로 보임

● 등기부현황 (채권액합계 : 1,788,074,157원)

No	접수	권리종류	권리자	채권금액	비고	소멸여부
1	2003.09.20	소유권보존	신OO			
2	2003.11.12	압류	서울특별시관악구		말소기준등기	소멸
3	2003.11.22	가압류	봉천제3구역주택개량재개발조합	277,092,855원		소멸
4	2005.06.14	압류	여주군		세무과-7130	소멸
5	2006.04.27	압류	이천세무서			소멸
6	2007.06.01	소유권이전(상속)	신OO, 박OO		각1/2	
7	2007.07.06	가압류	세람상호저축은행	1,381,251,184원		소멸
8	2007.08.29	가압류	동양파이낸셜(주)	129,730,118원		소멸
9	2008.04.02	강제경매	동양파이낸셜(주) (특수채권팀)	청구금액: 79,258,408원	2008타경9472	소멸
10	2008.04.04	강제경매	봉천제3구역주택개량재개발조합	청구금액: 276,738,328원	2008타경9755	소멸
11	2008.04.10	강제경매	세람상호저축은행	청구금액: 819,780,294원	2008타경10311	소멸

주의사항	▶유치권신고 있음 - 봉천 제3구역 주택개량재개발조합으로부터 2008.8.20.자 유치권(금438,808,049원)이 있으며, 성립여부는 불분명함 ▶2008.09.11 유치권신청자 봉천제3구역주택개량재개발조합 유치권배제신청서 제출

③ 원고는 위 화해권고결정으로 확정된 징수금 등 채권액을 피담보채권으로 하여 이 사건 아파트에 관한 경매절차에서 유치권 신고를 하였고, 이 사건 아파트의 출입문에 이러한 사실을 알리는 공고문을 게시하였다.

④ 이 아파트는 감정가 6억 2,000만원으로 평가되어, 제4차 경매기일에서 피고들이 380,001,000원에 최고가 매수신고,

⑤ 피고들은 2009. 3. 10. 이 법원에 매각대금을 완납하고, 아파트의 소유자를 상대로 인도명령을 신청하여, 인도명령에 기하여 집행관으로부터 아파트를 인도 받았다.

(2) 원고의 주장

이 사건 아파트에 관한 유치권 소멸에 따른 손해배상으로 유치권의 피담보 채권액 438,808,049원에서 원고가 강제경매절차에서 배당받은 금원 79,639,504원을 공제한 나머지 359,168,496원 (438,808,049원 - 79,639,504 주2) 원)을 배상할 의무가 있다.

(3) 판결결과 종합정리

이 사건은 1심에서는 유치권자가 점유인도를 청구한 것이 아니라 유치채권액의 손해배상을 청구해서 기각 처리되어 2심(서울고법2009나87777판결)에서 유치권자가 점유물반환청구권을 행사하여 승소하였고, 이사건의 최종심인 대법원(대법2010다2459)에서 2012. 03. 29. 상고기각으로 유치권자의 승소로 확정 판결되었다.

◆ 이 판례에서 세 가지 내용을 확인할 수 있다

① 조합이 조합원에 가지는 신축·분양한 아파트와 관련한 징수금 채권을 담보하기 위해 상환 받을 때까지 아파트를 유치할 권리를 갖는다.

② 유치권에 기해서 채권 가압류 후 배당요구를 하였거나 판결문을 득해서 강제경매 한 경우도 가압류는 경매절차로 소멸되어도 미배당금이 발생한다면 아파트를 점유하므로 인해서 발생되는 유치권은 소멸되지 않고 낙찰자에 대항할 수 있다는 점에 유의해야 한다.

③ 아파트를 점유하고 있는 유치권자(조합)가 아닌 소유주를 상대로 인도명령을 받아 강제집행을 했을 경우, 그 효력을 가지고 원고(조합)에 대항할 수 없다는 내용을 확인할 수 있는 좋은 판례이다.

즉 유치권자가 부당하게 점유를 이전당하여 유치권이 소멸되었으나 적법한 점유회복절차에 따라 점유를 회복하면 아파트를 유치할 권리를 갖게 된다는 사실이다.

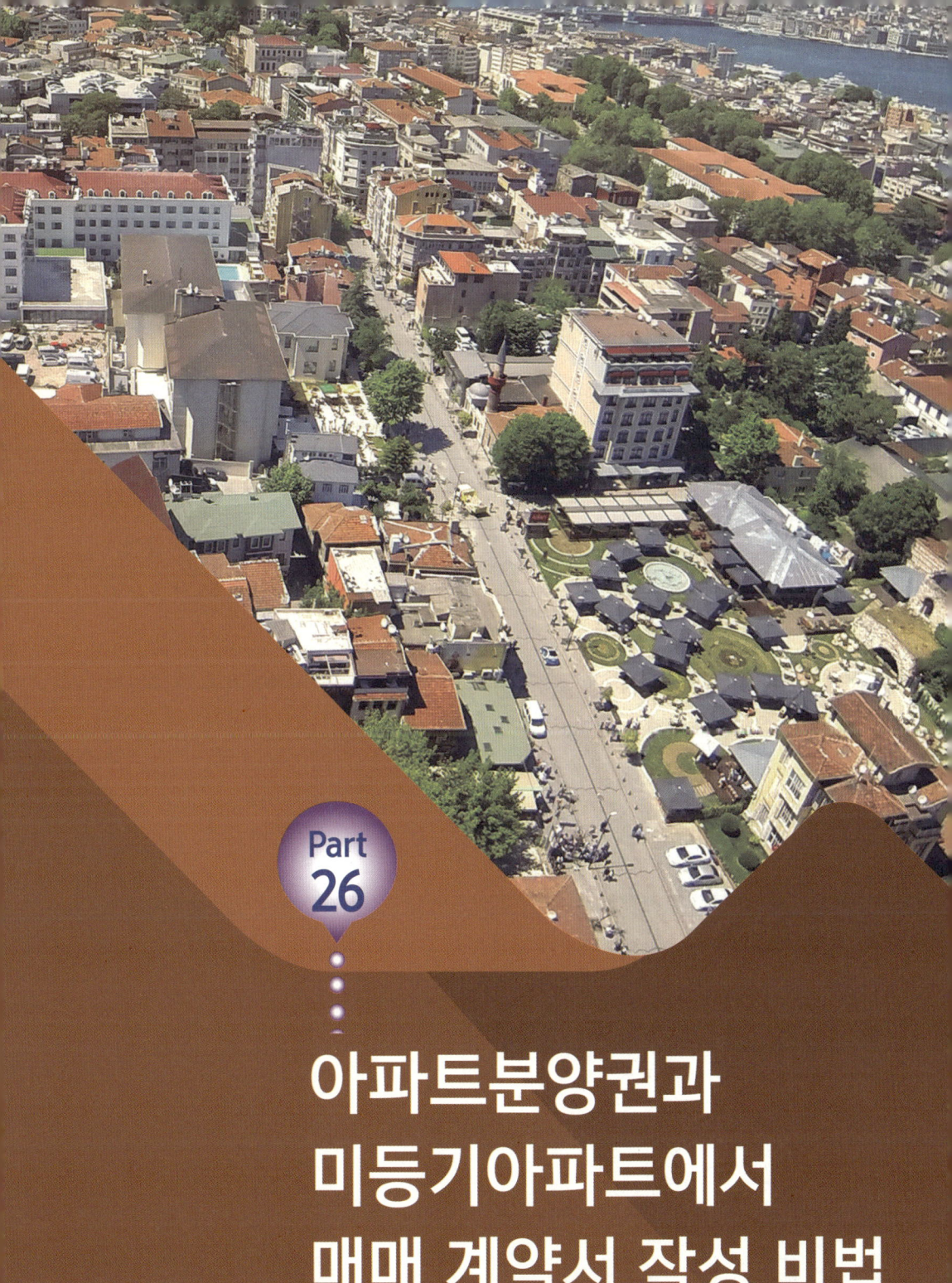

Part 26

아파트분양권과 미등기아파트에서 매매 계약서 작성 비법

01 아파트 분양권 매매 계약서 작성하는 방법

◆ 분양권(전매) 매매 계약할 때 알아야할 내용 핵심체크!

(1) 분양권 매매계약서 작성 전에 확인해야할 사항

　아파트분양권의 시세조사 ▶ 토지등기부를 열람해서 토지등기부상에 기재된 채권내역 확인(조합원분양권인 경우) ▶ 조합 등에서 분양권 소유자 확인, 분양대금의 미납금, 분양권에 가압류와 압류 또는 가처분 등이 있는 가를 조합에서 확인해야 한다. 분양권에 가압류된 사실을 잔금지불 단계에서 알게 되고 잔금보다 가압류금액이 클 때 문제가 될 수도 있다. ▶ 투기과열지구 내에서 재건축 조합원 지위 양도 제한 및 재개발 등 조합원 분양권 전매제한 등이 있는가를 확인하고 계약해야 한다.

(2) 분양권 매매계약서 작성

　분양권 매매대금은 중도금 지불한 금액(조합원 또는 분양권자가 분양대금을 지불한 금액)과 권리금까지 포함하면 된다. 특약사항에 "분양권 매매금액은 분양대금중 중도금 2회까지 납입한 금액과 권리금이 포함된 금액이며, 중도금 3차부터는 매수인이 부담하기로 한다."로 명기하면 된다.

(3) 분양권 거래 신고

　매매계약서 작성하고, 관할 시, 군. 구청 부동산 관련부서를 방문해 부동산 거래신고(검인)를 해서 신고필증을 교부받는다.

(4) 잔금 지급과 분양권 명의변경

　잔금 날 1차적으로 잔금지불 후, 2차적으로 매도인과 매수인 그리고 중개업자가 동행해서 조합사무실을 방문 분양계약서 원본 뒷면에 분양권자 명의변경과 조합장의 도장을 날인 받고, 3차적으로 분양권을 담보로 대출한 금융기관을 방문해서 대출금의 승계(채무자 명의변경)를 받고, 4차적으로 관할 시. 군. 구청 세무과를 방문 취득세 영수증을 발급받아서 취득신고를 마치면 분양권에 대한 소유권이 완전하게 이전된다. 그리고 분양권 소유권이전할 때 매도자와 매수인이 첨부할 서류로는 ● 매도인은 부동산 명의이전용 인감증명서(매수자 인적사항기록), 초본(전 주소지 나오게 발급), 인감도장, 신분증, 부동산거래신고 필증, 아파트분양계약서 원본을 준비해야 하고… ● 매수인은 신분증, 주민등록초본, 도장을 준비해야 한다.

◆ 아파트분양권 물건분석과 계약당사자간 합의사항 정리

김선생 "지금부터 서울시 서초구 서초동 980번지 대림아파트 102동 505호에 대한 아파트 분양권 매매계약서 작성방법에 대해서 살펴보겠습니다.
　아파트가 준공되지 않은 분양권상태여서 신축아파트에 대한 소유권을 취득할 수 있는 권리(분양권)를 가진 사람 김정수와 이 분양권을 사기를 희망하는 박기자 사이에 분양권 매매계약을 하는 것입니다."

(1) 재건축하고 있는 아파트 현장을 방문해보니 매수할 목적에 맞았다

　매수인이 재건축하고 있는 아파트분양권 현장을 방문해보니 매수인이 거주하기에 좋은 환경이고, 주변 대중교통과 학군 등이 좋아서 신축되고 나면 미래가치의 상승이 예상되어 매수하기로 결정했다.

(2) 아파트 분양권의 시세 조사와 매매 가격에 대한 합의

　매도인 주변 아파트의 시세를 조사해보니 6억5천만원 정도여서, 신축아파트인점을 고려해보면 7억원 이상이 될 것이라는 확신이 서서 선순위채권으로 하나은행 융자금을 3억원을 포함해서 6억원에 매매계약하는 것에 동의했다.

(3) 토지등기부와 조합 등에서 분양권 소유자 확인과 권리분석

　① 계약은 등기부상 소유자를 매도인으로 계약해야 한다.

　그러나 아파트가 미준공으로 분양권 상태인 경우 미등기로 토지등기부와 분양계약서 원본과 조합, 시공사, 미등기아파트에 대출한 금융기관 등을 통해서 소유자가 김정수임을 확인하고, 본인 확인을 위해서 주민등록초본, 신분증 등으로 매도인 신원을 확인했다. 특히 아파트분양권에 대출한 금융기관 등을 통해서 대출금을 승계 또는 상환에 대한 협의를 계약하기 전에 하게 되는데 이 과정에서 분양권에 대한 소유자임을 확인하면 추후 소유권분쟁에 휘말리지 않게 된다.

　② 토지등기부상에 기재된 채권내역 확인과 처리방법에 대한 합의

		【 갑　구 】		(소유권에 관한 사항)
순위번호	등기목적	접수	등기원인	권리자 및 기타사항
1 (전 2)	소유권이전	1990년 1월 10일 제14300호	1990년 1월 10일 매매	소유자 이철수 ○○○-1****** 경기도 수정구 신흥동 ○○○
				부동산등기법 제177조의6제1항의 규정에 의하여 1990.1.10. 전산이기
2	소유권이전	2008년 1월 10일 제1309호	2008년 1월 8일 매매	소유자 김정수 440701-1226538 주소 서울시 강남구 대치동 110번지 삼성아파트 제105동 제8층 제801호

【 을　　구 】		(소유권 이외의 권리에 관한 사항)		
순위번호	등기목적	접수	등기원인	권리자 및 기타사항
1	근저당권 설정	2011년 10월 12일 제85308호	2011년 10월 12일 설정계약	채권최고액 240,000,000원 채무자 김정수 근저당권자　하나은행 110111-0015671 서울시 중구 을지로1가 101-1(종로지점)

　매도인은 토지와 분양권을 포괄담보로 하여 2011. 10. 12. 대출받고 토지만에 설정된 하나은행의 융자금 채권최고액 2억4천만원, 무상이주비 또는 추가대출금(대출원금 2억원)의 승계를 하나은행과 협의한 결과 가능하다고 해서 매수인이 잔금지불 시 채무를 인수(근저당권의 채무자 명의변경)하고 그만큼 매매대금에서 공제하기로 하고, 계약 이후에 매수인이 분양권을 이전받기 전까지 추가적으로 어떠한 권리도 설정하지 않기로 한다는 내용을 특약사항란에 명기하기로 했다.

(4) 분양대금의 미납금, 금융기관 융자금의 연체금 등을 확인하는 것

　조합과 미등기아파트에 대출한 금융기관 등을 통해서 분양대금의 미납금, 금융기관의 융자금 연체금 등을 확인해보니 금융기관의 연체금은 없었으나 분양대금 중도금 6회분과 잔금중 3회분만 납부하고 3회분과 잔금 2억7천5백만원이 미납인데 1회분 5천5백만원은 연체된 중도금으로 연체 이자 180만원이 있고, 나머지 2회분 중도금과 잔금은 매수 이후 납부할 중도금이다. 따라서 연체된 중도금 5천5백만원과 연체이자 180만원은 매매대금 중도금으로 상환하고 나머지 분양대금 중도금 미납금 2회분 1억1천만원과 잔금 1억1천만원만 승계하기로 하는 계약조건이다. 〈조합원 아파트분양계약서상 - 분담금 납부금액 및 납부일자〉

총분담금	계약금(20%)	1차(10%)	2차(10%)	3차(10%)
	계약시	2012. 01. 30	2012. 05. 30	2012. 09. 30
550,000,000	110,000,000	55,000,000	55,000,000	55,000,000

4차(미납)(10%)	5차(미납)(10%)	6차(미납)(10%)	잔금(미납)(20%)
2013. 01. 30	2013. 05. 30	2013. 09. 30	2013. 12. 30
55,000,000	55,000,000	55,000,000	110,000,000

그리고 분양대금이야 변동이 없겠지만 조합원 분양권자가 납부하게 될 추가부담금(청산금)은 재건축진행과정에서 증가될 수도 있고, 감소할 수도 있는데 이러한 부분에 대해서도 분명하게 특약으로 기재해야 한다.

(5) 분양권에 가압류와 압류 또는 가처분 등이 있는가 확인해라

계약하기 전에 아파트 분양권에 가압류, 압류, 가처분 등이 있는가를 조합사무실에서 확인했는데 이상이 없었다.

(6) 아파트 분양권 매매대금 지불방법과 중도금 및 융자금 승계합의

서울시 서초구 서초동 980번지 대림아파트 제102동 제5층 제505호의 33평은 미준공된 분양권을 매매하는 것으로 분양권 매매대금 6억2천만원으로 하는 계약서를 2013년 2월 1일 작성과 동시에 계약금 10%인 6,000만원을 지불하기로 하고, 중도금은 2013년 2월 20일 6천만원, 잔금은 2013년 03월 20일에 지불하기로 하고, 잔금 지불시 하나은행 융자금 2억과 분양대금 중도금, 잔금 미납금을 공제후 지불하기로 했는데, 분양대금 중도금과 잔금 미납금 중에서 잔금지불 전까지 연체된 중도금 5천5백만원과 연체이자 180만원은 매도인이 중도금으로 상환하고, 잔금지불 이후의 분양대금 미납금 2억2천만원만 매수인이 승계하기로 하고 이 내용을 특약사항란에 명기하기로 했다.

(7) 계약후 잔금납부 전에 분양권에 가압류나 압류 여부를 확인

계약 이후 매수인이 잔금지불과 분양계약서에서 소유자 명의변경할 때 까지 분양권에 조세나 공과금채권 등의 압류나 일반채권자의 가압류 등이 발생하면 매도인 책임하에 말소시켜야 하며 만일 말소시키지 못하는 사정이 발생하면 매수인은 본 계약서 계약내용 제7조에 의해 계약을 해제하고 손해배상을 청구할 수 있다는 내용을 특약으로 기재.

(8) 발코니 확장비용 등이 있다면

발코니 확장비용 등이 있다면 그 부분에 대해서도 특약으로 명시해야 한다.

(9) 관리비 및 공과금 연체시, 해결방법에 대한 합의

관리비와 제세공과금은 매도인이 잔금지불하기 전까지 정산해서 납부해야한다는 내용을 특약에 기재하기로 합의.

(10) 조합원 지위 양도 제한과 조합원 분양권 전매 제한 등을 확인

투기과열지구는 서울시 14개구(구로구, 금천구, 동작구, 관악구, 은평구, 서대문구, 종로구, 중구, 성북구, 강북구, 도봉구, 중랑구, 동대문구, 광진구)와 과천시가 2017년 9월 조정법 시행령 개정으로 지정되었다.

① 투기과열지구 내에서 조합설립인가 이후 단계의 재건축 예정주택을 양수받은 자는 조합원 지위취득을 제한(양수자는 현금청산 대상임)

② 투기과열지구에서는 '관리처분계획인가 후 부터 소유권이전등기시'까지 재개발 · 도시환경정비사업의 조합원 분양권 전매를 금지

◆ 아파트분양권 매매 계약서를 작성하는 방법

앞의 내용과 같이 합의한 내용을 증빙자료로 인쇄되어 있는 계약서 양식 [[네이버 까페 '김동희부사모' 에서 확인]]을 활용해서 작성한 계약서이다.

아파트 분양권 매매 계약서

매도인과 매수인 쌍방은 아래 표시 아파트분양권에 관하여 다음과 같이 매매계약을 체결한다.
1. 부동산의 표시

소재지	서울시 서초구 서초동 980번지 대림아파트 제102동 제5층 제505호					
평 형	33평형	옵 션		전용면적	84.98㎡	대 지 권	45.80㎡

2. 분양금액과 중도금등 납부내역

분양금액	금 오억오천만 원정 (₩550,000,000)
납부한금액	금 이억칠천오백만 원정 (₩275,000,000)
미납금액	금 이억칠천오백만 원정 (₩275,000,000)
권리금액	금 칠천만 원정 (₩70,000,000)

3. 계약내용
제1조 [목적] 위 아파트분양권의 매매에 있어 매수인은 아래와 같이 매매대금을 지불하기로 한다.

매매대금	금 육억이천만 원정 (₩620,000,000)
계약금	금 육천만 원정은 계약시 지불하고 영수함. 영수자 김 정 수 (인)
중도금	금 육천만 원정은 2013년 02월 20일에 지불한다.
기본융자금	금 이억 원정(무상이주비)은 승계하고 특약사항에 별도 명기한다.
추가융자금	금 〈없음〉 원정은 승계(말소)하고 특약사항에 별도 명기한다.
미납분양대금	금 이억이천만 원정은 승계하고 특약사항에 별도 명기한다.
잔 금	금 팔천만 원정은 2013년 03월 20일에 지불한다.

제2조 [소유권이전등] 매도인은 위 아파트 분양권 매매잔금 지불과 동시에 소유권 및 명의변경 이전에 필요한 서류(분양계약서, 당첨권, 전매동의서, 인감증명서 등)을 매수인에게 교부하고, 위 아파트분양권의 소유권을 행사하는데 적극 협력해야 한다.
제3조 [잔금지급] 매수인이 잔금지불 시 미납분양대금, 연체료이자, 기본융자금(무상이주비) 또는 추가융자금 등의 매도인 채무중에서 매수인이 승계하는 금액을 제외하고는 잔금에서 공제후 지불하기로 한다.

제4조 [제한물건등의 소멸] 매도인은 위 분양권에 설정된 근저당권, 압류, 가압류, 가처분 등 소유권의 행사를 제한하는 사유가 있거나 조세·공과금 기타 부담금의 미납금 등이 있을 때는 잔금수수일 이전까지 그 권리의 하자 및 부담 등을 제거하여 완전한 소유권을 매수인에게 이전하기로 한다. 다만 승계하기로 합의한 권리나 금액에 대해서는 그러하지 아니한다.

제5조 [지방세등] 위 분양권에 관하여 발생한 수익의 귀속과 조세·공과금 등의 부담은 위 부동산의 인도일을 기준으로 하여 그 이전까지는 매도인이, 그 이후부터는 매수인에게 귀속되고, 단 지방세의 납부 의무 및 납부책임은 지방세법의 규정에 따른다.

제6조 [계약의 해제] 매수인이 중도금(중도금약정이 없을 때는 잔금)을 지불하기 전까지 매도인은 계약금의 배액을 배상하고, 매수인은 계약금을 포기하고 본 계약을 해제할 수 있다.

제7조 [신의성실] ① 매도인과 매수인은 위 각 조항을 확인하고, 신의성실의에 따라 그 이행을 준수한다(민법 제2조). ② 중개업자는 역시 부동산 전문가로서 책임감을 갖고 계약서를 작성해야 한다.

제8조 [중개수수료] 부동산중개업자는 매도인 또는 매수인의 본 계약 불이행에 대하여 책임지지 않는다. 또한 중개수수료는 본 계약의 체결과 동시에 매도인과 매수인 쌍방이 각각 지불하며, 부동산중개업자의 고의나 과실 없이 거래당사자 사정으로 본 계약이 무효·취소 또는 해약되어도 중개수수료는 각각 지급한다.

제9조 [중개대상물 확인·설명서 교부등] 중개업자는 중개대상물 확인·설명서를 작성하고 업무보증 관계증서(공제증서등) 사본을 첨부하여 거래당사자 쌍방에 교부한다.

3. 특약 사항 – 계약당사자간에 합의한 내용을 다음과 같이 특약으로 기재한다.

① 본 계약은 계약당사자들이 계약내용에 합의하고, 중개업자 입회하에 부동문자로 된 계약내용까지 정독하고 계약한 것이다.

② 투기과열지구 내에서 조합원 지위 양도 제한 등이 2017년 9월부터 시행되었으나 이 조합원분양권 매매계약은 법 시행 전의 매매계약이므로 제한 없이 매수인에게 조합원분양권 승계가 가능하다.

③ 본 계약은 미준공된 아파트분양권 매매로, 토지등기부와 분양계약서 원본, 조합, 토지와 분양권을 포괄담보로 대출한 금융기관 등을 통해서 소유자가 김정수임을 확인하고, 본인 확인을 위해서 분양계약서, 주민등록초본, 신분증 등으로 매도인의 신원을 확인했다.

④ 분양대금 미납여부를 조합사무실을 통해서 확인해본 결과 미납금이 2억7천5백만원과 연체이자 180만원이 있어서, 그중 잔금지불 시까지 연체된 미납금 5천5백만원과 연체이자 180만원은 매도인이 매매대금 중도금으로 상환하기로 하고, 잔금지불 이후부터 납부해야할 분양대금 미납중도금과 잔금 2억2천만원은 매수인이 승계하기로 하고 잔금에서 공제후 지불하기로 한다.

⑤ 매수인이 토지와 분양권을 포괄담보로 하여 2011. 10. 12. 설정된 하나은행의 융자금 채권최고액 2억4천만원(대출원금 2억원)의 승계를 우리은행과 협의한 결과 가능하다고 해서 매수인이 잔금지불 시 채무를 인수(근저당권의 채무자 명의변경)하고 그만큼 매매대금에서 공제하고 잔금을 지불하는 계약이다. 다만 연체 이자에 대해서는 중도금으로 상환하기로 한다.

⑥ 계약 이후 매수인이 분양권을 이전받기 전까지 추가적으로 분양권에 가압류나 압류 등과 소유권을 제한하는 권리들이 발생하면 매도인 책임하에 말소시켜야 한다. 만일 말소시키지 못하면 매수인은 위 부동문자 제7조에 의해 계약을 해제하고 손해배상을 청구할 수 있다.

⑦ 매도인이 신청한 옵션계약(베란더 확장)은 매수인이 승계하기로 하고 잔금지불 시 매도인에게 지불하기로 한다. 또는 매도인이 신청한 옵션계약(베란더 확장)은 매매대금에 포함된 것으로 매수인이 잔금 지불시 공제후 지불하기로 한다.

⑧ 관리비 및 제세 · 공과금은 매도인이 잔금지불 전까지 정산해서 납부해야 한다.

본 계약에 이의가 없음을 확인하고 증명하기 위해 계약서를 작성하고 서명 · 날인하여 각자 1통씩 보관한다.

2013년 02월 01일

매도인	주 소	서울시 서초구서운로 221, 102동 505호(서초동, 대림아파트)				
	주민등록번호	440701-1226538	전 화	010-4400-1234	성 명	김정수 (인)
	대리인	주민등록번호		전 화		성 명
매수인	주 소	서울시 서초구 동광로27길 50, 202호(방배동, 한양연립)				
	주민등록번호	750817-1276445	전 화	010-0021-1234	성 명	박기자 (인)
	대리인	주민등록번호		전 화		성 명
중개업자	사무소소재지	서울시 서초구 서운로 900, 110호(서초동, 우성빌딩)				
	등록번호	8254-50000		사무소명칭		대림 공인중개사사무소
	전화번호	02-534-8949		대표자성명		우선명 (인)

▶ 잠깐만! "특약사항은 계약당사자 간의 사정에 따라 다르게 작성해야 되므로 이 계약서 특약사항란에서는 일반적인 내용으로 작성했으니 계약당사자 간의 사정에 따라 선택하거나 변경해서 이용하면 됩니다."

◆ 계약서 작성 이후에 어떻게 대응하면 되는가!

"분양권 매매계약서와 중개대상물·확인설명서가 작성되었다면… ● '부동산 실거래가격의 신고'를 계약일로부터 60일 이내에 해야 하며, ● 계약 이행 완료를 위해서 매수인은 매매대금의 잔금지불과 매도인은 소유권 이전서류와 분양계약서 명의변경과 금융기관 융자를 승계하면 됩니다.

따라서 잔금 날 잔금지불 시 조합사무실에 확인해서 분양권에 추가로 가압류나 압류 등이 발생했는가를 확인하고, 특약으로 약속했던 사항들이 제대로 이행되었는지를 다시 한번 확인하고 이상이 없다면 잔금을 지불과 동시에 분양계약서 명의변경과 금융기관 융자를 승계하고(근저당권 채무와 승계여부는 계약하기 전에 확인해야 한다), 시군구청 세무과를 방문해서 취득세를 납부하는 절차로 끝이 납니다. 왜냐하면 미등기 아파트로 등기를 할 수 없기 때문이지요.

여기서 분양권 매매 시 잔금지불과 소유권을 이전받는 방법은 528쪽과 542쪽을 참고하면 되고, 분양권 소유권 이전 시 매도자와 매수인이 첨부할 서류는 542쪽 〈알아두면 좋은 내용〉을 참고해서 계약서를 작성하면 됩니다."

김선생 "아파트는 보존등기가 되기 전에도 임시사용승인을 받아서 사용하게 되는 경우가 많지요. 그래서 이번 시간은 임시사용승인이 나온 미등기아파트의 매매계약서 작성방법에 대해서 공부하도록 하겠습니다."

02 미등기아파트 매매 계약서 작성하는 비법

◆ 미등기아파트 매매 계약을 체결할 때 핵심체크

(1) 임시사용승인이 나온 미등기아파트에서 매매계약

임시사용승인이 나온 미등기아파트라도 입주가 가능해서 소유자뿐만 아니라, 매수자가 사서 입주하거나 임대하는 것 역시 가능하다.

그런데 미등기아파트 상태로 거래할 때 등기된 아파트에 비해서 주의해야할 사항들이 많고 잘못된 분석에 따라 소유권을 취득하지 못하거나 완전한 권리(소유권의 제한)를 행사하지 못하게 되는 사례가 발생하곤 한다.

소유자가 아닌 사람과 매매계약하는 경우가 많고, 가압류·압류·근저당권 등의 소유권 제한이 있는 아파트를 모르고 계약을 하는 경우, 분양대금중 미납금 및 연체금 등이 있는 사실을 모르고 계약한다거나 대지권이 없는 아파트 소유자와 계약을 하는 경우, 대지권이 있어도 토지별도등기된 아파트소유자와 계약하면 추후 토지별도등기채권자에 의해 토지가 경매되면 대지권을 잃게 될 수도 있다. 이러한 이유는 등기부가 있다면 쉽게 확인할 수 있었겠지만 없는 상태에서 대비한다는 것은 쉽지 않기 때문에, 앞에서 열거한 사례에 대비해서 미등기아파트나 분양권 매매계약서를 작성해야 한다.

(2) 미등기아파트에서 매수인의 유의사항

첫째, 소유권을 정확하게 판단해야 한다.

① 분양계약서 원본을 확인해야한다.

분양계약서에는 부동산의 면적과 동/호수, 그리고 소유자의 이름이 명시돼 있다. 분양계약서 앞면에는 최초 분양받은 계약자의 이름이 기재돼 있고, 분양권 상태에서 전매된 경우는 뒷면에 권리/의무 승계란에 자필로 인적사항이 기재돼 있으므로 권리변동이 있었던 분양권이라면 분양계약서 뒷면의 권리/의무 승계란에 기재된 마지막 이름이 최종 소유자로 해석하면 되는데, 그 분양계약서에 조합장 도장이 날인되어 있는가도 확인해야 한다.

따라서 이 **분양계약서 원본에 기재된 소유자의 인적사항과 신분증상 인적사항이 일치하는 가를 확인**하면 된다.

② 재개발과 재건축에서 조합원 아파트는 토지등기부 열람이 가능하다.

재개발과 재건축에서 **조합원 아파트나 다가구주택 등의 건축물**은 멸실되었지만 토지는 남아 있어서 토지등기부를 확인하면 조합원분양권자의 소유권을 확인할 수 있다. 그러나 조합원이 아닌 청약에 의해서 분양받은 **일반분양권자는** 토지등기부에서 확인 할 수 없고 다음 ③번과 같이 확인하면 된다.

③ 조합원분양권자와 일반분양권자 모두 분양계약서 원본(조합장 도장 날인 확인)과 소유자가 일치 하는 가를 조합 등에 문의해서 실제 소유자가 맞는 경우 미등기아파트소유자 또는 아파트분양권자와 매매계약서를 작성하면 된다.

둘째 추가부담금 또는 분양대금의 미납금, 연체금 등을 확인하는 것

조합원분양권자나 일반분양권자 모두 계약금, 중도금, 잔금 등을 보통 6회에 걸쳐서 분납하게 되는데 이 중 어느 정도까지 납부하였고, 이에 따라서 미납금액에 대한 추가 부담할 금액과 미납금액에 대한 연체된 이자 및 기타 비용 등을 조합 등에 문의하여 정확하게 분석하고, 미등기아파트소유자(분양권자)와 매매계약서를 작성하면 된다.

그리고 분양대금이야 변동이 없겠지만 조합원 분양권자가 납부하게 될 추가부담금(청산금)은 재건축진행과정에서 증가될 수도 있고, 감소할 수도 있는데 이러한 부분에 대해서도 분명하게 특약으로 기재해두어야 한다.

셋째 은행 대출금과 연체금을 확인합니다.

신규로 분양받은 아파트(일반분양권)에 대해 대출한 은행에서 대출금액 및 이자 등을 확인하여야 하며, 조합원분양권(조합원입주권)인 경우에는 이주비(무상이주비) 및 추가대출금(유상이주비), 연체이자 등에 대하여 대출하여준 은행에 대해서 확인하고 이상이 없는 경우에 매매계약서를 작성하면 된다. 아파트 분양권 및 입주권을 담보로 대출해준 금융기관에 대출금액을 확인하는 것도 중요하지만, 그 과정에서 다시 한번 소유자를 정확하게 확인할 수 있다.

넷째 토지등기부에서 등기된 채권을 찾아라.

건물은 미등기로 등기부를 확인할 수 없지만, 토지등기부를 확인하면 아파트가 지어지기 전에 등기된 가압류·압류·근저당권 등의 채권과 소유권제한 가등기·가처분 등을 확인할 수 있다. 보통 이들 채권을 말소 시키고 재건축과정에서 기본이주비(무상이주비)와 추가대출금(유상이주비)을 받고 금융기관이 근저당권을 설정하고 나서 신탁등기가 이루어지지만 말소가 되지 않으면 기본이주비를 받을 수 없고 앞에서 열거한 채권들이 토지등기부에 남아 있게 되는데, 이 채권들이 아파트가 신축되고 보존등기가 될 때까지 상환하고 말소시키지 않으면 아파트 등기부의 표제부의 오른쪽에 토지별도등기로 표시되므로 토지등기부확인은 필수다.

조합원분양권 또는 일반분양권을 담보로 대출한 은행을 통해서 대출금과 연체금을 확인하는 것은 연체금으로 인해서 추후 경매가 진행되는 것을 방지하는 목적과 대출금 과다시 선순위채권으로 남아 있을 수 있으니(건물은 미등기이나 토지별도등기채권으로 남아 있어서 선순위채권이 된다) 매매대금으로 상환하는 조건으로 계약을 체결해야 한다.

이러한 토지별도등기채권에 의해서 경매가 되어 대지권이 제3자소유로 바뀌면 매수인이 대지권이 없는 건물만 매수한 것이 돼 완전한 아파트 소유권을 취득하지 못하게 된다.

다섯째 조합원 분양권 또는 분양권에 가압류 · 압류가 있는지 확인해라!

분양권과 같이 등기되지 않은 재산권에 대해서도 채권자가 가압류 · 압류 등을 할 수 있다.

서초구 삼성래미안 조합분양권 매매계약서에서 있었던 이야기다.

분양권의 매매대금은 13억인데 계약금 1억3천만원과 중도금 3억, 그리고 잔금은 금융기관의 융자금 채권최고액 7억2천만원(대출원금 6억원)과 현금 2억7천만원으로 하는 분양권 매매계약서를 체결했다. 그런데 잔금 지불 전에 분양계약서 원본 뒷면에 권리/의무 승계를 위해서 조합 사무실을 방문해서 분양권에 5억원의 채권가압류 사실을 확인하게 되어 잔금지불이 연기되고 소송으로 다투게 된 사례가 있어서 중개업소에서 수수료 한 품도 받지 못하고 소송비용과 손해배상 책임에 휘말린 사건이 있었다. 중개업자 또는 매수인이 계약서 작성 이후 중도금 지불 전에만 조합 사무실에서 가압류 · 압류 사실만 확인했더라도 간단히 계약조건을 변경하는 방법으로 해결할 수 있었던 문제다.

여섯 번째 조합원 지위 양도 제한과 조합원 분양권 전매 제한 등을 확인해라!

이 내용은 538쪽과 539쪽 아파트 분양 매매 계약서 특약사항 ②번에 기술한 내용을 참고하면 되므로 생략했다.

◆ 미등기아파트 물건분석과 계약당사자간 합의사항 정리

(김선생) "지금부터 경기도 안양시 동안구 평촌동 980번지 삼성아파트 105동 1004호에 대한 미등기아파트 매매계약서작성방법에 대해서 살펴보겠습니다. 아파트소유자는 김정수고, 이 아파트를 사기를 희망하는 분은 박기자입니다."

(1) 미등기아파트를 방문해서 매수할 목적에 맞는 우량한 물건인가를 판단

매수인이 아파트를 방문해보니 매수인이 거주하기에 적당한 면적이고, 소유자가 거주하던 아파트라 그런지 아파트 내부도 깨끗했고, 주변 대중교통과 학군 등이 좋아서 이 아파트를 매수하기로 결정했다.

(2) 미등기 아파트시세조사 선순위채권에 대한 합의

매도인이 아파트시세를 조사해보니 6억5천만원 정도여서, 매도인이 선순위채권으로 하나은행 융자금을 3억원을 포함해서 6억1천만원에 매매계약하는 것에 동의했다.

(3) 토지등기부와 조합 등에서 미등기아파트 소유자 확인과 권리분석

① 계약은 등기부상 소유자를 매도인으로 계약해야 한다

그러나 아파트가 미등기로 토지등기부와 분양계약서 원본과 조합, 미등기아파트에 대출한 금융기관 등을 통해서 소유자가 김정수임을 확인하고, 본인 확인을 위해서 주민등록초본, 신분증 등으로 매도인 신원을 확인했다. 특히 미등기아파트에 대출한 금융기관 등을 통해서 대출금을 승계 또는 상환에 대한 협의를 계약서 작성 전에 하게 되는데 이 과정에서 미등기아파트에 대한 소유자임을 재차 확인하면 추후 소유권분쟁에 휘말리지 않게 된다.

② 토지등기부상에 기재된 채권내역 확인과 처리방법에 대한 합의

【 갑　　구 】 (소유권에 관한 사항)

순위번호	등기목적	접수	등기원인	권리자 및 기타사항
1 (전 2)	소유권이전	1990년 1월 10일 제14300호	1990년 1월 10일 매매	소유자 이철수 ○○○-1****** 경기도 수정구 신흥동 ○○○
				부동산등기법 제177조의6제1항의 규정에 의하여 1990.1.10. 전산이기
2	소유권이전	2008년 1월 10일 제1309호	2008년 1월 8일 매매	소유자 김정수 440701-1226538 주소 서울시 강남구 대치동 110번지 삼성아파트 제105동 제8층 제801호

【 을　　구 】 (소유권 이외의 권리에 관한 사항)

순위번호	등기목적	접수	등기원인	권리자 및 기타사항
1	근저당권설정	2015년 10월 12일 제85308호	2015년 10월 12일 설정계약	채권최고액 360,000,000원 채무자 김정수 근저당권자 하나은행 110111 0015671 서울시 중구 을지로1가 101-1(종로지점)

　　매도인은 토지와 분양권을 포괄담보로 하여 2015. 10. 12. 대출받고 토지만에 설정된 하나은행의 융자금 채권최고액 3억6천만원, 무상이주비 또는 추가대출금(대출원금 3억원)의 승계를 하나은행과 협의한 결과 가능하다고 해서 매수인이 잔금지불 시 채무를 인수(근저당권의 채무자 명의변경)하고 그만큼 매매대금에서 공제하고 잔금을 지불하고, 계약 이후에 매수인이 잔금지불 시까지 추가적으로 어떠한 권리도 설정하지 않기로 한다.

(4) 분양대금의 미납금, 금융기관 융자금의 연체금 등을 확인하는 것

조합, 미등기아파트에 대출한 금융기관 등을 통해서 분양대금의 미납금, 금융기관의 융자금 연체금 등을 확인해보니 이상이 없었다.

(5) 미등기 아파트라면 임시사용대장과 분양계약서 원본을 확인해라.

임시사용대장을 확인해 보고 분양계약서 원본의 주소와 확인해서 주소와 동호수가 일치하는 가를 확인하고 일치하면 그 주소로 매매계약서를 작성하면 된다.

(6) 아파트 매매대금 지불방법과 인도시기에 대한 합의

경기도 안양시 동안구 평촌동 980번지 대림아파트 제102동 제5층 제505호의 33평 아파트를 매매대금 6억1천만원으로 하는 계약서를 2013년 2월 1일 작성과 동시에 계약금 10% 상당금액 6,000만원을 지불하기로 하고, 중도금은 2013년 2월 20일 1억원, 잔금은 2013년 03월 20일에 지불하기로 하고 잔금지불과 동시에 아파트를 매수인에 인도 한다는 내용에 합의.

(7) 계약후 잔금지불 전에 분양권에 가압류나 압류 여부를 확인해라

계약체결 이후 매수인이 잔금지불과 분양계약서에서 소유자 명의변경할때까지 분양권에 조세나 공과금채권 등의 압류나 일반채권자의 가압류 등이 발생하면 매도인 책임하에 말소시켜야 하며 만일 말소시키지 못하는 사정이 발생하면 매수인은 위 계약내용 제6조에 의해 계약을 해제하고 손해배상을 청구할 수 있다는 내용을 특약으로 기재. 이러한 이유로 중도금이나 잔금지불 전에 반드시 조합에 확인하고 지불해야한다.

(8) 관리비 및 공과금 연체시, 해결방법에 대한 합의

관리비와 제세공과금은 매도인이 잔금지불하기 전까지 정산해서 납부해야한다는 내용을 특약에 기재하기로 합의.

(9) 선수관리비 인계인수에 관한 합의

　선수관리비는 매도인과 매수인 사이에 인수인계 확인서를 작성하고 관리사무소에 통지하는 방법으로 매수인이 매매대금과 별도로 매도인에게 지불하고 선수관리비를 승계하기로 하고 계약서 특약사항란에 명기함.

◆ 미등기아파트 매매 계약서를 작성하는 방법

　앞의 내용과 같이 합의한 내용을 증빙자료로 인쇄되어 있는 계약서 양식 『네이버 까페 '김동희부사모'에서 확인』을 활용해서 작성한 계약서이다.

아파트 매매 계약서

매도인과 매수인 쌍방은 아래 표시 부동산에 관하여 다음과 같이 매매계약을 체결한다.

1. 부동산의 표시

소재지	경기도 안양시 동안구 평촌동 980번지 삼성아파트 105동 1004호					
토 지	지 목	대	대지권	소유권의 대지권	면 적	45.80㎡
건 물	구 조	철근콘크리트조	용 도	아파트	면 적	84.98㎡

2. 계약내용
제1조 [목적] 위 부동산의 매매에 있어 매도인과 매수인은 매매대금을 다음과 같이 지불키로 한다.

매매대금	금　육억일천만 원정 (₩610,000,000)
계약금	금　육천만 원정은 계약시 지불하고 영수함.　영수자 김 정 수 (인)
중도금	금　일억 원정은 2018년 02월 20일에 지불한다.
융자금 등	금　삼억 원정은 승계하고 특약사항에 별도 명기한다.
잔 금	금　일억오천만 원정은 2018년 03월 20일에 지불한다.

제2조 [소유권이전등] 매도인은 매매대금의 잔금을 수령함과 동시에 매수인에게 소유권이전등기에 필요한 모든 서류를 교부하고 등기절차에 협력하며, 위 부동산에 대하여 2018년 03월 20일 인도하기로 한다.

제3조 [제한물건등의 소멸] 매도인은 위 부동산에 설정된 근저당권, 지상권, 전세권, 임차권 등 소유권의 행사를 제한하는 권리가 있거나 조세공과금 기타 부담금의 미납금 등이 있을 때는 잔금수수일 이전까지 그 권리의 하자 및 부담 등을 제거하여 완전한 소유권을 매수인에게 이전하여야 한다. 다만 승계하기로 합의한 권리나 금액에 대해서는 그러하지 아니한다.

제4조 [지방세등] 위 부동산에 관하여 발생한 수익의 귀속과 조세·공과금 등의 부담은 위 부동산의 인도일을 기준으로 하여 그 이전까지는 매도인이, 그 이후부터는 매수인에게 귀속되고, 단 지방세의 납부 의무 및 납부책임은 지방세법의 규정에 따른다.

제5조 [계약의 해제] 매수인이 중도금(중도금약정이 없을 때는 잔금)을 지불하기 전까지 매도인은 계약금의 배액을 배상하고, 매수인은 계약금을 포기하고 본 계약을 해제할 수 있다.

제6조 [채무불이행과 손해배상] 매도인 또는 매수인은 본 계약상의 내용에 대하여 채무불이행이 있을 경우 그 상대방은 채무불이행한 상대방에 대하여 서면으로 이행을 최고하고, 이행하지 않을 경우 계약을 해제 할 수 있다. 이때 계약당사자는 계약해제에 따른 손해배상을 상대방에게 청구할 수 있으며, 손해배상에 대한별도 약정이 없는 한 계약금상당액을 손해배상금(위약금)으로 본다.

제7조 [신의성실] ① 매도인과 매수인은 위 각 조항을 확인하고, 신의성실의에 따라 그 이행을 준수한다(민법 제2조). ② 중개업자 역시 부동산 전문가로서 책임감을 갖고 계약서를 작성해야 한다.

제8조 [중개수수료] 부동산중개업자는 매도인 또는 매수인의 본 계약 불이행에 대하여 책임지지 않는다. 또한 중개수수료는 본 계약의 체결과 동시에 매도인과 매수인 쌍방이 각각 지불하며, 부동산중개업자의 고의나 과실 없이 거래당사자 사정으로 본 계약이 무효·취소 또는 해약되어도 중개수수료는 각각 지급한다.

제9조 [중개대상물 확인·설명서 교부등] 중개업자는 중개대상물 확인·설명서를 작성하고 업무보증 관계증서(공제증서등) 사본을 첨부하여 거래당사자 쌍방에 교부한다.

3. 특약 사항 – 계약당사자간에 합의한 내용을 다음과 같이 특약으로 기재한다.

① 본 계약은 계약당사자들이 계약내용에 합의하고, 중개업자 입회하에 부동문자로 된 계약내용까지 정독하고 계약한 것이다.

② 이 미등기아파트는 조합원분양권 아파트로 임시사용승인이 나와 입주가 가능한 상태이고, 투기과열지구 내가 아니라 미등기 전매가 가능한 아파트이다.

③ 미등기아파트로 임시사용대장에 표시된 물건지로 계약서를 작성하고, 계약 시의 현 시설 상태로 매매하는 조건이다.

④ 본 계약은 미등기아파트로, 토지등기부와 분양계약서 원본, 조합, 미등기아파트에 대출한 금융기관 등을 통해서 소유자가 김정수임을 확인하고, 본인 확인을 위해서 분양계약서, 주민등록초본, 신분증 등으로 임대인의 신원을 확인했다.

⑤ 조합, 미등기아파트에 대출한 금융기관 등을 통해서 분양대금의 미납금, 금융기관의 융자금 연체금 등을 확인해본 결과 이상이 없음을 확인했다.

⑥ 매수인이 토지와 분양권을 포괄담보로 하여 2015. 10. 12. 설정된 하나은행의 융자금 채권최고액 3억6천만원(대출원금 3억원)의 승계를 우리은행과 협의한 결과 가능하다고 해서 매수인이 잔금지불 시 채무를 인수(근저당권의 채무자 명의변경)하고 그만큼 매매대금에서 공제하고 잔금을 지불하는 계약이다.

⑦ 계약 이후 매수인이 아파트를 인도받기 전까지 추가적으로 분양권에 가압류나 압류 등과 소유권을 제한하는 권리들이 발생하면 매도인 책임하에 말소시켜야 한다. 만일 말소시키지 못하면 매수인은 위 계약내용 제6조에 의해 계약을 해제하고 손해배상을 청구할 수 있다.

⑧ 매도인이 분양시 기본 시설 이외 추가로 확장한 베란다(옵션계약으로)와 붙박이장, 에어컨 시설비용 등은 매매대금에 포함된 것으로 매도인은 아파트를 현 시설 상태로 인도하기로 한다.

⑨ 관리비와 제세·공과금은 매도인이 잔금지불 전까지 정산해서 납부해야 한다.

⑩ 선수관리비는 매도인과 매수인 사이에 인수인계 확인서를 작성하고 관리사무소에 통지하는 방법으로 매수인이 매매대금과 별도로 매도인에게 지불하고 선수관리비를 승계하기로 한다.

본 계약에 이의가 없음을 확인하고 증명하기 위해 계약서를 작성하고 서명·날인하여 각자 1통씩 보관한다.

2018년 02월 01일

매도인	주 소	서울시 서초구 서운로 221, 102동 505호(서초동, 대림아파트)				
	주민등록번호	440701-1226538	전 화	010-4400-1234	성 명	김정수 (인)
	대리인	주민등록번호	전 화		성 명	
매수인	주 소	서울시 서초구 동광로27길 50, 202호(방배동, 한양연립)				
	주민등록번호	750817-1276445	전 화	010-0021-1234	성 명	박기자 (인)
	대리인	주민등록번호	전 화		성 명	
중개업자	사무소소재지	서울시 서초구 서운로 900, 110호(서초동, 우성빌딩)				
	등록번호	8254-50000		사무소명칭	대림 공인중개사사무소	
	전화번호	02-534-8949		대표자성명	우선명 (인)	

> **잠깐만!** "특약사항은 계약당사자 간의 사정에 따라 다르게 작성해야 되므로 이 계약서 특약사항란에서는 일반적인 내용으로 작성했으니 계약당사자 간의 사정에 따라 선택하거나 변경해서 이용하면 됩니다."

3) 계약서 작성 이후에 어떻게 하면 되는가

 "매매계약서와 중개대상물·확인설명서가 작성되었다면… ➡ '부동산 실거래가격의 신고'를 계약일로부터 60일 이내에 해야 하며, ➡ 계약 이행완료를 위해서 매수인은 매매대금의 잔금지불과 매도인은 소유권 이전서류와 분양계약서 명의변경과 금융기관 융자승계하면 됩니다.

따라서 잔금 날 잔금지불 시 조합사무실에 확인해서 분양권에 추가로 가압류나 압류 등이 발생했는가를 확인하고, 특약으로 약속했던 사항들이 제대로 이행되었는지를 다시 한 번 확인하고 이상이 없다면 잔금 지불과 동시에 분양계약서 명의변경과 금융기관 융자승계하고(근저당권 채무와 승계여부는 계약하기 전에 확인해야 한다), 시군구청 세무과를 방문해서 취득세를 납부하는 절차로 끝이 난다. 왜냐하면 미등기 아파트로 등기를 할 수 없기 때문이지요.

그리고 잔금지불후 선수관리비를 매매대금과 별도로 지불하고 관리사무소의 확인을 받아서 승계받고 아파트를 인도받으면 되는 것입니다."

> **김선생 말풍선**
>
> **미등기 아파트(분양권) 잔금지불과 소유권을 이전받는 방법은?**
> 잔금일 날 다음과 같은 절차로 진행하세요.
> 잔금날 1차적으로 잔금지불후, 2차적으로 매도인과 매수인 그리고 중개업자가 동행해서 조합사무실을 방문 분양계약서 원본 뒷면에 분양권자 명의변경과 조합장의 도장을 날인 받고, 3차적으로 분양권을 담보로 대출한 금융기관을 방문해서 대출금을 승계(채무자 명의변경) 받고, 4차적으로 관할 시. 군. 구청 세무과를 방문 취득세 영수증을 발급받아서 취득신고를 마치면 분양권에 대한 소유권을 완전하게 취득하게 됩니다.

> **알아두면 좋은 내용**
>
> **분양권 소유권 이전시 매도자와 매수인이 첨부할 서류**
> - 매도인서류 : 부동산명의 이전용 인감증명서(매수자 인적사항기록), 초　본(전주소지 나오게 발급), 인감도장, 신분증, 부동산거래 신고필증, 아파트분양계약서 원본.
> - 매수인서류 : 신분증, 주민등록초본, 도장

03 대지권미등기 아파트 매매 계약서 작성하는 방법

◆ 대지권미등기와 토지별도등기 아파트 계약할 때 알고 있어야할 사항

 아파트의 건물이 보존등기가 되고 나서도 대지권이 미등기 또는 대지권이 등기가 되어 있지만 토지별도등기가 있다면 매수인은 대지권에서 권리를 갖지 못하게 될 수 있으니 유의해야 한다.

 그래서 대지권이 미등기된 경우와 토지별도등기가 있다면 그 진실은 토지등기부를 열람해서 찾아야 하는데, 대지권이 정리가 안되어 미등기로 남아 있으면 괜찮지만, 대지권이 다른 사람의 소유가 되어 있는 경우에는 매수인의 권리는 건물에서만 주장할 수 있다. 토지별도등기도 마찬가지로 토지등기부에 등기된 채권 내역을 확인해야 하는데 매도인이 그 채권들을 해결하지 않으면 토지별도등기된 채권자들이 경매를 신청하게 되고 그 과정에서 집합건물소유자(매수인)가 대지권을 낙찰받지 못하면 대지권이 없는 아파트 소유자가 될 수 있으니 계약서 작성단계부터 확인하고 특약사항에 기재해서 잔금지불 시까지 정리하고 잔금을 지불해야 한다.

◆ 대지권미등기 아파트 소유자와 매매 계약서 작성 방법

집합건물등기부의 두 번째 표제부에 대지권의 표시가 없으면, 대지권은 있는데 대지지분정리가 안되어 미등기인지, 대지권정리가 된 상태인데 대지권이 없는 경우인지를 토지등기부를 확인해서 판단하게 되는데, 실제로 대지권이 없는 경우라면 매수인은 대지권이 없는 집합건물소유자와 매매계약서를 작성하게 되므로 집합건물에서만 소유권을 갖고, 대지는 제3자의 소유이므로 대지권소유자에게 구분소유권을 매도청구당하거나 토지사용료를 지불해야하는 상황이 발생하게 되는 손실이 예상되므로 유의해야 한다.

(1) 아파트등기부가 다음과 같이 대지권이 미등기되어 있다면

등기사항전부증명서(말소사항 포함) - 집합건물

서울시 중랑구 묵동 214, 대우아파트 제105동 제10층 제1001호

【 표 제 부 】 (1동의 건물의 표시) - <내용생략>				
표시번호	접수	소재지번, 건물명칭 및 번호	건물내역	등기원인 및 기타사항

【 표 제 부 】 (전유부분의 건물의 표시)				
표시번호	접수	건물번호	건물내역	등기원인 및 기타사항
1	2012년 10월 10일	제15층 제1501호	철근콘크리트조 84.98㎡	도면편철장 제12책232장

【 갑　　구 】				(소유권에 관한 사항)
순위번호	등기목적	접수	등기원인	권리자 및 기타사항
1	소유권보존	2012년 10월 10일 제54397호		소유자 이소령 650701-1246536 주소 서울시 중랑구 묵동 154 3층 301호

　대지권이 미등기상태인 경우도 대지권이 정리가 안 되어서 미등기로 남아 있는 경우에는 대지소유권이 있겠지만, 대지소유권 없어서 즉 대지권이 제3자가 소유권을 가지고 있다면 매수인이 건물만 소유권을 취득하게 되므로 손실이 예상되는데, 이러한 사실은 대지권의 고향인 토지등기부를 통해서 확인해야 한다.

(2) 토지등기부를 확인해 보니

　아파트가 대지권이 미등기상태여서 대지권이 정리가 안된 미등기 인지, 아니면 대지권이 제3자의 소유인가를 확인해본 결과 대지권이 있는데 정리가 안 되어서 미등기 상태로 남아 있다는 사실을 확인할 수 있어서 매매계약서 작성할 때 그러한 내용을 특약사항란에 명기와 토지등기사항증명서를 첨부하기로 했다.

(3) 대지권이 미등기된 아파트에서 매매계약서 작성

　미등기된 아파트에서 매매계약서 작성방법에서 유의할 사항은 미등기아파트 매매계약서 바르게 작성하는 방법을 참고하면 된다.

아파트 매매 계약서

매도인과 매수인 쌍방은 아래 표시 부동산에 관하여 다음과 같이 매매계약을 체결한다.
1. 부동산의 표시

소재지	서울시 중랑구 묵동 214, 대우아파트 제105동 제10층 제1001호					
토 지	지 목	대	대지권	소유권의 대지권	면 적	45.80㎡
건 물	구 조	철근콘크리트조	용 도	아파트	면 적	84.98㎡
임대할 부분	전체				면 적	

2. 계약내용
제1조 [목적] 위 부동산의 매매에 있어 매도인과 매수인은 매매대금을 다음과 같이 지불키로 한다.

매매대금	금 사억 원정 (₩400,000,000)
계약금	금 사천만 원정은 계약시 지불하고 영수함. 영수자 이 소 령 (인)
중도금	금 육천만 원정은 2013년 05월 20일에 지불한다.
융자금 등	금 이억 원정 융자금은 승계하기로 하고 특약사항란에 별도기재 한다.
잔 금	금 일억 원정은 2013년 06월 10일에 지불한다.

제2조 [소유권이전등] 매도인은 매매대금의 잔금을 수령함과 동시에 매수인에게 소유권이전등기에 필요한 모든 서류를 교부하고 등기절차에 협력하며, 위 부동산에 대하여 2013년 06월 10일 인도하기로 한다.
제3조 [제한물건등의 소멸] 매도인은 위 부동산에 설정된 근저당권, 지상권, 전세권, 임차권 등 소유권의 행사를 제한하는 권리가 있거나 조세공과금 기타 부담금의 미납금 등이 있을 때는 잔금수수일 이전까지 그 권리의 하자 및 부담 등을 제거하여 완전한 소유권을 매수인에게 이전하여야 한다. 다만 승계하기로 합의한 권리나 금액에 대해서는 그러하지 아니한다.
제4조 [지방세등] 위 부동산에 관하여 발생한 수익의 귀속과 조세·공과금 등의 부담은 위 부동산의 인도일을 기준으로 하여 그 이전까지는 매도인이, 그 이후부터는 매수인에게 귀속되고, 단 지방세의 납부 의무 및 납부책임은 지방세법의 규정에 따른다.
제5조 [계약의 해제] 매수인이 중도금(중도금약정이 없을 때는 잔금)을 지불하기 전까지 매도인은 계약금의 배액을 배상하고, 매수인은 계약금을 포기하고 본 계약을 해제할 수 있다.
제6조 [채무불이행과 손해배상] 매도인 또는 매수인은 본 계약상의 내용에 대하여 채무불이행이 있을 경우 그 상대방은 채무불이행한 상대방에 대하여 서면으로 이행을 최고하고, 이행하지 않을 경우 계약을 해제 할 수 있다. 이때 계약당사자는 계약해제에 따른 손해배상을 상대방에게 청구할 수 있으며, 손해배상에 대한별도 약정이 없는 한 계약금상당액을 손해배상금(위약금)으로 본다.
제7조 [신의성실] ① 매도인과 매수인은 위 각 조항을 확인하고, 신의성실의에 따라 그 이행을 준수한다(민법 제2조). ② 중개업자 역시 부동산 전문가로서 책임감을 갖고 계약서를 작성해야 한다.
제8조 [중개수수료] 부동산중개업자는 매도인 또는 매수인의 본 계약 불이행에 대하여 책임지지 않는다. 또한 중개수수료는 본 계약의 체결과 동시에 매도인과 매수인 쌍방이 각각 지불하며, 부동산중개업자의 고의나 과실 없이 거래당사자 사정으로 본 계약이 무효·취소 또는 해약되

어도 중개수수료는 각각 지급한다.
제9조 [중개대상물 확인·설명서 교부등] 중개업자는 중개대상물 확인·설명서를 작성하고 업무보증 관계증서(공제증서등) 사본을 첨부하여 거래당사자 쌍방에 교부한다.

3. 특약 사항 – 계약당사자간에 합의한 내용을 다음과 같이 특약으로 기재한다.

① 본 계약은 계약당사자들이 계약내용에 합의하고, 중개업자 입회하에 부동문자로 된 계약내용까지 정독하고 계약한 것이다.

② 본 계약은 계약 시의 현 시설상태로 아파트를 매매하는 조건이다. 다만 에어컨 시설과 안방의 붙박이장은 매도인이 별도로 설치한 물건으로 이사 시 수거해 가기로 하고, 그 밖의 분양 시 기본시설 및 부착물은 그대로 남겨두는 조건이다(또는 수거할 수 없다).

③ 본 아파트는 대지권이 미등기상태로 분양계약서와 조합사무실, 그리고 토지등기부를 확인해 본 결과 환지절차 지연으로 대지권등기가 되어 있지 않은 상태이나 분양대지권은 45.80㎡이다. 최초 수분양권자가 분양대금을 완납하였으므로 환지정리가 완료되면 대지권이 당연히 등기된다는 것을 확인하고 계약하는 조건이다.

④ 매수인이 아파트에 2012. 10. 10. 설정된 하나은행의 융자금 채권최고액 2억4천만원(대출원금 2억원)을 승계를 하나은행과 협의한 결과 가능하다고 해서 매수인이 잔금지불 시 채무를 인수(근저당권의 채무자 명의변경)하고 그만큼 매매대금에서 공제하고 잔금을 지불하는 계약이다.

⑤ 계약 이후 매수인이 분양권을 이전받기 전까지 추가적으로 분양권에 가압류나 압류 등과 소유권을 제한하는 권리들이 발생하면 매도인 책임하에 말소시켜야 한다. 만일 말소시키지 못하면 매수인은 위 계약내용 제6조에 의해 계약을 해제하고 손해배상을 청구할 수 있다.

⑥ 임대인이 체납한 세금을 확인하기 위해서 잔금지불 전까지 국세완납증명서와 지방세완납 증명서를 첨부하기로 하고 체납사실이 있는 경우 잔금지불 전까지 해결하기로 한다.

⑦ 관리비와 제세·공과금은 매도인이 잔금지불 전까지 정산해서 납부해야 한다.

⑧ 선수관리비는 매도인과 매수인 사이에 인수인계 확인서를 작성하고 관리사무소에 통지하는 방법으로 매수인이 매매대금과 별도로 매도인에게 지불하고 선수관리비를 승계하기로 한다.

본 계약에 이의가 없음을 확인하고 증명하기 위해 계약서를 작성하고 서명·날인하여 각자 1통씩 보관한다.

2013년 05월 01일

매도인	주 소	서울시 중랑구 신내로25길 50, 105동 1001호(묵동, 애우아파트)				
	주민등록번호	650701-1246536	전 화	010-4415-1234	성 명	이소령 (인)
	대리인	주민등록번호	전 화		성 명	
매수인	주 소	서울시 영등포구 경인로96길 60, 102동 503호(문래동, 삼성아파트)				
	주민등록번호	640304-1274536	전 화	010-2000-7789	성 명	이군수 (인)
	대리인	주민등록번호	전 화		성 명	
중개업자	사무소소재지	서울시 중랑구 신내로20길 35, 101호(묵동, 오성빌딩)				
	등록번호	8254-50000	사무소명칭		사랑 공인중개사사무소	
	전화번호	02-594-8949	대표자성명		정종철 (인)	

⊙ 잠깐만! "특약사항은 계약당사자 간의 사정에 따라 다르게 작성해야 되므로 이 계약서 특약사항란에서는 일반적인 내용으로 작성했으니 계약당사자 간의 사정에 따라 선택하거나 변경해서 이용하면 됩니다."

- 필자는 끝까지 정독하여 주신 독자 분들께 감사드립니다. -

여기서 만족하지 말고, 한 번 더 정독해야 합니다. 그래서 이해하지 못했던 내용이나 알고 있어야할 내용들을 표시해 두었다가 실전에 이용하시기 바랍니다. 마지막으로 이 책으로 독자 분들이 아파트 집합건물 및 재건축 등으로 성공하시길 기원합니다.